Dortmunder Beiträge
zur Zeitungsforschung

Band 55

Herausgegeben von Hans Bohrmann
und Gabriele Toepser-Ziegert
Institut für Zeitungsforschung der Stadt Dortmund

Sieglinde Neumann

Redaktionsmanagement in den USA: Fallbeispiel "Seattle Times"

K·G·Saur München 1997

Die Deutsche Bibliothek - CIP-Einheitsaufnahme

Neumann, Sieglinde:
Redaktionsmanagement in den USA: Fallbeispiel "Seattle Times" /
Sieglinde Neumann. - München: Saur 1997
(Dortmunder Beiträge zur Zeitungsforschung; Bd. 55)
ISBN 3-598-21318-2

D290

Printed on acid-free paper

Alle Rechte vorbehalten / All Rights Strictly Reserved
K. G. Saur Verlag GmbH & Co. KG, München 1997
Part of Reed Elsevier
Printed in the Federal Republic of Germany

Jede Art der Vervielfältigung ohne Erlaubnis des Verlages ist unzulässig

Druck/Binden: Strauss-Offsetdruck GmbH, Mörlenbach
ISBN 3-598-21318-2

Inhaltsverzeichnis

I. GRUNDLAGEN

1.	Zur Einführung	1
1.1.	Stand der Forschung	1
1.2.	Zentrale Fragen	3
1.3.	Hauptansatz der Kritik: Abschied vom Vorbild Amerika	7
1.4.	Management und Massenproduktion. Zur industriellen Entwicklung der USA	8
1.5.	Die Bedeutung neuer Management-Perspektiven für Zeitung und Journalisten	17
2.	Untersuchungsanlage und -methoden	19
2.1.	Die Einzelfallstudie	19
2.2.	Passiv-teilnehmende Beobachtung und strukturiertes Leitfadeninterview	19
2.3.	Produktanalyse: *Input-Output*-Vergleich	19
2.4.	Sozio-demographische Zusammensetzung der untersuchten (Lokal)Redaktion	20
2.5.	Möglichkeiten und Grenzen der Zugänglichkeit	23
3.	Untersuchungsfeld	24
3.1.	Seattle - "lebenswerteste Stadt der USA"	24
3.2.	Verbreitungsgebiet und potentielle Leserschaft der "Seattle Times"	25
3.3.	Politisches Klima	26
3.4.	Geschichte und Image der "Seattle Times"	26
4.	Geschäftspolitik der Seattle Times Co.	28
4.1.	Maximaler Profit bei minimalem finanziellen Risiko: Das *Joint Operating Agreement* (JOA) mit dem Konkurrenzblatt "Seattle Post-Intelligencer"	28
4.2.	Folgekosten für die Redaktion der "Seattle Times"	35
4.3.	Publizistische Anpassungsversuche	42
4.4.	Machtkampf zwischen Redaktion, Technik und Vertrieb	44
4.5.	Nachmittagszeitungen in den USA verlieren Auflage - Reform redaktioneller Inhalte zwecklos	46
4.6.	JOAs garantieren und vergrößern finanziellen Erfolg	49
4.7.	Fazit	53

II. STRUKTURMERKMALE REDAKTIONELLER ORGANISATION

5.	**Spezialisierung**	**56**
5.1.	Zeitungsoptik - Tätigkeitsfeld für Spezialisten	57
5.1.1.	Fotoabteilung mit 21 Vollzeitstellen	59
5.1.2.	Zwölf "Künstler" für Grafik und Layout	61
5.1.3.	Stellenwert der optischen Blattgestaltung hoch	62
5.2.	Reportertypen	69
5.2.1.	GA-Reporter recherchieren aktuell, auf Anweisung	69
5.2.2.	*Beat*-Reporter bearbeiten kontinuierlich ein Fachgebiet	74
5.2.3.	Schattenseiten der Reportertätigkeit und -laufbahn	84
5.3.	Redakteure (*Editors*)	90
5.3.1.	Assistant *City Editors* (ACEs) überwachen Reporter	90
5.3.2.	Was Reporter von vorgesetzten Redakteuren erwarten - Zitate	95
5.3.3.	Schattenseiten der Redakteursarbeit	96
5.3.4.	Der Lokalchef (*City Editor*) als "*key manager*" der *Company*	100
5.3.5.	Regionalchef (*Metro Editor*) und Stadtteilbüro-Chefin (*Suburban Editor*)	100
5.4.	Die Chefredaktion der "Seattle Times"	101
5.4.1.	Der Chefredakteur (*Executive Editor*)	101
5.4.2.	Der Stellvertretende Chefredakteur (*Managing Editor*)	103
5.5.	Textverarbeiter und Schlagzeilenmacher (*Copy Desk*)	104
5.6.	Sonderpositionen sollen Qualität mittel- und langfristig heben	107
5.7.	Arbeitsteiliger Produktionsprozeß in US-Redaktionen historisch entwickelt	110
5.8.	Vietnam und Watergate - Reporter als Helden der Neuzeit	120
5.9.	Der Redakteur als Manager	126
5.10	Trendsetter "USA Today" - der Siegeszug der Optik	135
5.11.	Fazit	137
6.	**Planung**	**138**
6.1.	Chefredakteur der "Seattle Times" baute Planung in tägliche Routine ein	138
6.2.	Planungsinstrumente	139
6.2.1.	Regelmäßige Konferenzen	139
6.2.2.	Listen für Reporter und veröffentlichungsreife Geschichten	146
6.3.	"*We are so busy planning that we miss the story sometimes*" - Kritik am Planungseifer der "Seattle Times"	149
6.4.	*Input-Output*-Vergleich: Eröffnet Planung Spielräume für eigene Ideen und umfassendere Recherchen?	151
6.5.	Planung als zukunftsträchtiges Strukturmerkmal redaktioneller Organisation in amerikanischen Tageszeitungen prinzipiell anerkannt - Reporter kritisch	153
6.6.	Fazit	156
7.	**Kontrolle**	**158**
7.1.	Textkontrolle: Der *Editing*-Prozeß der "Seattle Times"	158
7.1.1.	Gespräch mit direkt vorgesetztem Redakteur (ACE) klärt Aufbau und Tendenz einer Geschichte	159

7.1.2.	Endfertigung im *Copy Desk* über mindestens vier Stationen	161
7.1.3.	Reporter der "Seattle Times" finden praktizierte Textkontrolle überzogen, kontraproduktiv	164
7.1.4.	Topziel der Textkontrolle: Berichterstattung juristisch unanfechtbar machen	172
7.1.5.	*Input-Output*-Vergleich bestätigt Reporterkritik	173
7.2.	Textkontrolle durch *Editing* in amerikanischen Zeitungen traditionell mehrstufig, aufwendig, strikt	175
7.3.	Trendsetter "USA Today": *"Chain-saw-style-Editing"*	180
7.4.	Persönliche Leistungskontrolle: Der *Pay for Performance Plan* (PFP) der "Seattle Times"	181
7.4.1.	Definition erwünschter Leistungsmerkmale	183
7.4.2.	Einspruch gegen Beurteilungen	184
7.4.3.	Reporter und Redakteure lehnen PFP prinzipiell ab	186
7.5.	Leistungsabhängige Bezahlung setzt sich in immer mehr amerikanischen Unternehmen und Zeitungsbetrieben durch	198
7.6.	Psychologische Unwägbarkeiten: Kann PFP motivieren?	200
7.7.	Die Ohnmacht der Gewerkschaften	204
7.8.	Fazit	206

III. DEFINITION PUBLIZISTISCHER ZIELE AUS LESER-/ANZEIGENMARKT

8.	**Marketing**	208
8.1.	Die Belden-Studie von 1987	208
8.1.1.	Elite-Profil der Leserschaft bestätigt	209
8.1.2.	Lücke zwischen Nachfrage und publizistischem Angebot festgestellt	210
8.1.3.	Empfehlungen an die Chefredaktion	212
8.1.4.	Umsetzung der Erweiterungsvorschläge - Beispiele	213
8.2.	Markt- und Management-Beratung für amerikanische Zeitungsverlage boomt Orientierungsbedarf enorm	220
8.3.	Empfohlene Standard-Strategien: *Zoning - Diversification - Targeting*	223
8.4.	Abkehr vom Massenmedium: Fortschreitende Konzentration auf (kaufkräftige) soziale Eliten	224
8.5.	Mehrheit amerikanischer Journalisten gegen Definitionsmacht von Marketing im redaktionellen Bereich	226
8.6.	Fazit	228
	Exkurs: *"Tankers of Trouble"* - Der programmierte Pulitzer-Preis	230

IV. Bilanz und Ausblick: 236
US-Redaktionsmanagement -
Zukunftsmodell für Deutschland?

V. Literaturverzeichnis 243

VI. Personenregister 265

VII. Zeitungs- und Zeitschriftentitelregister 271

Abbildungsverzeichnis

Abb. 1: Analysemodell im Überblick 5

Abb. 2: Geographische Lage von Seattle 24

Abb. 3: Verbreitungsgebiet (*Newspaper Designated Market*) der
"Seattle Times" 25

Abb. 4: Auflageentwicklung von "Seattle Times", "Seattle PI" und
Sonntagsblatt 30

Abb. 5: Zeitungsgestaltung - ausgewählte Beispiele (a-c) 57-59

Abb. 6: Organisationsaufbau *City Desk* (ohne Stadtteile) 70

Abb. 7: Regelmäßige Konferenzen der *City Desk*-Redakteure 140

Abb. 8: *Editing* - Verfahrensablauf 161

Abb. 9: Leistungsbeurteilung der Reporter laut
Pay for Performance Plan 184

Vorbemerkung

Der empirische Teil dieser Arbeit spiegelt die Verhältnisse in der Lokalredaktion der US-Tageszeitung "Seattle Times" zwischen Oktober 1989 und Januar 1990 wieder. Der Redaktionsschluß für die umfassenden Literatur-Recherchen fällt praktisch mit der Fertigstellung des endgültigen Manuskriptes im Sommer 1995 zusammen, wobei das quantitative Übergewicht amerikanischer Fachliteratur aus den späten 80er und frühen 90er Jahren nicht deckungsgleich mit der Signifikanz der zitierten Quellen für das Thema ist. Vielmehr hat es gerade im deutschsprachigen Raum ab Herbst 1994 etliche Veröffentlichungen gegeben, die die Aktualität der am amerikanischen Fallbeispiel aufgeworfenen Fragestellungen für die Debatte um redaktionelle Managementreformen hierzulande unterstreichen. Daß die in der Fallstudie ermittelten empirischen Daten vermutlich nicht mehr lückenlos mit dem Zuschnitt des redaktionellen Managements bei der "Seattle Times" im Erscheinungsjahr dieser Veröffentlichung übereinstimmen, erscheint vor diesem Hintergrund zweitrangig. Der Vollständigkeit halber sind mir bekanntgewordene Änderungen an den entsprechenden Textstellen im Fußnotenteil beigefügt.

Abkürzungsverzeichnis

ACE	Assistant City Editor
ANPA	American Newspaper Publishers Association
AP	Associated Press
ASNE	American Society of Newspaper Editors
BDZV	Bundesverband Deutscher Zeitungsverleger
CJR	Columbia Journalism Review
FAZ	Frankfurter Allgemeine Zeitung
GA	General Assignment
JOA	Joint Operating Agreement
MBA	Master of Business Administration
NAB	Newspaper Advertising Bureau
NDM	Newspaper Designated Market
PI	Seattle Post-Intelligencer
PFP	Pay for Performance Plan
RSI	Repetitive Strain Injury
RuF	Rundfunk und Fernsehen
TNT	Tacoma News Tribune
WJR	Washington Journalism Review

Vorwort

Im Regelfall stellt der kommunikationswissenschaftliche Erkenntnisgewinn zwischen Deutschland und den USA eine Einbahnstraße dar. Bis hin zu Einzelmoden der Forschungspraxis werden Gepflogenheiten des US-amerikanischen Wissenschaftsbetriebes hierzulande gerne vorbehaltslos kopiert.

Ein kennzeichnendes Element dieses Einbahnstraßenbetriebes ist nicht zuletzt darin zu sehen, daß deutsche Forschung im Bereich der Kommunikationswissenschaften in den USA grundsätzlich nicht zur Kenntnis genommen wird. Umgekehrt hingegen ist eher ein Wallfahrer-Syndrom zu konstatieren. In der Regel können auch hochrangige Experten hierzulande keinerlei Auskunft zum Stand von Forschung und Wissenschaft in ihren direkten Nachbarländern geben, hingegen detailliert zu Extremverästelungen des US-Forschungsbetriebes extemporieren. Zumindest nachdenklich müßte diese Praxis machen.

Empirische Forschung deutscher Forscherinnen und Forscher in den USA, die sich bewußt kritisch und distanziert verhält, ist daher eher rare Ausnahme. Ein gelungenes und positives Ausnahmebeispiel stellt die Arbeit von Sieglinde Neumann dar.

Jahrzehntelang galt auch die US-amerikanische Industriepraxis mehr oder weniger kritiklos als Leitbild der industriellen Zukunft in Europa und speziell in Deutschland. Erst die große Stagflation in den achtziger Jahren hat hier gefestigte Glaubenssätze aufgeweicht und neue Chancen für kritische, nicht zuletzt auch eigene Ansätze geliefert.

Im industriellen Sektor der Massenmedien hatte über lange Epochen vor allem die US-Tageszeitungsindustrie für die deutsche Verlagswelt Leitfunktion. Ebenso wie in der Verbrauchsgüterindustrie glaubte man sicher zu sein, daß Marktentwicklungen und technischer Fortschritt in den USA im Abstand von nur wenigen Jahren auch im eigenen Land Platz greifen würden. Überwiegend lag man mit solchen Annahmen durchaus richtig. So galt dies im Tageszeitungssektor für das Wirkungsgewicht der Umstellung auf elektronische Satzherstellung, für den Farbdruck, für Teile des Anzeigenwesens. Aber es ist keineswegs Gesetzmäßigkeit, was für viele Fachleute eine stehende Regel zu sein scheint. Die Studie von Sieglinde Neumann macht - in den Grenzen, in denen eine klassische Fallstudie verallgemeinerungsfähig ist - vor allem eines deutlich, es gilt diese im Leitverhältnis der USA gerne zugrundegelegte Folgerichtigkeit eines Entwicklungstrends auf keinen Fall für das Management in Tageszeitungsbetrieben.

Sieglinde Neumann weist nach, wenn es um des "Kaisers neue Kleider" geht, wie immer sie firmieren mögen, z.B. auch als "redaktionelles Management", erst genaues Hinschauen schafft wirklich Klarheit. Mindestens ein Individuum aus der Schar der in Bann Geratenen muß wirklich präzise hinschauen und muß zur Feststellung kommen: der Kaiser ist nackt. Um die Qualität einer derartigen, sehr vereinzelten und im bisherigen Forschungsbetrieb eher seltenen Feststellung geht es in dieser Untersuchung: Die Organisation des

US-amerikanischen Tageszeitungsbetriebes hat deutlich spezifische kulturelle Eigenheiten, sie wird streckenweise von diskutablen Innovationen getragen, dennoch geht kein Weg an der Feststellung vorbei, daß sie sich keineswegs auf der Höhe des allgemeinen industriellen Organisationsfortschrittes bewegt. Ganz im Gegenteil.

In der Bundesrepublik Deutschland hat in den letzten Jahren ein erneuter Trend Wirkung entfaltet, der bestimmten Systemeigenschaften der US-amerikanischen Mediengesellschaft besonders positive Eigenschaften mit Vorbildcharakter für Deutschland unterstellt. Zu hören ist dabei insbesondere viel zu systembedingten Funktionalismen, insbesondere einer Art selbstregulatorischer Sicherung journalistischer Qualität durchgehend durch das gesamte Mediensystem. Das Gewicht der hier vorgelegten Einzelfallstudie liegt vor allem darin, einen wichtigen Fingerzeig zu geben, wieviel Vorsicht angebracht sein sollte bei systembezogenen Verallgemeinerungen, die nur auf einer bestimmten Stufe der materiellen Ermittlung und systematischen Verallgemeinerung verharren. Wäre das Funktionieren der "Seattle Times" nur aufgrund eines intensiven Durchganges durch die Diskussionslage in der fachlichen Publizistik oder von ein oder zwei Interviews mit Führungskräften sowie der Tatsache einer Pulitzer-Preisvergabe "analysiert" worden, herausgekommen wäre notwendigerweise eine ungebrochene Akkolade des "für die USA typischen Systems der Sicherung journalistischer Qualität durch ein komplexes System intra- und extra-organisatorischer Vorkehrungen auf betrieblicher Ebene und darüberhinaus". Eine solche Feststellung - hier einer gängigen Begrifflichkeit fiktiv angenähert - hätte mit der betriebspraktischen Realität in ihrer tatsächlichen Gebrochenheit und Konfliktbesetztheit wenig zu tun. Die Fülle der Beweise dafür werden in der Untersuchung von Sieglinde Neumann vorgelegt.

Der letztgenannte methodische Vorbehalt muß für die meisten stark abstrahierenden Untersuchungen der US-amerikanischen Medienorganisation gemacht werden. Sie sind in der Regel zu sehr vom "Columbus-Blick" getrübt, bei dem nicht so sehr die real vorfindbare und in der überwiegenden Zahl höchst diffizile Realität und Praxis ausschlaggebend ist, sondern eine innere, realitätsgenerierende Formel, welcher Kompaßeinstellung auch immer diese folgen mag. Derartige Einstellungen folgen zum Beispiel eher einseitigen Leitschemata "journalistischer Qualität", oder eines "demokratischen Funktionalismus" oder einer "basisgestützten Sicherung von Pluralität", derartige Vorprägungen existieren Dutzende - und nicht zuletzt traditionell eingespurte - im Einbahnstraßenverkehr der Forschungsverbindungen zwischen Deutschland und den USA. Der wahre Columbus jedenfalls war in seiner Realitätsfeststellung soweit geprägt von der Erkenntnis, ganz woanders gelandet zu sein, daß er - im Besitz der "Beschreibung der Welt" von Marco Polo - sogar starb in der festen Überzeugung "Zipangu", nämlich die japanischen Inseln in der Begrifflichkeit Polos, und endlich den westlichen Weg nach Indien entdeckt zu haben. Mir scheint, manche deutschen Erforscher der US-Medienwirklichkeit könnten leicht ein ähnliches Schicksal unter anderen fachlichen Voraussetzungen erleiden.

Kurzum, das einzige, was hier zählt und zu weitergehender Erkenntnis verhilft, ist der ungetrübte Blick, sind Tatsachen der Alltagspraxis, ist die Ermittlung zutreffender Zusammenhänge auf der jeweils nächstliegenden Ebene. Die

Arbeit von Sieglinde Neumann hat genau dies unternommen. Es wurde mit dieser Ausgabe, so glaube ich, ein gelungener Mittelweg eingeschlagen, Schlußfolgerungen nicht zu vernachlässigen und gleichzeitig das Beweismaterial nicht allzusehr auszudünnen.

Aufschlußreiche Erkenntnisse liefert diese Untersuchung nicht zuletzt im weitergehenden Vergleich: Könnte es sein, daß die Organisation und das traditionelle Management der Tageszeitungen in Deutschland möglicherweise eine Reihe von Maßstäben auf der Höhe der modernen industriellen Organisationslehre weitaus besser erfüllen, als dies in den USA der Fall ist? Welche praktischen Einzelaspeke der Qualitätssicherung des Produktes Tageszeitung sind es, mit denen man sich besonders hierzulande noch wird sehr viel detaillierter befassen müssen? Ich will an dieser Stelle eigenen Erkenntnissen der fachlichen Leserschaft nicht vorausgreifen. Aus der fortlaufenden Begleitung dieser Untersuchung kann ich diesem Kreis der Leserschaft nur versichern, es lassen sich eine ganze Reihe von weiterreichenden Entdeckungen im Sinne der Selbstbefragung und des praxisbezogenen Vergleichs machen. Daß dies möglich ist, scheint mir für den noch jungen und auf die Praxis der Medien zugeschnittenen Forschungszweig der Journalistik von besonderer Verheißung.

Gerd G. Kopper

Dortmund
im Januar 1997

Für meine Eltern,
Peter und Paul

I. GRUNDLAGEN

1. Zur Einführung

1.1. Stand der Forschung

Fehlt das Geld, das Engagement, die Zeit? Wer immer sich näher mit Zeitungsjournalismus in USA befaßt, wird überrascht feststellen, wie rar umfassende empirische Studien deutschsprachiger Autoren seit der klassischen Arbeit von Emil Dovifat über den Amerikanischen Journalismus[1] Mitte der 20er Jahre geblieben sind.

Die Mehrzahl aktueller Berichte von vor Ort ist Quintessenz mehrwöchiger Reisestipendien, die die Bundeszentrale für Politische Bildung oder andere Stiftungen vornehmlich interessierten Journalisten turnusmäßig finanzieren. Folglich sind bruchstückhafte Informationen zu Eigenarten abrufbar wie dem *Ombudsman* als Ansprechpartner für Leser in der Redaktion oder dem Klischee, daß Journalisten in den USA nur halb soviel verdienen wie ihre Kollegen in deutschen Tageszeitungen und amerikanische Redaktionen deshalb doppelt so gut besetzt sind wie vergleichbare Redaktionen hier.[2] Was in der wissenschaftlichen und der journalistisch-praktischen Literatur fehlt, ist eine theoretisch fundierte, kritische Zusammenhangsdarstellung

1.) der komplexen organisatorischen Struktur der Produktionsstätte Redaktion, die dafür sorgt, daß amerikanische Tageszeitungen formal und inhaltlich sind, wie sie sind,

2.) der Gründe, warum und in welcher Hinsicht sich das US-Produkt Tageszeitung von seinem deutschen Äquivalent unterscheidet.[3]

---

[1] Emil Dovifat: Der Amerikanische Journalismus. Stuttgart 1927.

[2] z.B. Michael Bechtel: Zeitung in den Vereinigten Staaten. Versuch einer Auswertung und Zusammenfassung der Teilnehmerberichte einer USA-Studienreise deutscher Journalisten vom November 1984. Bonn Juli 1985 (vervielf. Manuskript); Birgit Buchner: Kreislauf des Erfolgs. In: journalist, Juni 1987, S. 32-34; Katja Riefler: Ein Schuß Lebenshilfe. Wissenschaftsberichte in USA. In: journalist, Juli 1990, S. 42f; Heinz-Dietrich Fischer: Publizistik in Suburbia. Strukturen und Funktionen amerikanischer Vorortzeitungen. Dortmund 1971; Gert Raeithel: Amerikanische Provinz-Zeitungen. München 1987; M.O.C. Döpfner: Der Wettlauf mit den bewegten Bildern. Wie amerikanische Zeitungen mit dem Fernsehen konkurrieren. In: FAZ, 11. Februar 1989.

[3] Auch die auf einen Gesamtüberblick angelegte Buchveröffentlichung von Stephan Ruß-Mohl (Zeitungsumbruch. Wie sich Amerikas Presse revolutioniert. Berlin 1992) verzichtet auf argumentative Stränge. Seine als Ergänzung gedachte Ausarbeitung: Der I-Faktor: Qualitätssicherung im amerikanischen Journalismus - Modell für Europa? Osnabrück 1994, beschäftigt sich ausschließlich mit überbetrieblichen Infrastrukturen. Schon aus Platzmangel unbefriedigend blieb Claus Detjen in seiner Stellungnahme für die Expertenkommission Neue Medien (EKM) in Baden-Württemberg von Januar 1981 ("Auswirkungen elektronischer Medien auf die lokale/regionale Presse: Erfahrungen aus den USA - Folgerungen für die Entwicklung in der Bundesrepublik Deutschland"). Daß Detjen den gezielten Zuschnitt der Zeitungsinhalte auf soziale Eliten als eine wesentliche Reaktion amerikanischer Verlage auf die Konkurrenz Neuer Medien ausspare, mag an seiner Tätigkeit als Geschäftsführer des Bundesverbandes Deutscher Zeitungsverleger (BDZV) liegen. Die Behauptung, einzig die Zeitungsverleger würden die informationelle Grundversorgung der Bevölkerung als publizistische Verantwortung sichern und Medienunternehmen nicht primär als Geschäft betreiben, zählt zu den Hauptargumenten im politischen Streit um die bevorzugte Teilhabe der Zeitungsverlage an privatem Rundfunk und Fernsehen in Deutschland vor allem im Lokalen.

Dovifats Studie bietet nach wie vor etliche Einblicke in den amerikanischen Zeitungsbetrieb. Doch nicht nur, daß sich deutsche wie amerikanische Lebens- und Medienwirklichkeit gewandelt, der Sachstand überholt hat. Dovifat beschränkt sich auf eine üppige Beschreibung sichtbarer Arbeitsabläufe, angereichert mit von Führungskräften verlautbarten Positionen, und interpretiert diese vor dem naiv-normativ verherrlichenden Idealbild des Journalisten als "führendem Publizisten".[4] Strukturelle Gesetzmäßigkeiten identifizierte er nicht.

Daß das derart veraltete Werk zum 100. Geburtstag seines Autors dennoch in Neuauflage erschien,[5] drückt nicht zuletzt den aktuellen Bedarf nach Orientierung aus, die ungebrochene Neugier auf Journalismus und Zeitungsproduktion in den USA.

Die mehr oder minder zufällig als Fallbeispiel ausgewählte "Seattle Times"[6] zählt mit einer werktäglichen Auflage von rund 237 000 Exemplaren und ihrem guten, gleichwohl nicht überragenden Ruf als der Sorte Mittelfeld jenseits von "Washington Post" oder "New York Times", die bei aller Verschiedenheit einigermaßen glaubwürdig Schlußfolgerungen auch für bundesrepublikanische Verhältnisse erlaubt.[7] Die Konzentration auf *City Desk* - mit dem deutschen Begriff Lokalredaktion nur unzureichend übersetzt, weil die lokale Perspektive bis auf wenige überregionale Agentur- und Korrespondentenberichte das ganze Blatt dominiert [8] - erfolgte vor dem Hintergrund der überragenden Bedeutung des Lokalen für die jetzige und zukünftige Attraktivität des Mediums

---

[4] Dovifat, a.a.O., S. 213.

[5] Emil Dovifat: Der Amerikanische Journalismus (Berlin/Leipzig 1927), neu hrsg. v. Stephan Ruß-Mohl und Bernd Sösemann. Berlin 1990.

[6] Die Stadt Seattle bot sich wegen der Kontakte des Fachbereichs Journalistik an der Universität Dortmund zur dortigen School of Communications an. Die "Seattle Times" war Station bei unter Fußnote 2 genannter Journalisten-Reise der Bundeszentrale für Politische Bildung, was Offenheit auch für weiterreichende Studienprojekte vermuten ließ, ohne daß ich zu diesem Zeitpunkt ahnen konnte, wie sehr sich das Blatt als Beispiel für einen modernen amerikanischen Tageszeitungsbetrieb eignen würde.

[7] Bei der "Seattle Times" handelt es sich allerdings auch nicht, wie an späterer Stelle ausführlich erläutert werden wird, um eine der "bottom line"-Lokalzeitungen, deren Redaktionen auch in den USA mit einem Minimum an Personalstellen auskommen müssen.- John L. Hulteng: The news media - what makes them tick? Englewood Cliffs (N.J.) 1979. Zitat, S. 43: "A newspaper's staff is held to an absolute minimum, as an example, allowing bare-bones coverage of the essential happenings. But the extra five, ten, or twenty reporters who would make the difference between a minimum level of coverage and the kind of searching, investigative reporting that gets behind surface events and invests the news with real meaning cannot be hired, because that would boost operating budgets and pare profit margins."

[8] Für Auslandsnachrichten etwa setzen US-Tageszeitungen in "startling homogeneity" nur 2,6 Prozent des anzeigenfreien Raumes ein.- Michael Emery: An endangered species: The international newshole. In: Gannett Center Journal, Herbst 1989, S. 151-164; Häufigste Begründung, warum amerikanische Wirtschaftsredakteure Pressemitteilungen nicht berücksichtigen, ist das Fehlen eines lokalen Aufhängers.- Mary Virginia Haynes: Factors influencing the use of press releases by business news editors. M.A. University of Texas 1979; Einen ähnlich klaren Zusammenhang ermittelte am Beispiel landwirtschaftlicher Nachrichten Eugene Paul Hettel: Attitudes of Ohio nespaper editors toward agricultural news in general and their handling of agricultural news from a specific source - the weekly extension / OARDC news packet. M.A. Ohio State University 1980.

Tageszeitung besonders, aber nicht nur in den USA.[9] Außerdem darf hier auch in amerikanischen Zeitungsbetrieben der höchste Anteil redaktioneller Eigenleistungen vermutet werden.

1.2. Zentrale Fragen

Im Mittelpunkt der Untersuchung steht die Frage nach der redaktionellen Organisation und der ihr zugrunde liegenden Organisationslogik, die sich im redaktionellen Bereich, also im Tätigkeitsfeld von Journalisten, als redaktionelles Management niederschlägt und zu der Art Produkt führt, die als amerikanische Zeitung identifizierbar ist. Der Begriff Management wird zwar auch als Bezeichnung des Führungspersonals verwandt. Vorrangig soll jedoch der funktionale Aspekt betrachtet werden.[10]

Die empirische Analyse wirkungsrelevanter Faktoren im redaktionellen Management amerikanischer Zeitungsbetriebe könnte Grenzen der Reformierbarkeit und Anhaltspunkte für alternative Lösungen redaktioneller Organisation auch in Deutschland offenlegen, wo seit Mitte der 1980er Jahre analog zur Vernachlässigung der Printmedien in der öffentlichen Debatte so gut wie keine Redaktionsforschung mehr stattgefunden hat[11] und dem *Allround-Redakteur* traditionell der Vorzug vor einem arbeitsteiligeren Rollenverständnis gegeben wird.[12]

Die eigentliche theoretische Aufgabe dieser Arbeit liegt in der Forderung, Management- und Industrialisierungskonzepte mit publizistischen, berufssoziologischen und organisationstechnischen Fragestellungen zu einer kritischen Gesamtbetrachtung der Organisation journalistischer Arbeit in amerikanischen Tageszeitungen zu verknüpfen.

Dröge/Kopper definierten vier maßgebliche Faktoren für die historische Entwicklungslogik der Medien: Rationalisierung, kreative Zerstörung (i.S. der Schumpeter'schen Basis-Innovation), soziale Formgebung im Verkehrszusammenhang der Gesellschaft und schließlich empirische Subjekte.[13] Ein Fortschritt bezogen auf den Rahmen der Redaktionsforschung

---

[9] Dieter Golombek: Lokale Kommunikation. Bilanz der Praxis. 10 Thesen. In: Wolfgang R. Langenbucher (Hrsg.), Lokalkommunikation. München 1980, S. 31; dito Alfred Neven DuMont: Die Zeitung - ein sterbendes Medium? Die Zukunft unserer Redaktion. Rede vor der BDZV-Jahresversammlung am 5. Oktober 1993 in Hannover (vervielf. Manuskript).

[10] Zur ausführlichen theoretischen Abgrenzung vgl. u.a. Horst Steinmann/Georg Schreyögg: Management. Grundlagen der Unternehmensführung. Konzepte, Funktionen und Praxisfälle. 2. durchges. Aufl., Wiesbaden 1991, bes. S. 5ff.

[11] vgl. Manfred Rühl: Organisatorischer Journalismus - Tendenzen der Redaktionsforschung. Bamberg 1988. In: Analysen und Synthesen. Berichte und Monographien zur Kommunikationstheorie und Kommunikationspolitik, hrsg. von Manfred Rühl. Bd. 2., S. 18.

[12] Daß mehr Organisation i.S. größerer Arbeitsteiligkeit und Spezialisierung sowohl von Lokalredakteuren als auch von Verlegern prinzipiell abgelehnt wird, zeigte das erste praktische Experiment in dieser Richtung von Sieglinde Neumann: Das Modell Lokalreporter. Dortmund 1986 (unveröff. Diplomarbeit).

[13] Franz Dröge/Gerd G. Kopper: Der Medien-Prozeß. Zur Struktur innerer Errungenschaften der bürgerlichen Gesellschaft. Opladen 1991, S. 16ff.

insofern, als daß das einzelne Redaktionsmitglied weder als (tendenziell) allmächtiger "*Gatekeeper*"[14] noch als (tendenziell) willenloses "Rädchen im Getriebe"[15] erscheint, sondern als initiativ handelnder Mensch in einem historisch konstituierten Sinnbereich, beruhend auf strukturellen Vorbedingungen, also einem objektiven Datenkranz für Entscheidungen und Handlungsmotive.

In Redaktionen sind diese "objektiven" Bedingungen typischerweise besonders schwer zugänglich. Entscheidungsprogramme in ihrer Komplexität sind, wie Manfred Rühl am deutschen Beispiel formuliert, "sozialwissenschaftliche Rekonstruktionen", die in einer Redaktion so gut wie nie schriftlich festgelegt werden, aber empirisch prüfbar fungieren.[16] Ihre formellen und informellen Bestandteile im amerikanischen Zeitungsbetrieb zu identifizieren, ist der erste Schritt, sich der Handlungs- und Entscheidungslogik im Fallbeispiel zu nähern, somit Spielräume, Artikulations- und Ausweichmöglichkeiten der "empirischen Subjekte" zu erfassen.

Folgenreich dürfte die in US-Redaktionen traditionell übliche Trennung zwischen Reporter und *Editor* (=Redakteur) sein, die die Schnittstelle für die wechselseitige Beeinflussung zwischen Redaktion und Umwelt formal mitten in die Redaktion verlegt und Wahrnehmungshorizonte teilt. So erfahren direktes Feedback von Nichtredaktions- oder Nichtverlagsangehörigen - wenn überhaupt - [17] die Reporter, während amerikanische Redakteure sich im Arbeitsalltag jenseits von Freizeit, Freundeskreis und Familie ausschließlich in einer künstlichen Redaktionsumwelt mit komplexer Eigengesetzlichkeit bewegen.[18]

---

[14] vgl. u.a. Paul M. Hirsch: Occupational, organizational and institutional models in mass media research. Toward an integrated framework. In: Cleveland G. Wilhoit/Harold de Bock: Mass communication review yearbook, Vol. 1, Beverly Hills 1980, S. 265-294.

[15] z.B. Ulrich Hienzsch: Journalismus als Restgröße. Wiesbaden 1990.

[16] Manfred Rühl, Organisatorischer Journalismus, S. 17.

[17] Daß Journalisten sich generell eher an Kollegen als am Publikum orientieren, zeigt an deutschem Material u.a. Wolfgang Donsbach: Journalisten zwischen Publikum und Kollegen. In: RuF, Heft 2/3, 1981, S. 168-184; Daß die eigene Meinung US-Reporter am stärksten leitet, ermittelten Ruth C. Flegel/Steven H. Chaffee: Influence of editors, readers, and personal opinions on reporters. In: Journalism Quarterly, Winter 1971, S. 645-651. Zitat, S. 649: "... they feel that their own opinions guide their reporting more than do those of their editors; readers' opinions are even less important."

[18] Nur 52 Prozent der US-Journalisten glauben, sie hätten "enough contacts with people outside the newsroom to have a good feel for what is going on in the community". 29 Prozent sagen, sie wären vollständig isoliert. vgl. Judee K. Burgoon et al.: Communication practices of journalists: Interaction with public, other journalists. In: Journalism Quarterly, Frühling 1987, S. 125-132/275; dito Celeste Huenergard: Study says reporters are cynical, arrogant, isolated. In: Editor & Publisher, 22. Mai 1982, S. 14/36.

Im Fallbeispiel "Seattle Times" bilden Spezialisierung, Planung und Kontrolle die Eckpfeiler einer stark formalisierten redaktionellen Organisation.[19] Marketing erscheint in diesem Modell als wichtigste, quasi-objektive Richtschnur nicht nur für primär unternehmerische Managementaktivitäten auf Verlagsebene wie Rationalisierung (Blattumfang, Vertrieb) und Produktinnovation (Datenbank-Service, *Direct mail*), sondern auch als ein zentraler Grund für die Gestaltung redaktionellen Managements in der vorliegenden Form.

In persönlichem Kontakt zu örtlicher Wirklichkeit stehen von Berufs wegen lediglich die Reporter, wenn auch, wie später gezeigt werden wird, routinemäßig beschränkt auf Träger der für ihr Berichterstattungsfeld relevanten Information.[20]

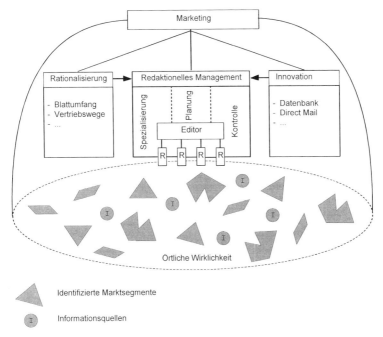

Abb. 1: Analysemodell im Überblick

---

[19] Bürokratie hätte ebenfalls ein zusammenfassender Ordnungsbegriff sein können, doch ist die Definition im Kontext der Bürokratieforschung von Max Weber zu einseitig festgelegt auf den Bereich öffentlicher Verwaltung, um im Zusammenhang mit Redaktionen zu treffen. Obwohl im allgemeinen Sprachgebrauch ganz selbstverständlich etliche Merkmale der hier vorgeführten redaktionellen Organisation als "bürokratisch" bezeichnet werden könnten, scheint das weiter gefaßte Vokabular der Organisationsforschung adäquater. vgl. Max Weber: Wirtschaft und Gesellschaft. Grundriß verstehender Soziologie, 5. rev. Aufl. v. Johannes Winckelmann, Tübingen 1976, S. 122ff.

[20] vgl. Barbara Koller: Journalisten und ihr Beruf: theoretische Ansätze und Ergebnisse amerikanischer Kommunikatorstudien. Arbeitsbereich 1 des Teilprojektes 16, Universität Erlangen-Nürnberg, März 1977; Leon V. Sigal: Reporters and officials. The organization and politics of newsmaking. Lexington/Toronto/London 1973, bes. S. 104ff.

Reibungspunkte zwischen der Dominanz von Marketingzielen und der im journalistischen Berufsbild praktisch aller demokratisch verfaßten Gesellschaften postulierten professionellen Unabhängigkeit[21] ergeben sich fast zwangsläufig aus dieser Konstellation. Ebenso ist zu vermuten, daß amerikanische Reporter als weisungsabhängige Untergebene diesem strukturbedingten Konflikt potentiell stärker ausgesetzt sein dürften als ihre vorgesetzten Redakteure.[22] Dies mag zwar zu verschärftem Druck auf den einzelnen Berichterstatter, aber nicht zwangsläufig zu größerem Erfolg im Produktionszusammenhang führen. Und genau hier liegt der Hauptansatz für eine prinzipielle Kritik an redaktionellem Management amerikanischer Prägung, die weder den berechtigten, in Betrieben aber selten wirkungsvollen Rückgriff auf Erklärungen zur zentralen Rolle der Tageszeitung im demokratischen Gemeinwesen nötig hat[23] noch die ultimative Verteufelung der kapitalistischen Verfassung der Branche. Vielmehr nimmt sie als unabänderliche Größe hin, daß Zeitungsverlage als profitorientierte Wirtschaftsbetriebe den redaktionellen Teil einer Zeitung selbstverständlich als "bloßes Mittel zum Zweck" betrachten, "lästig und kostensteigernd", wie der Ökonom Karl Bücher zu einer Zeit formulierte, als Emil Dovifat noch feierlich das schon damals realitätsferne Leitbild des "führenden Publizisten" beschwor und im von Militarismus und Armut bedrückten Deutschland naive Bewunderung für die glanzvolle Neue Welt in Mode war.[24]

---

[21] Siegfried Weischenberg: Zwischen Taylorisierung und professioneller Orientierung. Perspektiven künftigen Kommunikatorhandelns. In: RuF, Heft 2/3, 1981, S. 151-167; Die im internationalen Vergleich unübertroffene verbale Produktivität der Amerikaner zu den Themen Pressefreiheit und Unabhängigkeit der Journalisten stellt eine UNESCO-Studie dar.- Clement J. Jones: Mass media codes of ethics and councils. A comparative international study on professional standards. Paris 1980.

[22] In der amerikanischen Fachliteratur wird das Spannungsverhältnis zwischen Reporter und Editor mannigfach, meist an konkreten Beispielen thematisiert, etwa bei Warren Strugatch: Out of time - The rise and fall of a corporate editor. In: The Quill, Februar 1989, S. 33-36; Joseph T. Scanlon: Some reflections on the matter of ethics in journalism. In: Lee Thayer (Hrsg.): Ethics, morality and the media. Notes on american culture. New York 1980, S. 127-137; Die These, daß "biased news" das Ergebnis einer Serie organisatorischer Prozesse sei, die primär darauf zielen, Konflikte zwischen Reportern und vorgesetzten Editors zu vermeiden, vertreten Lee Sigelman: Reporting the news: An organizational analysis. In: American Journal of Sociology 1973, S. 132-51, und Linda R. Lannus: The news organization and news operations of the urban press: A sociological analysis based on two case studies. Ph.D. University of Pennsylvania 1977; Daß Berichterstattung eher professionelle Verzerrung von Wirklichkeit wiederspiegelt als Rechts-Links-Orientierung im politischen Sinn verdeutlicht Herbert J. Gans: Are U.S. journalists dangerously liberal? In: CJR, November/Dezember 1985, S. 29-33. Da jedoch nur in 3 von 84 als "biased news" identifizierten Fällen einseitige Verzerrung entgegen der herausgeberischen Linie der Zeitung entstand, muß der politische Faktor mit berücksichtigt werden, meint Ben H. Bagdikian: The politics of american newspapers. In: CJR, März/April 1972, S. 8-13.

[23] Schlüssig argumentiert Dieter Stammler: Die Presse als soziale und verfassungsrechtliche Institution. Berlin 1971; Daß umgekehrt Verleger Pressefreiheit immer dann beschwören, wenn es gilt, ihren unternehmerischen Handlungsspielraum zu sichern, zeigt Rolf Richter: Kommunikationsfreiheit = Verlegerfreiheit? Pullach bei München 1973; Warum Appelle an Medieneigentümer, die Öffentlichkeit gründlicher zu informieren, meist wirkungslos bleiben, begründen US-Medienforscher wie folgt: "To entertain, to inform, to influence, to make money" seien die vier Grundfunktionen der Medien. Nur eine davon, "to inform", sei unwesentlich.- vgl. Peter M. Sandman/David M. Rubin/David B. Sachsman: Media. In introductory analysis of american mass communications. 2nd Ed., Englewood Cliffs (N.J.) 1976/72, S. 9-14.

[24] Karl Bücher: Zur Frage der Preßreform (1917). In: Karl Bücher: Gesammelte Aufsätze zur Zeitungskunde. Tübingen 1926, S. 405.

1.3. Hauptansatz für Kritik: Abschied vom Vorbild Amerika

Ausgehend von der Frage nach Macht und Einfluß, Freiheits- und Abhängigkeitsverhältnissen auf den verschiedensten horizontalen wie vertikalen Arbeits- und Entscheidungsebenen münden Fragezeichen hinter einzelnen Merkmalen redaktionellen Managements bei der "Seattle Times" in dem bisher wohl einmaligen Versuch, die zugrunde liegende Organisationslogik als weitgehend überholt vorzuführen und nicht zuletzt reformwilligen Journalisten und Verlegern in Deutschland größere Distanz zu Leitmotiven des "Amerikanismus"[25] vorzuschlagen. Dieser soll, um den Rahmen dieser Untersuchung nicht zu sprengen, im Folgenden zunächst konzentriert auf Managementkonzepte im Allgemeinen und anschließend bezogen auf deren Anwendung in Redaktionen problematisiert werden.[26]

Althergebrachter Meßeifer, dem Finanzbereich entlehnt, darauf zielend, Mitarbeiterverhalten zu steuern und zu kontrollieren, der Technikmentalität des Industriezeitalters gemäß, tritt quer durch alle gewerblichen Branchen als wesentlicher Baustein des "Amerikanismus" im Wirtschaftsleben zutage. US-Redaktionen und ihr Management, so die zentrale These dieser Arbeit, reihen sich, je größer und finanzstärker sie sind, desto perfekter in dieses rein rationale, industrielle Denkmuster ein.

Die Crux: Während die amerikanischen Zeitungsverlage seit Mitte der 80er Jahre anfangen, parallel zur Aufweichung der Grenzen zwischen Anzeigenabteilung, Vertrieb und Redaktion flächendeckend immer feiner ausgestaltete und formalisiertere Managementinstrumente gerade im redaktionellen Bereich durchzusetzen (nicht zuletzt weil auf die Branche spezialisierte Managementberater diese als fortschrittlich propagieren), mühen sich andere amerikanische Industrien, diesen organisationsinternen Ballast abzuwerfen, um

---

[25] Die mit diesem Begriff traditionell implizierte Wertung aus moralischer Warte versucht die vorliegende Arbeit weitmöglichst zu vermeiden. Kritik erfolgt ausdrücklich nicht in der Tradition des europäischen Antiamerikanismus, der das "Wesen" der Vereinigten Staaten pauschal als nur auf Geld und materiellen Erfolg zielend, kulturlos, oberflächlich, standardisiert und nivelliert abqualifiziert.- vgl. Gesine Schwan: Das deutsche Amerikabild seit der Weimarer Republik. In: Aus Politik und Zeitgeschichte 28 (1986), S. 3-15; Es geht vielmehr um Strukturmerkmale amerikanischen Managements und dessen ideologische Basis, auf Funktionsdefizite bezüglich der Produktionsaufgabe im (Tages)Zeitungsbetrieb analysiert. Ein pragmatischer Ansatz, der in der Soziologie traditionell eher als typisch amerikanisch denn europäisch gilt.- Graham C. Kinloch: Sociological theory. Its development and major paradigms. New York/St. Louis/San Francisco 1977; Unvermeidlich ist, daß sich schon in der Idee zu diesem Projekt einmal mehr manifestiert, daß wir Europäer uns der USA seit ihrer Gründung als Gegenstück und Zukunftsprojektion bedienen.- Dan Diner: Verkehrte Welten. Antiamerikanismus in Deutschland. Frankfurt/M. 1993.

[26] Eine facettenreiche Definition im Hinblick auf politische und gesellschaftliche Kultur liefert Werner Peters: The existential runner: Über die Demokratie in Amerika. Eggingen 1992; Einen "psychohistorischen Versuch über die Amerikaner", der "nationale Eigenarten" von der Vorliebe für Fast Food bis zur Fortschrittsgläubigkeit aus dem "objektschwachen" Menschen begründen will, startet Gert Raeithel: Go West. Hamburg 1993; Das Grundproblem jeglicher Vergleiche von Organisationskonzepten über nationale Grenzen hinweg, das auch diese Arbeit nicht lösen wird, skizziert William M. Evan: Organization theory. Structures, systems and environments. New York 1976. Zitat: "Thus far, virtually no cross-national or cross-cultural study of organizations has succeeded in conceptualizing and operationalizing the cultural parameters affecting the validity of any proposition in organization theory."

den erhöhten Anforderungen an Flexiblität, Qualität und Effizienz im Produktionsprozeß gewachsen zu sein.[27]

Diese zeitliche Bedingtheit schränkt neben kulturellen Ungleichgewichten und trotz etlicher handwerklich-praktischer Pluspunkte die Tauglichkeit redaktioneller Organisation im amerikanischen Zeitungsbetrieb als Zukunftsmodell für Deutschland empfindlich ein. Dies soll am Beispiel der "Seattle Times" gezeigt werden. Das Blatt, finanziell gesättigt, gelenkt von studierten Kaufleuten in Verlag und Redaktion (auch Chefredakteur Mike Fancher verfügt durch ein Zweitstudium wie später dargestellt werden wird über entsprechende Qualifikation), führt Stärken wie Mängel redaktionellen Managements traditionell amerikanischer Prägung in der praktischen Anwendung vor. Erfolg und Abnutzung des Instrumentariums werden verständlich aus der Geschichte der industriellen Entwicklung der USA von Ende des 19. Jahrhunderts bis heute.

Auf Wandel und Kontinuität der inneren Struktur amerikanischer Tageszeitungsbetriebe wird an späterer Stelle ausführlich eingegangen werden. Die folgenden Ausführungen dienen lediglich zur Begründung der dieser Fallstudie zugrunde liegenden theoretischen Position. Der Übersichtlichkeit halber werden pressespezifische Entwicklungen zunächst ausgeklammert.

1.4. Mangement und Massenproduktion. Zur industriellen Entwicklung der USA. Wie eine Erfolgsformel zum strukturellen Störfaktor wurde.

Auf die wild wuchernde Gründerwelle in den ehemaligen Kolonien folgte schon ab etwa 1880 bis zum 1. Weltkrieg eine Ära, in der sich die Betriebe darauf konzentrierten, vorhandene Mittel effizienter zu nutzen, d.h. Kosten zu senken, Stückzahlen und Qualität zu steigern, gleichzeitig Konkurrenz und Preise unter Kontrolle zu bringen.[28] Frederick W. Taylor entwarf das dazu passende Rationalisierungskonzept - *Scientific Management*.

Der Sohn einer wohlhabenden Quäkerfamilie empfahl, die Betriebsführung auf eine wissenschaftliche Grundlage zu stellen und den Produktionsprozeß in meßbare Schritte zu zerlegen. Den Arbeiter, der ungenügende Leistungen brachte, verglich er mit einem falsch konstruierten Maschinenteil. Unordnung war ihm ein Greuel, die Produktion zu steigern Selbstzweck.[29] Sein Denken entsprach dem Geist der Zeit. Einer Ideologie grenzenloser Machbarkeit und Fortschrittsgläubigkeit, die selbstverständlich davon ausging, daß sich sämtliche Widrigkeiten "rational" meistern ließen. Also vernünftig, logisch und eindeutig geschlußfolgert aus der zutreffenden Darlegung eines Problems. In

---

[27] vgl. z.B. Robert S. Kaplan/David P. Norton: In search of excellence - der Maßstab muß neu definiert werden. In: Harvardmanager, IV. Quartal 1992, S. 37-46.

[28] Alfred D. Chandler: Strategy and structure. Chapters in the history of the american industrial enterprise. 17.Aufl., Cambridge/London 1991, bes. Vier-Stufen-Modell zur kollektiven Geschichte der US-Wirtschaft, S. 385ff.

[29] vgl. Thomas P. Hughes: Die Erfindung Amerikas. Der technologische Aufstieg der USA seit 1870. München 1991, S. 194ff.

der Betriebswirtschaft ist die rationale Lösung seither nicht *eine mögliche*, sondern *die richtige* Lösung schlechthin.[30]

Das zweite Merkmal und organisationstechnische Erbe der Epoche ist die Massenproduktion, verknüpft mit dem Namen Henry Ford und einer technischen Neuheit, dem Fließband. Eher Prinzip als Ding. "Massenproduktion ist keine bestimmte Technik, sondern grundlegendes Konzept der industriellen Organisation. Ihr Grundgedanke ist die Ersetzung individueller Fähigkeiten durch Koordinierung und Organisation", definiert Peter F. Drucker.[31] Als exporttaugliches Muster für Industriegesellschaften weltweit "erfunden" und perfektioniert wurde das Prinzip in den USA, wenn auch bereits Karl Marx die Zerlegung der Herstellung eines Produkts in "einander ergänzende Teiloperationen" am Beispiel der Stecknadelproduktion in England vorführte.[32] "Taylorismus" (= wissenschaftliche Betriebsführung) und "Fordismus" (= Massenproduktion) ergibt "Amerikanismus" - auf diese plakative Formel bringt Technikhistoriker Thomas P. Hughes das Phänomen.[33]

1. und 2. Weltkrieg manifestieren den internationalen Ruhm amerikanischer Produktions- und Organisationstechniken

Der 1. Weltkrieg, der in erster Linie Europa traf, und die "Goldenen" 20er Jahre beflügelten den Aufstieg der USA. Sogar Lenin las Taylor,[34] und vor allem die Deutschen waren fasziniert vom sagenhaften Reichtum, den Wolkenkratzern, Automobilen, *Big Business* und Organisationsgeschick im "Land der unbegrenzten Möglichkeiten". Vermutlich trug indirekt auch diese Begeisterung dazu bei, daß Emil Dovifat gerade in dieser Zeit den Atlantik kreuzte, um in den führenden Zeitungen der Nation den amerikanischen Journalismus zu studieren.

Für Unternehmer wurde die General Motors Co. zum neuen Mekka. Deren Chef Alfred P. Sloan schrieb mit seiner Biographie "Meine Jahre mit GM" nicht nur das erste Management-Fachbuch, das sich wie ein Roman-Bestseller verkaufte, sondern zeichnete auch das erste allgemein anerkannte Profil des idealen Managers. Spezialisierung, Unpersönlichkeit und Pragmatismus machen ihn demnach aus - schlußendlich überragende Rationalität.[35]

Der 2. Weltkrieg zementierte Selbstbewußtsein und Autorität der Amerikaner in Unternehmensorganisation und Führungsfragen. Management wurde als eigenständiger Fachbereich etabliert.[36] In- wie Ausländer führten den Erfolg der

---

[30] Vgl. Thomas J. Peters/Robert H. Waterman: Auf der Suche nach Spitzenleistungen. Was man von den bestgeführten US-Unternehmen lernen kann, 14. Aufl., Landsberg/Lech 1991, S. 55ff.

[31] Peter F. Drucker: Das Großunternehmen. Düsseldorf/Wien 1966, S. 52.

[32] Vgl. Karl Marx: Das Kapital. Kritik der politischen Ökonomie. Bd. 1, nach der 4., v. Friedrich Engels durchges. und hrsg. Aufl. v. 1890. Frankfurt/M. 1967, S. 356ff.

[33] Hughes, Erfindung Amerikas, S. 254ff.

[34] ebd., S. 254.

[35] Peter F. Drucker, Das Großunternehmen, Anhang "Die Rolle Alfred P. Sloans", S. 313-326.

amerikanischen Kriegswirtschaft ab 1942/43 auf Elemente des durch Taylor und Ford begründeten "Amerikanismus" in der Produktionsgestaltung zurück, vor allem den Entwurf des Endprodukts als Summe austauschbarer Teile und den Entwurf einer Fabrikanlage zur Integration von menschlicher Arbeit, Maschinen und Material.[37] Der Konzern - bis 1914 vollkommen, bis 1929 nahezu unbekannt - wurde zur maßgeblichen gesellschaftlichen Institution.[38]

In den 50er Jahren setzte sich amerikanisches Management, immer noch gleichbedeutend mit "wissenschaftlicher Betriebsführung" in Taylor'scher Tradition, weltweit durch.[39] Dabei beruhte der wirtschaftliche Vorsprung der USA in der Nachkriegszeit nach Auffassung der 1986 einberufenen MIT-Experten-Kommission für Industrielle Produktivität auf fünf zeit- und ortsspezifischen sozio-ökonomischen Faktoren, die sich kaum auf andere Gegebenheiten übertragen ließen. Der nationale Binnenmarkt der Vereinigten Staaten war achtmal so groß wie der anderer Länder. In *Know-how* und Technik waren die Amerikaner überlegen, weil die europäischen und asiatischen Industriezentren im 2. Weltkrieg zerbombt oder demontiert und die klügsten Köpfe vor Nazi- und Kriegsterror in die Vereinigten Staaten geflohen waren. Außerdem waren Arbeitskräfte besser qualifiziert und der Durchschnitt der Bevölkerung verdiente mehr Geld als anderswo, so daß in Nordamerika der erste Massenmarkt für praktisch alle Güter und Dienstleistungen entstand. Fast zwangsläufig galten US-Manager angesichts ihrer Umsatzerfolge als die Besten der Welt.[40]

**Vietnamkrieg, Studentenaufstände, Rassenunruhen -
Die Organisationsgesellschaft provoziert Krisen infolge uneingelöster Versprechen an die Entfaltung des Individuums.**

Dank der Wachstumsschübe der Kriegs- und Nachkriegszeit rettete die amerikanische Volkswirtschaft ihre Vormachtstellung trotz innenpolitischer Turbulenzen und der unheilvollen Verstrickung in den Vietnamkrieg auch noch über die 60er Jahre. Der Protest der Studenten- und Bürgerrechtsbewegung wurde nicht eigentlich von materieller Bedürftigkeit ausgelöst, sondern vom Empfinden, daß moralischer Anspruch und Lebenswirklichkeit zu weit auseinanderklafften. Auch das eine Folge der "Organisationsgesellschaft", wie der Historiker Udo Sautter in seinem Standardwerk zur Geschichte der Vereinigten Staaten betont: "Während Tradition und Schule das Ideal vom souveränen und selbstgeschaffenen Menschen predigten, preßte die organisierte Gesellschaft das Individuum immer unbarmherziger in eine abhängige Rädchenfunktion."[41]
In der Tat wurden die amerikanischen Konzerne immer unüberschaubarer, der

---

[36] Peter F. Drucker, Innovations-Management für Wirtschaft und Politik, 3. Aufl., Düsseldorf/Wien 1986. S. 39ff.

[37] ders., Das Großunternehmen, S. 45.

[38] ebd., S. 28ff.

[39] Drucker, Innovations-Management, S. 39ff.

[40] Michael L. Dertouzos/Richard K. Lester/Robert M. Solow und die MIT-Kommission: Die Krise der USA. Frankfurt/M. 1990, S. 38f.

[41] Udo Sautter: Geschichte der Vereinigten Staaten von Amerika, 4. erw. Aufl., Stuttgart 1991, S. 474f.

Einzelne mußte als Bürger, Konsument und Arbeitnehmer oft widersprüchlichen Anforderungen genügen. Dennoch gedieh der fast hundert Jahre erfolgreiche Organisationseifer nach gleichen Mustern ungebrochen. Wirtschaftliches Wachstum vollzog sich nunmehr unter dem Schlagwort Diversifikation. Für schnelle Profite und um das finanzielle Risiko für die Zukunft gering zu halten, klinkten sich US-Konzerne in möglichst viele verschiedene Produktsparten ein. Es gab immer mehr Manager und Vizepräsidenten mit eigenem Stab.[42]

**Der Niedergang der industriellen Produktion in USA:
Wie aus alten Stärken gefährliche Schwächen geworden sind.**

Mitte der 70er Jahre trat die Brüchigkeit althergebrachter Denkart und Strukturen im Wirtschaftsleben vollends zutage. Die Vereinigten Staaten glitten immer tiefer in die Rezession. Auf das Vietnam-Debakel folgte der zweite traumatische Einbruch für die erfolgsgewohnte Nation. Die Japaner, als Verbündete von Nazi-Deutschland im zweiten Weltkrieg mit unterlegen, waren auf dem Weg zur weltweiten Nummer eins. Statistiken, wo überall die USA ihre einst unangefochtene Spitzenstellung eingebüßt hatten oder bald an Japan verlieren würden, waren objektive Indizien des Niederganges.[43] Da sich die Verluste quer durch die Branchen zogen, vom Auto- und Schiffsbau bis zu Musikinstrumenten und HiFi-Geräten, mußten die Schwächen wohl mehr noch im "Wie" als im "Was" des Wirtschaftens liegen, letztlich in der vorherrschenden Form der Organisation, die, so der alarmierende Verdacht, nur noch auf dem Papier rational im Sinne von richtig war.

Fünf zentrale, auf übersteigerte Rationalität rückführbare Fehler amerikanischer Unternehmen prangerte die MIT-Kommission als Hauptursachen des wirtschaftlichen Niederganges an. Die Bestandsaufnahme liest sich, obschon in keiner Silbe auf Redaktionen oder Tageszeitungsverlage bezogen, wie eine Parabel auf die in den folgenden Kapiteln dargestellte Organisationslogik und das Handeln des Managements der "Seattle Times".

- **Überholte Strategien.** "Im Betrieb versuchte das Management, sein Kontrollfunktionen durch Vereinfachung und Spezialisierung der Arbeitsplätze sowie durch Herstellung einer starren Hierarchie auszuüben." Lieferanten und Kunden wurden auf Distanz gehalten. "So blieb kaum Platz für handwerkliche Traditionen mit weniger hierarchischen Strukturen und Beteiligung der Fachkräfte an den Entscheidungen oder für die Pflege kleinerer Marktsegmente wie zum Beispiel in Deutschland, Japan, Italien."[44]

- **Kurzfristige, auf Profit ohne Risiko ausgerichtete Perspektiven.**[45]

- **Technische Mängel in Entwicklung und Produktion.** "Produkte werden in USA traditionell funktional geplant, dann wandert der Entwurf zwecks Umsetzung in die Produktion und die Qualität wird rückwirkend kontrolliert.

---

[42] vgl. Chandler, Strategy and structure, Einführung.

[43] vgl. z.B. Ezra F. Vogel: Japan as number one. Cambridge, Mass. 1979, S. 9ff.

[44] Dertouzos et al., Krise der USA, S. 60f.

[45] ebd., S. 70ff.

Obwohl es, wie man heute weiß, effizienter wäre, sämtliche Schritte schon im Vorfeld zu koordinieren, fortlaufend abzustimmen."[46]

- **Vernachlässigung des Arbeitskräftepotentials durch die Logik der Massenproduktion.** MIT-Skizze der fortschreitenden Arbeitsteilung: "In den entsprechend organisierten Unternehmen werden die Arbeitskräfte als austauschbare Elemente behandelt. Mit ihrem relativ schlichten Anforderungs- und Lernprofil strebte die US-Industrie eine Flexibilität an, bei der sie alle Arbeitskräfte jederzeit durch andere ersetzen konnte, statt Beschäftigte mit vielfältiger Qualifikation heranzuziehen. Die Arbeitskräfte konnten je nach Konjunktur eingestellt und wieder entlassen werden, ohne daß die Effizienz darunter gelitten hätte. Die Folgen waren eine zunehmende Entmündigung der Beschäftigten und die Neigung des Managements, Arbeitnehmer nicht als zu pflegendes Potential, sondern als bloßen Kostenfaktor zu behandeln."[47]

- **Mangelnde Kooperation.** "Innerhalb der Betriebe wurde die Kooperation vielfach durch zu starke Spezialisierung und Arbeitsteilung sowie durch unklare Zuständigkeiten der Bürokratie blockiert. Informationen fließen nicht schnell und häufig genug. Im Gegensatz zu Japan sind US-Unternehmen übertrieben hierarchisch aufgebaut."[48]

Peter F. Drucker kritisiert, ebenfalls ohne sich auf Redaktionen zu beziehen, das ungezügelte Wachstum und die übermäßige Macht der Stäbe. Seit den 50er Jahren, so "Amerikas bedeutendster Management-Theoretiker" (Die Welt), habe sich die Zahl der Stabsstellen in US-Betrieben fünf- bis zehnmal so schnell vermehrt wie die der Jobs im operativen Bereich.[49] Beispiel Personalwesen: Die zuständige Abteilung ist oft in bis zu 28 Sektionen unterteilt, die pausenlos "Strategien", "Programme", "Prozeduren", "Handbücher", "Ausbildungskurse" und ähnliches erarbeiten. Doch nicht nur, daß die Produktivität dieser Aktionen in sich fragwürdig scheint. Die Stabsarbeit stiehlt den Beschäftigten in der Produktion zudem kostbare Zeit und demotiviert sie, falls die Vorgaben realitätsfern sind, warnt Drucker.[50]

Für ähnlich lähmend hält der Experte die "Titelinflation" der Führungskräfte, u.a. um die Karrierewünsche amerikanischer Baby-Boomer in den 70er und frühen 80er Jahren zu befriedigen. Der Mittelbau zwischen den Produzierenden "unten" und den Abteilungs- und Geschäftsleitern "oben" sei in den vergangenen 30 Jahren drei- bis viermal schneller gewachsen als der Verkaufsumsatz. Diese "groteske Aufgeblähtheit", so Drucker, verzögere Entscheidungen und zementiere die Starrheit der Organisation. Viel zu wenige Leitende Angestellte würden überhaupt noch gefordert, Resultate zu erzielen.

---

[46] Dertouzos et al, Krise der USA, S. 81.

[47] ebd., S. 92f.

[48] ebd., S. 104ff.

[49] vgl. Peter F. Drucker, Chance des Unternehmers, S. 202.

[50] ders.: Reduzierung der Planungsbürokratie. In: ders, Weltwirtschaftswende. München 1984, S. 207-213.

Sie würden de facto "verbürokratisiert".[51] Weiteres Indiz für den amerikanischen Wasserkopf: Seit 1970 hat sich in Japan die Zahl der Ingenieure verdreifacht, in den USA das Heer der Juristen, während die Zahl der Ingenieure sank.[52]

Kenichi "Ken" Ohmae, Leiter des McKinsey-Büros in Tokio, sieht amerikanisches Management und sozialistische Planwirtschaft im selben Irrtum gefangen (wie eingangs erwähnt: Lenin las Taylor). Planung verlangt noch mehr Planung, Kontrolle noch mehr Kontrolle. Das scheint, je komplexer die Verhältnisse, das Dilemma einer nach formal perfekten, "rationalen" Organisationsstrukturen strebenden Betriebs- und Menschenführung.[53]

"Wir in Amerika", resümieren Peters/Waterman, "sind so beschäftigt mit den Instrumenten des Managements, daß wir wenig von der Kunst der Unternehmensführung verstehen. Da liegt unser Problem... Unsere Instrumente zwingen uns in eine rationale Sichtweise, die uns gerade das suspekt macht, was die erfolgreichen Unternehmen als ihre wichtigsten Innovationsquellen pflegen... Doch die Rationalisten scheinen immer noch kaum überzeugt. Sie mögen auch keine Fehler; sie sind für präzise Planung. Es paßt ihnen nicht, wenn sie nicht wissen, was jeder einzelne vorhat; sie sind für Kontrolle. Sie bauen große Stäbe."[54]

"Aktionshemmende Strukturen" setzen zum Beispiel bei der Einführung von Produktneuheiten in Betrieben tradititionell amerikanischer Prägung einen unüberschaubaren Apparat in Gang. 223 formale Verbindungen - im Organisationsraster festgelegte Abstimmungs- und Kontrollgänge - fanden Peters/Waterman in einem Fall. Rationalität, verurteilten die Autoren, kippte durch übertriebenen Organisationseifer in Unfug: "Daß dieses Unternehmen kaum jemals eine Produktneuheit auf den Markt gebracht hat, versteht sich von selbst. Trotzdem hat, für sich allein genommen, jede der 223 Verbindungen durchaus Sinn. Völlig rational denkende Leute haben irgendwann in bester Absicht jede einzelne Verbindung aus einem damals vernünftigen Grund geschaffen."[55]

Fazit von Peters/Waterman: "Die Management-Techniken der letzten 25 Jahre sind in der Tat nötig gewesen... Vor dem Aufkommen des analytischen Modells gab es nur den unternehmerischen "Blindflug". In einer komplizierten Welt war diese Technik völlig unzureichend... Schwierig wurde es, als diese Techniken wie Marktsegmentierung und Cash-flow-Projektionen eimerweise serviert wurden und die Liebe zum Produkt nur teelöffelweise dazukam."[56]

---

[51] vgl. Drucker, Chance des Unternehmers, S. 207f, sowie ders.: Schrumpfungskur für den Mittelbau. In: ders., Weltwirtschaftswende, S. 199-205.

[52] ders.: Wolken vor der japanischen Sonne. In: Weltwirtschaftswende, S. 129-139.

[53] Kenichi Ohmae: The mind of the strategist. New York et al. 1982, S. 3.

[54] Peters/Waterman, Suche nach Spitzenleistungen, S. 20.

[55] ebd., S. 56f.

[56] ebd.- Der Blick etwa in das unter Fußnote 10 zitierte Lehrbuch von Steinmann/Schreyögg, läßt erahnen, wie leicht sich eine Führungskraft, die sich über Management-Know-how definiert, in der Fülle theoretischen Spezialwissens verlieren kann.

Strategien gegen Irrtümer amerikanischer Organisation:
Small is beautiful **- das organisch-ganzheitliche Modell.**
Der Kreis zum vorindustriellen Handwerk schließt sich.

Über richtungsändernde Maßnahmen, wie die am eigenen Organisationseifer erstickenden US-Unternehmen wieder flott gemacht werden könnten, herrscht - offenbar ohne daß Verlagshäuser, Chefredaktionen oder deren Berater davon Kenntnis genommen hätten - in anderen amerikanischen Wirtschaftszweigen seit Anfang der 80er Jahre weitgehend Übereinstimmung. Peters/Waterman etwa, deren Studie "Auf der Suche nach Spitzenleistungen" auch zehn Jahre nach der Erstveröffentlichung noch zur Pflichtlektüre aller Betriebswirtschaftsstudenten auch in Deutschland zählt, filterten acht Merkmale heraus, die die bestgeführten amerikanischen Betriebe vom Durchschnitt unterscheiden. "Nichts sensationell Neues", räumen sie ein, "eher Binsenweisheiten. Aber: Die erfolgreichen Unternehmen machen ernst!"[57]

1. Primat des Handelns. (*Do it, try it, fix it*)
2. Nähe zum Kunden (Der Kunde ist König)
3. Freiraum für Unternehmertum (Betriebe fördern praktische Risikobereitschaft)
4. Produktivität durch Menschen. (Achtung vor dem einzelnen, jeder Mitarbeiter wird als Quelle für Ideen, nicht nur als zwei arbeitende Hände angesehen)
5. Sichtbar gelebtes Wertesystem (Wir meinen, was wir sagen - und tun es auch).
6. Bindung an das angestammte Geschäft (Schuster, bleib bei deinem Leisten).
7. Einfacher flexibler Aufbau (Kampf der Bürokratie, trotz Größe wird kein Top-Unternehmen von einer regelrechten Matrixstruktur geführt - wo versuchsweise gestartet, wurde sie wieder verworfen).
8. Straff-lockere Führung (Soviel Führung wie nötig, so wenig Kontrolle wie möglich).[58]

Zur Illustration werfen Peters/Waterman einen schwärmerischen Blick in das ideale Unternehmen der Zukunft: "An die Stelle minutiöser F&E Planung für den großen Wurf treten nun Heerscharen engagierter "Champions". Lähmende Kostenorientierung macht einer belebenden Qualitätsorientierung Platz. Hierarchie und Formalität räumen das Feld zugunsten von zwanglosem Umgang, guter Laune und beweglicher Projektarbeit. Statt dickleibigen Vorschriftensammlungen zu folgen, leistet jeder seinen persönlichen Beitrag."[59]

Die 1989 von der MIT-Kommission angemahnten "Neuen Wege des industriellen Fortschritts" laufen auf nahezu identische Reformen hinaus, obwohl sich, was die Relativität jedweder Patentrezepte entlarvt, keine einzige

---

[57] Peters/Waterman, Suche nach Spitzenleistungen, S. 38f.

[58] ebd., S. 36-39.

[59] ebd., S. 21.

der 1982 bei Peters/Waterman vollmundig gepriesenen Musterfirmen noch im Kreis der hier gelobten überdurchschnittlich Erfolgreichen befindet.[60]

Als generelle Marschroute rät die MIT-Kommission zum Abschied von verknöcherten Prinzipien des "Amerikanismus", der in diesem Zusammenhang einmal mehr negativ von einem vermutlich effektiveren Soll-Zustand abgegrenzt wird: "Alle Ebenen der Organisation müßten daran beteiligt werden, gute Produkte herzustellen, was mit der traditionellen Arbeitsteilung und dem linearen System der Produktion nicht möglich sein wird."[61] Ihre Vision ist ein "völlig flexibles Produktionssystem, in dem sich die alte handwerkliche Tradition der Herstellung von Einzelstücken mit der Kraft, Präzision und Rentabilität moderner Fertigungstechniken verbindet... In einer solchen Welt wird das strategische Ziel darin liegen, jedem einzelnen Kunden hochwertige Produkte zum Preis von Massenwaren anzubieten."[62]

Peter F. Drucker plädiert für die "informationsbestimmte Organisation". Charakteristisch für diese Art Unternehmen sei die "flache" Struktur, beispielhaft verwirklicht im General Electric-Lokomotivenwerk in Erie, wo laut Drucker die meisten traditionellen Führungsebenen zwischen Werksmeister und Fabrikdirektor verschwanden, weil sich bei näherer Betrachtung herausstellte, daß sie lediglich "Informationsrelais" waren, "wie die Verstärker in einem Telefonkabel, an denen Informationen gesammelt, verstärkt, umgepackt und weitergesendet werden". Eine an Informationen ausgerichtete Struktur, argumentiert Drucker, mache zudem das Prinzip der effektiven Führungsspanne aus fünf bis sechs Mitarbeitern pro Chef hinfällig, das in der Redaktion der "Seattle Times", wie später gezeigt werden wird, nach wie vor gilt. An ihre Stelle tritt die "Kommunikationsspanne". Das heißt, "Kontrolle" wird zur Fähigkeit, Informationen zu beschaffen. Statt "Rang" und "Dienstweg" zählten Eigenverantwortung und "Solospiel". Die informationsbestimmte Organisation entspricht vom Aufbau eher einem Orchester als dem Heer: "Das (traditionelle) Wirtschaftsunternehmen ist in seiner Organisation ursprünglich den militärischen Organisationen nachgebildet worden."[63]

Stattgefunden hat, auch in der Managementlehre amerikanischer Prägung, was Thomas S. Kuhn als "Paradigmenwechsel" charakterisiert. Ein grundlegender Umschwung in der Perspektive theoretischer Erkenntnis [64] vom rein rationalen, mechanisch-materiellen zu einem ganzheitlicheren, an organischen Strukturen orientierten Denkansatz.

Drucker: "300 Jahre ging es der Technik nur um mechanische Vorgänge... Jetzt liegt der Hauptschwerpunkt bei der Erforschung organischer Modelle. Dabei geht es um die Information, die Informationsabläufe und Informationszusammenhänge, nicht aber mehr um mechanische Energie oder

---

[60] Dertouzos et al., Krise der USA, S. 127ff.

[61] ebd., S. 327.

[62] ebd., S. 139.

[63] Drucker, Chance des Unternehmers, S. 211-215.

[64] Thomas S. Kuhn: Die Struktur wissenschaftlicher Revolutionen. 11. Aufl., Frankfurt/M. 1991, bes. S. 3 u. S. 186ff.

um mechanische Kräfte."[65] Und an anderer Stelle: "300 Jahre Technik sind mit dem 2. Weltkrieg zu Ende gegangen. Während dieser drei Jahrhunderte war die Technik von der Mechanik bestimmt... Während dieser drei Jahrhunderte bedeutete technischer Fortschritt entsprechend den Gesetzen der Mechanik höhere Geschwindigkeit, höhere Temperaturen, höhere Drücke. Seit Ende des 2. Weltkriegs ist die Technologie jedoch von biologischen Prozessen, von den Ereignisabläufen innerhalb eines Organismus bestimmt. Die Abläufe in einem Organismus bauen jedoch nicht auf Energie im physikalischen Sinne des Wortes auf. Die Abläufe hier richten sich nach Informationen."[66]

Nachdem sich in den physikalischen Wissenschaften also längst die unscharfe Erkenntnisperspektive Heisenberg'scher Prägung gegen die starre Newton'sche Sicht der Dinge durchgesetzt hat, ist nun auch in der amerikanischen Management- und Betriebswirtschaftslehre der Glaube an die im Newton'schen Denken verharrten Taylor'schen Grundsätze "wissenschaftlicher Betriebsführung" erschüttert.[67] Zumal die im Untersuchungszeitraum auf ihrem Höhepunkt befindliche Profit- und Produktivitätskrise der amerikanischen Volkswirtschaft den Ruf nach alternativen Strategien verstärkte.[68]

Der qualitative Sprung in der Perspektive der Managementtheorie äußert sich in einer Vielzahl neuer Metaphern. Befreit vom blutleeren Vokabular der Technokraten, erzählen amerikanische Managementratgeber vom Segeln, Spielen, Dummheitenmachen, vom Schaukeln, Tummeln auf Marktplätzen und dem Durcheinander in Mülleimern, wenn sie über die "richtige" Unternehmensführung auf der Schwelle ins nächste Jahrtausend philosophieren.[69]

Thomas J. Peters bündelt in seinem 1000 Seiten starken Buch "Jenseits der Hierarchien. Liberation Management", was in den vergangenen zehn, 15 Jahren über das Ende der Rationalität gedacht, gefühlt und verlautbart worden ist zu einem leidenschaftlichen Plädoyer gegen papiernen Organisationsfetischismus. Erstmals tauchen auch deutsche Unternehmen in der Liste der Erfolgreichen auf.[70]

---

[65] Drucker, Chance des Unternehmers, S. 292f.

[66] ders.: Innovations-Management, S. 24.

[67] Tom Peters: Jenseits der Hierarchien. Liberation Management. Düsseldorf/Wien/New York/Moskau 1992, S. 501ff.

[68] z.B. Andrew L. Shapiro: Die verlorene Weltmacht. München 1993.

[69] Peters/Waterman, Suche nach Spitzenleistungen, S. 129.

[70] Schon 10 Jahre zuvor, als sich die Krise der amerikanischen Volkswirtschaft abzeichnete, geriet europäische Unternehmensführung ins Blickfeld der amerikanischen Management-Theoretiker. vgl. Robert Ball: Europe outgrows management american style. In: Fortune, 20. Oktober 1980, S. 147f; In einem Interview mit dem Kölner Stadt-Anzeiger sagte der Münchner Unternehmensberater Roland Berger zum grundsätzlichen kulturellen Unterschied zwischen amerikanischem und deutschem Management, die "hiesigen" Geschäftsführer und Vorstände beherrschten in der Regel ihr Handwerk und seien kompetent, was in den USA ganz anders sei. Zitat: "Dort besteht die Kunst der Unternehmensführung vor allem darin, Aufgaben an Mitarbeiter zu delegieren." zit. nach: "Die deutschen Unternehmer sind Spitze". In: Kölner Stadt-Anzeiger, 7. Oktober 1989.

Ausgangspunkt der Überlegungen ist, daß praktisch alle Produkte zur Mode werden, Gültigkeiten von Jahre auf Monate schrumpfen. Bedürfnisse sind bei diesem Durchlauferhitzer-Tempo selbst der klügsten Marktforschung nicht zugänglich, müssen erspürt und erahnt werden, bevor die Käufer sie kennen - wie in der Mode traditionell üblich.[71] Und, was der Autor unberücksichtigt läßt, im tagesaktuellen Journalismus noch viel mehr.

Wie die zuvor zitierte MIT-Kommission mahnt auch der ehemalige McKinsey-Berater Peters nachdrücklich die Wiedereinführung vorindustrieller Organisationsmerkmale an. Bis zur industriellen Revolution sei Projektarbeit die Norm gewesen, erst dann wurden Fähigkeiten und Aufgaben enger begrenzt. Aber, "dank Wettbewerb und Technologie", so Peters, "kehren wir zu den handwerklichen Traditionen zurück."[72] Der Typus "Manager" verschwinde. Die Arbeitnehmer selbst würden zu Managern werden.[73] Peters: "Im Zeitalter des Kopfarbeiters sind Selbstmotivation, Ratschläge anstelle von Anweisungen, Zuhören statt Anschreien und die Entwicklung eines vielfältiger und eng geknüpften Netzes von Beziehungen/Netzwerkpartnern anstelle des Versuches, jedes unvorhergesehene Ereignis unter Kontrolle zu bringen, genau das, was gebraucht wird."[74]

1.5. Die Bedeutung neuer Management-Perspektiven für Zeitung und Journalisten.

Die amerikanischen Zeitungsbetriebe zählen zu den US-Unternehmen, die diesen Umschwung in der Perspektive der Menschen- und Betriebsführung bislang offenbar ignorieren. Und deutsche Verleger, die sich angesichts der aktuellen Turbulenzen auf dem Printmedienmarkt wieder verstärkt auf der Suche nach zukunftssichernden Organisationskonzepten auch für Tageszeitungen befinden,[75] sitzen deren Kurzsichtigkeit auf, wenn auch in der praktischen Umsetzung vielfach gebrochen und gebremst durch vergleichsweise hohe Investitionskosten.

Elemente redaktionellen Managements traditionell amerikanischer Prägung, derzeit vor allem dessen strategische Ausgangsidee vom Marketing für Redaktionen,[76] erhalten hierzulande Beifall, als würde es keine grundsätzlichen Einwände bezogen auf die angestrebten Produktionsziele Gewinnoptimierung

---

[71] Tom Peters, Liberation Management, S. 15f.

[72] ebd., S. 292f.

[73] ebd., S. 937.

[74] ebd., S. 498.

[75] Von einer "neuen Gründerzeit" gepaart mit einer "tiefen Sinnkrise in der ganzen Branche" spricht Siegfried Weischenberg: Unterhaltungskünstler. Manager - Macher - Medien. In: journalist, Februar 1995, S. 12-18.

[76] z.B. Günther Rager/Susanne Schaefer-Dieterle/Bernd Weber: Redaktionelles Marketing. Wie Zeitungen die Zukunft meistern. Bonn 1994.- Daß diese Veröffentlichung im Zeitschriftenverlag des Bundesverbandes deutscher Zeitungsverleger erschienen ist, mag als weiteres Indiz für die Aufnahmebereitschaft der Unternehmer gegenüber Marketingkonzepten gewertet werden.

und Zukunftssicherung für Zeitungsbetriebe geben.[77] Der "Zeitungsumbruch" der 80er Jahre in den Vereinigten Staaten wird von der Mehrheit der Fachautoren als fortschrittlich und revolutionär tituliert, ohne seine Vorgeschichte und vor allem die Logik des Managementhandelns als zeit- und kulturabhängig zu hinterfragen. [78]

Dabei differenziert der Wandel, wie in dieser Arbeit gezeigt werden soll, die überholten Erfolgsrezepte vergangener amerikanischer Größe erstmals mit aller Konsequenz auch für Redaktionen aus. US-Zeitungsverlage verfeinern ihre Managementstrategien gemäß einer Organisationslogik, die wirtschaftlichen Erfolg und journalistische Qualität für rational am besten kalkulierbar, planbar und steuerbar hält, während andere Industrie- und Dienstleistungsbranchen in den USA Hierarchiestufen und mittleres Management abspecken, den begrenzten Nutzen von Marktforschung angesichts rasant wandelnder Bedürfnisse erkennen und für die Rückbesinnung auf handwerkliche Tugenden und mehr Autonomie in den eigentlich produzierenden Jobs plädieren.

Alternative Ansätze werden im Zuge der konzeptionellen Reformen im redaktionellen Management amerikanischer Zeitungsbetriebe nicht einmal in Fußnoten thematisiert, stattdessen möglicherweise auch betriebswirtschaftlich wertvolle Elemente einer eigenständigen journalistischen Professionalität und Berufskultur unwiderbringlich zerschlagen. Zu kurz gedachter Managementaktivismus könnte historisch gewachsene Eigenarten verdrängen, die die ungebrochene Attraktivität des Berufsfeldes für Nachwuchskräfte und die unverwechselbare Qualität eines Tageszeitungstitels für ihre Leser ausmachen, auch wenn diese auf Befragen durch Markt- und Meinungsforscher "rational" auf Distanz zu vielen Merkmalen gehen.

Die theoretische Perspektive, die im Folgenden anhand des redaktionellen Managements der "Seattle Times" konkretisiert und vertieft werden soll, erhebt keineswegs den Anspruch, generell "richtiger" als die in US-Verlagen gängigen Denkmuster zu sein. Vielmehr geht es um eine Ergänzung vorherrschender Positionen im Sinne der von Thomas S. Kuhn formulierten Vielfalt, die in der Erforschung und der Praxis redaktionellen Mangements gleichermaßen überfällig zu sein scheint: "Die Verfechter unterschiedlicher wissenschaftlicher Theorien ähneln den Mitgliedern verschiedener Sprach- und Kulturgemeinschaften. Die Anerkennung dieser Parallelität läßt vermuten, daß in gewissem Sinne beide Gruppen recht haben können."[79]

---

[77] Nachzulesen z.B. im Szenario "Journalismus 2000". Funktionen, Rollen und Arbeitsorganisation. Ergebnisse einer Studie der Forschungsgruppe Journalistik an der Universität Münster, von Siegfried Weischenberg unter Mitarbeit von Klaus-Dieter Altmeppen. In: journalist, Januar 1993, Dokumentation; Optisches "Zeitungslifting" ist einer der zur Zeit häufigsten Modernisierungsversuche nach US-Muster in Deutschland.- vgl. Thilo Neidhart: Moderne Kleider. Neue Optik durch Relaunch. In: journalist, März 1995, S. 46-49.

[78] vgl. Stephan Ruß-Mohl, Zeitungsumbruch, a.a.O., sowie ders.: Der verkaufte Leser. Viele amerikanische Zeitungen haben ihre Unabhängigkeit preisgegeben. In: Die Zeit, 13. April 1990, S. 39.- Auch der Distanz andeutende Untertitel ändert nichts am insgesamt positivem Tenor der Veröffentlichung: "Im Vergleich zum atemberaubenden Tempo, in dem amerikanische Blätter in den 80er Jahren innoviert und experimentiert haben, nehmen sich deutsche Tageszeitungen selbst in jenen Großstädten eher schlafmützig aus, wo noch Wettbewerbsdruck herrscht."

[79] Thomas S. Kuhn, a.a.O, S. 216.

2. Untersuchungsanlage und -methoden

2.1. Die Einzelfallstudie

Die Komplexität des Untersuchungsgegenstandes und der Forschungsfragen ließ methodisch kaum eine Alternative zur Einzelfallstudie zu, obgleich ein solches Verfahren die Repräsentativität der empirischen Befunde begrenzt. In welchem Maße die bei der "Seattle Times" ermittelten Verhältnisse charakteristisch für amerikanische Tageszeitungsbetriebe insgesamt sind, soll jeweils im Anschluß an die identifizierten Merkmale betrachtet werden. So wird im Kapitel Spezialisierung erst die arbeitsteilige Organisation der "Seattle Times"-Redaktion mit ihren Besonderheiten vorgestellt, dann das in US-Redaktionen allgemein übliche *Reporter-Editor*-Prinzip von seinen Ursprüngen Ende des 19. Jahrhunderts bis zur aktuellen Forderung nach dem Redakteur als Manager beschrieben.

Daß das scheinbar fortschrittliche Modell vom Redakteur als Manager in seinem alterhergebrachten Steuerungs- und Kontrollstreben an der Komplexität der Produktionsaufgabe umso spürbarer zu scheitern droht, je lückenloser seine Maßnahmen in der redaktionellen Praxis greifen, zum Beispiel über fortschreitende Arbeitsteiligkeit und damit einhergehende Dequalifikation journalistischer Positionen, wird mit Hauptaugenmerk auf die praktische Umsetzung bei der "Seattle Times" zu beweisen sein. Der explorative Charakter der Studie ergibt sich, weil vergleichbare Fragen an redaktionelles Management im amerikanischen Zeitungsbetrieb noch nie gestellt worden sind.

2.2. Passiv-teilnehmende Beobachtung und strukturiertes Leitfadeninterview

Das empirische Material bei der "Seattle Times" wurde zwischen Oktober 1989 und Januar 1990 mittels passiv-teilnehmender Beobachtung und strukturierter Leitfadeninterviews[1] vornehmlich in der Lokalredaktion *City Desk* gesammelt, wobei zum tieferen Verständnis finanzieller und geschäftspolitischer Prämissen auch die Chefs von Anzeigenabteilung, Marketing, Personalwesen, Finanzen, Vertrieb sowie der Vertreter der größten amerikanischen Journalisten- und Druckergewerkschaft Newspaper Guild befragt worden sind.

Vergleichsweise breiten Raum, weil in deutschen Tageszeitungen mit ihren *Allround*-Redakteuren qua Definition unbekannt, nehmen Profile der Reporter ein. Sechs Berichterstatter aus den Bereichen Gericht, Umwelt, *City Government*, *General Assignment*, Wissenschaft und *Higher Education* wurden für je eine Arbeitswoche auf Schritt und Tritt begleitet, Tätigkeiten und Bemerkungen in- wie außerhalb der Redaktion dokumentiert.

2.3. Produktanalyse: *Input-Output*-Vergleich

Die während der Beobachtungswoche verfaßten Artikel druckte der jeweilige Reporter zunächst unrediert aus. Die Gegenüberstellung mit dem Endprodukt in der Zeitung ermöglicht einen qualitativen Vergleich, was im Zuge der

---

[1] vgl. Manfred Rühl: Die Zeitungsredaktion als organisiertes soziales System. 2. überarb. u. erw. Aufl., Freiburg 1979, S. 28-38.

redaktionellen Verarbeitung an Reporter-Rohmanuskripten bis zur Veröffentlichungsreife gekürzt, umformuliert, verändert wird, ob etwa die vielfach geäußerten Beschwerden der Reporter über "Verstümmelung" und "Entschärfung" ihrer Texte durch *Editing* eher zutreffend oder unzutreffend sind. Ein Produktsteckbrief zeichnet zudem die handwerklich-technische Entstehung der Meldungen und Berichte nach, vor allem, woher die Idee stammte und mit welchem Aufwand recherchiert worden ist. Dies gibt Aufschluß über mögliche Konsequenzen der vorliegenden redaktionellen Organisation für Nachrichtensammlung, -auswahl und -präsentation.

Die im November 1989 veröffentlichte Serie *"Tankers of Trouble"* über Sicherheitsmängel auf Öltankern, die nach Abschluß dieser Untersuchung mit dem Pulitzer-Preis ausgezeichnet worden ist, wird in einem gesonderten Abschnitt als Optimum journalistischer Leistungsfähigkeit einer Redaktion vom Typ "Seattle Times" vorgeführt.

2.4. Sozio-demographische Zusammensetzung der untersuchten (Lokal)Redaktion

Die Redaktion der "Seattle Times" zählt insgesamt 285 vollzeitbeschäftigte Mitarbeiter und 17 Teilzeitangestellte in 21 Bereichen, darunter die allgemeine Nachrichtenredaktion *News Desk*, ein *Art Department* für Grafik und Layout sowie drei Stadtteilredaktionen. Allein das als *Library* bezeichnete Archiv verfügt über 15 Voll- und zwei Teilzeitstellen (Stand Juli 1989). Die "Seattle Times" ist damit auch im Vergleich zu amerikanischen Tageszeitungen ähnlicher Auflagenhöhe redaktionell überdurchschnittlich gut besetzt. Der Unterschied zur mittleren Personalstärke anderer US-Zeitungsredaktionen dürfte, um zumindest eine ungefähre Dimension zu bieten, bei 30 bis 40 Prozent liegen.[2] Die Aussage von Chefredakteur Mike Fancher hilft kaum, diese vage Schätzung zu präzisieren: *"The Times puts more in the newsroom than other papers. Some chains have profit margins of 20, 25, 40 percent. We are just getting closer to the industry average. As a private company we don`t share these information with the public. Newsroom budget, size of staff is significant larger."*[3]

Demographische Daten - Alter, Familienstand, Ausbildungsweg, Karriere, Gehalt, materielle Zufriedenheit - konnten zu 41 der, einschließlich

---

[2] Nimmt man die eingangs erwähnte werktägliche Auflage der "Seattle Times" von 237 000 Exemplaren zum Maßstab, lag der US-Durchschnitt für Zeitungen vergleichbarer Auflagenstärke Ende der 70er Jahre beispielsweise bei 75,5 bzw. 129 redaktionellen Mitarbeitern, je nachdem, ob man die "Seattle Times" als 100 000 bis 250 000 oder 250 000 bis 500 000 Exemplare täglich klassifiziert.- vgl. Edward J. Trayes: Managing editors and their newsrooms: A survey of 208 APME-members. In: Journalism Quarterly, Winter 1978, S. 744-749/898, bes. Tabelle S. 746; Hauptgrund für die außerordentliche Personalstärke der "Seattle Times"-Redaktion dürfte die gesicherte Finanzdecke durch den später erläuterten Kooperationsvertrag mit dem Konkurrenzblatt "Seattle Post-Intelligencer" sein. Aber auch das nachmittägliche Erscheinen und die 500 000 Exemplare starke Sonntagszeitung mit der illustrierten Beilage "Pacific Magazine" verlangen zusätzliches Personal. Der zeitliche Abstand o.g. Erhebung zur vorliegenden Untersuchung könnte gemäß der später erörterten allgemeinen Personalentwicklung in US-Tageszeitungsbetrieben während der 1980er Jahre pauschal mit plus 30 Prozent veranschlagt werden. Dies würde am qualitativen Befund, daß die Redaktion der "Seattle Times" überdurchschnittlich stark besetzt ist, jedoch wenig ändern.

[3] Zitate Executive editor (Protokoll 16. November 1989, S. 2).

Stadtteilredaktionen, 67 Redaktionsmitglieder mit direktem Einfluß auf die Lokalredaktion *City Desk* ermittelt werden.

Sie ergaben folgendes Bild:

Alter: Das Durchschnittsalter der Reporter im Lokalen (23 von 32 Reportern konnten befragt werden) ist mit 45,5 Jahren für amerikanische Tageszeitungsredaktionen verhältnismäßig hoch. Drei Reporter sind über 60, fünf zwischen 50 und 60 Jahre alt, nur ein "Springer" ist jünger als 30. Im US-Durchschnitt sind zwei Drittel der Reporter unter 36 Jahre,[4] bei der "Seattle Times" nicht einmal 22 Prozent. Die neun Redakteure (= *Editors*) der Lokalredaktion sind im Schnitt 39,7 Jahre jung, vier sind 42 und damit fast exakt der Jahrgang der Chefredaktion. Chefredakteur Mike Fancher (*Executive Editor*) und sein Stellvertreter Alex MacLeod (*Managing Editor*) sind jeweils 43 Jahre alt. Der Leiter der Lokalredaktion ist 40. Das heißt, eine verhältnismäßig junge Führungsriege muß sich mit verhältnismäßig vielen älteren Reportern auseinandersetzen.[5]

Familienstand: Reporter wie Redakteure sind mehrheitlich verheiratet, fast alle in erster Ehe. Das durchschnittliche Redaktionsmitglied hat 1,55 (Redakteure) bzw. 1,47 Kinder (Reporter). Dies deutet auf einen eher bürgerlichen Lebensstil.[6]

Betriebszugehörigkeit: Die Lokalreporter sind im Schnitt 13,2 Jahre bei der "Seattle Times" beschäftigt, mehrheitlich ausschließlich als Reporter. Allerdings reflektiert dieser Mittelwert die weit auseinanderklaffende Verteilung von sechs Monaten bis 28 Jahren Betriebszugehörigkeit nur unzureichend. Acht der 23 befragten Reporter sind 20 und mehr Jahre im Haus, sechs seit über 10 Jahren. Die Redakteure sind mindestens drei, maximal 17, im Schnitt 12,5 Jahre bei der "Seattle Times" beschäftigt, Chefredakteur und Stellvertreter 11 bzw. 13 Jahre. Der Lokalchef fällt mit nur drei Jahren Betriebszugehörigkeit aus dem Rahmen einer mit Ausnahme der Stadtteilredaktionen geringen personellen Fluktuation.[7] Reformvorhaben des Managements dürften allein aufgrund dieser Stabilität stets mit einem hohen Anteil eingefahrener Gewohnheiten und informell abgesteckter Handlungsmuster konfrontiert sein.

Berufsjahre und journalistischer Werdegang: Reporter wie Redakteure der "Seattle Times" sind, mit Ausnahme der Stadtteilmitarbeiter, erfahrene

---

[4] American Society of Newspaper Editors ASNE (Hrsg.): The changing face of the newsroom. Human resources committee report. Washington D.C., Mai 1989, S. 31.

[5] Das Durchschnittsalter von Journalisten sank seit Anfang der 70er Jahre US-weit. Vor allem "supervisory personnel" wird immer jünger, ermittelten David H. Weaver/Cleveland G. Wilhoit: The american journalist. Indiana Press 1985, bes. S.66ff.

[6] Auffällig und möglicherweise ein weiteres Indiz für die isolierte Stellung amerikanischer Journalisten ist, wie viele Reporter und Redakteure der "Seattle Times" mit Kolleginnen aus dem eigenen Haus oder aus der Redaktion der Konkurrenzzeitung "PI" verheiratet sind. Allein in der Lokalredaktion der "Seattle Times" gab es fünf solcher Journalisten-Ehepaare.

[7] Reporter verlassen kleinere und mittlere Zeitungen generell mit höherer Wahrscheinlichkeit als mittelgroße und sehr große Blätter. Am größten ist die Wechselbereitschaft der Reporter bis zum dritten Jahr ihrer Betriebszugehörigkeit. 60 Prozent der Reporter, die kündigen, sind unter 30 Jahre jung, ergab eine Studie an 99 Tageszeitungen in Texas.- Marquita Moss: Reporter turnover on Texas daily newspapers. In: Journalism Quarterly, Sommer 1978, S. 354-356.

Journalisten, bei denen handwerkliche Routine und gefestigte Vorstellungen über ihren Beruf vorausgesetzt werden können. Reporter blicken auf im Schnitt 20 Jahre Berufspraxis zurück, großteils bei Tageszeitungen, teilweise in Pressestellen. Im Fernsehen und bei einer Nachrichtenagentur war je ein Reporter beschäftigt. Redakteure sind bei vergleichbaren Karrierewegen 16,4 Jahre "im Geschäft". Den Rekord an Berufserfahrung hält ein Reporter mit 41 Jahren. Der Chefredakteur und sein Stellvertreter sind je 19 Jahre journalistisch tätig.

Qualifikation: Fast alle (Lokal)Reporter und -Redakteure der "Seattle Times", einschließlich der Stadtteilmitarbeiter, sind akademisch qualifiziert. Die überwiegende Mehrheit gerade auch der älteren Kollegen hat Journalistik studiert, zumeist an der örtlichen Universität von Washington. Das älteste Examen stammt aus dem Jahr 1948. Auffällig ist die Diskrepanz der Bildungswege in der Chefredaktion: Während Chefredakteur Mike Fancher zwei Magistertitel trägt - 1968 graduierte er in *Communications*, 1986 in *Business Administration* - bezeichnet sich sein Stellvertreter nicht ohne Stolz als "*Selfmademan*", der über Öffentlichkeitsarbeit für das Whitman College in den Journalismus rutschte. Der Lokalchef (*City Editor*) hat 1966 in Englisch graduiert, 1982 ein Stipendium an der Stanford-Universität absolviert. Im Anschluß daran stellte ihn die "Seattle Times" ein.

Politische Haltung: Reporter wie Redakteure der "Seattle Times" bezeichnen sich politisch nahezu ausnahmslos als "eher demokratisch". Chefredakteur Mike Fancher erwähnt, daß er in der Studentenbewegung der autoritätskritischen 60er Jahre aktiv war. Sein Stellvertreter hingegen mochte sich nicht einmal vage ins politische Spektrum einsortieren. Seine politische Haltung sei abhängig vom Thema, meinte er. Alle Befragten betonten, sie würden ihre journalistische Arbeit tun, ohne daß persönliche politische Präferenzen eine Rolle spielten. Zur Mitgliedschaft in einer Partei bekannte sich niemand.

Einkommen: Die Einkommen von Tageszeitungsjournalisten in USA sind niedrig, aber zumindest bei der "Seattle Times" sind diese Bezüge nicht so schlecht wie ihr Ruf, der die doppelt bis dreifach stärkere Besetzung von US-Redaktionen pauschal aus halb so hohen Kosten pro Redaktionsmitglied begründen will.[8] Reporter der "Seattle Times" verdienen im Schnitt 3300 bis 3600 Dollar im Monat. Drei der Befragten erhielten regelmäßig über 4000 Dollar Salär. Für Redakteure ist diese Summe die Regel, zuzüglich jährlicher Bonuszahlungen, die leistungsabhängig zwischen 1000 und 6000 Dollar schwanken. Überstundenvergütungen der Reporter summieren sich selten auf über 2000 Dollar im Jahr.[9]

---

[8] Auch vier Wochen bezahlter Urlaub stehen Mitarbeitern der "Seattle Times" zu. Lohnfortzahlung im Krankheitsfall hängt zwar laut Tarifvertrag vom Einverständnis des Verlegers ab, wurde aber nach Auskunft des Gewerkschaftssekretärs in der Vergangenheit selbst bei mehrwöchiger Abwesenheit anstandslos gewährt.

[9] Wollte man die Einkommen von Journalisten in amerikanischen und deutschen Zeitungen exakt vergleichen - was den Rahmen dieser Arbeit sprengen würde - müßten nicht nur Steuern und Sozialabgaben, sondern auch das allgemeine Preis- und Lohnniveau einkalkuliert werden. So kostet ein Eigenheim in Seattle rund 112 000 Dollar. Das Jahreseinkommen einer Sekretärin im US-Staat Washington betrug zum Zeitpunkt dieser Untersuchung 18 000 Dollar. Ein Elektroingenieur verdiente 32 000 Dollar, ein Chefingenieur knapp 59 000 Dollar. vgl. Greater Seattle Chamber of Commerce (Hrsg.): Introducing Seattle. o.J.

Berufsjahre, Betriebszugehörigkeit oder Lebensalter spielen im Gegensatz zur Bezahlung deutscher Tageszeitungsjournalisten bei der Festsetzung der Gehälter ihrer amerikanischen Kollegen keine Rolle. Im Gegenteil: Nur einer der vielen "Seattle Times"-Reporter, die älter als 40 Jahre und über 20 Jahre im Beruf sind, zählt zu den Spitzenverdienern. Auf die Ursachen wird im Kapitel Kontrolle ausführlich eingegangen werden. Reporter der Stadtteilredaktionen erhalten grundsätzlich nur 70 Prozent des Tariflohns.[10] Das heißt: maximal 1500 bis 2000 Dollar im Monat. Erst ab Lokalchef aufwärts wird der Beruf des Journalisten in amerikanischen Tageszeitungen auch finanziell attraktiv. Der *City Editor* der "Seattle Times" verdient 4900 Dollar im Monat plus 5000 Dollar Jahresbonus, der *Metro Editor* 5700 Dollar einschließlich Zulagen. Sowohl der Chefredakteur als auch sein Stellvertreter schwiegen sich über die Höhe ihrer Gehälter trotz ausdrücklicher Zusicherung absoluter Vertraulichkeit aus: *"It`s corporate."*

Materielle Zufriedenheit: Das subjektive Gefühl, ob die Bezahlung "fair" ist, deckt sich nicht unbedingt mit dem tatsächlichen Verdienst. So ist unter den Redakteuren der "Seattle Times", obwohl sie im Schnitt besser verdienen als Reporter, der Grad materieller Unzufriedenheit höher. Nur ein Redakteur findet sein Einkommen gerecht. Zwei Kollegen haben keine Meinung. Sechs Redakteure klagen, sie verdienten zu wenig. Die Hälfte der objektiv niedriger bezahlten Reporter hingegen ist zufrieden, wohl nicht zuletzt, weil die "Seattle Times" laut Statistik in der Rangfolge der Mindestgehälter für Reporter an amerikanischen Tageszeitungen auf Platz 32 liegt, von der Auflagenstärke jedoch nur Rang 41 einnimmt, also überdurchschnittlich gut zahlt.[11] Ein Umstand, den mehrere Reporter ungefragt erwähnen. Die deutlicher artikulierte materielle Unzufriedenheit der Redakteure bringt erste Zweifel an der eingangs formulierten Vermutung auf, daß Reporter in einer Organisation vom Zuschnitt der "Seattle Times" stärkeren Widersprüchen ausgesetzt sind als Redakteure.

Unabhängig von der Höhe des Lohnes melden Reporter und Redakteure, die Familienväter sind, tendenziell öfter materielle Unzufriedenheit an als Alleinstehende oder Verheiratete mit berufstätigem Ehepartner. Ab Lokalchef aufwärts sind keinerlei Beschwerden über zu niedrigen Verdienst mehr zu hören.

2.5. Möglichkeiten und Grenzen der Zugänglichkeit

Zur vielzitierten Problematik der Zugänglichkeit sei Folgendes bemerkt:[12] Die Gesprächsbereitschaft der Reporter und Redakteure gegenüber einer deutschen Kollegin, die über die Arbeitsweise einer amerikanischen Tageszei-

---

[10] Das Lohngefälle scheint in allen US-Verlagen üblich. Stadtteilredaktionen gelten als Einstiegsstation für Berufsanfänger. Eine Garantie für Beförderung in die Zentrale sind sie jedoch nicht. vgl. Rob Levin: Sweating it out in the suburbs. These days there can be a long detour on the way to the metro desk. In: CJR, September/Oktober 1985, S. 44-46.

[11] Editor & Publisher international yearbook 1989.

[12] vgl. Edward J. Epstein: News from nowhere. New York 1974, S. XIIIff. Epstein sah sich bei seinen Studien mit strikten Auflagen des CBS Managements konfrontiert, die "New York Times" ließ eine teilnehmende Beobachtung in der Redaktion durch den Harvard-Doktoranden Paul Weaver garnicht erst zu.

tung promoviert, war nicht zuletzt aus professioneller Neugier auf Auskünfte, wie "wir" Zeitung machen, erstaunlich groß. Prinzipielle Vorbehalte, allzu freimütige Auskünfte oder Kritik könnten auf den Absender zurückfallen, existierten wegen der angekündigten Veröffentlichung der Arbeit in deutscher Sprache nicht. Nur Führungskräfte, vom stellvertretenden Chefredakteur aufwärts, waren um einseitig positive Darstellung gerade geschäftspolitischer Maßnahmen bemüht und ließen Fragen nach Finanzdaten höflich, aber konsequent offen. Ob es um die Höhe ihrer Gehälter oder Gewinnspannen ging. Freilich sind auch solche Tabuzonen bezeichnend für die innere Verfaßtheit der Redaktion und umreißen die Grenze zwischen nach wie vor journalistisch definierten Positionen und Management.

3. Untersuchungsfeld

3.1. Seattle - "lebenswerteste Stadt der USA"

Seattle ist das größte städtische Ballungszentrum der Vereinigten Staaten nördlich von San Francisco und westlich der Rocky Mountains.

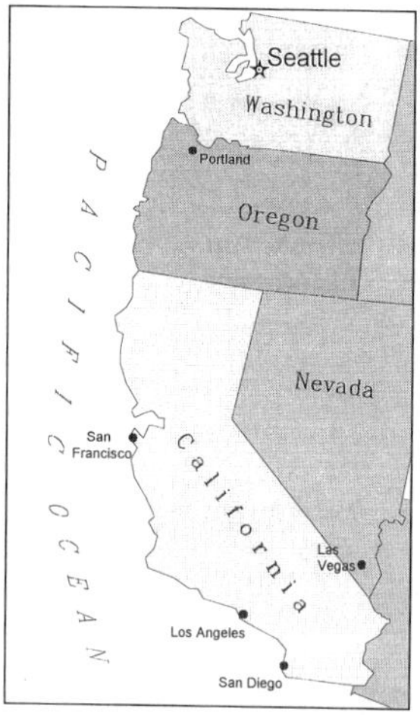

Es ist viertgrößter Hafen der USA, Stammsitz der Flugzeugfirma Boeing, Heimat des Rockgitarristen Jimi Hendrix und der Hardrockband Nirvana.

Seit Ende der 80er Jahre wurden vor der eindrucksvollen Stadtkulisse mehrere erfolgreiche Kinofilme gedreht und eine Inflation postmoderner Lifestyle-Superlative feiert "Amerikas Hoch im Norden"[13]: Sauberste Stadt mit der höchsten Müllverwertungsquote der Welt,[14] "*Cappuccino-Capital*", "lebenswerteste Stadt der USA".[15]

Abb. 2: Geographische Lage von Seattle

---

[13] Dirk C. Fleck: Amerikas Hoch im Norden. In: Geo, 17. Dezember 1990, Heft 1, S. 140-162.

[14] Joachim Holtz: Bilder aus Amerika - Seattle. ZDF, 11. August 1991, 19.30 Uhr -20.15 Uhr.

[15] Bernd Schiller: Seattle - Die Stadt an der Spitze. In: Brigitte, Heft 26, 1991, S. 170-177.

3.2. Verbreitungsgebiet und potentielle Leserschaft der "Seattle Times"

Im *Newspaper Designated Market* (NDM) der "Seattle Times", wegen der vielen Seebrücken und wenigen Hauptverkehrsachsen für die Logistik des Zeitungsvertriebs ein hochkompliziertes Gebiet, leben 1,5 Millionen Menschen in 600 000 Haushalten.[16]

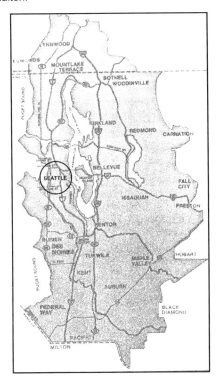

Abb. 3: Verbreitungsgebiet (*Newspaper Designated Market*) der "Seattle Times"

Die potentielle Leserschaft ist im Vergleich zu anderen Zeitungsmärkten der USA überdurchschnittlich vermögend und hoch gebildet. 37,5 Prozent der Erwachsenen im NDM verfügen über ein jährliches Haushaltseinkommen von 35 000 Dollar und mehr, 31 Prozent sind als Manager, Freiberufler oder in anderen "*white-collar*"-Positionen tätig, die einen höheren Schul- oder Universitätsabschluß voraussetzen[17] und die Wahrscheinlichkeit regelmäßiger

---

[16] Audit Bureau of Circulation (ABC): Audit report newspapers, August 1989.

[17] The Seattle Times Co. (Hrsg.): The Seattle market. Audience and area study. Seattle o.J., S. 3.

Zeitungslektüre erhöhen, unabhängig von lokaler elektronischer Konkurrenz, hier: KIRO-TV und -Radio.[18]

3.3. Politisches Klima

Das politisch-gesellschaftliche Klima der Region ist aufgeklärt, liberal. Im Januar 1990 wurde ein schwarzer Demokrat zum Bürgermeister gewählt, obwohl der Anteil der Afro-Amerikaner an der Bevölkerung nur rund zehn Prozent beträgt. Einzig salonfähiges Feindbild - die saloppe Formulierung sei erlaubt, weil sich genau in diesem Sprachstil die publizistischen Schattengefechte vollziehen - sind zugewanderte Yuppie-Kalifornier, die aus dem ökologischen Notstandsgebiet Los Angeles fliehen und als Sündenböcke für alle negativen Folgen des städtischen Wachstums, vom überhitzten Immobilienmarkt bis zum Feierabendstau, verunglimpft werden.[19]

3.4. Geschichte und Image der "Seattle Times"

Die "Seattle Times" ist mit werktäglich 237 000 und über 500 000 Exemplaren am Sonntag die auflagenstärkste Tageszeitung im US-Bundesstaat Washington. Die Zeitungsgruppe Knight-Ridder Inc., Miami,[20] besitzt 65 Prozent des *Non-Voting-* und 49,5 Prozent des *Voting-Stocks* der Seattle Times Co..[21] Daß der Verkauf der Anteile durch die Gründerfamilie Blethen auf die Weltwirtschaftskrise Anfang der 30er Jahre zurückgeht,[22] wird in den Selbstdarstellungen des Hauses unterschlagen. Diese unterstreichen vielmehr den Charakter der Heimatzeitung in Familienhand, gegründet 1896 durch Colonel Alden J. Blethen aus Minneapolis, ein *"journalist of wide experience and acknowledged ability"*, der sich in der vom Goldrausch gen Alaska profitierenden Hafen- und Handelsenklave niederließ.[23]

---

[18] Diesen Zusammenhang erläutert am Beispiel großstädtischer Ballungsräume u.a. "Weekday readership holds steady". In: Presstime, April 1990, S. 68.

[19] Der weißhaarige "Seattle Times"-Kolumnist Emmett Watson, der mit seinem Zwergpudel ein Hausboot auf Union Lake bewohnt und selber eine lokale Berühmtheit darstellt, ist populäres Sprachrohr dieser Anti-Kalifornier-Bewegung. Dem lokalen Daueraufreger Straßenverkehr widmet die "Seattle Times" seit Frühjahr 1989 eine Kolumne, die mittwochs und sonntags erscheint.

[20] Knight-Ridder ist die zweitgrößte Zeitungskette der USA und besaß zum Zeitpunkt dieser Untersuchung 30 Tageszeitungen, darunter die renommierten Lokalzeitungen "Philadelphia Inquirer" und "Miami Herald" sowie 7 Wochen- und Stadtteilblätter, 8 TV-Stationen und Kabelkanäle. 1988 stieg Knight-Ridder durch den Kauf der On-line-Datenbank "Dialog" von der Lockheed Corporation in das Datenbankgeschäft ein. Allerdings: 80 Prozent der Erträge erwirtschaften nach wie vor die Zeitungen (Stand 1987). vgl. "Knight-Ridder: No online newcomer." In: Online, November 1988, S. 16; "Dialog sold to Knight-Ridder for $ 353 million". In: Online, September 1988, S. 9f; "Knight-Ridder's profits aren't making any news". In: Business Week, 23. November 1987, S. 70f; "Knight-Ridder shifts into big gear". In: Forbes, 8. August 1988, S. 62f.

[21] Editor & Publisher international yearbook. New York 1989.

[22] Gespräch Alex MacLeod (Protokoll 20. November 1989, S. 2).

[23] The Seattle Times Co. (Hrsg.): Informationsbroschüre. Seattle o.J., S. 2ff.

Daß diese ferne Pionierzeit gefeiert, die aktuelle Knight-Ridder-Beteiligung hingegen kaum erwähnt wird, ist ein erster Hinweis auf die Allgegenwart gezielten Marketings: Das Image der unabhängigen Lokalzeitung in Familienhand soll den Titel verkaufsfördernd abheben von der Konkurrenz, obwohl es seit Jahrzehnten ökonomisch nicht mehr der Wahrheit entspricht. So spielen zumindest die Werbestrategen die positive Resonanz der Menschen auf kleinere autarke Einheiten aus, die in der Organisation der redaktionellen Praxis zum Zeitpunkt dieser Untersuchung noch wirkungslos zu sein schien.[24]

---

[24] Der lokale Unternehmer, der sich überwiegend mit der Herausgabe der örtlichen Tageszeitung beschäftigt, gehört US-weit der Vergangenheit an.- Mary A. Anderson: Ranks of independant newspapers continue to fade. In: Presstime, August 1987, S. 16-23; Gab es 1923 nur 8 Prozent in Ketten organisierte Tageszeitungsbetriebe, waren es 1976 bereits 168 Konzerne, die 60 Prozent der Titel und 71 Prozent der Auflage kontrollierten. Seither erfaßt die Eigentümerkonzentration die Ketten selbst. Ihre Zahl sank auf 146. Tendenziell schrumpft mit der Übernahme der Titel durch auswärtige Eigentümer der Lokalbezug, nicht zuletzt, da Reporter und Redakteure ortsfremd rekrutiert werden, ermittelte George A. Donohue et al.: Medienstrukturen im Wandel; Wissen und soziale Macht. In: Media Perspektiven (1989) 6, S. 372-380; Keine inhaltlichen Unterschiede, sondern den Befund, die Berichterstattung sei "extremely similar", ergab die Arbeit von David Bruce Daugherty: Group-owned newspapers vs. independantly-owned newspapers: An analysis of the differences and similarities. Ph.D. University of Texas 1983; Auf eine Vorliebe für Wirtschaftsthemen unter den Redakteuren von Zeitungen, die zu einer Kette gehören, stießen C.N. Olien/P.J. Tichnor/G.A. Donohue: Relation between corporate ownership and editor attitudes about business. In: Journalism Quarterly 1988, S. 259-266; Kaum inhaltliche, dafür aber strukturelle Unterschiede in der Organisation durch "chain affiliation" fand am Beispiel von Stadtteilzeitungen Gerald Cory Stone: Management of resources in community-sized newspapers. Ph.D. Syracuse University 1975; Bessere Aufstiegsmöglichkeiten für Journalisten, weniger Druck durch Anzeigenkunden und eine insgesamt bessere Finanzausstattung sind Vorteile der "group-owned newspapers", größere Redaktionsetats, besseres Verständnis für den örtlichen Markt, größere Flexibilität in der Entscheidungsfindung und weniger Bürokratie kennzeichnen dagegen "independant newspapers" einer Studie des amerikanischen Redakteursverbandes zufolge aus.- "Type of ownership has little impact on quality, ASNE survey shows". In: Presstime, April 1990, S. 68.

4. Geschäftspolitik der Seattle Times Co.

Die Geschäftspolitik eines jeden Verlages eröffnet oder begrenzt Gestaltungsmöglichkeiten im redaktionellen Management durch mehr oder weniger großzügige Budgets, Festsetzung von Erscheinungsmodus, Blattumfang, Verbreitungsgebiet. Mittelbar prägen ihr Stil, uneingelöste Versprechen und Widersprüchlichkeiten die Grundeinstellungen aller Redaktionsangehörigen mit. Insofern scheint es sinnvoll, sich vor speziellen Strukturmerkmalen redaktioneller Organisation und deren vermuteten Übereinstimmungen mit der Logik des "Amerikanismus" zunächst der Geschäftspolitik der Seattle Times Co. zu widmen. Einerseits erklärt sich hierdurch bereits wesentlich die Größe der Redaktion, andererseits dürfte deutlich werden, daß das Unternehmen von der Spitze herab althergebrachten Organisationsmustern vertraut und wenig mit Managementkonzepten anzufangen weiß, die Unschärfen im Produktionszusammenhang nicht per se als zu beseitigende Defekte betrachtet, sondern als Zustand "schöpferischer Instabilität"[1] gewinnbringend zu nutzen sucht.

4.1. Maximaler Profit bei minimalem finanziellen Risiko: Das *Joint Operating Agreement* (JOA) mit dem Konkurrenzblatt "Seattle Post-Intelligencer"

Das nachmittägliche Erscheinen der "Seattle Times", eine im Rückzug befindliche US-Tradition, ist ein Merkmal, das den Außenstehenden sofort stutzen läßt, zumal es wider jede ökonomische Vernunft und kapitalistische Logik zu sein scheint. Die Produktion einer Nachmittagszeitung ist komplizierter und teurer, die Auflage zu steigern Utopie. Dennoch macht die Regelung in diesem Fall auch geschäftspolitisch Sinn. Sich auf nachmittägliches Erscheinen zu beschränken, war der Preis, den das Management der Seattle Times Co. zahlte, um sich 1983 über ein *Joint Operating Agreement* (JOA) mit dem Konkurrenzblatt "Seattle Post-Intelligencer" verzahnen zu können. Diese Vereinbarung sichert der Seattle Times Co. unabhängig von der Auflageentwicklung zwei Drittel der Erlöse aus dem örtlichen Anzeigenmarkt bis ins Jahr 2033. Der kostenträchtige Wettbewerbsnachteil garantiert also größtmöglichen Profit praktisch ohne finanzielles Risiko für die Dauer von 50 Jahren.

Die gesetzliche Grundlage für Kooperationen dieser Art ist auch im amerikanischen Wirtschaftsleben derart ungewöhnlich und politisch heikel, daß sie später ausführlich diskutiert werden soll. An dieser Stelle folgt zunächst der Blick auf die konkreten Auswirkungen des JOAs für die Medienlandschaft in Seattle und die redaktionelle Organisation der "Seattle Times", die durch das nachmittägliche Erscheinen mit noch mehr Tücken,

---

[1] "Reizende Unordnung": Interview mit dem Chaosforscher Rainer Paslack. In: Die Woche, 1. April 1993, S. 30.

Unübersichtlichkeiten und Kosten befrachtet wird, als die Produktion redaktioneller Inhalte für Tageszeitungen per se mit sich bringt.[2]

Zentrale Inhalte - unmittelbare Konsequenzen des JOAs in Seattle

Der "Seattle Post-Intelligencer" hat mit Inkrafttreten des JOAs seine sonntägliche Ausgabe gestrichen, Produktion, Vertrieb, Anzeigen- und Werbeabteilung aufgelöst. Die über 200 Beschäftigten wurden entlassen.[3] Die Seattle Times Co. managt diese Geschäftsbereiche seither mit und erstellt das gemeinsame Sonntagsblatt. Der "PI" liefert dem pfundschweren Werk mit dem höchsten Anzeigenvolumen der Woche lediglich eine vierseitige Comic- und Kommentarbeilage zu. Als Entgelt für die höhere Arbeits- und Kostenlast zieht die Seattle Times Co. laut JOA-Vertrag 50 Jahre lang garantiert doppelt soviel Gewinn aus dem örtlichen Leser- und Anzeigengeschäft wie der "Seattle Post-Intelligencer", unabhängig von der Auflageentwicklung. Maßstab für die Verteilung - zwei Drittel "Seattle Times", ein Drittel "Seattle Post-Intelligencer"- bleibt bis ins Jahr 2033 die Lage zu Beginn des JOAs, die die "Seattle Times" als finanzstarken, den "PI" als fast bankrotten Partner auswies.[4]

Auflageverlust durch Beschränkung auf nachmittägliches Erscheinen einkalkuliert

Dieses Ungleichgewicht klingt schon nach nicht einmal einem Jahrzehnt JOA überholt und gibt dem Management der Seattle Times Co. und ihrer Entscheidung für das JOA zunächst ohne Einschränkungen recht.

Der "PI", vor dem JOA bei 180 000 Auflage (Mo-Sa), war zum Zeitpunkt dieser Untersuchung 209 000 Exemplare stark. Die Auflage der "Seattle Times" schrumpfte im selben Zeitraum von 251 000 auf 237 000 Exemplare täglich, obwohl neue Stadtteilausgaben lanciert wurden. 26 000 Exemplare gingen der "Seattle Times" bereits im ersten Jahr nach der im JOA verfügten Streichung der Morgenausgabe verloren, und dieser Einbruch war bislang nicht wettzumachen.

---

[2] vgl. Bob. M. Gassaway: The social construction of journalistic reality. Ph.D. University of Missouri - Columbia 1984, bes. S. 352. Zitat: "News production is a social process limited by economic imperatives"; Gaye Tuchman: Making news by doing work: Routinizing the unexpected. In: American Journal of Sociology 79, Juli 1973, S. 110-131; dies.: The exception proves the rule: The study of routine news practices. In: Methodological strategies for communications research, ed. by Paul Hirsch/Peter V. Miller/Gerald F. Kline, Vol. 6, Beverly Hills 1978, S. 43-62; Michael R. Dubicek: The organizational structure of newspapers in relation to their metropolitan environments. In: Administrative Science Quarterly (1978), S. 418-433; Jon G. Udell: The economics of the american newspaper. New York 1978.

[3] Zitat Newspaper Guild President (Protokoll 7. Dezember 1989, S. 2): "At the PI a couple of 100 people lost their jobs after the JOA mainly in circulation and advertising."

[4] Finanzchefin Carolyn S. Kelly (Protokoll 15. November 1989, S. 1):
"Since the JOA basically we do everything for the PI except the news, get all revenues, pay all costs. We get 2/3, the PI 1/3 of what is left...Before the JOA we had 75 % of the advertising market, the PI lost a million dollars per month."

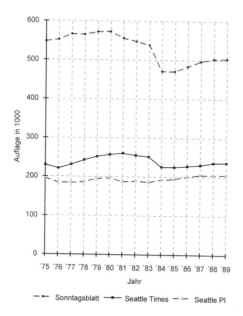

Abb. 4: Auflageentwicklung von "Seattle Times", "Seattle PI" und Sonntagsblatt

Viele ehemalige Redakteure dieser Frühausgabe der "Seattle Times" sind heute in der Nachtschicht beschäftigt. Was sie über den Verzicht auf das Frühstücksblatt sagen, liest sich neutral, wurde aber mit ätzendem Sarkasmus vorgetragen und trübt bereits die geschäftspolitisch angeblich rein positive Bilanz des Kooperationsvertrages (mehr hierzu im Abschnitt Folgekosten für die Redaktion).[5]

Daß der "PI" seit dem JOA von Jahr zu Jahr Auflage gutmacht, sich der "Seattle Times" unaufhaltsam nähert und diese ihren Auflagestand mit Mühe hält, lastet auch das Verlagsmanagement uneingeschränkt der im JOA verfügten Beschränkung auf nachmittägliches Erscheinen an. Dennoch ist Carolyn S. Kelly, Finanzchefin der Seattle Times Co., vollauf zufrieden: *"The PI growth now is actual faster. As a p.m. paper we are already bucking the trend."* Finanziell geht die JOA-Rechnung für das Unternehmen auf, selbst wenn die

---

[5] Zitat City editor nights (Protokoll 16. Oktober 1989, S. 1):
"We had a morning edition, ready at 11.30 p.m. dropped with the JOA."
Zitat News editor nights (Protokoll 16. Oktober 1989, S. 4):
"We have the worst of both worlds. 1980 we started a morning edition competing directly to the PI. When the JOA happened, we were locked in these hours for 99 years (sic !). One point was not to have a paper in the the box before 10.30 a.m."

Auflage der "Seattle Times" sinkt: *"Before the JOA our margin was very low. From business standpoint it was the best we could do."*[6]

Chefredaktion verteidigt JOA als wirtschaftlich notwendig

Was sich hier zwischen den Zeilen andeutet - daß die Seattle Times Co. seit dem JOA nicht mehr deckungsgleich ist mit der Zeitung "Seattle Times", um deren Zukunft Redakteure und Reporter fürchten, weil nur hier ihre Existenzen gesichert sind - bringt Chefredakteur Mike Fancher in einem Artikel zum fünfjährigen Bestehen des JOAs unmißverständlich zum Ausdruck. *"The Seattle Times Co. makes the same profit whether we sell the Times or the PI. There is no benefit to the company to prevent the PI from becoming the dominant paper."* Ebenso klar verteidigt er das JOA als einzige Konstellation, in der sich zwei große Tageszeitungen in Seattle wirtschaftlich halten können. *"This community could not support two commercially competing daily newspapers. The costs of publishing are high, and the revenues are low. Some people may want to pretend otherwise, but it`s just not realistic."* [7]

Verleger sieht JOA rundweg positiv

Auch Frank A. Blethen, seit 1985 Verleger in fünfter Generation[8] und anfangs gegen das JOA aus Furcht vor staatlicher Einmischung (sic!), hat sich zu dessen Verfechter gewandelt.[9] Er betont, daß alle Seiten, inklusive der Anzeigenkunden und Leser, besser bedient würden als früher. Seine Argumentation, zu Ende gedacht, stellt marktwirtschaftliche Konkurrenz im Zeitungsgeschäft gegenüber Monopolen generell als überflüssigen Luxus hin: *"The JOA means we aren`t wasting money going head-to-head with the PI. Instead we are doing what we should really be doing, which is serving the reader and advertiser by putting money back into the product instead of dealing with the competition across the street..."*[10]

Investitionen in redaktionelle Qualität infolge des JOAs

In der Tat wurden die Redaktionen beider JOA-Partner infolge der Vereinbarung aufgestockt. Der anzeigenfreie Raum wurde erweitert. Bei der üppiger entlohnten "Seattle Times" allerdings deutlicher als beim "PI".[11] Die

---

[6] Zitat Carolyn S. Kelly (Protokoll 15. November 1989, S. 1).

[7] zit. nach Janice Hayes: JOAs spell survival for some. In: The Seattle Times/The Seattle Post-Intelligencer, Sunday Ed., 22. Mai 1988, D 1.

[8] The Seattle Times Co., Informationsbroschüre, S. 2.

[9] Auch im amerikanischen Verlegerverband ist die Mehrheit der Mitglieder für JOAs und plädiert für eine gesetzliche Bestandsgarantie.- Mary A. Anderson: ANPA testifies law protecting JOAs still needed; opponents urge repeal. In: Presstime, August 1989, S. 34. Ausführlich wird die US-weite Debatte im Anschluß an die Schilderung des JOAs in Seattle behandelt werden.

[10] Hayes, JOAs spell survival for some, a.a.O..

[11] Zitat Managing editor Alex McLeod (Protokoll 20. November 1989, S. 1):
"We got perhaps ten additional positions after the JOA largely because of the creation of suburban bureaus, about thirty people."

"Seattle Times" vergrößerte ihre Redaktion in den ersten fünf Jahren des JOAs um 70 neue Stellen. Das entspricht einem Personalzuwachs von 30 % und in etwa der Differenz zur mittleren Personalstärke amerikanischer Tageszeitungen vergleichbarer Auflagenhöhe, die im vorhergehenden Kapitel als Schätzwert vorgeschlagen worden ist. Der anzeigenfreie Raum der "Seattle Times" wurde infolge des JOAs von 37 auf 42 % des Blattumfanges ausgedehnt. Seit 1985 erscheint zudem vierteljährlich eine aufwendig gestaltete "Pacific Rim"-Beilage über das Wirtschaftsleben im nordwestpazifischen Teil Amerikas und dessen kulturelle Brücken zu Südostasien. Die Lokalberichterstattung der "Seattle Times" wurde in vier Zonen unterteilt. Das Gros der Auflage enthält die Sektion "Metro", den Lokalteil für die Berufstätigen in der zum Finanz-, Verwaltungs- und Einkaufszentrum entleerten Innenstadt und angrenzende Wohnviertel mit hohem Einkommensprofil. Drei Stadtteilausgaben bedienen die ausufernden Vorstädte im südlichen, östlichen und nördlichen Verbreitungsgebiet, in denen vornehmlich Familien leben, denen Häuser und Wohnungen in zentraleren Lagen zu teuer oder zu eng geworden sind. Die Wirtschaftsberichterstattung verstärkt zu Wochenanfang eine anzeigenfreie Sonderseite "Business-Monday", um kaufkräftige Konsumentenschichten, die sich für wirtschaftliche Fragen interessieren, noch gezielter ansprechen zu können.[12]

Die Redaktion des "PI"s schmerzt der Verlust der Sonntagausgabe an die "Seattle Times" auch nach über fünf Jahren JOA, obwohl die Kooperation auch ihr nutzte, indem sie finanzielle Sicherheiten und Investitionsspielräume schuf.[13]

Für den Präsidenten der örtlichen Newspaper Guild, tätig als Copy Editor bei der "Seattle Times", ist das JOA im Ursprung unfair, weil es unter völliger Mißachtung des sonst im amerikanischen Berufsleben allenthalben angemahnten Leistungsgedankens das Versagen einer gut bezahlten Geschäftsführung finanziell belohnt: "The PI was with the JOA rewarded for bad management."[14]

Daß mit dem Ergebnis der Vereinbarung nicht nur die beteiligten Verlage, sondern auch die Leser zufriedener sein können, behaupten dagegen die Chefredakteure beider Blätter.

"Before the JOA the PI didn't have the money to compete journalistically; today they do. That makes this market more competitive than ever"[15], meint "Seattle Times"-Chefredakteur Mike Fancher. Und "PI"-Kollege J.D. Alexander, nach

---

[12] Hayes, a.a.O..; Daß alle größeren US-Zeitungen in den 80er Jahren anfingen, ihre Wirtschaftsberichterstattung auszudehnen, zeigt Bonnie L. Dwyer: Getting down to business at the Los Angeles Times. M.A. California State University 1984.

[13] Zitat City editor PI, commissionary (Protokoll 12. Dezember 1989, S. 1):
Question: What do you think of the JOA?
"The biggest loss is that the Sunday edition was dropped. It provided an outlet for reporters to write long, indepth stories with big photos attractively displayed. So we are more limited spacewise. Otherwise compared to pre-JOA-PI we got a bigger budget, more reporters, more resources, we turned from a failing into a successful paper, maybe we're even making money now. The fall-out for the newsroom is fairly positive - except for the loss of the Sunday paper."

[14] Zitat Newspaper Guild President (Protokoll 7. Dezember 1989, S. 2).

[15] Hayes, JOAs spell survival for some, a.a.O..

dem JOA umgezogen in einen 20 Millionen Dollar teuren Neubau am Hafen, stimmt mit Blick auf die fjordähnliche Bucht und schneegekrönte Berggipfel zu: "*I don't detect any lack of urgency; we are still hammering each other every day.*"[16] Ihre Aussagen zu überprüfen, würde den Rahmen dieser Arbeit sprengen. In den betroffenen Redaktionen selbst gibt es jedoch genügend Widerspruch, um zumindest Fragezeichen zu setzen.[17]

Kritik am JOA in Seattle

- **Konkurrenz um Nachrichten mit "weniger Biß"**

Jane Hadley, altgediente Reporterin des "PI", glaubt, "weniger Biß" zu spüren. Keine Zeitung sei mehr wirklich aggressiv: "*The JOA has taken the edge off the competition. The public impression that there is some behind-the-scenes collaboration going on isn't true, but there is a problem. The urgency isn't there any more. Both newspapers are sitting back and collecting their money.*"[18]

Statt zu konkurrieren zwinge die ungleiche Verteilung der Finanzkraft den Redaktionen eine Art publizistischer Arbeitsteilung auf, ergänzt eine Reporterin der "Seattle Times". Der "PI" überläßt die magazinähnlich aufgemachten Serien zunehmend der reicheren "Seattle Times", weil diese sie besser präsentiert: "*Since the JOA I think there is a growing difference. The big splashy things like the high-rise in Sunday paper, when they (the PI) do them, they don't have the experience to do quite as well as the Times.*"[19] Müßig zu spekulieren, inwieweit diese Dichotomie den Lesern schadet, die für ihr Geld zumindest wochentags nur jeweils eine Hälfte des journalistisch Möglichen erhalten, sofern sie nicht beide Blätter abonnieren. Da auf sämtliche Vertriebsfahrzeuge die Logos von "Seattle Times" und "PI" eh gleich groß gedruckt sind, nur durch einen dünnen Schrägstrich getrennt, gehen viele Bürger selbstverständlich davon aus, daß die Zeitungen aus einem Hause stammen. Der Bericht zum fünfjährigen Bestehen des JOAs im Wirtschaftsteil der "Seattle Times" fängt denn auch mit jener Verwechslung an, die Telefonzentrale und Redaktionen beider Häuser regelmäßig erleben.
Caller: "Can you connect me with Shelby Shates?"
Times Reporter: "He doesn't work here. He works for the Post-Intelligencer."
Caller: "I know, but you are the same newspaper. Isn't he across the room somewhere?"
Times Reporter: "No. He's across town somewhere. In the PI-building." [20]

---

[16] Hayes, JOAs spell survival for some, a.a.O.

[17] Zu der Einschätzung, daß Chefredakteure ein überdurchschnittlich ausgeprägtes Machtbedürfnis haben ("desire to coach, influence, teach or encourage others with little interest in doing things alone") und ein unterdurchschnittliches Bedürfnis, eine persönliche Bestleistung zu erzielen ("competition with a standard of excellence, doing as well or better than someone else, self-imposed requirements for good performance"), gelangen Ardyth B. Sohn/Leonhard H. Chusmir: The motivational perspectives of newspaper managers. In: Journalism Quarterly, Sommer 1985, S. 296-303.

[18] Hayes, ebd..

[19] Zitat Higher education reporter (Protokoll 28. November 1989, S. 4).

[20] Hayes, JOAs spell survival for some, a.a.O..

Marketing, das sonst, wie in der Einführung angedeutet und im gleichnamigen Kapitel ausführlich dargelegt, alle Entscheidungen der Seattle Times Co. mit prägt, hat sich aus dem jahrzehntelang erbitterten, jetzt befriedeten Konkurrenzverhältnis völlig zurückgezogen. Warum sich welche Leser für welches Blatt entscheiden, ist der Geschäftsführung seit dem JOA schlichtweg egal. Clayton C. Chinn, *Marketing Research Manager* der Seattle Times Co., formuliert dies so: "*The dollars come all into the same hopper.*"[21]

- **Anzeigenkunden gegenüber Preispolitik (fast) schutzlos**

Massive Kritik provoziert das JOA in Seattle fast ausschließlich in den Reihen der Anzeigenkunden. John L. Scott, Chef der Maklerfirma John L. Scott Realty, einer der größten Inserenten am Sonntag, sieht sich der Anzeigenpreispolitik im Verbund schutzlos ausgeliefert: "*As an advertiser, I don`t like it one little bit. But what am I going to do? I have no alternatives.*"[22] Das Kaufhaus Le Bon Marche hingegen hat ein Ventil für sich entdeckt: "*Direct Mail*", Postwurfsendungen an Kundenhaushalte. Einmal in Gang gebracht, kommt diese Art Reklame mittlerweile kostengünstiger als in "Seattle Times" oder "PI" zu inserieren. Somit hat der infolge des JOAs erhöhte Preisdruck im Anzeigenmarkt die Ausbreitung alternativer Lösungen beschleunigt, die die Lokalzeitung als Medium gerade für zielgruppenspezifisch leicht einzugrenzende Werbebotschaften noch entbehrlicher machen und den höheren Gewinnen aus dem Anzeigengeschäft nach kurzer Umorientierungsphase Grenzen setzen, die vor dem JOA nicht abzuschätzen waren.[23] Le-Bon-Marche-Marketing-Präsident John Buller: "*The JOA has definitely changed the way we are doing business.*"[24] Kampflos gab die Seattle Times Co. dieses Terrain jedoch nicht preis. Als der erste Schock über spürbare Anzeigeneinbrüche überwunden war, ergänzte sie ihr Dienstleistungsspektrum um das Konkurrenzangebot "*Direct Mail*". Mit einigem Erfolg, wie es heißt. Ob diese positive Entwicklung mit erhöhten Verlusten im Anzeigengeschäft der "Seattle Times" erkauft worden ist, ließ sich nicht ermitteln. Vermutlich wäre dieser "Kannibalismuseffekt" wegen der schon zuvor rückläufigen Tendenz im Anzeigenumsatz, die den Gegenangriff provozierte, objektiv auch kaum zu beziffern gewesen.[25] Da sich die Seattle Times Co. jedoch zunehmend weniger als Zeitungsverlag und immer deutlicher als Anbieter von Medien- und Informationsdienstleistungen

---

[21] Zitat Clayton C. Chinn (Protokoll 29. November 1989, S. 1).

[22] zit. nach Hayes, a.a.O..

[23] Da die überwiegende Mehrheit der amerikanischen Lokalzeitungsmärkte entweder Einzeitungskreise oder durch JOAs quasi-monopolisiert sind, boomt Direct mail US-weit. Einen Überblick bietet David C. Rambo: Direct mail`s challenge. In: Presstime, Januar 1989, S. 18-25.

[24] zit. nach Hayes, a.a.O..

[25] "Kannibalismus"- oder "Spill-over"-Effekt meint im Gegensatz zum "Umbrella"-Effekt, bei dem das gute Image eingeführter Marken gezielt genutzt wird, um Produktneuheiten die Marktdurchdringung zu erleichtern, den unerwünschten Negativ-Effekt, daß neue Produkte bereits Eingeführte verdrängen. vgl. Rüdiger Pieper (Hrsg.): Lexikon Management. Wiesbaden 1991.

versteht, wäre selbst die Einstellung der "Seattle Times" zugunsten eines *"Direct Mail"*-Services der Seattle Times Co. denkbar.

Wettbewerb zwischen "Seattle Times" und "PI" um Anzeigen, früher existenznotwendig, fällt seit dem JOA eher lästig. Der "PI" hat laut JOA-Vertrag, obwohl er weniger Anzeigen verkauft, Anspruch auf ebensoviel Raum für redaktionelle Inhalte wie die "Seattle Times". Folglich wirkt die Zeitung des Hearst-Konzerns randvoll mit Nachrichten, während der redaktionelle Stoff der "Seattle Times", zumindest im Innenteil, zwischen Anzeigenstücken versinkt.[26]

- **Stadtteilzeitungen in Bedrängnis**

Frank Wetzel, der *Ombudsman* der "Seattle Times", über dessen Rolle im Kapitel Sonderpositionen ausführlich berichtet werden wird, sieht neben "PI"-Reportern, die das Sonntagsblatt nicht mehr als journalistisches Aushängeschild nutzen können, und enttäuschten Lesern, die die eingestellten Ausgaben von "Seattle Times" und "PI" gerne weiter genutzt hätten, in den örtlichen Stadtteilzeitungen die ohnmächtigsten Verlierer des JOAs. Als ehemaliger Chefredakteur des "Journal American" im Stadtteil Bellevue, einem gutbürgerlichen Wohnviertel östlich von Lake Washington, bekam Wetzel die geballte Marktmacht der finanzstarken Verbundes, der in immer kleinere räumliche Einheiten des Verbreitungsgebietes vordringt, zu spüren: *"My former employer has been forced to cut staff because of competition from The Times."*[27] Seine Kritik am Instrument JOA fällt entsprechend harsch aus: *"A protective device which publishers were able to persuade members of congress that it is necessary."*[28]

4.2. Folgekosten für die Redaktion der "Seattle Times"

Aus der unverrückbaren Festschreibung der nachmittäglichen Erscheinungsweise ergeben sich für Reporter und Redakteure der "Seattle Times" die deutlichsten Nachteile des JOAs. Da diese Mitarbeiter, ihre Einstellungen und Befindlichkeiten ein Hauptelement der Funktionsfähigkeit redaktionellen Managements darstellen und das nachmittägliche Erscheinen

---

[26] Marji Ruiz, Advertising Director (Protokoll 30. November 1989):
"Spacewise there is 60 % advertising to 40 % news space in most US-papers. Ours is not built that way because of the JOA. We don't sell as much to the PI as to the Times. In Pacific Magazine it's pretty much 60 % to 40 %." Question: Why is the ratio different? Answer: I'll give you an example. We sell 800 inches advertising in the Times, 600 inches in the PI on a Thursday. The Times would have more space for news but that's not according to JOA. In the news section they must have same treatment and get the same space for news.

[27] dies./vgl. auch Bonnie Lynn Henderson: Impact of the Seattle joint operating arrangement on the local suburban press. M.S. University of Oregon 1984. Die Autorin dieser Studie kommt für das JOA in Seattle und seine vier schärfsten Gegner, die örtlichen Stadtteilzeitungen, zu einer völlig anderen Einschätzung, daß nämlich das JOA keinerlei negativen Effekte hatte: "Examination of circulation and advertising records and interviews with the affected publishers indicated that the JOA did not immediately appear to have harmed the suburban newspapers and may in fact have led to growth in certain categories." Freilich sammelte sie ihr Material im ersten Jahr nach dem JOA und bezog mittel- oder langfristige Veränderungen nicht mehr mit ein.

[28] Zitat Frank Wetzel (Protokoll 21. November 1989, S. 1).

der Zeitung sämtliche Arbeitsabläufe und die publizistische Grundlinie wesentlich mit prägt, sollen JOA-Folgekosten, die die Redaktion betreffen, ausführlicher betrachtet werden.

Strapaziöse Schichtdienste

Ungünstige Arbeitszeiten durch das nachmittägliche Erscheinen treffen alle Redaktionsmitglieder, mehr oder weniger hart. Lokal- und Nachrichtenredaktion der "Seattle Times" müssen 24 Stunden am Tag besetzt sein, damit um spätestens 8.45 Uhr früh alle Seiten gefüllt sind. Es gibt Früh- und Nachtschichten, fein gestaffelt wie der Fahrplan der Bundesbahn. Diese Dienstpläne anzufertigen und über Urlaub, Krankheitsausfälle, Samstags- und Sonntagsdienste hinweg zu verwalten, ist für die zuständigen Redakteure ein wesentlicher Teil ihres Jobs, der ausführlich im folgenden Kapitel Spezialisierung geschildert werden wird.

Um 4.30 Uhr morgens kommen die ersten fünf Redakteure der Frühschicht, um 5.00 Uhr der erste Reporter, um 6.00 Uhr der nächste, um 7.00 Uhr zwei weitere. Zwischen 8 und 8.30 Uhr füllt sich der Raum mit der Kernmannschaft der Reporter und Redakteure, die das Blatt für den nächsten Erscheinungstag vorproduzieren. Um 11 Uhr tritt bereits der erste Reporter der Spätschicht seinen Dienst an, um 14 Uhr der zweite, um 15.30 Uhr der dritte usw., während die ersten Reporter und Redakteure der frühen Frühschicht gegen 13 Uhr das Feld räumen.

Den Redakteuren der späten Nacht- oder frühen Frühschicht gilt das Mitgefühl aller Kollegen. Einige fangen um Mitternacht oder 2.30 Uhr früh an, "*really terrible*".[29] Daß die Nachtschichtler nicht gegen den Andruck kämpfen, nimmt zwar den unmittelbaren Produktionsdruck, führt aber zu einem im Tageszeitungsbereich früher undenkbaren motivationspsychologischen Problem: "*Nights are frustrating, in that respect, that we are kind of off the corner, not doing the real thing.*"[30] Dies ist ein erster Hinweis, daß ein "rational" scheinbar gelöstes Problem im Tageszeitungsbetrieb, und dazu zählt von je her nicht nur in USA Zeitknappheit durch unverrückbare Andruckzeiten,[31] angesichts der Komplexität der Produktionsaufgabe neue unvorhersehbare Risiken und Reibungspunkte schafft.

Die Gründe, warum Redakteure der "Seattle Times" nachts arbeiten, klingen widersprüchlich. Geld allein kann es nicht sein. Die tarifliche Zulage beträgt einen Dollar die Nacht. Hinter der angeblich freiwilligen Entscheidung steckt wohl eher die Erkenntnis, daß es keine andere Möglichkeit gab, den

---

[29] Zitat News editor nights (Protokoll 16. Oktober 1989, S. 2):
"All wire space is filled in the morning. That makes terrible hours for some copy-editors, they come at midnight, 2.30 a.m., really terrible..."

[30] Zitat News editor nights (Protokoll 16. Oktober, S. 2):

[31] vgl. u.a. Gaye Tuchman: Making news. A study in the construction of reality. New York 1978, spez. S. 215. Zitat: "Among the constraints are the press of work, the omnipresence of deadlines, and the struggle to present factual accounts of events."

gewünschten Job in der Zentrale zu erlangen.[32] Journalist ist in den Vereinigten Staaten (noch) ein äußerst gefragter Job. Selbst um die Stellen in den Stadtteilbüros der "Seattle Times" mit nur 70 Prozent Tariflohn reißen sich, wie später gezeigt werden wird, akademisch qualifizierte Bewerber. Die sich andernorts abzeichnende Trendwende auf dem Arbeitsmarkt zählt zu den ebenfalls an späterer Stelle ausführlich dargestellten Zukunftsproblemen der amerikanischen Zeitungsbranche, die meiner Einschätzung zufolge jedoch indirekt durch die Reformen redaktionellen Managements in den 80er Jahren mit verursacht worden sind und auf Dauer weiter beschleunigt werden.

Überstunden normal

Alle Redakteure und viele Reporter der "Seattle Times" stecken durch das komplizierte Produktionsverfahren, das die nachmittägliche Erscheinungsweise diktiert, rein zeitlich in einem Flaschenhals. Die 45-Stunden-Woche ist dieser Untersuchung zufolge für das Gros der Reporter normal, für Redakteure sind 50 und mehr Stunden die Regel. Der Politikredakteur mutet sich mit 55 bis 60 Stunden die längste Woche zu. Sein Pensum ist nicht anders zu bewältigen. Wegen der erforderlichen Sachkenntnis und des Fingerspitzengefühls im Umgang mit Texten politischen Inhaltes gibt er Artikel "seiner" Reporter zudem ungern aus der Hand, obwohl ihn die Arbeitsteilung im Schichtverfahren davon entlasten würde.[33] Das zusätzliche Engagement schuldet er offenkundig weniger der Organisation als seinem Verständnis von Professionalität und der persönlichen Fürsorgepflicht gegenüber den ihm anvertrauten Reportern. Dieser Unterschied in der Motivation zu beruflicher Leistung, die über das Mindestmaß hinausreicht, wird in den folgenden Kapiteln, speziell in der Argumentation gegen redaktionelles Management mit Hauptaugenmerk auf Steuerung und Kontrolle noch eine wesentliche Rolle spielen.

Stellen doppelt besetzt

Trotz der Bereitschaft zu Überstunden, die Redakteuren nicht, Reportern nur, wenn sie Stundenzettel führen, extra vergütet werden, ist die kostspielige Doppelbesetzung von Stellen unverzichtbar. Der Ressortleiter Lokales (*City Editor*) hat zwei Stellvertreter (ACEs = *Assistant City Editors*) für Früh- und Spätschicht. Zum Reporterpool für aktuelle lokale Nachrichten (GA = *General Assignment*) gehören zwar 14 Mitarbeiter, doch wegen der Rotation von morgens 5 Uhr bis Mitternacht ist höchstens ein Drittel aller GA-Kräfte gleichzeitig im Dienst. Engpässe sind damit vorprogrammiert, obwohl sich der im folgenden Kapitel Spezialisierung ausführlich kommentierte und grafisch dargestellte Stellenplan der Lokalredaktion großzügig liest.

---

[32] Zitat News editor nights (Protokoll Mo. 16. Oktober, S. 2):
Question: Why do people work nights?
Answer: Most folks request it.
Question: And you?
Answer: I wanted to do this job.

[33] Zitat City editor nights (Mo. 16. Oktober 1989, S. 1): "The political editor stays until 5 p.m. to look over stories or comes in at 6 a.m. next morning."

Kommunikation zwischen Früh-, Spät- und Nachtschicht schriftlich

Die nachmittägliche Erscheinungsweise der "Seattle Times" erschwert nicht zuletzt die interne Kommunikation. Über Listen im Computersystem halten sich Redakteure verschiedener Schichten über Themen und Aufgaben auf dem Laufenden. Dieses Verfahren erfordert, wie die Erstellung der Dienstpläne, zusätzliche Schreibarbeit - *"Yes, that is a tremendous amount of bureaucracy"*[34] - wird aber als unverzichtbarer Bestandteil alltäglicher Routine akzeptiert. Als ein Redakteur der Tagschicht die Kennung eines Textes (*slug* = inhaltliches Stichwort und Datumskürzel) im Verzeichnis ändert, ist die gestiftete Verwirrung dem Nachtredakteur eine schriftliche Beschwerde wert.[35]

Auch die Reporter tippen Info-Listen für die nachfolgende Schicht ungefragt in den Computer ein. Als am 29. November 1989 in San Francisco der Baukran einer Firma aus Seattle umstürzt und mehrere Arbeiter getötet werden, recherchiert und schreibt zwar eine Reporterin der Frühschicht die aktuelle Geschichte. Für den Fall, daß es neue Entwicklungen oder Rückfragen gibt, hinterläßt sie jedoch die Rufnummern aller möglichen Gesprächspartner, gut ein halbes Dutzend, im System.[36] Ebenso hält es der GA-Reporter, bevor er zu einem Gerichtstermin im kanadischen Vancouver fährt.[37]

Recherche zwischen 5 und 9 Uhr früh

Zwischen 5 und 8 bis 9 Uhr morgens zu recherchieren, kommt in der Lokalredaktion der "Seattle Times" bei spätestens 8.45 Uhr Redaktionsschluß für die erste Ausgabe nach meinen Beobachtungen regelmäßig vor. Außer aktuellen Nachrichten werden Meldungen der Morgenzeitungen aufgegriffen, nachgeprüft, erweitert. Das wirft rein zeitlich Schwierigkeiten auf.

Reporter haben Skrupel, Privatleute so früh aus dem Bett zu klingeln, zumal mit Unglücksnachrichten. Dennoch wird es von den Mitarbeitern der "Seattle Times", wie in Deutschland vermutlich nur bei Boulevardzeitungen üblich, ganz selbstverständlich verlangt. Als AP meldet, bei neuen Kämpfen in El Salvador sei ein Lehrer aus Seattle erschossen worden, muß der Frühreporter bei der Familie des Getöteten telefonisch die Einzelheiten zu Person und Unglückshergang erfragen. Sachlich-distanziert spult er einen Katalog gezielter Fragen ab; was dieser junge Mann für ein Mensch war, was er in El Salvador getan hat und wie lange, was ihn bewegte, dort zu arbeiten, ob er Frau und Kinder hinterläßt.

---

[34] Zitat Photo editor nights (Protokoll 16. Oktober 1989, S. 2):
"We keep an extra photonote, who is where, sort of a physical budget, slug Repo. Photogra. That allows Fred (Autor: Photo editor mornings) to know where everything is. I take out picture-files for him. Yes, that is a tremendous amount of bureaucracy."

[35] Zitat City editor nights (Protokoll 16. Oktober 1989, S. 1):
18.05 p.m. sends message to Rick: "I would appreciate if you would not change slugs late in the afternoon. This has led to confusion in the morning shift."

[36] Zitat Higher education reporter (Protokoll 29. November 1989, S. 7):
20.00 p.m. finishes writing story and phone list for reporters to take over today and night.

[37] GA-reporter (Protokoll 16. November 1989, S. 2).

Professionelle Routine hilft, wenn auch nicht restlos, über das gefühlsmäßige Unbehagen hinweg.[38]

Je früher am Tag die Recherche, desto seltener sind auskunftsberechtigte und -fähige Gesprächspartner in Ämtern, Universitäten und Firmen erreichbar. Auch der Reporter, der den Unglücksfall in El Salvador bearbeitet, bekommt das zu spüren. Als er um 6.19 Uhr bei der Polizei anruft, wird er auf 7 Uhr, wenn der Pressesprecher ins Büro kommt, vertröstet.[39] Elf Tage später gerät er in eine nahezu identische Situation. Das Konkurrenzblatt "PI" meldet, der Gouverneur des Bundesstaates Washington denke an eine Erhöhung der Mineralölsteuer. Da der Korrespondent in der Landeshauptstadt Olympia diese Geschichte am Vortag nicht geliefert hat, muß der Frühreporter der "Seattle Times" sie recherchieren und findet, kaum verwunderlich, nur leere Amtsstuben vor. Er wird vertröstet auf später.[40] Selbst der Reporter für Wissenschaft, der "erst" ab 8 Uhr früh am Schreibtisch sitzt, muß im Zuge seiner Recherchen mehr als einmal warten, weil Gesprächspartner noch nicht erreichbar sind. Das kostet Zeit und Nerven. Der Rückruf der Geographischen Fakultät der Universität auf eine Nachricht um 8 Uhr erfolgt um 11.40 Uhr.[41] In diesem Fall - es ging um einen Hintergrundbericht über Erdbeben im Raum Seattle - fällt der Aufschub nur lästig. Eine aktuelle Geschichte wäre an dieser Verzögerung gescheitert.

Für die Untersuchung redaktionellen Managements sind diese und andere Kleinigkeiten wichtig, um zu verdeutlichen, aus wie vielen unterschiedlichen Elementen das Gebilde besteht, das es zu steuern gilt. Nur so wird

---

[38] Zitat GA-reporter Frühschicht (Protokoll 13. November 1989, S. 1):
Task: El Salvador, new fighting, one victim from Seattle.
"Such stories are the kind of used to it. I've gotten kind of used to it. In most cases relatives of a vicitim almost regard it as a tribute to that person. She wanted me to know what the mission of her son was. People like to speak when dieing is no fault of their own. Or, such as mountain climbing, they say he challenged the risk. Crime-victims are more difficult. You have to be very sensitive, start up with strictly factual stuff and say 'I need to check some information'. To talk in person in these cases is usually better, but on deadline we have no time. I had victims' family who thanked us for coming because we were the only ones who cared.
I don't like to wake them up at 6 a.m."

[39] Zitat GA-reporter Frühschicht (Protokoll 3. November 1989, S. 1):
Task still El Salvador victim.
6.19 a.m. calls the police, story says he is notified in Spokane, police press person not yet in, should call again at 7.00 a.m...

[40] Zitat GA-reporter Frühschicht (Protokoll 14. November 1989, S. 5):
Task: Pick up PI-story about governor's gas-taxes:
7.35 a.m. calls Governor Gardner's press officer, not in yet, leaves message to call him back, someone from the presspersons, who ever comes in, is expected in 10 to 15 minutes.

[41] Zitat Science reporter (Protokoll 20. November 1989, S. 1):
7.30 a.m. reads messages and the paper.
8.00 a.m. makes a phonecall to the University of Washington to line up more graphic material and to get answer on one more question on earthquake background, how did the californians measure movement underground? They have an extremely good geophysics department but usually they come in after 9 a.m, leaves message to call him back.
11.40 a.m. scientist from UW returns call from early in the morning, presented some slide on californian earthstructure last week, detailled charts. He will fax it, explained that they measure underground movements through bench marks in the ground plus a complicated formula.

nachvollziehbar, warum es nahezu unmöglich scheint, die Produktionsaufgabe im Tageszeitungsbetrieb mit allzu einseitiger Betonung auf Hierarchie, Planung und Kontrolle erfolgreich zu bewältigen.

Entscheidungen unter verschärftem Konkurrenzdruck

Ob eine Information vom Abend unvollständig recherchiert gedruckt werden soll, manövriert die Redaktion der "Seattle Times" regelmäßig in Entscheidungskonflikte. Unsicherheitsfaktor ist die Reaktion der Konkurrenz. Greift sie die Geschichte auf, spinnt sie den Faden fort?[42] Gern überlassen die Reporter in solchen Fällen Redakteuren die nachträglich möglicherweise anfechtbare Entscheidung, etwa als ein Soldat, der namentlich nicht genannt werden will, nachts anruft und meldet, in seiner Kaserne sei Sprengstoff verschwunden. Die Spätschicht nimmt eine Notiz in den Computer auf, der Morgenredakteur liest sie, überträgt einem GA-Reporter die Recherche, doch die Armee sieht sich bis mittags zu einer offiziellen Stellungnahme außerstande. Veröffentlicht wird eine kurze Meldung, obwohl der "PI" den Zwischenfall nicht gemeldet hat und die Geschichte bis zum nächsten Morgen durch weitere Recherchen hätte vertiefen können.[43]

Morgen- und Nachmittagszeitungen trifft gleichermaßen, daß PR-Ereignisse auf das Medium mit dem erhofft höchsten Aufmerksamkeitswert zugeschnitten sind, und das ist in nordamerikanischen Ballungsräumen auch im Lokalen keine der Zeitungen, sondern das Fernsehen.[44] Zu Halloween modelt die Umweltbehörde EPA ein Privathaus in Seattle zum "*House of Horror*" um, was Umweltverschmutzung in Innenräumen ("*indoor pollution*") originell verdeutlicht und an einem Tag, an dem sämtliche Medien spritzige Spukgeschichten suchen, hohe Aufmerksamkeit erregt. Der Rundgang vom Kaminfeuer über den Putzmittelschrank bis zur offenen Garage findet an Halloween statt, optimal für eine Live-Reportage im Fernsehen, zu spät für die Zeitungen. Immerhin zeigt

---

[42] Schon in einer der frühesten Studien zu redaktionellen Entscheidungsprozessen überhaupt wird die Bedeutung des Verhaltens der Konkurrenz für die Themengewichtung erwähnt.- Warren Breed: Newspaper opinion leaders and processes of standardization. In: Journalism Quarterly, Sommer 1955, S. 277-284/328, bes. S. 281.

[43] Zitat GA-reporter Frühschicht (Protokoll 16. November 1989, S. 12):
11.18 a.m. PR-Captain calls back, trying to hand out a statement, but still has to check with the lawyers, asks if J. can wait until 1.30 p.m., tells N. about that and basic information. Should it be put in 3rd? If we put in only basic information, the others will know it for sure. If the army makes a statement, too."

[44] vgl. William C. Adams: Television as a source of local political news. Ph.D. George Washington University 1977; Die USA lagen zum Zeitpunkt dieser Fallstudie auf Rang 19 in der internationalen Statistik der Tageszeitungsauflagen pro Kopf der Bevölkerung, (West)Deutschland auf Rang 11, Japan auf Rang 1 gefolgt von der Ex-DDR.- vgl. UNESCO statistical yearbook. Paris 1987, sowie Marion Lewenstein: Global readership. In: Presstime, September 1987, S. 10f; Zeitmangel allein scheint kein Grund für mangelndes Interesse an Zeitungslektüre. Vielmehr zählen die meistbeschäftigsten, aktivsten Bürger zu den fleißigsten Zeitungslesern.- "NBA report explores time pressure's effect on readership". In: Presstime, März 1989, S. 48; Die Nützlichkeit der Information scheint umgekehrt das Hauptmotiv für Zeitungslektüre zu sein.- Georgette Wang Pang: Information utility as a predictor of newspaper readership. Ph.D. Illinois University at Carbandale 1977; Prognosen über die zukünftige Zeitungsnutzung in USA sind spekulativ und oft widersprüchlich.- "Polls have mixed results for newspapers". In: Presstime, Dezember 1989, S. 46.

sich die Behörde flexibel und führt auf Nachfrage den Umweltreporter der "Seattle Times" einen Tag eher durch das Horror-Haus.[45]

Daß viele Themen morgens früh in der Konkurrenz nachzulesen sind, bevor sie in der "Seattle Times" erscheinen, erzeugt eine spezifische Spannung unter den Autoren. Die Rastlosigkeit, an der Geschichte zu feilen, reicht bis in den nächsten Tag. So beruhigend die Feststellung, die Nase vorn zu haben, so irritierend sind Unterschiede, die auf Lücken in der eigenen Recherche deuten. So ändert der Frühreporter seinen Bericht, in dem er spekuliert, ob der in Kanada wegen Kindesmißbrauchs angeklagte Indianeraktivist Satiacum zur Urteilsverkündung bei Gericht erscheinen wird oder nicht, obwohl der vorgesetzte Redakteur den Artikel für gut befunden hat.[46]

Dieser vorauseilende Gehorsam scheint begründet, will ein Reporter der "Seattle Times" Ärger und Kritik vorbeugen. Freimütig räumt der Lokalchef ein, daß sein Urteil, was ins Blatt müsse, stark von dem bestimmt sei, was die Konkurrenz an Nachrichten drucke. Die Mineralölsteuer-Geschichte scheint ihm ein gutes Beispiel: *"This gas tax story the PI had and Mark in Olympia didn`t: I talked to the reporter and he said he had thought about something for 1st edition but it would have been old because of this press conference at 2 p.m.. I told him if you are able to report the facts we should have it and we got it for the 2nd. The reporter just made a bad judgement. Competition is somewhat dictating what to do."*[47]

Aktuelle Themen, die die Morgenzeitung "PI" erschöpfend präsentiert hat, sind für die "Seattle Times" umgekehrt tabu, was alle Reporter und Redakteure, wenn auch zähneknirschend, akzeptieren. So wandert das Foto einer Fahrradpolizistin, die mitten in der historischen Altstadt von Seattle auf dem pittoresken Pioneer Square erschossen wurde, statt auf Seite 1 ins Archiv.[48] Der Reporter hat sich zunächst vergeblich engagiert.

---

[45] Zitat Environmental reporter (Protokoll 30. Oktober 1989, S. 1/2):
It is tomorrow at eleven o`clock, good time for TV, too late to get it into the paper for Halloween. I got to call if we can get in today... 10.01 a.m. woman from house of horror calls back. Bill asks if it is possible to go in there today. Can we meet at eleven o`clock? 10.05 a.m. goes over to photo editor F. to get a shooter.

[46] Zitat GA-reporter (Protokoll 16. November 1989, S. 12):
8.15 a.m. comes to work, talks to N., had already phoned him from home, telling the PI-story that Satiacum will not appear (`skip`) the sentencing, and if he should change his story. Nick said no, it`s okay for now.
8.25 a.m. checks what he has written again, adds a paragraph that leaves it more open, the possibility of not showing up.

[47] Zitat City editor (Protokoll 24. November 1989, S. 2).

[48] Zitat Photo editor (Protokoll 12. Oktober 1989, S. 1):
referring to photos made from the murder of a bicycle police officer shot on Pioneer Square:
Question: Why no more prominent play for the police woman on the bicycle?
Answer: It happened too early, it is in all morning papers.

4.3. Publizistische Anpassungsversuche

Termine vorwegnehmen

Feststehende Termine Tage im voraus zu behandeln, ist eine Taktik, mit der die Redaktion der "Seattle Times" versucht, den durch das nachmittägliche Erscheinen bedingten Zeitnachteil zu überbrücken: *"We can try to do it earlier than the PI if we know he does."*[49]

Reporter zu dieser besonderen Anstrengung zu bewegen - erfahrungsgemäß sind erst zum Termin sämtliche Informationen verfügbar - zählt zu den Führungsaufgaben der Redakteure, gebetsmühlenartig angemahnt, chronisch unerfüllt. Zitat Lokalchef: *"We need a better balance between covering news and writing enterprise. Seattle is a morning market. We got to get beaten. It is a very aggressive electronic market, too...We must anticipate things, finding opportunities to inform and educate people before the event happens, i.e. campaign San Juan Islands hearing. After the facts the piece gets a short shrift of course. State constitution on Thursday will happen on Saturday. Our reporters should do a story earlier than their competitors. City desk needs to do a better job of that balance. They have a lot of discussion amongst themselves looking at these opportunities far ahead of time."*[50]

Vielleicht stößt hier aber auch die Organisationsfähigkeit von Tageszeitungsjournalismus an prinzipielle Grenzen. Nicht nur unter dem Gesichtspunkt betriebswirtschaftlicher Effizienz - wieviel Aufwand ist im Verhältnis zum hierdurch erwirkten Ertrag für das Unternehmen überhaupt noch effektiv - sondern wegen der Unmöglichkeit, Themen stets im voraus zu erfassen.

Bereits in den Morgenzeitungen Publiziertes sprachlich als Neuigkeit zu verkaufen, stellt eine oft ungeliebte Herausforderung an die Kreativität der "Seattle Times"-Reporter als Autoren dar. Die reine Nachricht entlang der fünf W`s zu erzählen, genügt selbst bei Routinemeldungen nicht. Fast neidvoll blickt da die Gerichtsreporterin bisweilen auf den Kollegen vom "PI", dessen Redaktion sich bei unspektakulären Urteilen mit locker von der Hand gehenden Standardberichten begnügt, während sie sogar für längere Meldungen auf einer der hinteren Seiten originelle Einstiegssätze finden muß.[51]

Abrücken vom Aktualitätsgedanken

Trotz Sprachkosmetik, frischen Nachrichtenstücken aus der Nacht und vorgegriffenen Terminen sind sich in der Redaktion der "Seattle Times" alle einig, daß das Blatt als Nachmittagszeitung bei aktuellen Geschichten publizistisch zweiter Sieger bleiben muß. Zumal produktions- und

---

[49] Zitat ACE urban affairs (Protokoll 13. Oktober 1989, S. 1).

[50] Zitat City editor (Protokoll 24. November 1989, S. 1).

[51] Zitat Court reporter (Protokoll 25. Oktober 1989, S. 6):
9.35 a.m. story done, reads it over, adds paragraph, difficult: This is not a surprise this sentence, tomorrow I must start with something else.

vertriebstechnische Zwänge den traditionellen Zeitvorteil der Nachmittagszeitung, Geschichten vom Tage am Tage zu bringen, weiter stutzen.

Im Bleisatz konnten Reporter der "Seattle Times" noch bis 1 Uhr mittags an ihren Berichten feilen.[52] Heute gilt 8.45 Uhr als Redaktionsschluß für die erste Ausgabe. Um spätestens 8.45 Uhr muß der letzte Text fehlerfrei, komplett mit Überschriften, in den Satz geschickt sein. Reporter dürfen bis maximal 7 Uhr an ihren Manuskripten schreiben. Die zweite Ausgabe schließt um 11 Uhr. Der Nachrichtenchef fordert die Texte der Reporter um spätestens 10 Uhr ein. Um 12.30 Uhr ist die dritte Ausgabe des Tages dicht. Das *Night Final* mit aktuellen Börsenkursen schließt um 13.30 Uhr. Auch für diese Folgeausgabe müssen Reporter jeweils rund eine Stunde vor Redaktionsschluß recherchiert und geschrieben haben, damit genügend Zeit für die nachfolgenden Stationen der Textgestaltung bleibt, die im Kapitel Kontrolle ausführlich geschildert werden sollen.

Mittwochs schrumpft das Zeitbudget um noch einmal 30 Minuten. Jedes Redaktionsmitglied muß seine Arbeit 30 Minuten früher abschließen, damit umfangreichere Stadtteilausgaben gedruckt werden können. Reporter müssen Texte für die erste Ausgabe um 6.30 Uhr statt um 7 Uhr aushändigen. Redaktionsschluß ist um 8.15 Uhr statt um 8.45 Uhr.[53] Das sind Produktionszeiten, über die Reporter wie Redakteure klagen: "*We have the worst of both worlds*", "*We are always on the wrong side of news*".[54] Allerdings, so wie die Mitarbeiter der Nachtschicht sich "*off the corner*" fühlen, empfinden Reporter der Frühschicht den Andruck im Nacken als sportliche Herausforderung, Ansporn und Motivation.[55] Der Zeitplan an sich wird als schicksalhaft akzeptiert. Seine sture Durchsetzung nicht immer.

---

[52] Zitat GA-reporter (Protokoll 4. Dezember, S. 1):
"In hot-type we had better deadlines writing until one o'clock."

[53] Zitat Court Reporter (Protokoll 25. Oktober 1989, S. 5):
9 a.m. back in pressroom. Julie checks file Runion-case for details, age of victims etc. 9.05 a.m. calls Janet, asks if
story is for today's 3rd edition. Janet answers no, it is for tomorrow because of the early deadlines on Wednesdays.

[54] Zitat News editor nights (Protokoll 16. Oktober 1989, S. 4):
"We are no real afternoon paper, deadline is 10.30 a.m., for reporters 7 a.m.. We have the worst of both worlds."
Zitat City editor (Protokoll 24. November 1989, S. 1):
"We're an afternoon newspaper with some real early deadlines."
Zitat GA-reporter 5 a.m. (Protokoll 5. Dezember 1989, S. 2):
"Being an afternoon paper is part of the problem. We are always on the wrong side of news, deadlines are unbelievably early."

[55] Zitat GA-reporter 5 a.m. (Protokoll 5. Dezember 1989, S. 2):
Question: What about deadlines?
Answer: I hate them because you don't get in every information you could get. At the same time they are a challenge.

4.4. Machtkampf zwischen Technik, Redaktion und Vertrieb

Gnadenlos achtet die Technik darauf, daß die Redaktion ihre Schlußzeiten einhält, was regelmäßig zu Verdruß führt, wenn fertige Artikel den Sprung ins Blatt um ein, zwei Minuten verfehlen.[56] Welche Teile der Gesamtauflage wann gedruckt sein müssen, ist ein ständiger Konflikt zwischen

- Redaktion - diese will mehr Zeit zur Textarbeit, d.h. Profit erwirtschaften durch redaktionelle Qualität

- Produktion - diese will Maschinen gleichmäßig auslasten, d.h. Profit erwirtschaften durch Rationalisierung und

- Vertrieb - will möglichst früh auf die Straße, d.h. Profit erwirtschaften durch Kunden-Service.

Chefredakteur Mike Fancher freut sich über jede weitere Minute, die er im Verlagsmanagement für die Redaktionsarbeit heraushandeln kann und blickt trotz Streichung der Frühausgabe infolge des JOAs optimistisch in die Zukunft. Im Jahresrückblick 1989 rühmt er den Aufschub des Andrucks für Farbseiten sowie die Umschichtung von 23 000 Exemplaren aus der ersten Frühausgabe in die gründlicher überarbeitete und aktualisierte zweite Auflage des Tages als wesentliche Fortschritte.[57]

Vertriebsdirektor John A. McCall hingegen betrachtet Fanchers Bemühen, durch mehr Zeit für redaktionelle Qualität Auflage und damit Geld erwirtschaften zu wollen, als Kampf gegen Windmühlen. Fast sarkastisch klingt sein Kommentar: "*Maybe there is a trend towards morning readership...That is a great marketing problem for the afternoon-newspapers... People are more concerned when they can have it than what is in it. Those choices are more important than what is in the paper..one of the key-questions: Will a later newspaper make a difference in circulation? Mr. Fancher will say, yes.*"[58] Später verrät Fancher in einem Interview unter vier Augen, daß er die Leitung des Vertriebs möglichst bald mit übernehmen möchte.[59]

---

[56] Zitat Local slot (Protokoll 12. Oktober 1989, S. 3):
A. is upset: "Everything what we have done for the 3rd is basically lost. We have been into four pages, they say. 12.00 to 12.05 p.m. we normally must get in type, we need it an hour before that, try to make it in time, they say the papers aren't getting out to the boxes, loss in sale. We fought that battle many times."

[57] Zitat Mike Fancher (Protokoll 13. Dezember 1989, S. 1/2):
"We moved colour deadlines, 23 000 circulation to 2nd, improved communication between zones and downtown.
Next year we want to move more papers from first to second, take the next step in the zones, more staff, more space, more money."

[58] Zitat John A. McCall (Protokoll 16. Oktober 1989, S. 1).

[59] Zitat Mike Fancher (Protokoll 23. Januar 1990, S. 1):
"Our operation is complicated by the JOA. I would like to be responsible for circulation and newsroom"

Diese persönliche Rivalität zwischen dem Chef der Redaktion und dem Vertriebsleiter mag die gegenseitige Mißachtung im Ton verschärfen. Doch im alltäglichen Tauziehen der drei betroffenen Abteilungen um die knappe Produktionszeit am Vormittag deutet sich auch eine prinzipielle Uneinigkeit über den richtigen Weg zum größtmöglichen geschäftlichen Erfolg an: Was die Qualität einer Zeitung ausmacht, wird aus unterschiedlichen Perspektiven höchst unterschiedlich definiert. Nur die nachmittägliche Erscheinungsweise nehmen nach fünf Jahren JOA alle Beteiligten als unveränderlich hin. Obwohl sich hieraus die massivsten Qualitätsnachteile gegenüber Mitbewerbern im Markt ergeben.

Unter dem Strich bleibt in der Redaktion der "Seattle Times" die Überzeugung, daß es notwendig ist, in der Berichterstattung vom Aktualitätsgedanken abzurücken, um sich als Nachmittagszeitung publizistisch gegenüber den morgens erscheinenden Konkurrenzblättern und den aktuelleren elektronischen Medien profilieren zu können. Als handwerklich-praktische Schlüssel zum Markterfolg gelten *Background* (= Hintergrund, Analyse) und *Enterprise* (= Eigeninitiative).[60] Dreh- und Angelpunkt der Berichterstattung, betont der stellvertretende Chefredakteur, sei wie in der Vergangenheit auch in Zukunft das Lokale: *"From standpoint of our business the key is local news."*[61]

Viele Reporter begrüßen diese Marschroute, weil sie Abweichungen vom weitgehend standardisierten Nachrichtenaufbau erlaubt[62] und Berichte ausführlicher sein dürfen.[63] Redakteure nehmen hin, daß eine über die bloße Nachricht hinausgehende Berichterstattung mehr Zeit verlangt und sie aktuell recherchierte Manuskripte erst am späten Nachmittag erhalten.[64] Doch für die

---

[60] Zitat City editor (Protokoll 24. November 1989, S. 1):
"We're an afternoon newspaper with some real early deadlines. We need a better balance between covering news and writing enterprise. Seattle is a morning market. We got to get beaten. It is a very aggressive electronic market, too.
People take our paper for different reasons. Background, enterprise, story behind the story. We must anticipate things, finding opportunities to inform and educate people before the event happens."
Zitat News editor nights (Protokoll 16. Oktober 1989, S. 4):
"Most of our readers are older people. We are more featury than most other papers in the country, as a pm-paper, we made the decision not to break hard news, but present a different type of story, instead of when and how it happened, more enterprising, analytical. This is how we can accede the schedule of out sports."
Zitat Traffic and growth reporter (Protokoll 8. Dezember 1989, S. 2):
"Part of our enterprise approach is that we are a pm-paper. TV, PI we come too late to tell just the news. We have to provide a different prospective."

[61] Zitat Alex MacLeod (Protokoll 20. November 1989, S. 1)

[62] Zitat Special projects and local copy editor (Protokoll 12. Oktober 1989, S. 2):
"We tend to be more analytical, allow the writer to start with an anecdote. Because we are late, we cannot sell fresh news."

[63] Zitat Local slot (Protokoll 12. Otkober 1989, S. 3):
Question: Is the Times news-oriented?
Answer: It needs to be different, offer much more analysis. That takes more space.

[64] Zitat ACE south zone (Protokoll 18. Oktober 1989, S. 2):
12.00 a.m. already got two of my three stories, hard to have the day's news in an afternoon paper, we can't even pretend that this is news from today. Put a more analytical approach, assign in the morning, edit late, makes much hours for me.

Autoren hat die Forderung nach der "Geschichte hinter der Geschichte" auch Tücken. Samstags erscheint die "Seattle Times" ausnahmsweise zum Frühstück und muß aktuell berichten.[65] Aber Denkweisen lassen sich offenbar nicht so glatt umschalten wie ein Automotor. Diese Erkenntnis setzt freilich auch der mit dieser Untersuchung eingeforderten Flexibilität in der Verteilung von Aufgaben und Funktionen prinzipiell Grenzen und rechtfertigt tendenziell eine immer feiner ausgestaltete Spezialisierung, wie sie das Management der "Seattle Times" betreibt. So wurde kurz vor Beginn dieser Untersuchung der prestigeträchtige Bereich Investigativer Journalismus über die Köpfe der Betroffenen hinweg aus der Verantwortlichkeit der Lokalredaktion *City Desk* gelöst und direkt der Chefredaktion unterstellt. Dies führte, wie im Kapitel Spezialisierung dargestellt, zu tiefen Spannungen in der Belegschaft.[66]

Bei genauerer Betrachung der Finanzdaten in den Verlagsbilanzen entpuppt sich übrigens die im Bewußtsein der Redaktion wenig vordringliche Sonntagsausgabe als Haupteinnahmequelle der Seattle Times Co.. Nicht nur, daß deren Auflage kontinuierlich steigt. Der Anzeigenumsatz beträgt 42 Prozent am wöchentlichen Gesamtvolumen, wobei Anzeigen 80 Prozent aller Einkünfte ausmachen, wie Finanzchefin Carolyn S. Kelly auf Nachfrage erklärt. Es wäre interessant zu verfolgen, welche Folgen dieses Mißverhältnis langfristig für die durch den Sonntag subventionierten werktäglichen Ausgaben der Zeitung hat, ob etwa der Aufwand hierfür auf Dauer zurückgeschraubt wird. Schon im Untersuchungszeitraum kam die verhältnismäßige hohe Zahl der Reporterstellen für magazinähnlich gedachte Reportagevorhaben bei der "Seattle Times", ohne daß dies im Organisationsschema ausdrücklich festgelegt worden wäre, primär der Sonntagszeitung zugute, während die Kollegen im tagesaktuellen Bereich mehrfach über personelle Engpässe klagten.

4.5. Nachmittagszeitungen in den USA verlieren Auflage - Reform redaktioneller Inhalte zwecklos

Die enormen Schwierigkeiten der "Seattle Times", ihre Auflage zu halten, sind speziell für die amerikanischen Nachmittagszeitungen seit Jahrzehnten typisch.[67]

Laut Editor & Publisher Jahrbuch 1989 gab es zum Zeitpunkt dieser Erhebung (Stichtag 1. Februar 1989) 1642 Tageszeitungen in USA, vier weniger als im Vorjahr, was nach den zweistelligen Schließungen Mitte der 80er Jahre auf eine Marktberuhigung deutet. Die Auflagen sind leicht rückläufig (Stichtag 30.

---

[65] Zitat News editor nights (Protokoll 16. Oktober 1989, S. 4):
"At first, reporters resisted that approach, now it is hard to get them out of that for Saturday morning."

[66] Zitat Special projects editor (Protokoll 13. Dezember 1989, S. 2):
"To think in both media, day-to-day and investigative, is very difficult... The idea is having this as a separate organisation."

[67] Der Auflageverlust der Nachmittagszeitungen setzte sich im 23. Jahr mit einem Rückgang von 3,7 Prozent weiter fort, vermerkt die Statistik für das Jahr 1988.- "1988 was a lackluster year for circulation growth, ad share" In: Presstime, Mai 1989, S. 107.

September 1988) bei insgesamt nach wie vor über 62 Millionen Exemplaren täglich.[68]

Die "Seattle Times" belegt unter den 100 auflagestärksten Tageszeitungen der USA (Stichtag 30. September 1988) Rang 41 (237 245 Ex.), der JOA-Partner "Seattle Post-Intelligencer" behauptet sich auf Rang 54 (206 155) knapp über der 200 000er Grenze. [69]

Addiert man die täglichen Auflagen aller amerikanischen Tageszeitungen, so ist der Verlust von insgesamt 130 000 Exemplaren zwischen 1988 und 1989 ausschließlich auf Kosten der Nachmittagszeitungen entstanden. Sie verkauften über 1,3 Millionen Exemplare weniger, während die Tageszeitungen, die morgens erscheinen, ihre Auflagen nicht nur hielten, sondern um knapp 1,3 Millionen Exemplare steigern konnten. Im Kommentar der Statistiker heißt es hierzu lapidar: *"The trend to morning distribution continued, and 15 p.m. newspapers switched to a.m. distribution."*[70]

Bereits 1986, als nach dem Absterben weiterer 19 Titel innerhalb eines Jahres die Zahl der amerikanischen Zeitungen auf die mit 1657 Titeln (damals) niedrigste Vielfalt seit Beginn der Aufzeichnungen durch Editor & Publisher im Jahre 1919 schrumpfte, betrafen sämtliche Pleiten Mittags- und Abendblätter.[71] Umgekehrt konnten alle, die sich zur Umstellung auf frühes Erscheinen entschlossen, ohne weitere Kraftanstrengung Auflage gutmachen.[72] Die Gründe, warum sich diese Entscheidung rechnet, liegen für die Umschwenker auf der Hand:

1.) *to provide same day mail delivery,*
2.) *to make the paper more competitive in its marketplace,*
3.) *to introduce a timelier news product,*
4.) *to increase penetration in the paper`s retail zone,*
5.) *to be more desirable to readers whose lifestyles have changed because they go to work later and get home when TV is competing with the newspaper for their leisure time.*[73]

Eine Bestandsaufnahme bei stetig an Auflage verlierenden Nachmittagszeitungen in Cleveland, Milwaukee, Los Angeles, Boston, Philadelphia, Detroit, Minneapolis, St. Louis und Baltimore zeigt, daß bei aller

---

[68] Editor & Publisher international yearbook 1989. New York 1989.

[69] ebd. Tabelle: Top one hundred daily newspapers in the United States according to circulation September 30, 1988. Auf den ersten Plätzen: Wall Street Journal (1,8 Mio.), USA Today (1,3 Mio.), New York Daily News (1,2 Mio.), Los Angeles Times (1,1 Mio.), New York Times (1 Mio.), Washington Post (769 000).

[70] Editor & Publisher international yearbook 1989. Memo from the publisher.

[71] "62,502,036 daily circulation". In: Editor & Publisher, 23. Mai 1987, S. 6.

[72] "A.m. converts laud conversion from p.m". In: Editor & Publisher, 10. Oktober 1981, S. 56.

[73] Judy Burke: Conversion of afternoon newspapers to morning publication cycle. A survey of 17 papers that converted and attitudes of North Carolina newspapermen toward such conversions. M.A. University of North Carolina 1980.

Verschiedenheit der Lage und Lösungsversuche, zum Beispiel Start einer zusätzlichen Sonntagsausgabe, lesefreundlich reduziertes Seitenformat, Stadtteilausgaben, Anzeigenverbünde oder magazinähnliche optische Gestaltung, der Zeitnachteil durch nichts aufgefangen werden kann. [74]

Einer der radikalsten Versuche, über den redaktionellen Inhalt das Ruder umzuwerfen, endete nach nur vier Jahren am 2. April 1982 mit der Schließung des Objektes. Der "Minneapolis Star", nach einem "*Masterplan for Survival*" umgebaut in ein tägliches Nachrichtenmagazin für besser gestellte Bevölkerungsschichten, wurde von der "Tribune", der Frühstückskonkurrenz des eigenen Verlages, geschluckt. Die kritische Analyse dieses Zeitungsschicksals mündete in der wenig optimistischen Einschätzung, daß wegen des allgemeinen Trends gegen Nachmittagszeitungen, verstärkt durch das Bevölkerungsprofil von Minneapolis, den "Star" nichts hätte am Leben halten können. [75]

Warum immer noch viele US-Tageszeitungen nachmittags erscheinen, ist vor diesem Hintergrund kaum verständlich. Einen Anhaltspunkt, daß sich dieser "Luxus" nicht immer rational erklären läßt, liefert das Überleben einer zum Exoten geschrumpften Spielart der Nachmittagszeitung, das späte Samstagsblatt. "*I don`t see any other reason than tradition or idiosyncracy*", urteilt Ruth Clark, Präsidentin der New Yorker Markt- und Medienforschungsgesellschaft Clark, Martire & Bartolomeo verständnislos über die rund 300 Nachzügler. Woody Wardlow vom American Press Institute in Reston pflichtet bei: "*It doesn`t make marketing sense, it doesn`t make production sense.*" Vor 15, 20 Jahren habe das Kopf-an-Kopf-Rennen auf umkämpften Märkten vielen Verlagen die kostspielige Extratour aufgezwungen, aber wer noch heute am Samstagnachmittag festhielte, sei entweder zu sehr der Tradition verhaftet, gleichgültig oder dumm. [76]

Das Management der Seattle Times Co. fällte die Entscheidung, sich auf den Nachmittag zu beschränken, aus rein finanziellem Kalkül. Die Geschäftsführung wollte das JOA mit dem "Seattle Post-Intelligencer" unbedingt, um sich nicht noch tiefer in einen teuren Konkurrenzkampf mit ungewissem Ausgang zu verstricken. Und der Verzicht auf die erfolgreich gestartete Frühausgabe war der Preis, den der JOA-Partner Hearst für den begehrten Zusammenschluß verlangte. Das Instrument an sich stellt eine bis heute fragwürdige Bevorzugung von Tageszeitungsbetrieben im amerikanischen Wirtschaftsleben dar.

---

[74] "Dearth in the afternoon". In: WJR, Oktober 1981, S. 41-45.

[75] Susan K. Shuman: The Minneapolis Star`s efforts to survive as an afternoon newspaper. M.A. University of Maryland 1982.

[76] Mary A. Anderson: Saturday p.m: Newspaper twilight zone. In: Presstime, Dezember 1982, S. 14 f.

4.6. JOAs garantieren und vergrößern finanziellen Erfolg

Newspaper Preservation Act von 1970 schuf die Grundlage

1970 erließ die US-Regierung ein Gesetz namens *Newspaper Preservation Act*, das Verlegern wirtschaftlich scheiternder ("*failing*") Zeitungen erlaubt, sich geschäftlich mit der Konkurrenz am Ort in einem Joint Operating Agreement (JOA) zu vereinigen, um über den wirtschaftlichen Zusammenschluß die publizistische Vielfalt ("*diversity of expressions*") in einem Verbreitungsgebiet zu erhalten. Als Privileg einer einzigen Branche ist diese Ausnahme von amerikanischen Anti-*Trust*-Gesetzen nicht nur einmalig, sondern war auch vom ersten Tag an höchst umstritten.[77]

Kritik am Entstehungsprozeß

Daß sich in erster Linie eine einflußreiche Lobby durchsetzen konnte, nämlich die der Zeitungsverlage, meint Rechtsexperte Prof. Stephen R. Barnett von der University of California in Berkely . Noch 1969 habe sich Richard McLaren, der Kartellwächter der Nixon-Administration, entschieden gegen die Gesetzsvorlage als Bevorzugung einer Branche gewandt. Doch dann habe Richard Berlin, seinerzeit Präsident des Medienkonzerns Hearst, dem Präsidenten persönlich geschrieben, daß er und "viele andere wichtige Verleger und Freunde Ihrer Regierung" das Gesetz sehr gern verabschiedet sähen. Prompt, rekapituliert Barnett, sei die Stimmung umgeschwenkt, die Vorlage wurde Gesetz und Nixon, merkt Medienkritiker Ben Bagdikian an, genoß bei den Wahlen 1972 den größten publizistischen Rückhalt in der Geschichte des modernen Amerika. [78]

Gesetzgeberische Absicht

In erster Linie sollte der *Newspaper Preservation Act* 22 bereits existierende JOAs gegen eine höchstrichterliche Entscheidung schützen, die 1969 die Bildung eines JOAs in Tucson, Arizona ausdrücklich mißbilligte und nachträglich die Rechtmäßigkeit traditionell geduldeter Zusammenschlüsse anzweifelte, so die Begründung im Vorfeld.[79] Das dann verabschiedete Gesetz blickte aber nicht nur zurück im Sinne einer Bestandsgarantie, sondern eröffnete auch die Möglichkeit neuer JOAs, wenn sie der Justizminister genehmigt. Verleger in den vier Städten Anchorage, Cincinnati, Chattanooga und zuletzt Seattle holten daraufhin die Zustimmung des *Attorney General* ein. Läßt man die 18 Orte mit noch intakten JOAs und die vier mit schwebenden JOA-Verfahren (Manteca, York, Las Vegas, Detroit) außen vor, gab es in den USA zum Zeitpunkt dieser Untersuchung nur noch 23 Städte mit kon-

---

[77] George Garneau: Detroit JOA approved. In: Editor & Publisher, 13. August 1988, S. 14.

[78] Stephen R. Barnett: The News-Free Press case. Preserving newspaper or monopoly? In: The Nation, 6. November 1989, S. 530.

[79] ebd. S. 530.

kurrierenden Tageszeitungen (Stichtag: Oktober 1989) gegenüber 32 im August 1985.[80]

Vorteile für beteiligte Verlage

Im JOA, und hier liegt seine Hauptattraktivität nicht nur für das Management der Seattle Times Co., läßt sich mit einer Tageszeitung bequem und garantiert mehr Geld verdienen als unter Konkurrenzdruck. Robert Picard, Medienökonom am Emerson College Boston und Redakteur des Journal of Media Economics, beziffert die Gewinnspanne einer US-Tageszeitung auf durchschnittlich 19 Prozent des Umsatzes, doppelt soviel wie in anderen amerikanischen Industriezweigen üblich, und JOA-Zeitungen, schätzt er, legen auf diese glänzenden Erträge noch einmal 75 bis 100 Prozent drauf, weil sie ohne Gefahr, unterboten zu werden, höhere Tarife im Leser- und Anzeigenmarkt durchsetzen können.[81] Die Klagen amerikanischer Zeitungsverleger über *"hard times"* können Unternehmensberater denn auch kaum nachvollziehen. *"Newspapers just talk poor. This is a healthy and outrageous profitable business"*, meint etwa David Skylar aus Cleveland. Die jährlichen Anzeigenumsätze der US-Tageszeitungen von 18 Billionen Dollar würden immer noch den Gesamteinnahmen aller Radio- und TV-Stationen entsprechen. Hinzu kämen rund 5 Billionen Dollar Vertriebserlös.[82] Fachautorin Pamela M. Terrell relativiert die ökonomische Lage wie folgt: *"Accustomed in 80s to 8 to 12 % annual revenue rise, the economic slowdown of 1989 that is predicted to span 1990 has come as a sobering blow."* [83]

Mißbrauch vorprogrammiert? Die Elefantenhochzeit von "News" und "Free Press" in Detroit

Als Gipfel der Unverfrorenheit, mit der Verlagsmanager ein Blatt als *"in probable danger of financial failure"* deklarierten, um teure marktwirtschaftliche Konkurrenz in ein gewinnsteigerndes Doppelmonopol umzumünzen, werten Kritiker das im November 1989 bewilligte JOA der Superlative im Ballungsraum Detroit.[84] Die neunt - und die zehntgrößte Zeitung der USA, "The Detroit News" und "Detroit Free Press", beantragten im Mai 1986 das Ja-Wort für eine Elefantenhochzeit im fünftgrößten Markt. Eigentümer: Gannett Co. Inc., die größte, und Knight-Ridder Inc., die zweitgrößte Zeitungskette der Nation. Da zwischen den fast gleich hoch verschuldeten Kopf-an-Kopf-Konkurrenten objektiv kein Kräfteungleichgewicht festzustellen war, einigten sich Gannett und Knight-Ridder im Vorfeld, wie Stephen R. Barnett nachweist, welche Zeitung sie gegenüber dem Justizminister als scheiternd (*"failing"*) kennzeichnen sollten.[85]

---

[80] Mary A. Anderson: JOA law may be at a turning point. In: Presstime, Oktober 1989, S. 6f.

[81] zit. nach Garneau, Detroit JOA approved, a.a.O., S. 15 f.- Für einen detaillierteren Gesamtüberblick s. John C. Busterna/Robert G. Picard: Joint operating agreements: The newspaper preservation act and its application. Norwood/N.J. 1993.

[82] David Skylar: Why newspapers die. In: The Quill, Juli/August 1984, S. 12-15/22.

[83] Pamela M. Terrell: Chipping away at newspaper costs. In: Presstime, April 1990, S. 26-33.

[84] Barnett, The News-Free Press case, a.a.O., S. 1.

Ein Memorandum äußert wörtlich die Befürchtung, daß man, falls sich nur eines der Blätter ansatzweise der Gewinnzone nähere, das JOA unnötig aufs Spiel setze. Zitat: "*If both papers become marginally profitable, no JOA.*"[86]

Die zukünftigen Partner zerfleischten sich daraufhin in einem selbstmörderischen Preiskrieg. Dennoch empfahl das Justizministerium im Dezember 1987, das JOA abzulehnen, weil die geltend gemachten Verluste von jeweils rund 70 Millionen-US-Dollar in den Jahren 1980 bis 1987 das Resultat "unrealistischer" Vertriebs- und Anzeigenrabatte seien. [87] Einen Monat später, im Januar 1988, beschloß der Knight-Ridder-Aufsichtsrat die "Free Press" zu schließen, falls *Attorney General* Edwin Meese III. den Zusammenschluß vereitelt.[88] Die Unabhängigkeit seiner Entscheidung betonend, gab der Justizminister am 8. August 1988 schließlich doch grünes Licht.[89]

Einer von Presse- und Geschäftsleuten gegründeten Bürgerinitiative "Michigan Citizens for an Independent Press" gelang es zwar noch, das Inkrafttreten des JOAs durch mehrere Einsprüche über ein Jahr zu verzögern. Zum 27. November 1989 aber wurde der Weg für das größte JOA in der Geschichte der USA dank einer 4-zu-4-Entscheidung des Höchsten Gerichtshofes unwiderruflich frei. Praktisch bedeutet das Votum für die beteiligten Konzerne nach Hochrechnungen von Branchenkennern, daß sie statt mindestens eine Million US-Dollar pro Monat zu verlieren innerhalb der nächsten fünf Jahre zusammen bis zu 100 Millionen US-Dollar Profit im Jahr einstreichen können. Ab dem siebten Jahr werden diese Einnahmen fifty-fifty geteilt, wobei schon der Schlüssel zu Beginn des JOAs - 55 Prozent für die "News", 45 Prozent für die "Free Press" - auf die im Grunde gleichstarke Ausgangsposition der Partner deutet.[90]

Kritiker wie Stephen R. Barnett fürchten, daß die Definition des Schlüsselbegriffes *"failing"* nach Detroit völlig ausufert und der Inszenierung neuer JOAs Tür und Tor geöffnet worden ist. John Morton, Zeitungsexperte der Beraterfirma Lynch Jones & Ryan mit eigener Kolumne im renommierten Washington Journalism Review und Befürworter des Detroiter JOAs in einer großen Anhörung, weist diese Prognose als Panikmache zurück. Von 17 Märkten mit wirtschaftlich noch gegeneinander kämpfenden Tageszeitungen, die Morton im Januar 1989 noch benennen kann, sei es in 11 Fällen aufgrund der schon jetzt übermächtigen Stellung einer Zeitung völlig unattraktiv, ein JOA anzustreben.[91]

---

[85] zit. nach Barnett, The News-Free Press case, S. 531.

[86] ebd., S. 531.

[87] Dan Rottenberg: Survival by failure. In: The Quill, Januar 1989, S. 27.

[88] Barnett, The News-Free Press case, S. 531.

[89] Garneau, Detroit JOA approved, a.a.O., S. 14.

[90] "JOA ruling breaks no new ground". In: Presstime, Dezember 1989, S. 64.

[91] John Morton: Despite Detroit more JOAs unlikely. In: WJR, Januar/Februar 1990, S. 62.

JOAs keine tauglichen Instrumente gegen die Entstehung von Einzeitungskreisen

Welche von außen unkontrollierbaren unternehmerischen Spielräume sich im JOA für Um- und Neustrukturierungen auftun, kristallisiert sich indes in der Praxis bestehender Zusammenschlüsse heraus. In St. Louis und Miami hat sich die Idee, über JOAs publizistische Vielfalt zu konservieren, bereits 1986 bzw. 1989 selbst überholt. Der Newspaper Preservation Act schuf, was er verhindern sollte: Einzeitungskreise. Die beteiligten Verlage ließen eines der Blätter unter dem Deckmantel des JOAs so gründlich verkümmern, daß kein Dritter mehr Interesse hatte, es zu kaufen, und stellten den Titel schließlich ganz ein, um den örtlichen Markt mit nur einer Monopolzeitung umso lukrativer ausbeuten zu können.[92] Eine zweite, zunächst vergleichsweise harmlose Strategie könnte sich als Vorstufe zum Tod auf Raten entpuppen. Die zu Beginn eines JOAs eindeutig mächtigere Nachmittagszeitung, die Auflage verliert, zwingt den traditionell schwächeren Frühstückspartner, mit ihr die Erscheinungsweise zu tauschen, bevor das Auflageverhältnis sich umkehrt. Stimmt der "Zwerg" nicht zu, droht der "Riese", er würde das JOA nicht verlängern. In Knoxville, Tenn., und Birmingham funktionierte der Trick. Beim "Columbus Dispatch" hingegen, der marktbeherrschenden Nachmittagszeitung eines Verlagshauses, ging die Rechnung nicht auf. Das JOA platzte, weil das "Citizen Journal" der Zeitungskette Scripps-Howard sich weigerte, seine a.m.-Position an den Konkurrenten abzutreten - wohl wissend, daß damit das letzte Pfund, mit dem sich längerfristig wuchern läßt, verschenkt worden wäre.[93]

Der auflagenschwach vor sich hindümpelnde "Democrat" im US-Staat Arkansas verblüffte Branchenkenner, indem er, statt ein JOA einzugehen, einen erbitterten Auflagekrieg gegen die "Gazette" in Little Rock anzettelte und für sich entschied, obwohl das Konkurrenzblatt von finanzstarken Gannett-Konzern aufgekauft worden war. Verleger Walter Hussman Jr. gewährte nicht nur großzügige Anzeigenrabatte und veröffentlichte private Kleinanzeigen kostenlos, sondern stellte vor allem die Erscheinungsweise von nachmittags auf frühmorgens um und rühmte, daß im Unterschied zum auswärtigen Medien-Giganten Gannett ein aufrechter Bürger von Arkansas Eigentümer des "Democrat" sei.[94]

Der Versuch, wissenschaftlich-objektiv im Rahmen einer Kosten-Nutzen-Analyse die erwünschten und tatsächlichen Folgen des *Newspaper Preservation Acts* zu prüfen, scheint müßig, da alternative Lösungen zwangsläufig blockiert worden sind, wo immer ein JOA entstand. Gary William Ozanich, der im Rahmen seiner Dissertation an der University of Wisconsin einen Anlauf startete, kommt zu Schlüssen, die im Trend einleuchten. Der positive Zweck, mit einem JOA als Finanzstütze eine wirtschaftlich unrentable publizistische Stimme zu erhalten und den Meinungsbildungsprozeß zu stärken, ist demnach nicht verwirklicht worden. Bestätigt wird, daß ein JOA dem

---

[92] Barnett, The News-Free Press case, a.a.O., S. 532.

[93] Anderson, JOA law may be at a turning point, a.a.O., S. 8 f.

[94] John Morton: How the Democrat beat the Gazette. In: WJR, Dezember 1991, S. 54.

Doppelmonopol die Macht verleiht, Anzeigenpreise festzusetzen. Verworfen wird die These vieler Kritiker, neue Wettbewerber würden abgeschreckt.[95]

Dan Rottenberg, Redakteur einer Vorstadtzeitung, bleibt dennoch vom Gegenteil überzeugt. Hätte ein JOA die Zeitung "The Bulletin" in Philadelphia gerettet, glaubt er, hätte sein Verleger die Gründung eines neuen Blattes nie gewagt. Die Aussicht auf ein JOA wäre zum Anreiz ("*incentive*") pervertiert, ein Blatt abzuwirtschaften und Geld zu verlieren.[96] Ähnlich kommentiert Stephen R. Barnett im Januar 1988 den ersten Antrag für das Super-JOA in Detroit: "*The losses produced by this go-for monopoly strategy are not really losses, but investments.*"[97] Und so sieht es, obwohl man die eindeutig stärkere und zukunftsträchtigere Marktposition an den Hearst-Konzern abtrat, auch das Management der Seattle Times Co..

4.7. Fazit

Das JOA mit dem "Seattle Post-Intelligencer" konserviert die "Seattle Times" entgegen der durch verändertes Leseverhalten erzwungenen Umschaltaktionen andernorts bis ins Jahr 2033 als Nachmittagszeitung. Die individuellen Nachteile für Reporter und Redakteure, von ungünstigen Arbeitszeiten in Schichten, die mit einem geregelten Familienleben kaum zu vereinbaren sind, bis zu schleppenden Recherchen in den frühen Morgenstunden sind für die Problematik redaktionellen Managements indirekt von Belang.

- Vertrauensverlust und Frustration werden genährt, weil die betroffenen Reporter und Redakteure erkennen, daß diese subjektiv dramatischen Folgekosten des JOAs das Management, einschließlich der Chefredaktion, wenig kümmern, umgekehrt die Verlagsspitze für sich die risikoärmste und bequemste Route zu sicheren Gewinnen wählte, indem sie sich in ein JOA flüchtete statt offensiv um den Erhalt der Vormacht im Verbreitungsgebiet zu kämpfen. Der hierin enthaltene Widerspruch zum sonst allenthalben geforderten Leistungsprinzip kappt tendenziell die Bereitschaft zu außerordentlichem Engagement und liefert denjenigen, die sich sowieso zurückziehen wollen, eine sozial nachvollziehbare Rechtfertigung für ihr gegenüber Arbeitgeber und Kollegen unfaires Verhalten.[98]

- Der zeitliche Rahmen, den die nachmittägliche Erscheinungsweise bis ins Jahr 2033 diktiert, verkompliziert sämtliche Arbeitsabläufe vor allem in der Redaktion.

---

[95] Gary William Ozanich: Economic analysis of the newspaper preservation act. Ph.D. University of Wisconsin 1982.

[96] Rottenberg, Survival by failure, a.a.O., S. 28.

[97] Stephen R. Barnett: Detroit's high-stakes `failure` game. In: CJR, Januar/Februar 1988, S. 42.

[98] "Flight or Fight", Flucht oder Kampf, nennt William M. Evan die zwei extremen Pole möglicher Reaktionen von Arbeitnehmern auf subjektiv als unbefriedigend empfundene Arbeitssituationen. William M. Evan, Organization theory, a.a.O., S. 84.

- Das aufwendige Produktionsverfahren bläht den Apparat auf und verlangt noch mehr Bürokratie und Koordination, zum Beispiel indem sich Redaktionsmitglieder wechselnder Schichten nur schriftlich über Aufgaben und Entscheidungen auf dem Laufenden halten können.

Als Nachmittagszeitung ist die "Seattle Times" zudem noch klarer als andere US-Zeitungen vom Vorrang aktueller Neuigkeiten abgerückt. Das muß für die angestrebte publizistische Qualität nicht per se von Nachteil sein, birgt aber potentiell die Gefahr einer Beliebigkeit in der Themensetzung mit wenig Bezug zur örtlich erfahrbaren Realität, zumal Redakteure, die auf Konferenzen das Blatt planen und beraten, nie außerhalb der Redaktion tätig sind und Marketingstudien, wie ebenfalls später erörtert werden wird, von auswärtigen Firmen erstellt werden, die an alle Märkte mit gleichem Instrumentarium herangehen und tendenziell identische Reformen empfehlen.

Das dank JOA üppige Finanzpolster der Seattle Times Co. ist ebenfalls ein zweischneidiges Schwert. Einerseits schafft es finanziellen Spielraum und psychologische Sicherheit, um kostspielige Investitionen im redaktionellen Bereich zu tätigen, andererseits ist die Duldung von Ineffizienz und kontraproduktiven Konstellationen in der redaktionellen Organisation wahrscheinlicher, sofern sie dem ausgeprägten Steuerungs- und Kontrollstreben der Führungskräfte entspricht. Der grundlegende Wandel in der Unternehmensphilosophie, der etwa die amerikanische Auto- und Elektronikindustrie schon eine Dekade früher zwang, ihre Organisationsmuster neu zu denken, wird für die "Seattle Times" mangels wirtschaftlicher Notwendigkeit in noch weitere Ferne verschoben.

Ob das für die Laufzeit von 50 Jahren garantiert lukrative JOA nach 2033 rückblickend als Fehlentscheidung des Managements verurteilt werden wird, hängt wesentlich vom Standpunkt ab.

Gewiß wird die "Seattle Times" weiter an Auflage verlieren. Möglicherweise so dramatisch, daß - siehe Knoxville, Tenn., und Birmingham - auf die wirtschaftliche Verzahnung die Zusammenlegung der Redaktionen von "Seattle Times" und "PI" folgen könnte und eben jener Einzeitungskreis entsteht, den der Gesetzgeber mit der Genehmigung des JOAs in Seattle verhindern wollte.

Aber sind umgekehrt 50 Jahre garantierter Profite in einer kurzatmigen Durchlauferhitzer-Epoche, in der "alle Produkte zu Moden werden, Gültigkeiten von Jahren auf Monate schrumpfen" (Tom Peters) nicht eine genügend lange Zeit, damit sich alle weiteren Folgen, bis hin zur Einstellung der "Seattle Times", aus Sicht des Unternehmens rechnen? Oder hat die Geschäftsführung aus Ängstlichkeit und mangelndem Vertrauen in die eigenen kaufmännischen Fähigkeiten strategisch wertvolle Positionen voreilig geräumt, die zu noch dauerhafterer Dominanz im Markt unter Verdrängung des Hearst-Konzerns hätten führen können?

Fest steht, daß das Management seit dem JOA das finanzielle Wohlergehen der Seattle Times Co. nicht mehr unbedingt an den Fortbestand der Zeitung "Seattle Times" knüpft und der Wandel vom Zeitungsverlag zum Anbieter jedweder Informations- und Mediendienstleistung, die Profit verspricht, unwiderruflich eingeleitet ist.[99]

Die alternative Möglichkeit, was geschehen wäre, wenn sich die Seattle Times Co. mit der "Seattle Times" als Frühstückszeitung offensiv dem Wettbewerb im zukunftsträchtigeren Morgenmarkt gestellt hätte, wird sich rückwirkend niemals testen lassen. Sicher hätte der Verlag seine Profitrate für lange Zeit niedriger ansetzen müssen und seinen Gewinn weniger leicht verdient. Auch redaktionelles Management wäre vermutlich nicht so aufwendig gestaltet gewesen, wie es sich in dieser Arbeit darstellt, und folglich weniger geeignet zur Begründung und Illustration einer im Grundsatz kritischen Position.

---

[99] Eingedenk dieser unternehmerischen Denkweise, die ihre Geschäftspolitik einzig Marktkräften anzupassen versucht, wirkt die Warnung amerikanischer Zeitungsverleger, daß sich in Zukunft vermutlich immer mehr fachfremde Anbieter als Zeitungsherausgeber engagieren werden, eher protektionistisch als sachlich überzeugend.- vgl. z.B. C.K. McClatchy: How newspapers are owned - and does it matter? In: Nieman Reports, Sommer 1988, S. 19-24. Zitat: "I fear the day when newspaper people are no longer in charge of newspapers... The tradition that has kept a Mobil Oil from buying up a controlling interest of Knight-Ridder may turn out to be insufficient protection in the years ahead."

II. STRUKTURMERKMALE REDAKTIONELLER ORGANISATION

5. Spezialisierung

Ein wesentliches Strukturmerkmal redaktionellen Managements bei der "Seattle Times", das sich aus der eingangs dargestellten, an industriellen Mustern ausgerichteten amerikanischen Unternehmensphilosophie herleiten läßt, ist der hohe Grad der Arbeitsteiligkeit.

Der Prozeß journalistischer Aussagenproduktion zerfällt in etliche hintereinander geschaltete Teilschritte, dem Fließband eines Henry Ford nicht unähnlich, und für jede Tätigkeit zeichnet ein Spezialist verantwortlich, dessen Expertenschaft sich aus der jeweiligen Funktion im Rahmen der Organisation ergibt. Der journalistischen Berufsrolle werden seit Mitte der 1980er Jahre verstärkt gleichberechtigte Rollenprofile hinzugefügt, die nur im Hinblick auf das gesteckte Produktionsziel und die Funktionsfähigkeit der Organisation definiert sind. Politischem, gesellschaftlichem, aber auch professionellem journalistischem Engagement, das über den Erfolg im innerbetrieblichen Organisationszusammenhang hinausgeht, wird der Boden entzogen.

Dies mag den profitorientierten Verlag zunächst vermutlich wenig stören. Doch allein die Vielzahl der Beteiligten ist teuer[1] und erfordert zur Sicherung von Produktqualität und Mitarbeiterleistungen ständige Koordination, die im amerikanischen Tageszeitungsbetrieb, wie in den folgenden Kapiteln gezeigt werden wird, mittels aufwendiger Planungs- und Kontrollverfahren bewältigt wird. Darüberhinaus gehört zur Logik des Managemententwurfes, bei Krisen oder wenn Probleme von der Führungsebene als chronische Mißstände identifiziert werden, diese durch Umbesetzungen oder Bestellung neuer Spezialisten "rational" zu lösen.[2] So werden neben direkten Personalkosten meist zugleich weitere Reibungspunkte und Unübersichtlichkeiten geschaffen.

---

[1] Eine detaillierte Aufschlüsselung sämtlicher Sach- und Personalmittel würde den Rahmen dieser Arbeit sprengen. Neben der durch das JOA auf 50 Jahre gesicherten Finanzdecke der "Seattle Times" dürften für die im Schnitt gute personelle Besetzung von Redaktionen US-weit auch die landesweit höheren Werbeaufwendungen eine Rolle spielen, die nicht zuletzt den amerikanischen Zeitungshäusern zufließen.- vgl. "Moral? Sie verlangen zuviel". Spiegel-Interview mit Agenturchef Vilim Vasata über die wachsende Flut der Werbung. In: Spiegel 18/1990, S. 151-157. Demnach betrugen die geschätzten Werbeausgaben 1990 pro Kopf der Bevölkerung in der "Super-Werbemacht" USA 541 Mark, in Deutschland 139 Mark.

[2] Die Feststellung, daß Bilder und Bildunterschriften als "Eintrittstor" für die Lektüre besonders wichtig sind, führt dazu, daß in amerikanischen Zeitungsredaktionen ernsthaft überlegt wird, ob man Redakteure, die auf das Formulieren von Bildzeilen spezialisiert sind, ausbilden und anstellen soll.- Wolfgang J. Koschnick: Bilder als Blickfang. In: journalist, Januar 1991, S. 39-41.

5.1. Zeitungsoptik - Tätigkeitsfeld für Spezialisten

Der handwerklichen Qualität einzelner Produktmerkmale, allen voran der optischen Aufmachung und dem Layout, kommt die starke Differenzierung der Aufgaben sichtbar zugute.

Die Reportagen, Serien- und Aufschlagseiten der "Seattle Times" sind Blickfang auch für den eiligen Leser.

Lagepläne und Modellquerschnitte aus dem Grafikcomputer, Kolumnen und Rubriken mit eigenem Logo steigern die Übersichtlichkeit.

Abb. 5: Zeitungsgestaltung - ausgewählte Beispiele (a - c)

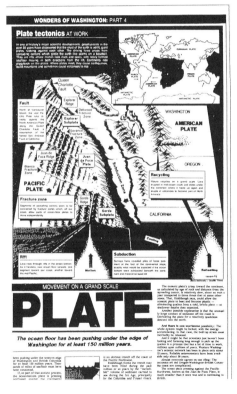

- a -

Gelegentlich lockern Zeichnungen die mit 35 Breite und 61,5 Zentimeter Höhe vergleichsweise großformatigen Seiten der "Seattle Times" auf.

Fotografien sind wie in Illustrierten großzügig über mehrere Satzspalten gezogen, technisch einwandfrei und ausdrucksstark.

Keine journalistischen *Allround*-Kräfte, sondern rund 35 Spezialisten für Foto, Grafik und Layout zeichnen verantwortlich für dieses hochwertige *Make-up*. Das Blatt optisch attraktiv zu gestalten, ist ihre einzige Aufgabe. Ein tagesfüllender Job. Der hohe Stellenwert, den Geschäftsführung und Chefredaktion diesem Element der Zeitungsproduktion beimessen, ist abzulesen an der komfortablen personellen und technischen Ausstattung der dafür zuständigen Abteilungen.

5.1.1. Fotoabteilung mit 21 Vollzeitstellen

Allein die Fotoredaktion der "Seattle Times" verfügt über 21 Vollzeitstellen. 13 Stellen haben Fotografen (*Photographer*) inne, die als Reporter vor Ort gehen. Fünf Stelleninhaber sind ausschließlich mit Koordination, Produktion und Planung fotografischer Elemente befaßt (*Photo Director, Photo Editor-Day, Photo Editor-Night, Photo Editor-Zones/Assignments, Photo Lab Coordinator*). Indiz für den hohen Qualitätsstandard, den das Management nicht nur fordert, sondern durch Investitionen stützt, ist die Existenz eines festangestellten Fototrainers (*Photo Coach*), der den Fotografen der "Seattle Times" in Kursen während der Arbeitszeit einzeln, gruppenweise oder entlang spezieller Themen handwerkliches *Know-how* vermittelt. Nur eine Vollzeitstelle für Fotografen war im Untersuchungszeitraum unbesetzt.

Technische Ausrüstung

Modernste Technik erhöht die Leistungsfähigkeit der Foto-Abteilung und stützt ihr Prestige. Sichtlich stolz führt der *Photo Editor Night* ein Gerät vor, über das die Agenturen Reuters und AP ihr Bildmaterial digitalisiert direkt in den Rechner der "Seattle Times" senden, und läßt nicht unerwähnt, daß "Boston Globe" und "Washington Post", zwei der namhaftesten Zeitungen des Landes, das System ebenfalls testen. Die Seattle Times Co. wollte den 150 000 Dollar teuren Apparat spätestens zu den amerikanisch-russischen *Goodwill Games* im Sommer 1990 erwerben. [3]

Material- und Zeiteinsatz

Am Computer zu schreiben ist für Fotografen der "Seattle Times" selbstverständlich. Sobald die Abzüge der Bilder aus dem Labor vorliegen, tippt jeder seinen Namen, dargestelltes Motiv und Entstehungstag in den Fotografen-PC, druckt die Kurzinformation aus und klebt sie auf die Rückseite der Fotografie, sodaß diese jederzeit identifizierbar ist.[4]

Mit der Kamera das bestmögliche Ergebnis aus einem Fotoauftrag herauszuholen, gehört zum wichtigsten Anspruch der Fotoreporter an die eigene Professionalität.[5] Wie gründlich ein Motiv vor Ort erarbeitet wird, deutet der Zeit- und Materialaufwand für das Porträt des ersten farbigen Vorsitzenden Richters am Obersten Gerichtshof von Seattle an. Der Fotograf verschießt für eine großformatige Nahaufnahme drei Filme und hält sich ebenso lange in Richter Johnsons Büro auf wie die Gerichtsreporterin, die den Juristen interviewt.[6] Ein kostspieliger Einsatz, den sich wohl keine deutsche Regionalzeitung vergleichbarer Auflagenstärke leisten würde.

---

[3] Zitat Photo editor night (Protokoll 16. Oktober 1989, S. 2):
Latest technological change: Reuters/AP send digitalized pictures directly into the computer system on the screen, up to 16, you can store 220 motives and video-print in 30 seconds, costs around $ 150 000, Boston Globe and Washington Post are also experimenting with it (LeFAX), we want to have it for the Goodwill Games next year, we already have computerized negative archive and library.

[4] Notiz in City Hall reporter (Protokoll 7. November 1989, S. 4):
Photographer H.S. types cutlines for photos in the computer, prints them out and fixes them on back of the photograph.

[5] Zeitungsfotografen verstehen sich im Unterschied zu Layoutern, die von Haus aus meist Grafiker sind, auch in Deutschland traditionell als Journalisten. Daß Zeitungen immer mehr Bilder enthalten, sehen viele engagierte Fotoreporter kritisch, weil ihre Bilder unabhängig vom journalistischen Gehalt oft nur als grafische Elemente dienen.- vgl. Christel Hardes: Scharfe Gedanken. Profile von Profis: Jochen Blume. In: journalist, März 1995, S. 40-42.

[6] Notiz in Court reporter (Protokoll 24. Oktober 1989, S. 4):
12.52 p.m. small talk in elevator with Johnson who has to make the same way, now the photographer leaves, too, has shot three films for illustration of Johnson's portrait.

5.1.2. Zwölf "Künstler für Grafik und Layout

Das *Art Department*, zwölf Vollzeitstellen stark, entwirft das Layout der Zeitung, fertigt computergestützte Grafiken und Zeichnungen an. Der Ressortleiter heißt *Art Director* (Stelle im Untersuchungszeitraum nicht besetzt), sein Stellvertreter *Assistant Art Director*. Ursprünglich aus der Werbung stammend, fallen diese Titel schon in der Wortwahl aus dem Kanon journalistischer Berufe. In Deutschland sind sie nahezu ausschließlich bei Illustrierten und Wochenzeitungen zu finden. Allein die Vielzahl der Titel im *Art Department* der "Seattle Times" führt den für amerikanisches Management bezeichnenden Drang vor, mittels Aufgabenteilung und Spezialisierung die angestrebte Produktqualität zu sichern.

Aus dem achtköpfigen Grafiker-Pool (*Artists*) ragen zwei Personen mit speziellen Aufgabenfeldern heraus. Der *News Page Designer* gestaltet ausschließlich aktuelle Nachrichtenseiten. Der *Special Projects Designer* setzt größere Reportagen und Serien in Szene, die die journalistischen Aushängeschilder des Blattes sind. Die Seite 1 sowie die lokalen und regionalen Seiten, die frühmorgens unmittelbar vor Andruck produziert werden, betreuen *Make-up Editor* und *Local Layout Editor*. Sie sitzen direkt neben den zuständigen Nachrichtenredakteuren, nicht im *Art Department*. Die Bemühungen der insgesamt über 30 Foto- und Grafik-Spezialisten koordiniert ein Mitglied der Fotoredaktion im Rang eines stellvertretenden Chefredakteurs (*Assistant Managing Editor/Graphics*).

Grundsätze der Zeitungsgestaltung per Handbuch festgelegt

Neben zunehmender Aufgabendifferenzierung ist die Loslösung beruflicher Kompetenz von einzelnen Personen ein Indiz redaktionellen Managements, das sich an arbeitsteiligen industriellen Mustern in Produktionsgestaltung und Menschenführung orientiert.

Wer als Grafiker neu zur "Seattle Times" kommt, kann sich das *Know-how*, wie optische Zutaten zum erwünschten *Make-up*-Mix verarbeitet werden, aus einem handlichen "*Newspaper design stylebook*" aneignen. Auf rund 70 Seiten erläutert die Loseblattsammlung in Text und Bild die Philosophie der Buchstabengrößen und -formate, den Gebrauch typographischer Elemente, den Einsatz von Fotos, Farben und Sonderzeichen. Kurz und bündig stellt das Handbuch Faustregeln auf, welche Designvarianten erlaubt sind, welche verboten ("*Dos and don`ts*").

Effizienter läßt sich der Grundstock für ein Mindestmaß an Spezialwissen im jeweiligen Job nicht legen. Die größten Vorteile liegen für das Unternehmen wohl darin, daß dieses Wissenskonzentrat losgelöst von Personen und schnell vermittelt werden kann, sodaß Ausbildungskosten (= Zeit und Geld) gering sind und nicht automatisch das Qualitätsniveau sinkt, wenn ein geübter Grafiker oder Layouter das Haus verläßt. Außerdem sind die Informationen präzise formuliert und übersichtlich genug gegliedert, um in strittigen Fällen als Lexikon zu dienen. So umfaßt etwa das Kapitel über "*Design principles - Modular makeup/the philosophy*" 34 Zeilen à 34 Anschlägen:

"The Times, like most modern newspapers, uses a horizontal, or modular makeup. That means for each story, the heads, the art (photos, illustrations, charts, maps and graphs), and the legs of type should all form one rectangle. It also means that the alignment of stories on the page should form other larger rectangles./Modular makeup promotes order, simplicity, clarity. For the reader, the headlines become easier to read, stories are easier to follow, and the art relates clearly to the story. The whole page has a less cluttered, less chaotic appearance./ One important reason that papers have gone to horizontal layout is that a story broken into short legs of type will appear less imposing to the reader than the same story set in one vertical leg of type./(fett gedruckt als Merksatz/d. Autorin) **Good layout is not as simple as stringing a series of six-column heads across the page - that would be monotonous. An effective page must have enought variety to remain dynamic, enough order to be easily understood.** *A vertical column of type, or a vertical story-and-art package are good ways to add variety."*[7]

Laut Lehrbuch sollen sich diese Prinzipien durch das ganze Blatt ziehen. Tatsächlich sind sie nahezu ausschließlich auf *Cover-* und Serienseiten verwirklicht. In den Innenteilen herrscht Chaos. Von Anzeigen zerstückelter Raum wird in unübersichtlichem Durcheinander mit Textbrocken zugepflastert, häufig dienen Fortsetzungen (*Jumps*) von vorderen Seiten als Füllstoff. Die Redaktion der "Seattle Times" übersieht diesen Qualitätsabfall ebenso selbstverständlich wie die Verlagsspitze. Reporter und Redakteure haben akzeptiert, daß im Innenteil mit Anzeigen das Geld verdient wird, und konzentrieren ihren professionellen Ehrgeiz auf die wenigen Vorzeigeseiten, auf denen redaktionell gestaltet werden kann.[8] Betriebswirtschaftliches Kalkül, das zeigt sich hier augenfällig, relativiert die vollmundigen Bekenntnisse zu gleichbleibend hoher Produktqualität. Daraus entsteht eine Widersprüchlichkeit der Geschäftspolitik, die die Integrität des Managements in vielerlei Hinsicht objektiv zwar untergraben müßte, faktisch aber wenig schadet, weil die Belegschaft selber das Problem kaum wahrnimmt. Im Fall der optischen Zeitungsaufmachung wird der Bruch gewohnheitsmäßig ignoriert. Schließlich verfahren alle amerikanischen Zeitungen so.[9]

5.1.3. Stellenwert der optischen Blattgestaltung hoch

Der hohe Stellenwert, den die Redaktionsleitung der "Seattle Times" optischer Aufbereitung von Textinhalten *prinzipiell* beimißt, wird fast täglich in redaktionellen Entscheidungen dokumentiert.

---

[7] The Seattle Times newspaper design stylebook by Rob Covey, hrsg. von The Seattle Times Company 1983, S. 31.

[8] Zitat Photo editor (Protokoll 12. Oktober 1989, S. 1):
"1st priority is to get good pictures for the cover pages."

[9] vgl. Katja Riefler: Propaganda und Recherche. Wahlen und Wahlkampfberichterstattung in den USA. In: Bundeszentrale für politische Bildung (Hrsg.): Wahlen. Themen und Materialien für Journalisten, Bd. 4. Bonn 1994, S. 263. Zitat: "Die Aufschlagseiten der einzelnen Bücher amerikanischer Zeitungen werden dieser Forderung (nach großzügiger Gestaltung/d. Autor) meistens gerecht. An den schlimmen Bleiwüsten im Innern, gegen die manches bundesdeutsche Lokalblatt geradezu innovativ erscheint, scheint sich dagegen kaum jemand zu stören."

Nach dem Erdbeben in San Francisco mietet die "Seattle Times" ein Privatflugzeug und schickt sieben Reporter in das Katastrophengebiet. Drei der ausgewählten Berichterstatter sind Fotografen.[10] Die Geschichte des Umweltreporters über Raumplanung in Oregon bleibt unangetastet im Computer stehen, bis die zugehörigen Grafiken fertig sind.[11] Chefredakteur Mike Fancher nennt in seinem Jahresrückblick 1989 als vorrangiges Ziel (*"biggest priority"*) für 1990 mehr anzeigenfreien Raum für Blattgestaltung auszuhandeln.[12] Sein Stellvertreter, *Managing Editor* Alex MacLeod, lobt in seiner freitäglichen Blattkritik gleich dreimal ausdrücklich die Optik. Bei der Demonstration gegen die amerikanische Unterstützung der Contras in El Salvador würdigt er das Foto überschwenglich (*"that is the picture of the day"*), den Reportagetext mit keinem Wort.[13] Daß er das Porträt eines lokalen Prominenten gelungen findet, liegt vorrangig am Bild. Demonstrativ hakt er nach, von welchem Fotografen es stammt.[14] Ein Feature über gutes Benehmen (*"manner-ism"*), zu dem der *Scene Editor* in der ressortinternen Konferenz am Vortag ausdrücklich die Autorin beglückwünschte, hebt MacLeod hervor, weil er die abwechslungsreiche thematische Mischung (*"mix"*) der Seite und das Seitenfoto mag. Auch an der Essen & Trinken-Seite (*Food Page*) über kalifornischen Wein preist er das *"good package"*, das attraktive Paket aus hübscher Landkarte, flottem Reportagetext und übersichtlichem Info-Kasten.[15]

Design wichtiger als Textinhalte?

Optische Kriterien entwickeln somit, von höchster Ebene goutiert, eine den Texten gleichberechtigte oder, wie viele Reporter meinen, übergeordnete Bedeutung. So wird der Nachruf auf den stadtbekannten Konstrukteur der

---

[10] Notiz Nightshift (Protokoll 17. Oktober 1989, S. 3):
Seven reporters fly down to San Francisco, three of them photographers ("shooters").

[11] Notiz Environmental reporter (Protokoll 30. Oktober, S. 3):
Reporter: Oregon is ready. Editor: Fine. Hold it until the art is ready.

[12] Zitat Mike Fancher (Protokoll 13. Dezember 1989, S. 1):
"..innovations such as Family Talk, Inside Business, Computer column, re-designed Tempo... awards of picture , graphics, travel, set up a today-file, moved colour deadlines...We will drop UP, save $ 200-300 000 annually, and spend the money in different ways, i.e. reuters photo, news artist, 2 copy editors, ACE sports needs assistant in photo and arts, metro-reporter, Biggest priority for next year space, $ 13 000 increase in space bank, not only dued to Goodwill Games, $ 18 000 more for Sunday.

[13] Zitat Alex MacLeod (Protokoll 24. November 1989, S. 2):
"Mo. P.1: Good. We moved around on deadline, El Salvador demonstrators in color, that is the picture of the day."

[14] Zitat Alex MacLeod (Protokoll 24. November 1989, S. 2):
"Good, the Don Curry profile, especially because I like the picture, can your read the name, A.?"

[15] Zitat Alex MacLeod (Protokoll 24. November 1989, S. 2):
"Scene manner-ism (scene editor had praised this on in the staff meeting), mainly because of the good mix on the page, good photo. Food page about wine, the Taste of the Valley, a nice map, a good story, real good information, we got a good package."

schwimmenden Brücke zu Mercer Island[16] entgegen der Empfehlung des Nachtredakteurs von Seite 1 genommen, weil es der Layouter für attraktiver hielt, ein Öltanker-Foto groß zu bringen. Der Reporter, dessen Bericht sich dafür zwischen Anzeigen ganz hinten im Blatt verlor, nimmt den Sinneswandel klaglos hin, "*they had to run this big tanker-photo, I guess.*"[17]

Reporter akzeptieren Optik als Qualitätsgewinn...

Diese passiv-resignative Haltung zum hohen Stellenwert der Optik bei redaktionellen Entscheidungen ist kein Einzelfall. Die meisten (Text-)Reporter bedauern zwar, optische Elemente würden bevorzugt behandelt und dürften zuviel Platz verschlingen, während sie immer kürzer schreiben müßten und reine Textgeschichten kaum Beachtung fänden. Dennoch haben sich alle zu der Erkenntnis durchgerungen, daß die "Seattle Times" gegenüber früher durch stärkere Betonung von Foto, Grafik und Layout gewonnen hat.[18]

Selbst Ex-Reporter Doug Underwood, Journalistik-Professor an der Universität Washington und einer der schärfsten Kritiker seines ehemaligen Arbeitgebers, wertet die neue Optik als Fortschritt: "*There were some positive changes, better design, clearly packaged to be interesting and attractive...*"[19]

... und nehmen Einfluß trotz formal verfügter Spezialisierung

Die meisten Reporter der "Seattle Times" haben die optische Verpackung inzwischen so weit als unentbehrlichen Bestandteil ihrer Geschichten akzeptiert, daß einige die persönliche journalistische Verantwortung, zugeteilt durch die Autorenzeile, über den Text hinaus auf das grafische Beiprogramm

---

[16] Die Bitte, sich um den Nachruf zu kümmern, kam vom Herausgeber der "Seattle Times" persönlich und wurde über Managing Editor und ACE morning an den GA-Reporter der Frühschicht delegiert. Ein kleines Fenster am oberen Rand der Notiz verriet dem Autoren unmißverständlich die Herkunft von oberster Stelle.-
Zitat GA-reporter (Protokoll 15. November, S. 11):
"This sign - a window - originated from a former publisher who looked out of his window, saw a police car and wanted to have the story in the paper the next day. Since then, anything a big boss wants in the paper, is called a window, mostly orbituaries. (jokes) If you`re a friend of the publisher, your death is news."
Dieser "country club complex" zählt zu den klassischen Beispielen verlegerischer Einflußnahme auf Nachrichteninhalte, die Journalisten stillschweigend akzeptieren.- Clifford G. Christians et al.: Media ethics. Cases and moral reasoning. 2nd Ed., New York 1987, S. 29ff.

[17] Zitat GA-reporter (Protokoll 16. November 1989, S. 12):
Question: Your story ist not Page I as M. said yesterday?
Answer: I think, I can survive. It was offered, I can see it in the list, but often a question of space, they had to run this big tanker-photo, I guess.

[18] Zitat GA-reporter (Protokoll 4. Dezember 1989, S. 1):
"Pictures are way too big. You may have big news content and don`t get good play without a picture. That`s a major downside... Sure, the paper looks better. Sometimes you have a little more time to develop and work on a story. We have better rounded stories, better graphs, the whole package looks better."

[19] Zitat Doug Underwood (Protokoll 22. Januar 1990, S. 2).

ausdehnen.[20] Diejenigen, die fachlich spezialisiert und vom Druck der tagesaktuellen Produktion befreit sind, halten nach Möglichkeit die Fäden auch während der optischen Gestaltung ihrer Artikel selbst in der Hand, entwickeln grafische Ideen mit und kontrollieren deren Umsetzung.[21]

Der Wissenschaftsreporter, einer der Reporterveteranen der "Seattle Times" mit über 40 Jahren Berufserfahrung, ist so mißtrauisch gegenüber den Spezialisten für Optik, die seiner Meinung nach keine Ahnung von Wissenschaftsthemen haben, daß er auch die Verantwortlichkeit für Fotos und Grafiken zu seinen Geschichten an sich reißt.[22]

Wie konsequent er diese Linie verfolgt, ist an der Erarbeitung eines Hintergrundstückes über die Gefahr weiterer Erdstöße entlang der Pazifikküste nach dem Erdbeben in San Francisco abzulesen, und weil das Verhalten der Beteiligten die Verletzlichkeit und Vielschichtigkeit informeller Beziehungen zwischen den Redaktionsmitgliedern der "Seattle Times" beispielhaft vorführt, wird diese Episode ausführlicher dargestellt.

Unaufgefordert recherchiert der Reporter bei seinen Informanten gleichberechtigt Inhaltliches und mögliche Optiken.[23] Der Layouter der "*Discovery Page*", auf der sein Artikel erscheinen wird, kommt an den Schreibtisch des Wissenschaftsreporters, damit dieser das Bildangebot der Agenturen auf Brauchbarkeit prüft.[24] Als der Layouter den Text des Reporters im System gelesen hat und eigene Motivideen entwickelt, ist es umgekehrt der Reporter, der ihn bremst. Allerdings, bevor der Layouter seine Vorschläge zurückzieht, will er mit dem zuständigen Redakteur sprechen. Der Reporter

---

[20] Zitat Reporter traffic/growth (Protokoll 8. Dezember 1989, S. 3):
"Sometimes I feel annoyed when the art and photos are more important than the words but as I know that make-up is more and more important I try to co-operate with them. I think reporters must increasingly care about that. You have the ultimate responsibility that it gets into the paper in the most effective way. If a story is screwed up the reader will say this story doesn't make any sense, E. P. must be stupid...The fact that my name is on the story means that this story is my responsibility."

[21] Zitat Reporter traffic/growth (Protokoll 8. Dezember 1989, S. 2):
"I know the story best so I talk to the photographer, graphic, keep in touch with copy desk. There are six or eight other people who have an opportunity to screw it up. But as my name is on it I must make clear what I want. I working more longterm have much more opportunity to control what happens to the story. That's the way I like it. They cut me some weeks out to do a story for Sunday magazine."

[22] Zitat Science reporter (Protokoll 21. November 1989, S. 3):
"Looking for pictures is not really part of my job. By having some influence on the pictures they use I can make it a better story. I like to have as much control as possible."

[23] Notiz in Science reporter (Protokoll 20. November 1989, S. 1):
8.00 a.m. makes a phonecall to the University of Washington to line up more graphic material and to get answer one more question on earthquake background... "I have a picture from US Geological Survey, part of the U.S. Department of the Interior, they offer a pretty good service, colored and black-white-photo."

[24] Notiz in Science Reporter (Protokoll 21. November 1989, S. 3):
(P.3) 9.25 a.m. artist asks which photo H. (science reporter) has for quake27. He wants to take a read of the story and talk to M. (Science editor) what else he has on the page. Artist leaves H. a couple of graphics on earthquakes which different services offered after the San Francisco disaster. H. needs to check if something is valuable for his story.

erklärt sich bereit, in der Zwischenzeit weiter nach alternativen Illustrationen zu suchen.[25] Am nächsten Tag zählt es zu den ersten Amtshandlungen des Layouters, den Reporter telefonisch an sein Versprechen zu erinnern.[26] Dem Reporter - so weit geht die Identifikation mit dem Job des "Künstlers" dann doch nicht - erscheint die Sache weniger eilig. Fast hätte er die Mahnung über Gedanken an einen neuen Text vergessen.[27]

Daß auch ein vergleichsweise geringfügiger Produktionsschritt wie das Formulieren von Bildunterschriften trotz Sachverstand und leserlicher Beschriftung auf der Fotorückseite noch Zeit und Nerven kosten kann und unvorhersehbare Schwierigkeiten aufwirft, die die Produktion journalistischer Aussagen grundsätzlich schwer kalkulierbar und steuerbar machen, zeigt sich am Foto eines Forschers, dem nach der Vorhersage eines Erdbebens in der Bucht von San Francisco fristlos gekündigt worden war. Aber ist dieser Mann nach wie vor arbeitslos? Der Wissenschaftsreporter telefoniert, um diese Frage bei dessen letztgenanntem Arbeitgeber zu klären. Zufällig erhält er in der Behörde trotz Mittagszeit prompt Auskunft. Eine kurze Computernotiz informiert den Layouter, daß die Bildunterzeilen nun komplett sind.[28]

Bezeichnend für die im übernächsten Kapitel Kontrolle geschilderte Skepsis der Reporter der "Seattle Times" gegenüber dem *Editing* in ihrem Haus: Aus Mißtrauen gegenüber Redakteuren und *Artists*, die mangels Fachwissen offenbar zu Mißverständnissen neigen, liefert der Reporter freiwillig ausführlichere Bildzeilen als das Layout vorsieht: "*I always try to make more to explain more. I rather have them trim than adding something on their own.*"[29]

Im Grunde, das wird in diesen zwei Sätzen deutlich, hält dieser Reporter nur sich selbst für kompetent, wenn es um Wissenschaftsthemen geht. Diese Einstellung müßte im arbeitsteiligen Produktionsprozeß eigentlich zu offenen Konflikten führen. Doch weil alle Beteiligten höflich aufeinander zugehen, Redakteure wie Grafiker dem Reporter die größere fachliche Autorität

---

[25] Notiz in Science reporter (Protokoll 21. November 1989, S. 3):
11.45 a.m. artist calls, has read the story and some ideas. H.: Unfortunately they want a photo that shows how the surface changed after a big earthquake in Seattle. I told him there is no visible gap or so. He will talk to M. what to do and then I can dig out what they want.

[26] Notiz in Science reporter (Protokoll 22. November 1989, S. 4):
10.23 a.m. artists calls, reminds him of the photos. H. promises that he will look for them after that story, perhaps they are somewhere kicked around...

[27] Notiz in Science reporter (Protokoll 22. November 1989, S. 5):
11.08 a.m. looks at his notes on peninsula, his next big story for discovery, to "refresh my mind" - oh no, first I have a look if these photographs habe arrived, picks them out of the mailbox, checks...

[28] Notiz in Science reporter (Protokoll 22. November 1989, S. 5):
12.07 p.m. artist comes over with the dummy of the discovery page.
12.10 p.m. H. starts making cutlines for photographs, picks out the earthquake file again. One photo is a little bit complicated because it shows the scientist who was fired after predicting the bay area earthquake. H.: I got to find out if he still is...calls his office in vain as all phones during lunch hours around noon are closed...12.13 p.m. reaches someone to confirm that the scientist is still fired, on paid leave, he adds that to the cutline. 12.20 p.m. sends message to artist that the cutlines are done.

[29] Zitat Science reporter (Protokoll 22. November 1989, S. 5).

zugestehen und er, falls Rückfragen auftauchen, diese umgehend klärt, läuft die Zusammenarbeit in der redaktionellen Praxis professionell-reibungslos. Auch das Bildunterzeilen-Hin-und-Her klingt versöhnlich aus. Der Reporter geht hinüber zum Layouter. Ein halb privater Plausch am Schreibtisch beendet die Aktion.[30]

Chefredaktion verlangt von Reportern größere Bereitschaft zur Kooperation mit "Künstlern"

Im Unterschied zu der hier im Einvernehmen aller unmittelbar Beteiligten praktizierten informellen Lösung unterstreicht Chefredakteur Mike Fancher, daß jeder Reporter im Interesse der Produktqualität lernen müsse, im Team zu arbeiten. Auch wenn dies dem einen oder anderen Reporter gegenüber früher als Kontrollverlust erscheine: *"The reporter is part of a team now, has to work effectively with photographer, artists, designers, copy-editors, has to see his or her work as part of a bigger fabrique. To some people it feels like they have lost control. The organization gives people who aren`t reporters to be part in the action."*[31]

Fancher belegt mit dieser Aussage einmal mehr den Abbau vermeintlicher Privilegien des journalistischen Personals als ein wesentliches strategisches Ziel des organisatorischen Umbaus der "Seattle Times"-Redaktion. Aber auch seine persönliche Vorliebe für klar strukturiertes, auf Arbeitsteiligkeit und zentrale Steuerung ausgelegtes Management als Wert an sich tritt zutage. Die informelle Lösung bleibt unerwünscht, auch wenn sie bezogen auf das Produktionsziel funktioniert. Eine ähnlich strikte Linie in Bezug auf die Einhaltung vorgeschriebener Verfahren vertreten Grafiker und Fotografen der "Seattle Times".

Ordnung muß sein: Antrag auf Fotografen
prinzipiell nur schriftlich

Wenn Reporter für eine Geschichte einen Fotografen brauchen, reichen sie den Termin schriftlich beim Fotoredakteur ein, und der entscheidet, was machbar ist und was nicht. Auf diesen Freiraum legt der Fotoredakteur größten Wert, denn den Fotoreporter-Pool zu managen, ist die ihm zugewiesene Position. Er nimmt weder eine Kamera in die Hand noch geht er ins Labor.[32]

Ein Formular verkürzt und standardisiert das Verfahren. Daß die Aufgabenstellung für die Fotografen in dieser Form, schwarz auf weiß, vorliegt, ist für den Fotoredakteur unerläßlich. (Text)Reportern scheint diese sture

---

[30] Notiz in Science reporter (Protokoll 22. November 1989, S. 5):
14.35 p.m. H. starts making cutlines for the graphics.
15.05 p.m. H. walks over to the artist. He is sceptical too about this strange scientist cutline. H. says: Oh yes, we had him in a story, many people will remember his name and I double-checked that he is the guy because M. asked me for.

[31] Zitat Mike Fancher (Protokoll 1. Dezember 1989, S. 3).

[32] Zitat Photo editor (Protokoll 12. Oktober 1989, S. 1):
"The reporter fills out a photo request, they have a lot of silly ideas and I decide what makes sense and assign stories."

Haltung oft übertrieben, manchmal kleinkariert. So muß der Umweltreporter, der bereits am Telefon ausführlich erklärt hat, wann er wo für seine Halloween-Geschichte einen Fotografen braucht, dennoch persönlich am *Photo Desk* erscheinen, um den üblichen Bestellzettel auszufüllen. Der Blick des Umweltreporters spricht Bände, doch klagen tut er nicht.[33] Freilich charakterisieren gerade solche Kleinigkeiten den oft bürokatischen Umgangsstil bei der "Seattle Times", dem stets die bedrohliche Tendenz innewohnt, daß Formalitäten einzuhalten wichtiger wird als ihr eigentlicher Zweck, sodaß alle Beteiligten mit gewichtiger Miene überaus beschäftigt sind, aber nicht zwingend mit der Produktion, sondern in erster Linie mit sich selbst.[34]

Bei größeren Projekten, Sonderseiten und Serien schickt die zuständige Redakteurin Monate im voraus eine umfassende Auftragsbeschreibung als Computernotiz (*"message"*) an Foto- und Grafikchef. So hat sie die Serie über Mißstände bei der städtischen Feuerwehr, die im Januar 1990 noch immer nicht erschienen war, bereits im August 1989 mit ihren Vorschlägen zur optischen Aufbereitung eingereicht.[35] Für langfristig planbare Berichterstattung dieser Art ist das Managementkonzept der "Seattle Times" anscheinend ideal. Zumindest wird der Exkurs über die Pulitzer-Preis-gekrönte Tanker-Serie diese Vermutung stützen.

**Widerspruch zwischen Nachrichtenwerten
von Text und Bild unauflöslich**

Die Nachrichtenwerte der Text- und Bildschaffenden klaffen, bei aller verlautbarten Wertschätzung und entgegen der organisatorischen Weichenstellung durch die Chefredaktion, nach wie vor auseinander. Der Fotoredakteur, der in der Frühkonferenz aneckte, weil er für die Nachrichtenseiten aus hauseigener Produktion nur zwei harmlos schmückende Herbst- und Tierschnappschüsse anzubieten hatte, meinte nachträglich, es stünden eh zu viele "bürokratische" Geschichten im Blatt, zu denen es kein Motiv für ein anständiges Foto gibt.[36] Umgekehrt bedauern Textreporter, wie zuvor ausgeführt, daß Berichte ohne Bilder unterbewertet würden. Die "Seattle Times" nähert sich in der Abhängigkeit von der Illustrierbarkeit ihrer Inhalte

---

[33] Notiz in Environmental reporter (Protokoll 30. Oktober 1989, S. 1):
10.05 a.m. goes over to photo editor F. to get a shooter. F.: Can you write me a little note? 10.08 a.m. everthing okay for the tour.

[34] Sarkastisch überspitzt schildert solche Auswüchse am Beispiel der Verwaltung Northcote C. Parkinson: Parkinsons neues Gesetz. Reinbek bei Hamburg 1984. Zitat: "Mangel an echter Aktivität muß nicht zwangsläufig zu Müßiggang führen; Mangel an Beschäftigung offenbart sich nicht immer in auffälligem Nichtstun. Vielmehr schwillt eine Arbeit an und gewinnt sowohl an Bedeutung als auch an Komplexität, je mehr Zeit für sie zur Verfügung steht... Sieben Beamte tun jetzt, was zuvor einer alleine tat. Denn diese sieben Beamten versorgen sich gegenseitig so mit Arbeit, daß jeder von ihnen alle Hände voll zu tun hat und A selber härter als zuvor arbeitet."

[35] Zitat Special Projects editor (13. Dezember 1989, S. 3):
"I sent a message to photo about this fire department, told them what the story is about, possible motives. The art department too, they are expected to illustrate trends in the fire department over the past ten years, staff, budget, when we started in August. I said, give me a body."

[36] Zitat in Photo editor (Protokoll 12. Oktober 1989, S. 1):
Question: What about the two feature photos yesterday? This fall and poodle?
Answers: That was not very successful, very unusual. There are too many bureaucratic stories.

tendenziell dem Fernsehen an. Daß die Zusammenarbeit zwischen Journalisten und den Designexperten in Foto und Grafik dennoch weitgehend konfliktfrei, ohne offenen, lautstarken und destruktiven Krach funktioniert, liegt vermutlich nicht zuletzt daran, daß die Stelleninhaber die formal gezogenen Grenzen immer wieder regelwidrig durch informelle, sozial günstigere Verhaltensmuster ergänzen, obwohl dieses Engagement vom Einzelnen zusätzliche Unbequemlichkeiten verlangt.

5.2. Reportertypen

Die Lokalredaktion der "Seattle Times" verfügt über 32 Reporter. Sie sind gemäß der "effektiven Führungsspanne" aus dem traditionellen amerikanischen Managementrepertoire (Peter F. Drucker, Einführung) in Gruppen von vier bis sieben Personen auf insgesamt sechs vorgesetzte Redakteure im Rang von *Assistant City Editors* (=ACEs) verteilt.

An jede Reporterstelle, die auf der folgenden Seite in einem Schaubild über den Organisationsaufbau der "Seattle Times"-Lokalredaktion dargestellt ist, knüpft sich ein Set von Erwartungen aus traditionellen und im speziellen Organisationszusammenhang definierten Aufgaben, über deren Art, Umfang, Vor- und Nachteile sich Betroffene, Vorgesetzte und Kollegen erstaunlich einig sind. Klar unterschieden werden zwei Reportertypen.

5.2.1. GA-Reporter recherchieren aktuell, auf Anweisung

Ein präzises Bild seiner Aufgabe kann selbst ein Allround-Nachrichtenmann wie der *General Assignment Reporter* (GA) zeichnen, der in einer deutschen (Lokal)Redaktion schon auf die Frage nach seiner Tätigkeit in Verlegenheit geriete, weil es für seinen Job nicht einmal eine exakte Bezeichnung gibt. Der Spezialistenstatus amerikanischer GA-Reporter bezieht sich nicht auf ein Fachgebiet, sondern auf das professionelle Geschick, jede Geschichte aus dem Stegreif schnell, gründlich und vorurteilsfrei recherchieren zu können. Die wichtigsten Hilfsmittel hierbei sind Telefon und Archiv: *"One day you haven`t any involvement, next day you are supposed to be the expert... Working the phone - about 80 % of this GA job is on the telephone - working the clips over a very short period of time, GA is the opportunity to learn constantly something new. Last year an arabian horse was sold for a world-record prize on an auction in Seattle. I wanted to know what makes a horse worth $ 5 mio., phoned the seller, the new owner, afterwards someone asked me, I didn` t know you knew something about arabian horses. Today it is an indian rights leader, tomorrow an arabian horse, next week arsen at a lumber company."*[37]

Frappierend auch hier, wie bei den Fotografen der "Seattle Times", die inhaltliche Sorgfalt, das Streben nach sachlicher Korrektheit im Detail, das sich eher aus persönlichem professionellen Ehrgeiz und Verantwortungsgefühl als aus lückenloser Kontrolle durch Vorgesetzte begründen läßt. In den Bericht über den flüchtigen Indianerrechtler Satiacum schleicht sich ein Schreibfehler ein. Der Stamm, in dessen Reservat Satiacum Unterschlupf fand, ist mit "y" statt mit "ie" geschrieben.

---

[37] Zitat GA-Reporter (Protokoll 14. November 1989, S. 6f).

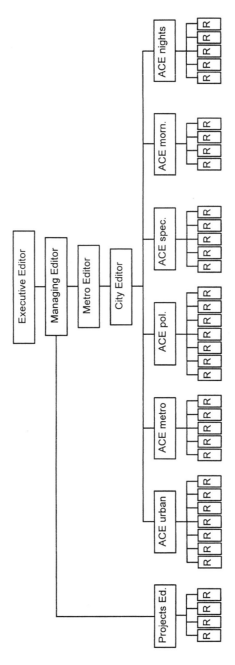

Abb. 6: Organisationsaufbau City Desk (ohne Stadtteile)

Alle anderen Zeitungen und Nachrichtenagenturen irren auch. Aber den Reporter der "Seattle Times" weist eine kanadische Kollegin aus der Reiseredaktion auf die Unkorrektheit hin, und schon ärgert er sich maßlos über sein Versagen und tippt ungefragt, ohne daß ihn ein Chef dazu anhalten müßte, eine Berichtigung für die prominent auf Seite 2 plazierte Rubrik *"Corrections"* ins System.[38]

Gedanklich noch mit diesem Irrtum beschäftigt, ruft ein Telefonat von der Armee in Erinnerung, daß auch die Geschichte über den angeblichen Munitionsdiebstahl noch zu bearbeiten ist. Spontan - nur wegen der Situationsabhängigkeit der Bewertung wird diese Anekdote hier erwähnt - äußert der GA-Reporter ein weiteres Merkmal der GA-Tätigkeit, das in Momenten wie diesen nervt: *"The opposite of working concentrated on one thing. That`s GA!"*[39]

Doch auch das inhaltliche Hin- und Herspringen hat sein Positives. Die Verantwortlichkeit für ein Fachgebiet erstreckt sich nur über eine kurze Zeitspanne, meist begrenzt auf einen Tag. Steht der Artikel im Blatt, endet die unmittelbare persönliche Haftung für das Berichterstattungsfeld. Zieht sich ein Ereignis wie die Jagd nach dem flüchtigen Indianerrechtler in Kanada ausnahmsweise länger hin, erwächst daraus eine für GA-Reporter ungewohnte Belastung.

Die Recherche, Kopf an Kopf gegen die Konkurrenz, zu der journalistisch in solchen Fällen auch der JOA-Partner "PI" rechnet, ist nicht mit Redaktionsschluß für die aktuelle Ausgabe beendet. Die Arbeit ist, bildlich gesprochen, Marathonlauf statt Sprint. Die Leichtigkeit, mit der der vorgesetzte Redakteur die Resultate der Berichterstatter in diversen Zeitungen vergleichen

---

[38] Notiz in GA-Reporter (Protokoll 16. November 1989, S. 13):
13.00 p.m. J. from travel section, the canadian, says that the name of the indian reservation in J.`s story was misspelled, points out to J., that Curry with ie in the end is correct. Changes it for 3rd make-over, writes correction. Tacoma paper and PI spelled it like that too, same news wire. Before he changes it, checks in Telephone Directory over library, if J. is right - she is. Correction is rather annoying, I rather didn`t have that mistake....13.20 p.m. - 13.35 p.m. works on that correction.
Daß fast alle amerikanischen Zeitungen mittlerweile Korrekturen veröffentlichen, zeigen Gilbert Fowler jr./Ted L. Munnert: A survey of correction policies of Arkansas newspapers. In: Journalism Quarterly, Winter 1988, S. 853-858; Daß unter der Rubrik "Corrections" auch in den überregionalen Eliteblättern zu fast 90 Prozent nur "objektive" Irrtümer wie falsche Namen oder Zahlen richtig gestellt werden, ermittelten Steve M. Barkin/Mark R. Levy: All the news that`s fit to correct: Corrections in the Times and the Post. In: Journalism Quarterly, Sommer 1983, S. 218-225; Daß die weltberühmte "New York Times" an dieser prominenten Stelle "vorzugsweise Banales" publiziert, bemerkt bezeichnenderweise der einzig nichtamerikanische Autor.- Thomas Schuler: Fehler im Blatt. In: journalist, November 1994, S. 82f. Zitat: "So erfährt man auf Seite zwei, daß Lisa A. Blauhut und William E. Demarest erst am Freitag heiraten werden." Sogar Berichtigungen von Berichtigungen kämen vor. Umfragen, die den amerikanischen Tageszeitungen beständig sinkende Glaubwürdigkeit bescheinigen, führten zur Einführung der Korrekturspalten im Blatt.- Chris Argyris: The media and their credibility under scrutiny. In: Nieman Reports, Winter 1989, S. 31f/48. Auch die später skizzierte Position eines Ombudsman ist in diesem Kontext zu sehen. Ob all diese Maßnahmen wirken, läßt sich freilich kaum überprüfen. Eine großangelegte Umfrage ergab im Gegenteil, daß die Häufigkeit von Zeitungslektüre oder TV-Konsum in keinem Zusammenhang mit der Einschätzung der Glaubwürdigkeit des Mediums durch ihre Nutzer steht.- Tony Rimmer/David Weaver: Different questions, different answers? Media use and media credibility. In: Journalism Quarterly (1987) 64, S. 28-36.

[39] Zitat GA-Reporter (Protokoll 16. November 1989, S. 13).

kann, verschärft den äußeren Leistungsdruck, und die persönliche Begegnung mit den konkurrierenden Reportern vor Ort stachelt den eigenen Ehrgeiz an.[40] Doch obwohl solche Einsätze mehr Kraft und Nerven kosten als die Routinearbeit an Schreibtisch und Telefon, tragen Tempo- und vor allem Ortswechsel zum Reiz der Aufgabe eines GA-Reporters bei: "*I like to work the phones on a deadline story. On the other hand, this is an experience, you meet people, get a deeper understanding of the place. What I like about GA is that mix.*"[41]

Nur "*quick and dirty*" nicht länger gefragt

Die Flexibilität, außer aktuellen Ereignissen und Blitzeinsätzen auf Anweisung eines Redakteurs auch längerfristig angelegte Reportagen, Serien und Hintergrundberichte zu bewältigen, wird von den GA-Reportern der "Seattle Times" mehr und mehr erwartet. Gegenüber dem traditionellen Berufsbild des GA-Reporters ist dies ein Umbruch, mit dem sich vor allem die Älteren schwertun. "*In old days GA were like G. who could get a story quick and dirty,*"[42] sagt ein jüngerer Reporter. Und als der Lokalchef erklärt, wie GA-Reporter heutzutage nicht mehr sein sollten, nennt auch er, ohne lange nachzudenken, einen älteren Reporter als Beispiel für die überholte, einseitig auf aktuelle Nachrichten und Berichte fixierte Haltung: "*Some people are like D.. His sole purpose is to be here covering breaking news. We don`t need more of these reporters. They should be on stories, drop them and get up to go to do another.*"[43]

Auf der anderen Seite, und insofern ist die Einschätzung der Vorgesetzten und Kollegen kein Vorurteil, bereitet es vor allem den älteren GA-Reportern der "Seattle Times" das größte Vergnügen, wenn sie die Konkurrenz und den frühen Redaktionsschluß punktuell, blitzschnell schlagen. Zitat G.: "*I still get kick out of getting a story in deadline, beating the competitior. That`s the thrill.*"[44] Ähnlich schwärmt Reporterveteran D. nach erfolgreicher Recherche zur Identität der Opfer eines Kranunglückes in San Francisco: "*I called from union to union to company. I like such things. Of course not that people died but to get it, that gives a kick.*"[45]

Offenkundig orientieren sich diese älteren Reporter an einem Berufsbild, das das Management der "Seattle Times", die als Nachmittagszeitung ausdrücklich

---

[40] Zitat GA-Reporter (Protokoll 18. November 1989, S. 16):
"For the first time since we left my house yesterday I`ve been relaxed because they took over responsibility for tomorrow`s story. I learned we were actually superior. I couldn`t stop wondering if they had an interview, it has been a typical competitive story. Part of this feeling is internal, own pride, I guess, part of it is external. For the editor it is most convenient to compare my work to see what the other paper has."

[41] Zitat GA-Reporter (Protokoll 18. November 1989, S. 16).

[42] Zitat City enterprise reporter (Protokoll 24. November 1989, S. 2).

[43] Zitat City editor (Protokoll 24. November 1989, S. 2).

[44] Zitat GA-Reporter G. (Protokoll 8. Dezember 1989, S. 2).

[45] Zitat GA-Reporter D. (Protokoll 28. November 1989, S. 5).

vom Aktualitätsgedanken abgerückt ist, wenig schätzt. Ihr professioneller Status steht daher, trotz jahrzehntelanger journalistischer Erfahrung, auf tönernen Füssen. Viele der älteren Reporter der "Seattle Times" klagen auf Befragen, ihr Können würde nicht anerkannt, und dies trifft, wie im Kapitel Kontrolle dargestellt werden wird, generell wohl zu, auch wenn die Chefredaktion das Gegenteil beteuert.[46]

GA-Reporter mit fachlichem Schwerpunkt

Was Ressortleitern wie Chefredaktion als zeitgemäßes GA-Reporting vorschwebt, scheint formal in der Positionsbeschreibung der fünf GA-Reporter mit zusätzlichem Fachgebiet am sichersten verankert. Im Redaktionsalltag geht die Rechnung nicht unbedingt auf. Denn die Mitarbeiter selber verstehen sich eher als Fachreporter denn als "Feuerlöscher". Niemand reißt sich um GA-Einsätze. Jeder kennt und nutzt Taktiken, aktuellen Aufträgen auszuweichen, ohne daß der vorgesetzte Redakteur den Rückzug als Arbeitsverweigerung ankreiden könnte. Man ist halt anderweitig beschäftigt, mit einer Geschichte, die noch wichtiger und dringlicher ist als das Ereignis, das es ad hoc zu bearbeiten gilt. Folge: Selbst wenn fast ein Dutzend Reporter in der Lokalredaktion präsent ist, fehlt es an Reportern für Aktuelles. Doch dieser Mangel ist nicht zuletzt durch die einseitige Bevorzugung größerer Reportagen und Hintergrundberichte im Organisationsaufbau vorprogrammiert. Die Chefredaktion sieht, wie im Kapitel Geschäftspolitik bereits erläutert, den publizistischen Schwerpunkt der "Seattle Times" jenseits der Tagesaktualität.

"Springer" und Teilzeit-Reporter statt freier Mitarbeiter

Daß möglichst lückenlose Steuerung und Kontrollierbarkeit von Produktion und Mitarbeitern zu den Prioritäten redaktionellen Managements der "Seattle Times" zählen, auch wenn dies den Verlag mehr Geld kostet als ein großzügigeres *Laisser-faire*, ist auch daraus ablesbar, daß nicht einmal die Stadtteilredaktionen auf freie Mitarbeiter zurückgreifen. Das Haus zieht angestellte Reporter mit zeitlich befristeten Verträgen vor. Und selbst für diese Form der Mitarbeit gibt es im lokalen *City Desk* nur zwei Beispiele. Sie arbeiten als GA-Reporter in der ungeliebten Nachtschicht.

Zwei festangestellte "Springer" (*Roving reporter*) überbrücken mehrwöchige Vakanzen durch Urlaub, Krankheit oder unbesetzte Stellen. Die Aufgabe behagt ihnen mal mehr, mal weniger. Anstrengend sei vor allem die Umstellung auf wechselnde Chefs, meint einer. Aber der Springer-Job war für ihn die einzige Möglichkeit, festangestellt bei der "Seattle Times" einzusteigen, als seine Frau einen gutbezahlten Posten in Seattle fand. Deshalb beschwert er sich nicht.[47]

---

[46] Ende 1991 bot die Seattle Times Co. angesichts sinkender Anzeigenerlöse langjährigen Redaktionsmitgliedern für vorzeitigen Ruhestand großzügige Prämien an. Auch dies ein Indiz, daß sie aus Managementsicht offenbar nicht die wertvollsten Kräfte sind. vgl. "Seattle Times Co. to buy Yakima Herald-Republic." In: The Seattle Times, 17. Dezember 1991, S. 23.

[47] Notiz in Roving reporter (Protokoll 7. Dezember 1989, S. 1).
Question: Why do you do this sort of job? Answer: It was the only possibility to enter. It is very versital. You work for different people. It is hard to switch gears and keep a momentum. Good you have a lot of variety. If you don't like it you can move out of it. An editor's work doesn't appeal to me. I like to write, find out things.

5.2.4. *Beat*-Reporter bearbeiten kontinuierlich ein Fachgebiet

Das traditionelle Gegenstück zum GA-Reporter ist im amerikanischen Zeitungsbetrieb der *Beat*-Reporter. *Beat* bedeutet wörtlich übersetzt einerseits den "Schlag", die Exklusivgeschichte, die die Konkurrenz übertrumpft, andererseits die Runde, die beispielsweise ein Streifenpolizist durch sein Revier zieht, Tag um Tag derselben Route folgend. Solch regelmäßige persönliche Präsenz außerhalb der Redaktion haben bei der "Seattle Times" nur die *Beat*-Reporter für *City government, County government, Court* und *Police*. Ihre Büros befinden sich in der Nähe von Polizeipräsidium, Rathaus und Kreisverwaltung sowie direkt im Gerichtsgebäude. Allen *Beat*-Reportern gemeinsam ist, daß sie ein bestimmtes, thematisch begrenztes Berichterstattungsfeld abdecken, regelmäßig mit Informanten telefonieren, Fachzeitschriften studieren, Pressekonferenzen besuchen, Gesprächstermine vereinbaren, immer auf der Suche nach Aufhängern für möglichst exklusive Geschichten. Diese permanente Bringschuld als Zulieferer neuer Information im Wettlauf gegen die publizistische Konkurrenz ist traditionell der Hauptunterschied zwischen *Beat*- und GA-Reporter[48] und bedeutet je nach Spezialgebiet mehr oder weniger Kärnerarbeit.[49] Grundsätzlich, meinen viele, halten sich Vor- und Nachteile beider Reportertypen die Waage: *"The advantage on a beat is to know a small over a long period of time. I know it better. On the other hand I wear out. You lose your curiosity, get a bad reporter. GA offers much more variety."* [50]

Die Gerichtsreporterin

Die Gerichtsreporterin, die von morgens 8.30 Uhr bis nachmittags 16 Uhr im King County Gerichtsgebäude arbeitet und ihr Büro im historischen Prunkbau mit einem Radioreporter und einer Kollegin der Stadtteilzeitungskette Robinson teilt, muß besonders viel Zeit und Kraft investieren, um stets auf der Höhe der Ereignisse zu bleiben, und wegen dieser wenig glamourösen Detailarbeit, meint sie, würden sich in ihrem Job viele Frauen finden.[51] Gefragt, welche Qualitäten ein guter Gerichtsreporter brauche, nennt sie Beharrlichkeit, langen Atem, Geduld.[52] Ihr eigenes Routinepensum scheint der beste Beleg.

---

[48] Zitat Environmental reporter (Protokoll 31. Oktober 1989, S. 5): "I am supposed to keep track on my topics, a general assignment reporter waits for things to happen."

[49] Für die Karriere eines Journalisten spielt Beat-Arbeit eine untergeordnete Rolle. "Big breaks" hingegen zahlen sich aus, wie eine Studie unter Leitenden Redakteuren amerikanischer Tageszeitungen im September 1986 ergab.- Lawrence Thomas McGill: Priorities in news coverage and the role of beats in the careers of U.S. newspaper editors. Ph.D. Northwestern University 1987.

[50] Zitat Special projects reporter (Protokoll 4. Dezember 1989, S. 1).

[51] Zitat Court reporter (Protokoll 23. Oktober 1989, S.1):
"You have to keep track on criminals, some don't like this. Therefore many women-reporters cover the court."

[52] Notiz Court reporter (Protokoll 23. Oktober 1989, S. 3):
Question: What do you need to be a court reporter?
Answer: Patience in detail work, keeping track in people, looking at the daily calendar you need to recognize instantly which trial is important and in which stage it is, done by which people.

Täglich studiert J. seitenlange Listen über Anklagen und Verhandlungen. Bloßes Überfliegen genügt. Sie weiß die internen Kürzel aller Straftaten auswendig, kennt die Namen der Täter, die wiederholt durch die Schlagzeilen gehen. In unregelmäßigen Schüben, wenn nichts Aktuelles anliegt und der Stapel von Zeitungsausschnitten und Gerichtsprotokollen auf ihrem Schreibtisch überquillt, aktualisiert sie ihr persönliches Archiv über laufende Verfahren. Auch dies eine ungeliebte Fleißarbeit.[53] Klafft eine Lücke im Terminkalender, atmet die Gerichtsreporterin nicht befreit auf, sondern fürchtet, etwas Wichtiges versäumt zu haben.[54]

Ein älterer Reporter, der 25 Jahre für die örtlichen Schulen zuständig war, kennt diese Nöte nur zu gut, und sie nicht länger weit über den Feierabend hinaus mit sich herumschleppen zu müssen, ist ein Grund, warum er sein *Beat* verließ. *"When you are covering a beat you have a constant monkey on your back. You worry picking up the PI in the morning and see what you might have missed. I had I think four burn-outs... I wanted to get away from that kind of burden. For that GA is good. You might work like a demon on that day but with the last edition it`s over."*[55]

Ein ganz normaler Arbeitstag

Die Gerichtsreporterin hat Standardtechniken und einen gewohnheitsmäßig befolgten Stundenplan entwickelt, um Versäumnissen vorzubeugen. Sie organisiert ihr *Beat* entlang zeitlich festgelegter Routinen. Ein Arbeitstag gestaltet sich, bei aller Abweichung im Detail, im allgemeinen wie folgt:

Zwischen 8 und 8.15 Uhr kommt die Gerichtsreporterin als eine der ersten Tagschichtler in die Lokalredaktion der "Seattle Times". Sie räumt ihren Schreibtisch im Großraumbüro frei, formuliert eine Computer-Notiz für ihre vorgesetzte Redakteurin darüber, woran sie heute arbeiten wird und verabredet sich telefonisch zu Interviews. Liegen aktuelle Urteile an, schreibt sie Artikelrohfassungen für die erste Ausgabe vor, in die ihre Redakteurin nur noch den Richterspruch einfügen muß. Um kurz vor 9 Uhr ruft sie über Telefon ein Taxi: *"Hello this is J.E."* Viel mehr muß sie nicht sagen: *"Everybody knows me."* Dann läßt sie sich ins Gericht chauffieren. Der Taxifahrer fragt: *"Same place?"* Sie antwortet: *"Same place."*[56] Ein beiderseitig eingespieltes Ritual.

Im 15 Fahrminuten entfernten Gerichtsgebäude *Downtown* wirft die Reporterin ihren Mantel ins Büro, grüßt, falls vorhanden, die Zimmerkollegen, hetzt dann zum Aufzug und durch endlose Marmorflure quer durch mehrere Etagen in ein oder zwei Prozesse, wo sie mindestens einen Kollegen der Konkurrenz antrifft,

---

[53] Notiz Court reporter (Protokoll 23. Oktober 1989, S. 2):
14.40 p.m. checking, re-arranging files of ongoing trials. The most unpleasant job to do, 500 or more files filled with newspaper-articles, both Times and PI, press releases, handwritten notes. You absolutely need this stuff. Puts in new alphabetical sheets, new cases.

[54] Notiz Court reporter (Protokoll 25. Oktober 1989, S. 7):
13.30 p.m. on way to R. Ls office checks her red filofax calendar to see what is on tomorrow. Blank. That`s makes me lury. Perhaps I am missing something.

[55] Zitat GA-reporter (Protokoll 8. Dezember 1989, S. 1).

[56] Notiz Court reporter (Protokoll 23. Oktober 1989, S. 1).

bei dem sie sich im Flüsterton erkundigt, was für ihn an diesem Tag noch anliegt.[57]

Um 10.30 Uhr überfliegt sie die frisch ausgehängten Tageskalender nach berichtenswerten Neueingängen. Auf dem Hin- und Rückweg ins Büro plaudert sie zwischen Tür und Angel mit unzähligen Anwälten, Staatsanwälten, Sekretärinnen und erkundigt sich mit augenzwinkernder Neugier, ob die Juristen möglicherweise gerade an etwas arbeiten, was sie als Reporterin interessieren könnte. Einige gute Quellen wie den Pressesprecher des Gerichtes, den Leiter der Drogenfahndung und einen auskunftsfreudigen Staatsanwalt[58] sucht sie in deren Büros auf. Von etwa 12.45 bis 13.30 Uhr herrscht wie im Amt, so auch bei der Berichterstatterin, Mittagsruhe.

Zwischen 14 und 14.30 Uhr startet die zweite, sehr viel kürzere Tageshälfte mit dem Überfliegen weiterer Listen, die die Reporterin mit schlafwandlerischer Sicherheit in den entlegensten Winkeln des Gerichtsgebäudes findet. Dazu zählen eine überarbeitete Fassung des *"Daily Calendar"*, die Mappe mit aktuellen Eingängen der Polizei (*"Log of Detective Input"*), das Verzeichnis neuer Anklagen, und, in der Bibliothek im 6. Stock, das *"Daily Journal of Commerce"* mit den etwa 30 Zivilprozessen, die täglich anhängig sind. Gegen 15 Uhr ist die Arbeit im Gericht erledigt, falls nicht die Redaktion einen eiligen Rechercheauftrag aufgrund anderer Hinweise erteilt. Gewöhnlich nimmt die Reporterin nun ein Taxi zurück in die Redaktion, fertigt nach kurzem Gespräch mit ihrer vorgesetzten Redakteurin die gewünschten Texte in gewünschter Länge an, meist sind es zwei bis drei Artikel, und fährt heim. Selten vor 18 Uhr, körperlich fast immer ausgelaugt und erschöpft.

Dieser Abriß verdeutlicht die vielen Unwägbarkeiten der Reporterarbeit und die Grenzen der Organisationsfähigkeit journalistischer Arbeit einmal mehr. Bezeichnend für die Arbeit auf einem festen *Beat* ist die Stimmung aus eingefahrener Routine und permanenter Rastlosigkeit, die der ständigen Furcht entspringt, etwas Berichtenswertes zu versäumen.[59]

Erschwerend für redaktionelles Management kommt ein hohes Maß an Subjektivität in der persönlichen Beurteilung und der Zufriedenheit der Reporter mit ihrer jeweiligen Position hinzu, die wichtig ist für die individuelle Bereitschaft zu mehr oder weniger Engagement.

---

[57] Daß gerade Gerichtsreporter sich an ihren Kollegen bei Gericht orientieren, was berichtenswert ist, zeigte schon früh David L. Grey: Decision-making by a reporter under deadline pressure. In: Journalism Quarterly, Herbst 1966, S. 419-428.

[58] Staatsanwälte sind generell pressefreundlich, weil sie die Öffentlichkeit für ihren Standpunkt gewinnen wollen. In USA wird der ranghöchste Staatsanwalt zudem gewählt.- Tom Goldstein: Odd couple: prosecutors and the press. In: CJR, Januar/Februar 1984, S. 23-29.

[59] Bei Gericht ist die Themenauswahl "surprisingly chancy" ermittelte Robert E. Drechsel: Newsmaking in the trial courts: Newspaper reporters and sources in courts of original jurisdiction. Ph.D. University of Minnesota 1980.

Freiheit heißt frei sein von Bevormundung durch die Redaktion

Das Verhältnis der Gerichtsreporterin zu ihrer Vorgesetzten ist spannungsvoll. "J.'s is a killer beat, very tedious like schools", meint die Hochschulreporterin.[60] Die Gerichtsreporterin selber findet ihren Bereich spannend. Die Frage, ob sie sich unter Druck gesetzt fühlt, bezieht sie spontan nicht auf ihr unüberschaubares Berichterstattungsfeld oder soziale Verpflichtungen gegenüber Informanten, sondern auf Vorschriften seitens der Redaktion. Diese halten sich ihrer Meinung nach jedoch in Grenzen und decken sich mit dem, was sie selber will. Aktuelle Nachrichten liefern, gelegentlich umfangreichere Features und Hintergrundberichte.[61] Tatsächlich trifft auf die Arbeitsbedingungen der Gerichtsreporterin, wie Art und Umfang ihrer im Untersuchungszeitraum entstandenen Artikel zeigen, eher die negative Einschätzung der Kollegin zu, ausführlich dargestellt im Kapitel Kontrolle. Die für Gerichtsthemen zuständige Redakteurin, so scheint es, nutzt die Gerichtsreporterin vornehmlich, um ihre *Metro*-Seiten zu füllen. Projektideen fallen, kaum geäußert, unter den Tisch. Der Gerichtsreporterin wird in der Regel keine Zeit gewährt, damit sie aufwendigere Themen recherchieren kann.[62]

Der Zugang der Reporter zu den großzügigen Ressourcen der "Seattle Times" ist demnach nicht gleichberechtigt, wie Führungskräfte beteuern. Vielmehr kristallisiert sich eine informelle Hierarchie zugunsten weniger Star-Reporter für groß aufgemachte Geschichten heraus. Störender als diese Bevorzugung, die in größeren US-Zeitungsverlagen üblich ist,[63] empfinden die weniger Privilegierten direkte Bevormundung und Gängelung durch die Redaktion, was gegen redaktionelles Management mit Betonung eben hierauf spricht. Freiheit meint für die meisten Journalisten, ob bewußt oder unbewußt, zumindest die Illusion der Teilhabemöglichkeit an Errungenschaften ihres Berufsstandes wie

---

[60] Zitat Higher education reporter (Protokoll 27. November 1989, S. 4).

[61] Zitat in Court reporter (Protokoll 27. Oktober 1989, S. 11/12):
Question: What is interesting in court reporter?
Answer: I feel that I can be a part of the heartbeat of the state. It is a delicate time with six people on death roll.
Question: Do you feel pressure?
Answer: I don`t care that much about newsroom policy. I don`t get stupid things they ask me to do, insignificant things to clutter up my schedule. They want daily news but also projects.

[62] vgl. Zitat Higher education reporter (Protokoll 27. November 1989, S. 4):
"It is annoying to see stories not to be done. J. has some wonderful ideas but time is a reason why she can`t do them. But she hasn`t talked yet to the right persons. J. is her editor and she has the problem to fill her page. A lot of those ideas J. has are not her kind of story. J. is always trying to make sure that these Seattle Today spaces are filled. I know this job quite well because I do it a lot. She and the zone people have a space concern. It is outside her sphere of influence. As we don`t have a reporter covering them there is no room for them. Those stories should be on K. T`s list. She has a list of all stories people want to do."

[63] Am Beispiel von "Washington Post", "Wallstreet Journal" und "Chicago Tribune" beschrieb diesen Zusammenhang Barbara Matusow: The newspaper star system. A fast track for the favoured few. In: WJR, Mai 1986, S. 19-22: "The question editors constantly confront is how to keep the best reporters happy and motivated in a "horizontal" profession, where there is no possibility of advancing in terms of titles and r esponsibility."

Freiräume für eigenverantwortliche Entscheidungen und die Entfaltung von Individualität.

Reporter für *City -, King County Government* und Polizei

Die Reporter für *City-* und *King County Government* teilen sich mit dem Polizeireporter das Außenbüro der "Seattle Times" im 19. Stock des *Pacific Buildings* in *Downtown* Seattle. Sie strukturieren ihren Arbeitstag ähnlich wie die Kollegin bei Gericht: [64] Termine besuchen, Listen überfliegen, beiläufig jeden, der ihre Wege im Verwaltungs- oder Polizeigebäude kreuzt, auf mögliche Neuigkeiten ansprechen. Man kennt sich und wird erkannt. Ein harter Kern von vier bis fünf Amtsträgern wird regelmäßig zwecks informativem *Smalltalk* in deren Büros aufgesucht. Der Reporter für *City Government* geht zudem mit der Pressereferentin des Bürgermeisters und einigen Spitzen der Stadtverwaltung golfen. Diese Verquickung von beruflichen und privaten Kontakten, merkt eine Kollegin an, sei nicht jedermanns Sache.[65] Bedenken wegen möglicher Befangenheit in der Berichterstattung äußert sie ebensowenig wie der betroffene Kollege selbst.[66]

Grundsätzlich können sich *City-, King County Government-* und Polizei-Reporter eine ruhigere Gangart und kürzere Arbeitstage leisten als die Gerichtsreporterin, weil der reguläre Ausstoß ihrer Institutionen leichter zu überblicken ist als die Aktivitäten der 63 Kammern der Justiz. Das heißt nicht, daß sie weniger Geschichten produzieren, professionell weniger Anerkennung genießen oder schlechter bezahlt sind. Das Management berücksichtigt diese aufgabenspezifischen Unterschiede auf der Ebene der täglichen Routineberichterstattung nicht.

Reporter für Investigativen Journalismus und *"Enterprise"*

Die "Rosinen", die groß aufgemachten, an prominenter Stelle verkauften Geschichten, die Skandale à la Watergate aufdecken (sollen) und über das Stadtgebiet hinaus Schlagzeilen machen (sollen), werden an Reporter mit dem Spezialgebiet Investigativer Journalismus übertragen. Diese sind wie GA-Reporter keine Experten für bestimmte Inhalte, sondern für eine journalistische Arbeitstechnik, hier mit dem Schwerpunkt schwieriger, langwieriger und kritischer Recherche. Aufgrund der Abkopplung dieser Gruppe von Spezialisten besteht kein zwingender Anlaß, sich bei heikleren Themen auf Experimente mit anderen Reportern einzulassen, auch wenn diese möglicherweise die ersten bahnbrechenden Hinweise für investigative Geschichten erhalten und sich

---

[64] Auch von Redaktion zu Redaktion sind die Arbeitstechniken der Reporter auf diesen klassischen Beats nahezu identisch.- Mark Fishman: Manufacturing news. Austin (Texas) 1980, bes. S. 27ff.

[65] Zitat Higher education reporter (Protokoll 27. November 1989, S. 4):
"I once did King County beat. You have to have an ability to just sit down and talk and find out what`s going on, apart from that I don`t have a political brain."

[66] Die Gefahr der Befangenheit durch soziale Nähe zu Informanten fällt Kommunikationswissenschaftlern stets stärker auf als den Betroffenen. Der Bereich City hall lieferte eines der frühesten Beispiele.- Walter Gieber/Walter Johnson: The city hall "beat". A study of reporter and source roles. In: Journalism Quarterly 1961, S. 289-297.

gerne selber über eine schwierige Recherche, deren Ergebnisse in großzügiger Aufmachung präsentiert werden, profilieren würden.[67]

Ein unter ethischen Gesichtspunkten US-weit diskutiertes Beispiel, wie eine spektakuläre Geschichte dem zuständigen Fachreporter aus der Hand genommen wurde, ist der Skandal um Jugendstrafrichter Gary Little aus Seattle, der Minderjährige mißbrauchte und Selbstmord beging, nachdem feststand, daß der "Seattle Post-Intelligencer" über seine Vergehen berichten würde.[68] Für den Report zeichnete nicht der Gerichtsreporter verantwortlich, der erste Hinweise auf das kriminelle Doppelleben des Juristen erhielt, sondern der Reporter für Investigativen Journalismus. Selbst Reporterkollegen finden diesen Eingriff in das Tätigkeitsfeld des Gerichtsreporters in Ordnung.[69] So tief verwurzelt ist in amerikanischen Redaktionen scheinbar nicht nur das Prinzip der Arbeitsteilung, sondern auch die stumme Akzeptanz einer informellen professionellen Hierarchie. Der schwächere Reporter überläßt dem Stärkeren unaufgefordert das Feld, sofern der Rückzug ohne Gesichtsverlust möglich ist. In dieser Bereitschaft liegt ein potentiell produktiver Anknüpfungspunkt für intelligentes redaktionelles Management, das Kontrollstreben durch Kommunikation ersetzt. Das bestmögliche Ergebnis könnte in einem solchen Organisationszusammenhang vermutlich häufiger erzielt werden, ohne daß der weniger Leistungsstarke vor den Kopf gestoßen wird und mit unproduktivem Rückzug kontert oder durch kostspielige Kontrollverfahren zu einem Mindestmaß an Qualität und Engagement getrieben werden müßte.

In der Redaktion der "Seattle Times" gab es zum Zeitpunkt dieser Untersuchung vier Reporter für den Bereich *Enterprise/Projects/Investigations*. Im Spätsommer 1989 wurde die Gruppe, die 10 Jahre lang formal der Lokalredaktion *City Desk* zugeordnet war, direkt der Chefredaktion unterstellt. Dieser Schritt sollte die fach- und ressortübergreifende Sonderstellung der Gruppe unterstreichen, wurde aber, wie im folgenden Kapitel Planung erläutert, von den übrigen Reportern der Lokalredaktion als weitere Abkopplung der Star

---

[67] Die politische Brisanz von Watergate nahmen nicht hochbezahlte politische Korrespondenten in Washington wahr, sondern auf hartnäckige Recherche spezialisierte Reporter.- John L. Hulteng: The messenger's motives. Ethical problems of the news media. Englewood Cliffs (N.J.) 1976. Zitat: "They dug when others settled for handouts; they persisted when others went off to what seemed to be more exciting - and they made highly effective use of the secret leads that came to them." Gerade das Washingtoner Korrespondentenkorps sieht sich immer wieder der Kritik ausgesetzt, es sei ein "Rudel Pawlow'scher Hunde", das der Regierung aus der Hand frißt.- vgl. Jörg von Uthmann: Dichter als Reporter? Blick in amerikanische Zeitschriften/Literatur und Erziehung. In: FAZ, 21. Oktober 1989, S. 31.

[68] Durch einen sprunghaften Anstieg im Einzelverkauf des "Seattle Post-Intelligencer" um 35 Prozent machte sich die Enthüllungsgeschichte für den Verlag auch wirtschaftlich bezahlt.- Cliff Rowe: Judge story sparks aggressive competition. In: 1988/89 journalism ethics report, hrsg. v. The Society of Professional Journalists (Sigma Delta Chi). Chicago 1989.

[69] Notiz in Court reporter (Protokoll 26. Oktober 1989, S. 10):
Frank from KIRO-radio, since 1985 court reporter: "The Gary Little story was done by D.W. not J. H. the beat reporter for courts. That was too much of investigative work."

-Reporter und Beschneidung eigener Möglichkeiten zu größeren Geschichten gesehen.[70]

Vom Tagesgeschäft sind die Spezialisten für prestigeträchtige, aufwendige Projekte weitgehend befreit. Was sie anpacken, ist zuvor von mehreren Redakteuren gesichtet und einer größeren Anstrengung wert befunden worden.[71] Unabhängig vom tatsächlichen Ergebnis, wie der Reporter für *City Enterprise* kritisch anmerkt, wird es in großzügigster Aufmachung präsentiert.[72]

Daß andere Reporter ihre vier Männer eifersüchtig als Edelschreiber sehen, versucht die für *Enterprise/Projects/Investigations* verantwortliche Redakteurin zu entkräften, indem sie diese anhält, ihre Fertigkeiten vor allem bei schwierigen Recherchen in Behörden [73] und beim dramaturgischen Aufbau komplizierter Sachverhalte allen Redaktionsmitgliedern verfügbar zu machen. Ihr ist durchaus bewußt, daß ohne den Informationsfluß von der Basis, ohne die freiwilligen Hinweise der täglich Involvierten, der kritische Anspruch der Enthüllungsexperten mangels Kontakt zur täglichen Routinearbeit rasch versiegen würde.[74]

T., dessen Erzähltalent die vorgesetzte Redakteurin hervorhebt, im Unterschied zur Recherchestärke seines Kollegen, ist der einzige Reporter der "Seattle Times", der auf Befragen im lesefreundlichen Schreiben eine der wesentlichsten Reporteraufgaben sieht. Entsprechend hartnäckig sträubt er

---

[70] Zitat City enterprise reporter (Protokoll 6. Dezember 1989, S. 1):
"We have a star system. Either you are a star or not. It is not that black and white. I am treated well, really not that black and white but I think it is going to become a star system. I do want to be a star, have six months to work on a story. The opportunity is formalized by creating this team, harder to produce longer stories for other reporters because they fill the paper with a long blockbuster serial. Perhaps I am a little bit old-fashioned. People plugged into beats, i.e. urban affairs, those people should be able to take a week off for some kind of mini-projects."

[71] Zitat Investigative reporter (Protokoll 5. Dezember 1989, S. 2):
"As investigative reporter I am not involved in daily coverage. We get tips that come from other editors. They don't come in our area if they were not considered as important."

[72] Zitat City enterprise reporter (Protokoll 6. Dezember 1989, S. 2):
"This piece P. and E. did on the shuttle. That was terrible. They relied on only one source but they invested all kind of space, charts, maps. If there is competition and the best comes on page one, great, do these projects. If E. and T. are involved in it then they think it must be hot, hot, hot. What if this thing is not?"

[73] So räumt der Gesetzgeber in USA Journalisten ein besonders weitreichendes Auskunftsrecht ein, das nur nutzen kann, wer Amtsweg und Regeln kennt. Praktisch machen von diesem Freedom of Information Act (FOIA) nur wenige Spezialisten Gebrauch, und selbst diese klagen über die Umständlichkeit des Verfahrens. vgl. Richard P. Kleeman: Life on the FOIA front. Delays, misrepresentation, over-editing, favoritism. In: The Quill, Januar 1990, S. 18f; Steve Weinberg: Trashing the FOIA. In: CJR, Januar/Februar 1985, S. 21-28.

[74] Zitat Special projects editor (Protokoll 13. Dezember 1989, S. 2):
"That those reporting to me are star reporters I try to mitigate. I keep them in weekend rotation. I could have pulled them out. They wanted me to do that. I want to mitigate the talk of the stars. Out there it is a real sour point and it is good for them (my reporters) to get a story quick. I often say, listen, don't do this. It will piss people off. What I can't do anything about is to ask T. and E. to chase a fire. That is not their job. They are not here for the daily story. I asked them to be good sources, information banks. E. i.e. is an expert on the Freedom of Information Act. You can ask him, how could I have information on that. T. is strong with ideas, how to say stories in a new way."

sich, wie im Kapitel Kontrolle dargestellt werden wird, gegen die kleinsten Änderungen in seinen Texten.[75] Selbsteinschätzung sowie Beurteilung der Stärken und Schwächen eines Reporters durch Vorgesetzte und Kollegen bedingen sich offenbar gegenseitig. Zumindest stimmen sie in der Mehrzahl der Fälle nicht nur bei der "Seattle Times" frappierend überein[76] und entlarven eine minutiöse Protokollführung, wie sie der später ausführlich erörterte Pay for Performance Plan von vorgesetzten Redakteuren verlangt, als nur formal begründbaren Eingriff in die Redaktionsautonomie. Die ermittelten Daten sind weder notwendig, um ein vermutetes Leistungsgefälle zu erfassen, noch taugen sie zur Mitarbeitermotivation. Sie sind lediglich nützlich, um unterschiedliche Bezahlung unter Ausschluß der Gewerkschaften und disziplinarische Maßnahmen bis hin zur Kündigung juristisch unanfechtbar durchzuzusetzen.

Der *City Enterprise* Reporter und seine Kollegin für *County/Regional Enterprise* sollen auf eigene Initiative Hintergrundberichte liefern, die zu klein sind, um als Projekte zu gelten, aber zu aufwendig in der Recherche sind, um sie zwischen aktuellen Einsätzen zu bewältigen. Die inhaltliche Definition ist vage.[77] Der *Traffic and Growth*-Reporter erfüllt eine ähnliche Mission, bezogen auf Stadt- und Verkehrsplanung in *Boomtown* Seattle.[78]

Lücken im *Beat*-System - Einschätzungen der Reporter

Trotz der verhältnismäßig breiten fachlichen Auffächerung gibt es nach Meinung der Reporter und Redakteure weiße Flecken, vergessene Berichterstattungsfelder in der "Seattle Times". Sie zu füllen, wird selbstverständlich mit der Installation weiterer, dafür zuständiger *Beat*-Reporter gleichgesetzt, nicht mit grundlegenden strukturellen Reformen. Einige Reporter ordnen die Lücke im redaktionellen Angebot der "Seattle Times" spontan je nach dem Grad persönlicher Betroffenheit als mehr oder weniger gravierend ein. Was irgendwann von ihnen betreut, aber abgeschafft wurde, wird am

---

[75] Zitat Special projects reporter (Protokoll 4. Dezember 1989, S. 1):
"I am pretty much away from the daily deadline story. I do most writing at home, put emphasis on that. Some see their job as filing information. I want to present them. I can do it on deadline, on complex subjects where you have to report in detail in order to make it less tedious, more pleasant for readers. You must put much effort in writing."

[76] Russell E. Shain/John D. Mitchell: How reporters judge reporters, a Colorado statehouse study. In: Journalism Quarterly, Frühling 1976, S. 122f; William F. Griswald jr.: A study of reporter assignments to four types of stories at a sample of daily newspapers in the United States. M.A. University of Georgia 1982.

[77] Zitat City enterprise reporter (Protokoll 6. Dezember 1989, S. 1):
"I am right in the middle, not supposed to break news, do longer term perspective, more analytical stories."
Als "enterprise" gelten Interviews und Recherchen aus eigenem Antrieb, im Unterschied zu offiziellen Anlässen, Pressemitteilungen und Pressekonferenzen, die unter "Routine" subsumiert werden und "informellen" Quellen wie Hintergrundgespräche und Tips.- Jane Delano Brown et al.: Invisible power. Newspaper news sources and the limits of diversity. In: Journalism Quarterly, Frühling 1987, S. 45-54.

[78] Zitat Traffic and growth reporter (Protokoll 8. Dezember 1989, S. 2):
"My job is not so much that day's event as offering perspective, doing the less obvious story that ultimately could become significant."

schmerzlichsten vermißt. Hierbei ist Subjektives mit möglicher "objektiver" journalistischer Einschätzung ununterscheidbar verknüpft.

Skandalös findet etwa der jetzige Reporter für *City Government*, daß er als Militär-Reporter scheiterte, weil niemand in der Redaktion außer ihm einen Draht zur Wichtigkeit des Themas fand. Speziell seine vorgesetzte Redakteurin, moniert er, habe andere Dinge im Kopf gehabt und Entwicklungsmöglichkeiten seines *Beats* durch ihre Ignoranz blockiert.[79] Daß das Höchste Gericht im US-Staat Washington der größten Zeitung des Bundesstaates keinen eigenen Reporter mehr wert ist, bemängelt am nachdrücklichsten der Reporter, der diese Institution ehemals bearbeitet hat.[80] Der *Ombudsman*, dessen Rolle am Ende dieses Kapitels ausführlich dargestellt wird, kritisiert die "sträfliche Vernachlässigung einiger Basisbereiche" des öffentlichen Lebens. Dazu rechnet er neben Militär und Oberstem Gerichtshof auch *Higher Education*, Gewerkschaften und Hafen. Denn: "*If the Times doesn`t cover these fields no one covers them.*"[81] Der *City Editor* schließt sich diesem Katalog an, bezeichnet darüberhinaus einen Reporter für Energie (Gas, Öl, Elektrizität), einen zweiten Umweltreporter und "6 bis 9" weitere GA-Reporter als notwendig.[82] Letzteres bekräftigen ausdrücklich sowohl der Reporter für Medizin[83] als auch ein GA-Reporter.[84] Über die auf Befragen meistgeäußerte Kritik, daß die "Seattle Times" zu unflexibel auf aktuelle Ereignisse reagiere, wird ausführlich im Kapitel Planung berichtet. Unausgesprochen steckt hinter dieser Einschätzung allerdings meist auch die Forderung nach mehr GA-Kräften in der Lokalredaktion.

Unabhängigkeit preiszugeben, verstößt gegen Grundregeln des Reporterberufs

Während scheinbar Vieles, was "objektiv" über redaktionelles Management bei der "Seattle Times" geäußert wird, primär auf persönlich erfahrenen Niederlagen oder Erfolgen beruht, wird Unabhängigkeit und kritische Distanz zu Informanten von allen Reportern und Redakteuren leidenschaftlich als Grundfeste ihrer Arbeit vertreten. So echauffiert sich der GA-Reporter über eine Kollegin der Konkurrenzzeitung "Tacoma News Tribune", die bei der Suche

---

[79] Zitat City government reporter (Protokoll 6. November 1989, S. 1):
"I started covering city hall in January. I have been eight months on Pacific Magazin, spent one year part-time on military beat but that was not a very good year. Nobody cared about military very much. I even thought about quitting the Times. I would have needed six months to develop the beat but I didn`t get that time. My editor was J., full of personal problems."

[80] Zitat Investigative reporter (Protokoll 5. Dezember 1989, S. 2):
"The death of Federal Courts was first deemphasize coverage, then only have half-time basis, now catch-as-catch-can-assignments. It is absurd for the largest paper in Washington State not having a full-time reporter on Federal Courts. I now try to do as GA under N. enterprise stories out of Federal Court, re-establish contacts, turn more on issues and trends."

[81] Zitat Ombudsman (Protokoll 21. November 1989, S. 1).

[82] Zitat City editor (Protokoll 24. November 1989, S. 2).

[83] Zitat Medicine reporter, filling in for his editor (Protokoll 4. Dezember 1989, S. 2):
"This paper needs more GA. The two months on the desk have shown me that."

[84] Zitat GA-Reporter (Protokoll 5. Dezember 1989, S. 2).

nach dem flüchtigen Indianerrechtler Saticum mißtrauischen Stammesbrüdern versicherte, sie stehe auf ihrer Seite. Seiner Meinung nach hat sie damit gegen ein fundamentales professionelles Prinzip verstoßen: *"I would never say what L. did, I am on your side, I am your friend, I won't do you any harm. I am neutral and try to be fair, that's all. I can't guarantee that they won't be satisfied with what I write."*[85]

Daß amerikanische Reporter keine Kommentare schreiben dürfen, akzeptieren sie ebenso selbstverständlich. Reporter der "Seattle Times" erfahren erst, wenn sie die Kommentarseiten aufschlagen, ob sich ein Kollege aus dem *Editorial* mit einem ihrer Themen auseinandergesetzt hat.[86] Doch statt entmündigt fühlen sie sich erleichtert, daß sie keine Pro- oder Contra-Stellung beziehen müssen. Das gilt auch für die US-Tradition, in Wahlkämpfen einen Kandidaten oder eine Gesetzesinitiative offen zu unterstützen. Über diese *Endorsements*[87] befindet ein nach außen ungenannter Zirkel aus Verleger und Chefredaktion. Politische Berichterstatter stehen außen vor, und sie sind froh darum.[88]

Beat-Reporter, vor allem diejenigen mit Büro außerhalb der Redaktion, begegnen ihren Informanten und den Reporterkollegen der Konkurrenz häufiger als Vorgesetzten und Kollegen von der "Seattle Times". Folglich laufen sie am ehesten Gefahr, ihre neutrale Berichterstatterposition zu vernachlässigen. Um dieses Spannungsverhältnis zu wissen und Reporter immer wieder auf den neutralen Beobachterstandpunkt und die Berichterstattungsziele der Zeitung zu verpflichten, betrachtet Chefredakteur Mike Fancher als herausragende Managementaufgabe vorgesetzter Redakteure. Ist ein Reporter auf seinem *Beat* beliebt, macht Fancher das skeptisch.[89] Viele andere US-Redakteure hingegen nehmen die Nähe ihrer Reporter zu Informanten billigend in Kauf, der produktiveren Kontakte wegen.[90]

---

[85] Zitat GA-Reporter (Protokoll 17. November 1989, S. 14).

[86] Notiz Court reporter (Protokoll 23. Oktober 1989, S. 2):
11.40 a.m. copy aid has brought the Times of today, looks through it in order to see if there is something in it about her subject, especially editorial.
Question: Would you like to write editorials about the things you cover?
Answer: No. I am supposed to be unbiased and cover the news. It would be a conflict of interests.

[87] Eine Untersuchung am Beispiel der Kampagnen von 51 kalifornischen Tageszeitungen 1970-80 ergab, daß sich der mögliche Einfluß auf Wahlergebnisse nicht beziffern läßt.- Kenneth Fred Rystrone Jr.: Measuring the apparent impact of newspaper endorsements in statewide elections in California, 1970-1980. Ph.D. University of Southern California 1984.

[88] Notiz in Environmental reporter (Protokoll 31. Oktober 1989, S. 4):
12.15 p.m. lunch in cantine, meeting T., editorial editor, and L., county regional enterprise reporter. L.: Hilary (a candidate) asked me if I were involved in the endorsement campaign and I was glad to say no.

[89] Zitat Managing editor (Protokoll 16. November 1989, S. 2):
"I am absolutely suspect of a beat reporter who is loved on his beat. I was that too, I think. I automatically think is that because this reporter never asks tough questions? Editors have to know that. That's part of the job editors have to do. The main part is to manage people."

[90] Katherine McAdams: Non-monetary conflicts of interest for newspaper journalists. In: Journalism Quarterly, Winter 1986, S. 700-705/727. Zitat: "News people appear to be business people, not wanting to alienate or antagonize anyone."

Reporter längere oder kürzere Zeit auf einem *Beat* arbeiten zu lassen, ist eine Möglichkeit, über redaktionelles Management den Grad möglicher Befangenheit zu steuern, der aus sozialer Nähe zu Informanten entsteht. Der GA-Reporter, der 20 Jahre lang Schulreporter war, bringt die Vor- und Nachteile unterschiedlicher Zeitspannen aus Sicht der betroffenen Mitarbeiter auf einen Nenner: *"The good thing to be for such a long time on a beat you get background, credibility, get certain stories you otherwise wouldn`t get. You have the history. The bad thing is you have to be ever alert not to come to close to your sources. You get cynical because you have done so many things before. The editor proposes a story about gifted kids and you say I have made that. It got frustrating... They kept re-inventing the wheel..."* [91]

Seine Aussage deutet plastisch auch die inhaltliche Redundanz der Themenauswahl an, die die in der Einführung angedeutete Ähnlichkeit von Journalismus und Mode erweitert. Irgendwie ist jede Idee schon einmal aufgegriffen und dem Publikum als Neuheit verkauft worden. Journalistische Themen können wie Modethemen "in" oder "out" sein. [92]

5.2.6. Schattenseiten der Reportertätigkeit und -laufbahn

Die weniger erfreulichen Seiten der Reporterarbeit werden individuell verschieden gewichtet. Tagtäglich die persönliche und professionelle Unabhängigkeit gegenüber den verschiedensten Leuten außerhalb der Redaktion verteidigen zu müssen, ist dem Politikredakteur aus seiner Reporterzeit als größte Belastung in Erinnerung geblieben. Sie trug entscheidend zu seinem Entschluß bei, schnell Redakteur zu werden: *"From a personal standpoint I don`t particularly enjoy conflict. I found that difficult as a reporter with different people all the time, sources, the public. By necessity you have to take an adversial role. I never felt relaxed."* [93]

Der Druck, über die Autorenzeile für jedermann sichtbar für einen Artikel verantwortlich zu sein, schreckt eine im wenig prestigeträchtigen *Copy Desk* erfolgreiche Redakteurin bislang von einer Karriere als Reporterin ab: *"I enjoy writing. It is hard for copy editors because their work is not recognized. On the other hand, it sometimes made me nervous having a by-line, I worried, if there would call anyone angry."* [94]

Der am häufigsten genannte Grund, warum Redakteure keine Reporter mehr sein mögen oder Reporter sich vorstellen könnten, ihrer Tätigkeit überdrüssig zu werden, ist allerdings die nervige, bei jedem Artikel neu zu leistende Knochenarbeit der Recherche. Telefonieren, herumlaufen, Informanten

---

[91] Zitat GA-Reporter (Protokoll 8. Dezember 1989, S. 1).

[92] Ein Beispiel ist die Renaissance des Polizei-Beats Mitte der 80er Jahre durch Drogenhandel und Jugendbanden.- Rolf Rykken: The police beat - not exactly a dead beat. In: Presstime, September 1988, S. 6-9.

[93] Zitat ACE politics (Protokoll 5. Dezember 1989, S. 2).

[94] Zitat Local slot (Protokoll 12. Oktober 1989, S. 3).

löchern.⁹⁵ Auch die Redakteurin, die bei einem Besuch der Gerichtsreporterin an ihre alte Wirkungsstätte zurückkehrt, beschleicht allenfalls nostalgische Wehmut wie Erwachsene, die ihre frühere Schule betreten. Zwar genießt sie, in Erinnerungen zu baden, doch zurück wünscht sie sich um keinen Preis. ⁹⁶ Untersuchungen zu Recherchedefiziten, die üblicherweise in Forderungen nach mehr Zeit und erhöhter fachlicher Kompetenz der Berichterstatter münden, sollten diesen Verschleißfaktor in der Motivation zwingend mitbedenken.

Je länger ein Reporter ein einziges Spezialgebiet beackert, umso größer die Gefahr, innerlich auszubrennen. Verschleißerscheinungen werden offenbar nach durchschnittlich vier Jahren akut.⁹⁷ Der ehemalige Schulreporter der "Seattle Times" hält nach eigenen Angaben mit vier *"burn-outs"* einen hausinternen Rekord.⁹⁸ Allerdings, so die Erfahrung der Reporterin für *Higher Education,* läßt sich erlahmtes Interesse wiederbeleben. Sie selber konnte sich nach sechsjährigem Zwischenspiel als GA-Reporterin wieder für den Bereich *Higher Education* begeistern, dessen sie überdrüssig geworden war.⁹⁹

Auch redaktionelles Management müßte solche periodischen Schwankungen in der Motivation einkalkulieren, um vorhandenes Mitarbeiterpotential optimal zu nutzen. Doch dies dürfte nur in einer Organisation mit Betonung auf Kommunikation statt Kontrolle gelingen, in der ein Reporter eine solche Befindlichkeitsstörung Vorgesetzten in der Hoffnung auf Hilfe eingestehen kann, ohne daß dies als Schwachpunkt ausgenutzt wird und Sanktionen drohen.

Die Furcht, den Absprung zu verpassen und als Verlierer abgestempelt zu werden, weil der klassische Karriereweg des Zeitungsjournalisten vom Reporter zum Redakteur führt,¹⁰⁰ macht es doppelt schwer, die harte Arbeit des Reportierens mit Elan anzugehen: *"Always talking to people, how does it feel to*

---

⁹⁵ Zitat Environmental reporter (Protokoll 30. Oktober 1989, S. 2):
"I enjoy to got out, meet other people rather than editing copy. Perhaps later when I got tired of running around, sort of burnt out, I´ll be an editor."
Zitat in Special projects and local copy editor (Protokoll 12. Oktober 1989, S. 2):
Question: Do you want to stay copy-editor forever?
Answer: No, I´ll take the editorial ladder, I am no reporter. There is a basic character difference. Reporters are more extroverted, I am tired of running around and talking to people that do not want to. If you do it right, it is the toughest job.

⁹⁶ Notiz in Court reporter (Protokoll 26. Oktober 1989, S. 9):
14.30 p.m. with J. in the courthouse pressroom. J.: "It is kind of fun to come down with you but I´ve done this for ten years. I got tired of that."

⁹⁷ Anekdotisch schildert dies z.B. Lucy Dalglish: Facing up to burnout. How one reporter rekindled her career. In: The Quill, September 1989, S. 34-37.

⁹⁸ Zitat GA-reporter (Protokoll 8. Dezember 1989, S. 1).

⁹⁹ Zitat Higher education reporter (Protokoll 27. November 1989, S. 2):
"In 1982 when I came on higher education I got so burnt out after four years. It was so pessimistic and boring. Now it is so different."

¹⁰⁰ vgl. u.a. John W.C. Johnstone: Organizational constraints on newswork. In: Journalism Quarterly (1976) 1, S. 5-13; Wer Reporter bleibt, versucht wenigstens, von der kleineren zur größeren Zeitung aufzusteigen, ermittelte bereits Warren Breed: Newspaper opinion leaders and processes of standardization. In: Journalism Quarterly, Sommer 1955, S. 277-284/328.

get your son shot, your room-mate murdered, in that sense, running around as a reporter can be distressful. It is a hard decision to make, career-wise." [101] Das erfuhr schmerzlich auch der GA-Reporter der "Seattle Times", der als Redakteur unglücklich war und sich gegen die Rückkehr zur Reporterarbeit sträubte, weil dies als Karriereabstieg gilt.[102] Erst als der Leidensdruck übermächtig wurde, vollzog er den Schnitt, und dies, wie er ausdrücklich betont, aus freien Stücken. Eine erzwungene Rückstufung durch das Management wäre vermutlich ehrabschneidend und zerstörerisch für das professionelle und persönliche Selbstvertrauen gewesen.

Schon diese wenigen Beispiele zeigen, wie vielschichtig die Motive für mehr oder weniger Zufriedenheit mit der Rolle des Reporters sind. Und je mehr Personen in die Befragung einbezogen werden, desto mehr Varianten kommen hinzu.[103] Der Reporter für Verkehr und Stadtentwicklung beispielsweise definiert Karriere für sich als Abschied vom aktuellen Geschäft,[104] während ein jüngerer Reporter mit ähnlichem Freiraum und Aufgabenprofil über seine Arbeitsbedingungen klagt. Er fühlt sich, kurz gesagt, als Reporterpersönlichkeit mit eigenständigem professionellen Anspruch nicht gefragt, sondern nur als folgsames Rädchen im Getriebe einer zentral gesteuerten Nachrichtenfabrik. Der Quell seiner Unzufriedenheit ist die interne Struktur, die Kontrolle groß schreibt, wie im übernächsten Kapitel weitgehend bestätigt werden wird, und ein "kaltes" Klima schafft: *"Downside, it is less and less a profession. It becomes more and more some sort of white-collar-factory. I am real bitter of the development at the Times. It is a cold system."* [105]

Dieser Befragte ist einer der wenigen Reporter der "Seattle Times", die das latent bei fast allen Redaktionsmitgliedern spürbare Unbehagen mit dem Management der Redaktion klar artikulieren und die zentrale Kritik dieser Untersuchung am heutigen Organisationsgebaren amerikanischer Redaktionen ausdrücklich stützen, freilich ohne selber eine derartige Klassifizierung vorzunehmen.

---

[101] Zitat GA-Reporter und Traffic columnist (Protokoll 5. Dezember 1989, S. 1).

[102] Zitat GA-Reporter (Protokoll 5. Dezember 1989, S. 1):
Question: What is the downside of reporting?
Answer: Frustrations, not able to reach people when you need to, waiting for telephone calls, getting the truth is almost illusive. Part of my decision to stay editor was because it was a good back the classical career ladder.

[103] Zwei der meistgeschätzten Reporter der "Seattle Times" beziehen die Frage nach ihrer Arbeitszufriedenheit spontan auf einen Vorteil, der mit ihrer Arbeit unmittelbar nichts zu tun hat. Sie schätzen schlichtweg die Lebensqualität in Seattle.
Zitat Investigative reporter (Protokoll 11. Oktober 1989, S. 1):
"I need the mountains, like skiing, my daughter is in High School."
Zitat Environmental reporter (Protokoll 30. Oktober 1989, S. 2):
"It is a good balance between a decent paper and a nice town to live in."

[104] Zitat Traffic and growth reporter (Protokoll 8. Dezember 1989, S. 2):
"Burning out that`s a concern. Historically when reporters reach my age they get out of journalism or become editors. I don`t want to chase fires, sit on the feet of a politician. This job is allowing me a lot of opportunity, big papers have lots of opportunity to do different works."

[105] Zitat City enterprise reporter (Protokoll 6. Dezember 1989, S. 1).

Die Ergebnisse einer großangelegten Mitarbeiterbefragung der Seattle Times Co. ein Jahr vor den Recherchen zu dieser Arbeit deuten ebenfalls an, daß es einen Stilwandel im redaktionellen Management gegeben hat, den Reporter der "Seattle Times" mehrheitlich als negativ empfinden, wenn auch die Möglichkeit zu Mehrfachnennungen etliche Widersprüche produzierte. So kreuzten 81 Prozent von 260 redaktionellen Mitarbeitern auf den betriebsweit verteilten Fragebögen an, sie seien zufrieden mit ihrer Arbeit ("*overall job satisfaction*"), beklagten aber gleichzeitig zu 69 Prozent eine Verschlechterung des Betriebsklimas und der Arbeitsmoral seit dem JOA. 64 Prozent fanden das im Kapitel Kontrolle ausführlich problematisierte Leistungsbeurteilungsverfahren unfair. 61 Prozent monierten mangelnden Kontakt zum Top-Management.[106]

Warum Reporter lieber Reporter als Redakteure sind

Als reizvoll an ihrem Beruf streichen Reporter der "Seattle Times", gleich in welchem Gebiet tätig, den im Vergleich zu Redakteuren größeren Freiraum und weiteren Erlebnishorizont heraus. Immer neue Leute treffen, von Tag zu Tag dazulernen, etwas herausfinden, Texte schaffen statt auf sie zu warten, kreativ sein, über die Autorenzeile eine persönliche Leistung dokumentieren, sich außerhalb der beengten Redaktionswelt umtun können, das gefällt. Die Arbeit eines Redakteurs wird im Unterschied dazu als kaum schöpferisch, bürokratisch, wenig erstrebenswert charakterisiert.

Zitate.

"*Some people like me, G., D., we don`t want to be editors. We have to be out there where the action is. I don`t like the climate of the newsroom today. I feel age discrimination. It is so stratified with all these editors and city editors. To sit and just edit copy is not what I desire. I feel the greatest thing is getting things out of people. The thought that I had to make a budget, rate other people, no. I don`t mind running around. I like being out with people, out of the newsroom. Reporting is the chance to be creative, this court not so much because of legal confines.*"[107]

"*I enjoy to got out, meet other people rather than editing copy. Perhaps later when I got tired of running around, sort of burnt out, I`ll be an editor. The Times tries to find a cooperative reporter editor relation.*"[108]

"*I prefer being a reporter, have the time to get into a story, space and time. The fun part especially of science reporting is that I learn something almost every story like I`d be permanent in graduate school. Philosophically the more serious kind of reporting helps people to learn more about certain issues. In the 60s I*

---

[106] vgl. 1988 Seattle Times employee opinion survey, compiled by Jack Broom (vervielf. Manuskript). Der Autor dieser Zusammenfassung ist ein Mitglied der "Seattle Times"-Redaktion und beanstandet ausdrücklich, daß die Frage nach Betriebsklima und Arbeitsmoral in den Fragebögen einseitig auf den Zeitraum des JOAs bezogen war und somit möglicherweise viel bedeutsamere kausale Zusammenhänge mit anderen redaktionsinternen Reformen der jüngeren Vergangenheit unausgesprochen geblieben sind.

[107] Zitat Court reporter (Protokoll 27. Oktober 1989, S. 12).

[108] Zitat Environmental reporter (Protokoll 30. Oktober 1989, S. 2).

have taught some years at the School of Communications. I enjoyed it but I missed reporting and came back as a science reporter to the Times. Before that I had been part time science, part time GA. "[109]

"There is us and them. We are the reporters and they are them. I`ve been on the other side and I think writing is more fun or better being out of the building is." - "Oh yes, that is probably THE reason. I like to play J. (ACE metro/d. Autor) for a while but not forever."[110]

"I thought of being an editor but at this point I see more negatives than plusses. I don`t see many people who are happy as editors, even more frustration than among reporters. There are different kinds of satisfaction and gratification. More control of what gets into the story, they control reporters, sometimes they don`t. They don`t get byline-credit. If you do a good job as a reporter sources and readers appreciate. Driven by greater glory, a pleasure denied to editors. It is a different job, another set of demand and duties. I like being on the street more, in the outside world. Editors are out of touch what´s going on. They rely on you as eyes and ears. I rather like to be on the front lines than behind the scenes. I have no desire to climb the corporate ladder. We joke about a chemical change. We call them helicoids - mega-monsters."[111]

"Since I quit being an editor 15 years ago I just met all these wonderful people, made friends in all fields, learned such a lot. Working inside is very confining."[112]

"Reporting gives overall more satisfaction built into work. Reporters create something from nothing, editors have to wait until things come to them."[113]

"What I like about the reporter`s job is each day to learn something, talk to people, find out about them."[114]

"An editor`s work doesn`t appeal to me. I like to write, find out things."[115]

"I like being a reporter. My own personality is such. I`m (laughs) hyper-individual. A couple of times you think, damm, I could do it better. With schools I felt nobody could do it better. I still get kick out of getting a story in deadline, beating the competitior. That`s the thrill."[116]

---

[109] Zitat Science reporter (Protokoll 20. November 1989, S. 2/3).

[110] Zitate in Higher education reporter (Protokoll 29. November 1989, S. 9): Kurzes Gespräch zwischen GA- und Higher education reporter.

[111] Zitat Investigative reporter (Protokoll 5. Dezember 1989, S. 2).

[112] Zitat GA-reporter and traffic columnist (Protokoll 5. Dezember 1989, S. 1).

[113] Zitat GA-reporter (Protokoll 5. Dezember 1989, S. 1).

[114] Zitat City enterprise reporter (Protokoll 6. Dezember 1989, S. 1).

[115] Zitat Roving reporter (Protokoll 7. Dezember 1989, S. 1).

[116] Zitat GA-reporter (Protokoll 8. Dezember 1989, S. 2).

Das Karriere-Dilemma der Reporter

Daß Reporter Redakteuren hierarchisch nicht gleichgestellt, sondern unterstellt sind, klammern die für diese Untersuchung befragten Reporter im Zusammenhang mit der Einschätzung ihrer Arbeitszufriedenheit völlig aus. Diese Hierarchie ist dank über hundertjähriger Tradition akzeptiert und wird nicht infrage gestellt. Kritik an der Reporterposition bei der "Seattle Times" hebt übereinstimmend ab auf das "Klima" in der Redaktion.[117] Vorausgesetzt, die Antworten sind ehrlich, liegt das Karriere-Dilemma dieser Reporter gerade nicht im Überdruß an der Arbeit selbst, sondern in äußeren Faktoren, speziell den Erwartungen der Um- und Mitwelt an berufliches Fortkommen und dem mit akademischer Qualifikation üblicherweise einhergehenden höheren Verdienst, den sie nicht vorweisen können.[118]

Um diese Spannungen zu entschärfen, würde der Lokalchef fähigen Reportern, die nicht Redakteure werden wollen, gerne mehr Geld zahlen.[119] Eine gängige Vorstellung, die, wie im Kapitel Kontrolle ausführlich dargestellt wird, die Einführung von Bonus-Systemen in Redaktionen erleichterte.[120] Doch so kraß, wie der Lokalchef Glauben macht - *"I would not make the money I make now as a reporter. Never."* - ist das Gehaltsgefälle zwischen Reportern und Redakteuren der "Seattle Times" nicht, obwohl der später erläuterte *Pay for Performance Plan* auf lange Sicht Redakteure und Reporter einer Leistungsstufe finanziell weiter annähern dürfte und Reporter von weniger gut beurteilten Reporterkollegen entfernen könnte.[121] Zum Zeitpunkt dieser Untersuchung traf vielmehr folgende Feststellung weitgehend zu: *"There is not much of a financial incentive to be an editor."* [122]

---

[117] Eine theoretische Annäherung an den diffusen Begriff vom "Klima" einer Organisation versucht William M. Evan: Organization theory. Structures, systems and environments. New York 1976, S. 135 ff. Zitat: "Organizational climate is a multidimensional perception by members as well as non-members of the essential attributes or character of an organizational system." In der Arbeitssoziologie wird grundsätzlich unterschieden zwischen Unzufriedenheit durch Entfremdung von der Arbeit an sich und Unzufriedenheit mit "expressive relations", also dem sozialen Kontakt zu Vorgesetzten und Kollegen.- Michael Aiken/Jerald Hage: Organizational alienation: A comparative analysis. In: American Sociological Review, August 1966, S. 497-507.

[118] vgl. John W.C. Johnstone et al.: The news people. A sociological portrait of american journalists and their work. Urbana/Chicago/London 1976, S. 48ff.

[119] Zitat City editor (Protokoll 24. November 1989, S. 2):
"I am figuring out a way to pay reporters more who don`t want to go into editing. I would not make the money I make now as a reporter. Never."

[120] vgl. Beth F. Cox: Applause is nice, but money is the root of newsroom award programs. In: ASNE Bulletin, Oktober 1989, S. 8-11; darüberhinaus stärkere Reporterbeteiligung an Management-Entscheidungen und "job enhancement" fordert Clark Newsom: Alternatives to promotion. In: Presstime, Juli 1987, S. 10f.

[121] Zitat ACE politics (Protokoll 6. Dezember 1989, S. 3):
"It is a myth that the best reporter cannot make as much as the least editor, that is not true. The average editor gets more than the average reporter, that might be true."

[122] Zitat Environmental reporter (Protokoll 30. Oktober 1989, S. 3).

5.3. Redakteure (*Editors*)

Redakteure amerikanischer Zeitungen von der Größe der "Seattle Times" recherchieren oder schreiben überhaupt nicht mehr. Sie leiten Reporter an, redigieren Texte, überwachen Produktionsabläufe und managen die gesamte redaktionelle Organisation, wobei die Managementaspekte ihrer Tätigkeit mit den Reformen der 1980er Jahre offenbar nicht nur bei der "Seattle Times" an Gewicht gewonnen haben.[123]

5.3.1. *Assistent City Editors* (ACEs) überwachen Reporter

Die Lokalredaktion der "Seattle Times" beschäftigt sechs Redakteure im Rang von *Assistant City Editors* (ACEs). Sie sind unmittelbar dem Lokalchef (*City Editor*) unterstellt. Vier dieser sechs ACEs sind fachlich spezialisiert (ACE *urban affairs*, ACE *metro*, ACE *government/politics*, ACE *specialty beats*), je einer ist für die Früh- bzw. Spätschicht und deren GA-Reporter verantwortlich (*ACE morning, ACE night*). Zu jedem ACE gehören, getreu der im traditionellen amerikanischen Management üblichen "effektiven Führungsspanne", vier bis sieben Reporter.

Der Frühredakteur (ACE *morning*)

Der Frühredakteur überfliegt bei Dienstantritt um 4.30 Uhr die drei anderen Lokalzeitungen im Verbreitungsgebiet "Seattle Post-Intelligencer", "Tacoma News Tribune" und "American Journal Bellevue". Stößt er auf eine Geschichte, die er für wichtig hält, die aber von den Reportern der "Seattle Times" am Vortag nicht berücksichtigt worden ist, setzt er einen seiner vier GA-Reporter auf das Thema an.[124]

Bei aktuellen Ereignissen hält der ACE morning die Fäden in der Hand. Als über Ticker die Nachricht kommt, in San Francisco sei der Kran einer Baufirma aus Seattle umgestürzt und hätte vier Arbeiter erschlagen, ist es der Frühredakteur, der die Berichterstattung routiniert managt. In knappen Sätzen, die keine Gegenrede dulden, legt er die Bahnen der Recherche fest. Er bestimmt, welcher Reporter welche Informationen herausfinden soll und erfindet das Kürzel (*"slug"*), unter dem die Geschichte über das Baukran-Unglück fortan auf den diversen Listen, ausführlich dargestellt im Kapitel Planung, zu identifizieren sein wird. Damit ist das Ereignis organisatorisch im Griff, der Rest handwerklich-professionelle Routine. Die Reporter müssen die

---

[123] Als Folge der Eigentümerkonzentration in Verlagsketten ist der Trend zur "Bürokratisierung" amerikanischer Redaktionen erstmals Mitte der 70er Jahre thematisiert worden.- John W.C. Johnstone: Organizational constraints on newswork. In: Journalism Quarterly (1976) 1, S. 5-13; Die schwindende Entscheidungsfreiheit und Autonomie gerade der Reporter in einem solchen Organisationszusammenhang beschreiben David H. Weaver/Cleveland G. Wilhoit: The american journalist. Indiana Press 1985.

[124] Notiz im City desk (Protokoll 10. Oktober 1989, S. 1):
First look ACE morning: What have the competing newspapers, PI, American Journal Bellevue, TNT? Today, nothing to pursue. (Anmerkung d. Autoren: Stimmt nicht! Die Times greift den Brief der Gewerkschaften auf, in dem diese Verstärkung für die Feuerwehr fordern, veröffentlicht in der TNT)

offenen Fragen nur noch zu einem Antwortpuzzle zusammenfügen.[125]

Der ACE *morning* führt zudem hauptverantwortlich die *"Local Daily List"*, das Verzeichnis der Geschichten, die für die aktuelle Ausgabe des nächsten Tages vorgesehen sind.[126] Während seiner Arbeitszeit besucht der Frühredakteur vier im Kapitel Planung näher beschriebene Konferenzen. Mittags gegen 14.30 Uhr endet sein Dienst.

Der Nachtredakteur (ACE *night*)

Der Nachtredakteur (ACE *night*) übernimmt um 14 Uhr seinen Platz im Zentrum des Großraumbüros, umgeben von Fernsehschirmen, die an der Decke aufgehängt sind, und einem Radio auf dem Schreibtisch, dem er aber ebensowenig Aufmerksamkeit schenkt wie den rund um die Uhr eingeschalteten TV-Geräten. Seine erste Amtshandlung ist der Besuch der mittäglichen Konferenz zwecks genauerem Themenüberblick. Die *"Local Daily List"*, meint er, die Kürzel (*"slug"*), Autor und stichwortartig den Inhalt vorliegender Artikel nennt, genüge ihm nicht, um das Angebot korrekt einschätzen und gewichten zu können.[127] Er benötige *"a sort of an honesty check"*. Denn: *"On the list all stories look alike."* [128] Kommt nachmittags oder abends ein aktuelles Ereignis hinzu, setzt der Nachtredakteur einen oder mehrere seiner vier GA-Reporter darauf an und bestimmt, wer welche Punkte wo klären soll.

Die Uhren während der Spät- und Nachtschicht ticken langsamer. Recherche ist nur begrenzt möglich. Es geht weniger hektisch, fast beschaulich zu, weil der Andruck zwölf und mehr Stunden entfernt liegt und zur Not die Frühschicht jede Lücke noch bequem schließen kann.

Das Erdbeben in San Francisco am 17. Oktober 1989 sprengt die ruhigen, routinemäßigen Abläufe des späten Nachmittags. Nach immer neuen, schockierenden Bildern der Verwüstung im Fernsehen versammeln sich alle ACEs zur spontan einberufenen Krisensitzung im Büro des *Metro Editors* und der verkündet nach kurzer Beratung und telefonischer Rückversicherung durch

---

[125] Notiz in Higher education reporter (Protokoll 28. November 1989, S. 6):
SF crane collaps, N. (ACE morning) organizes it:
12.48 p.m. N. notes name of the company R. (roving reporter, GA morning shift) got from two local papers, runs again through library material. I make a slug. I call it "erect". The iron workers` union will call back as they are sure the families are informed. D. (GA-reporter morning) managed that.
13.51 p.m. S. (Higher education reporter, used as GA) tells N. that she has got two names of victims, N. calls the east bureau boss: Who can go over to the company?...

[126] Zitat ACE morning in ACE politics (Protokoll 6. Dezember 1989, S. 3):
"I do the scheduling. That`s a major time-eater."

[127] Wie unmißverständlich und effektiv Redakteure im Unterschied zur schriftlichen Mitteilung Themen auf Konferenzen durch wenige Gesten, veränderte Diktion und Kürzel sortieren, untersuchte Ann E. Reisner: An analysis of the editors` conference: How daily newspaper editors justify front page story placement in their story descriptions. Ph.D. University of Wisconsin-Madison 1987.- Die im folgenden Kapitel Planung dargestellten Konferenzen der "Seattle Times" bestätigen ihre Beobachtungen ohne Einschränkungen.

[128] Zitat ACE night in ACE urban affairs (Protokoll 13. Oktober 1989, S. 2):
"I am here for the overlap, especially this 14.00 p.m. meeting give me a chance to hear, sort of an honesty check. On the list all stories look alike."

Managing Editor Alex McLeod, was zu tun sei. Kernpunkt des Handlungsplanes: Einen Jet mieten und so schnell wie möglich sieben Reporter der "Seattle Times" in das Katastrophengebiet fliegen. Dem Nachtschichtleiter obliegt es, diese Direktiven bürokratisch umzusetzen. Sofort nach der Besprechung kehrt er an seinen Computer zurück, um die beschlossene Marschroute in die *"Local Daily List"* aufzunehmen und Arbeitsaufträge in Form knapper elektronischer Notizen an die involvierten Reporter zu senden. Während dies geschieht, lösen sich die Grüppchen umstehender Redakteure und Reporter auf. Die zeitweilig aufgeregte Stimmung kühlt hinunter auf die gewohnt lautlose, professionelle Geschäftigkeit, in der jeder augenscheinlich ohne weitere Fragen tut, was er tun soll.[129] Zur gewohnten Stunde um kurz nach Mitternacht fährt der Nachtredakteur heim.

Um Großereignisse wie ein Erdbeben zu bewältigen, das mehrere Seiten füllt, scheint das redaktionelle Managementkonzept der "Seattle Times" ebenso optimal wie für langfristig planbare Projekte. Unter Konzentration aller verfügbaren Kräfte wird die journalistische Operation wie eine militärische Offensive inszeniert. Wegen der klaren Aufgabenteilung und Hierarchie gibt es kein Kompetenzgerangel. Die schriftliche Formulierung der Handlungsanweisungen beugt Fragen und Mißverständnissen, die die Abwicklung verzögern könnten, wirksam vor.

Redakteure für "Spezialthemen" und "Städtische Angelegenheiten" (ACE *specialty beats*, ACE *urban affairs*)

Die fachlich spezialisierten ACEs führen wie die Leiter von Früh- und Spätschicht Listen, bezogen auf ihre Reporter; a) eine Datumskartei, wer welche Geschichte an einem bestimmten Tag liefert bzw. liefern soll, b) eine Personenkartei, womit sich Reporter x am Tag y beschäftigt (siehe auch Kapitel Planung).[130] Außerdem rufen sie mehrmals täglich die *"Local Daily List"* und das *"Ratsnest"* getaufte Verzeichnis des Lokalchefs auf, um Einträge, die ihre

---

[129] Notizen in Nightshift - SF earthquake (Protokoll 17. Oktober 1989, S. 3):
17.30 p.m. first pictures on ABC - 18.35 p.m. earthquake gets new dimension, other cities are affected, in San Jose a shopping-mall broke down, everybody in the newsroom is staring on TV for nearly an hour now.
18.45 p.m. M. types first message who is going down, that H., science-reporter, is coming in to work on the scientific aspect, that the team took two radio shags and two cellular phones down to the action.
18.56 p.m. message to H.: "SCIQUAKE is your slug. Here are some thoughts about some direction for your reporting. I'd give the rest to your scientific knowledge."
19.20 p.m. M. and J. (News editor nights) still updating their lists while M., Metro editor, discusses space, the paper is going up 8 pages - 4,5,6,7 blank for earthquake.

[130] Zitat ACE specialty beats (Protokoll 10. Oktober 1989, S. 1):
"For my group, I list which story is done by day and I keep a personal list of every reporter on what subject he is working."
Notiz in ACE urban affairs (Protokoll 13. Oktober 1989, S. 1):
9.10 a.m. looks at his list, by day shows schools, city/county government, general urban affairs. Timing his beat: Slugword/Subject and reporter, i.e.: Saturday SOS 14 (J.) letter from secretary of education SOS might jeopardize federal funds for Seattle.

Reporter oder Themenkreise berühren, zu überprüfen.[131] Ihr Arbeitstag dauert in der Regel von 8.30 Uhr bis 17 Uhr. Originär journalistische Aktivitäten machen nur einen Bruchteil aus: *"Phone, messages, meeetings, the time for editing stories is perhaps 10 to 15 %. The rest is talk to people, setting things up with reporters, editors, city desk and news desk."*[132]

Der Politikredakteur (ACE *government/politics*)

Die "Seattle Times" hat wie in amerikanischen Tageszeitungen traditionell üblich keine eigenständige Politikredaktion, sondern einen auf politische Themen spezialisierten Redakteur, der *City Desk* zugeordnet ist und dem die Korrespondenten in Washington D.C. und der Landeshauptstadt Olympia sowie zwei politische Reporter zuarbeiten. Darüberhinaus koordiniert dieser ACE *government/politics* die lokale Wahlberichterstattung, an der im Untersuchungszeitraum 19 Leute verschiedener Abteilungen beteiligt waren[133] und überwacht die Meinungsumfragen, die die Redaktion zu umstrittenen Themen, von der Abtreibung bis zur Todesstrafe, in Auftrag gibt.[134]

Der Arbeitstag des Politikredakteurs zählt, wie im Kapitel Geschäftspolitik erwähnt, zu den längsten überhaupt. Höheren Lohn für Redakteure findet er da nur fair: *"That editors get always more I think that is absolutely fair. They have much greater demands from both ends, cannot charge overtime. They have greater accountability and must be available day and night."*[135]

Die Redakteurin für den Lokalteil Seattle-Zentrum (ACE *metro*)

Die Redakteurin für den Loktalteil Seattle-Zentrum ("*Metro*") nimmt im Kreis der ACEs eine Sonderstellung ein, weil sie als einzige Redakteurin dafür Sorge tragen muß, daß täglich eine festgelegte Zahl von Seiten gefüllt wird. Es steht, für Redakteure der "Seattle Times" mit Ausnahme der Stadtteilbüros ungewohnt, unter direktem Produktionsdruck, und das bekommt der Stamm ihrer fünf Reporter, zu spüren. Ihnen wird, wie am Beispiel der Gerichtsreporterin bereits vorgeführt, kaum Zeit für langwierigere Recherchen gewährt.

---

[131] Notiz in Medicine reporter, filling in for ACE specialty beats (Protokoll 4. Dezember 1989, S. 1): ...checks two major lists, "Ratsnest" and "Local Daily List" to make sure that reporters' stories have a brief summary indicated when ready for publication. Sometimes I revise during the day anything that relates to my reporters on tickle files.

[132] Zitat ACE urban affairs (Protokoll 6. November 1989, S. 1):

[133] Notiz in Environmental reporter (Protokoll 2. November 1989, S. 7):
13.30 - 14.00 p.m. big election meeting, 19 people from all departments, D., ACE politics, leads the discussion. He also made the organizational plan what where is to do.

[134] Zitat ACE politics (Protokoll 5. Dezember 1989, S. 2):
"Then I am in charge of polling, the point-person who oversees the polling budget, formulating what kind of polls. The budget is directly under Alex, Managing editor, mostly politics but we had also food habits, feeling about abortion, deathpenalty etc."

[135] Zitat ACE politics (Protokoll 6. Dezember 1989, S. 3).

Um die Produktionslast gerechter zu verteilen und den auflagestärksten Lokalteil abwechslungsreicher zu gestalten, sollten eigentlich alle Reporter *Metro* zuliefern. Doch die Resonanz auf derlei Appelle des Managements ist gering. Abgesehen davon, daß Reporter ihre Geschichten generell lieber an prominenterer Stelle auf Seite 1 oder der regionalen Aufschlagseite *Northwest-Cover* gedruckt sehen wollen, genießt die für *Metro* zuständige Redakteurin unter Reportern wenig Respekt. Und diese Geringschätzung sabotiert das Bemühen der Redaktionsleitung, die unausgeglichene Situation informell zu entschärfen. Vermutlich müßten eine Quote oder ähnliche verbindliche Vorgaben eingeführt werden, um den Mißstand ohne personelle Konsequenzen zu beheben.

Zusammenarbeit zwischen Reportern und ACEs

Reporter und ihre direkt vorgesetzten ACEs befinden sich sozial unentrinnbar in einem gegenseitigen Abhängigkeitsverhältnis. Haben Reporter eine Idee, was berichtenswert wäre, müssen sie diese zunächst dem für sie zuständigen ACE vortragen. Lehnt dieser ab, ist die Sache erledigt. Gibt der Redakteur jedoch grünes Licht, können sich die Reporter der "Seattle Times" darauf verlassen, daß ihre Geschichte erscheint, wann und wo auch immer.[136] Ausführlich wird auf diesen Prozeß im Kapitel Kontrolle eingegangen werden. Überstunden der Reporter zu vermeiden, ist ein weiteres Element der Redakteursarbeit.[137] Hauptaufgabe aber, betont Chefredakteur Mike Fancher, sei "Menschen zu managen."[138] Wie dies im Einzelfall funktioniert, ist individuell auszuloten. Welcher Reporter welchem Redakteur zugeordnet wird, entscheidet die Chefredaktion.

Der Politikredakteur füllt die Managementfunktion mit zwei Zielvorstellungen inhaltlicher und organisatorischer Natur, die ihn eher als Tutor und Beschützer denn als Chef der ihm zugeteilten Reporter ausweisen, verbündet mit den Autoren im journalistischen Interesse, die bestmögliche Geschichte zu schreiben und optimal im Blatt zu plazieren: "*The most important function of an editor from content standpoint, he has the distance from source and topic. He can say what direction a story should take. Organisational at this end it is to be an advocat, protect the reporter from things that can happen to a story here. I take care of my reporters. That`s what I am very proud of. The story gets thrown into a competitive pot, could get short shrift. Ideally you have one level, a plain field. If I am in a meeting saying this is a good story it tends to get a better play.*"[139]

---

[136] Zitat ACE urban affairs (Protokoll 13. Oktober 1989, S. 1):
Question: How does the reporter know that something is worth doing?
Answer: It`s my job to tell the reporter. If I decide it is a story, it will run. That is the editor`s job.

[137] Zitat ACE night (Protokoll 17. Oktober 1989, S. 1):
"Editors are expected to manage overtime. If someone has a meeting at 5 p.m. he comes in at noon instead of 8 o`clock in the morning. For nights, reporters get $ 1 extra, that was in former times enough to buy a dinner."

[138] Zitat Mike Fancher (Protokoll 16. November 1989, S. 2):
"I am absolutely suspect of a beat reporter who is loved on his beat. I was that too, I think. I automatically think is that because this reporter never asks tough questions? Editors have to know that. That`s part of the job editors have to do. The main part is to manage people."

[139] Zitat ACE politics (Protokoll 5. Dezember 1989, S. 2).

Diese Erwartungen beruhen offenbar auf Gegenseitigkeit. Anders als die *Metro-*Redakteurin ist der Politikredakteur, wie in den folgenden Zitaten deutlich werden wird, bei den Reportern der "Seattle Times" hoch geschätzt.

5.3.2. Was Reporter von vorgesetzten Redakteuren erwarten

Die Mehrheit der Reporter der "Seattle Times" ist überzeugt: Sie brauchen Redakteure, die sie in ihrer Arbeit stützen, anleiten, anspornen, Texte verbessern und für die gute Plazierung von Artikeln und Themen in Konferenzen wie Rechtsanwälte oder Presseagenten streiten. Die Geschmäcker, wie dominant ein Redakteur auftreten sollte, sind individuell verschieden und praktisch nicht zu trennen von den beteiligten Akteuren. Ungefragt bringen die Reporter der "Seattle Times" Namen guter und weniger guter Redakteure zur Veranschaulichung ihrer Positionen ins Gespräch. Die Übereinstimmung in den Beurteilungen ist frappierend und ein weiterer Beleg für die Präzision vermeintlich unscharfer informeller Eindrücke, sofern es um Tendenzen im sozialen Gefüge der Redaktion geht.

Zitate.

"A good editor is somebody who has real good understanding of the issues, who really cares about not just little pieces of news. Who is very aggressive and wants to be first, who is careful with words."[140]

"Lobbying for people's work is an important part of an editor's job. There is lot of competition for space or better prominent space, page 1 and Northwest-cover. What happens to a story, it is so important to have someone say days before, let's aim that for page 1. You must prepare the field before it comes out, say, I think this piece belongs on page 1."[141]

"The editor ought to question and attempt to ensure that all aspects of a story are accessed, suggest and point things out. The editor should not have the final say especially in writing style."[142]

"I see my job, and I wish other editors would too, I see my job more as an advocat for the reporters...My job is to say in the two o' clock meeting, this is a good story, it should have good play, put it on front page or Northwest-cover. When a story is really good the editor must say it."[143]

"I used to work for K., now Enterprise/Projects/Investigations, which was very good. I like having a strong editor. I am a self-starter but need someone to give me perspective on my story. I got over-involved, know too much sometimes and then she says, oh don't tell that, that's boring. Sometimes it is very frustrating. You kind of have to educate your editor. To get in a story is not difficult, to get

---

[140] Zitat Roving reporter, filling in schools (Protokoll 6. Dezember 1989, S. 2).

[141] Zitat Traffic and growth reporter (Protokoll 8. Dezember 1989, S. 2).

[142] Zitat Special projects reporter (Protokoll 4. Dezember 1989, S. 1).

[143] Zitat Medicine reporter, filling in for Specialty beat editor (Protokoll 4. Dezember 1989, S. 2).

good play, on page 1 or Northwest-cover, more often is a problem. Sometimes stories don`t get the play they should, up and down, they get excited by it and then bored. Nukes are still very important, main reason for having an editor is to say, E. has a real good story in those meetings, be a salesperson, an advocat."[144]

"I need an editor just to communicate with, give me quality-editing, be careful how copy is handled. I don`t like too much changes."[145]

"I had two editors in the first twelve years and five editors in one, 84/85, it was the most difficult time I had. It can be good, the relationship between editors and reporters. It is important. An editor`s job is to make sure that his staff is performing on the top of their ability, to keep them sharp."[146]

"Editors have a tendency once you mention a story to put it in a certain direction without any reporting. It gets on a list . If that happens it can be dangerous on the one hand, on the other hand it can build up the story. The editor can give guidance.
The reporter is always a lot closer to a story than the editor.
The best editors find flaws, turn something into a better phrase, making sure all the basics are covered, talked to enough people. It can help to keep you on your toes. A danger is the editor will see something that isn`t true any more. Reprters need some editing in most cases. Quite a delicate balance which is largely given I guess."[147]

"Each of these editors is competing like advertising exaggatives, sitting together to sell products. If you don`t play that game - J. doesn`t play it, she is just filling the metro page - you lose."[148]

5.3.2. Schattenseiten der Redakteursarbeit

Selbsteinschätzungen der Betroffenen

Was an der Arbeit eines Redakteurs nervt, sehen Reporter tendenziell anders als die Betroffenen selbst. Reporter bemängeln die bürokratische Seite des Jobs, den ewigen Innendienst, daß Redakteure die Leistungen von Reportern beurteilen müssen. Die Redakteure hingegen stört mehr die Endlosigkeit ihrer Mühen, die Gewißheit, nie wirklich fertig zu werden, zwischen allen Stühlen zu sitzen, mit Druck von Chefredaktion und Verlagsleitung "oben" und Reportern "unten". Bezeichnend folgender Wortwechsel mit dem ACE *urban affairs:*
"Do you feel like a gatekeeper?" -
"More like a driven horse." [149]

---

[144] Zitat Nukes/GA-reporter (Protokoll 4. Dezember 1989, S. 1/2).

[145] Zitat Roving reporter (Protokoll 7. Dezember 1989, S. 1).

[146] Zitat GA-reporter and traffic columnist (Protokoll 5. Dezember 1989, S. 1).

[147] Zitat GA-reporter (Protokoll 5. Dezember 1989, S. 1).

[148] Zitat City enterprise reporter (Protokoll 6. November 1989, S. 1).

[149] Zitat ACE urban affairs (Protokoll 13. Oktober 1989, S. 1).

Und weiter:

"It is both satisfying and drives you crazy. There is so much to do, so many things to try and juggle, rare that I feel I have anything given so much time as I like to. Relentless quality. It goes on and on and on. Reporters have peaktimes and times to breathe... You are never finished. I have seven reporters, all on busy beats, constant things to be delt with involving palling and communication. That saves a lot of time to do before the reporters start working. You feel robbed of time by the randomness of phone-calls... It is difficult to get any feeling of independance and control, more responding than initiative. All of the ACEs are fairly well sandwiched."[150]

Der GA-Reporter, der ein mißglücktes Intermezzo als ACE für Politik hinter sich hat, präzisiert:

"What I found most distressful about being an editor was less direct control over what my work product was... I felt like in the middle of an hour glass. The reporters felt unhappy with the higher management, city editor and higher, and they were unhappy with the reporters. If you have a story, you have work to show. The longer I stayed, the smaller percentage of my time was dealing with news and news-stories, more and more what I call bureaucracy, preparation of lists, goal settings, meetings, try to stay in good terms with the other editors. I had one reporter who was not good. My job was to make him better, improve his performance, but I had absolutely no skill for that. It was easier and more satisfying to do his story myself.
As an editor you never meet anybody, on the phone or personally. As a rule you don't leave the building. You don't have anything in the paper with your name on... I had to work longer hours, come in at 7.00 a.m. An 11-hour-day was the norm just to get through the routine, any hot story even longer."[151]

(Vor)Urteile der Reporter

Zitate

"I don't understand what satisfaction is in doing an editor's job. Money wouldn't be enough compensation for being an editor, very little creativitiy, far too little control over the product."[152]

"After doing editing for five years I did not want to do it any more. You get a very close view of the world, never originating anything yourself, pretty confining... I don't find it satisfying to work on city desk here, maybe I should try. Essentially it is like a big factory, no original thought, no common sense... You are only associated with other editors or reporters inside the newsroom. That's your whole sense of the world, not very realistic type of life."[153]

---

[150] Zitat ACE urban affairs (Protokoll 6. November 1989, S. 1).

[151] Zitat GA-reporter (Protokoll 14. November 1989, S. 8).

[152] Zitat Special project reporter (Protokoll 4. Dezember 1989, S. 1).

[153] Zitat GA-reporter and traffic columnist, ehemals ACE (Protokoll 5. Dezember 1989, S. 1).

"I don't have any interest in being an editor, no fun for me handling other people's copy, don't go out meeting people, don't learn something new. You are fighting with reporters instead of people who don't give you information."[154]

"I would like to do some editing but at the moment reporting is interesting and more important work. I really like to write. Editing is a drag. I don't like to be a bureaucrat, evaluate people.
You can set the agenda for the paper, decide how to handle a story, have some influence, that's nice. But you are not outside, dealing with people in other environments. You sit in there (points at desks) and then you sit over there (points at glass cages)."[155]

"I like writing. I don't understand what editors do. Sometimes I think we could have ten fewer editors and ten more reporters. Sometimes they create work for themselves that is not necessary. K.T., special projects editor, and D., ACE politics, generally a story is better after they have touched them, others put things on lists, go to meetings, are just bureaucrats...
Fancher's idea of team-leadership creates this process.
Sometimes I wish back an old-fashioned, crusty editor."[156]

"An editor's work doesn't appeal to me. I like to write, find out things. Too many meetings, you stuck in your desk." [157]

"I hated to be an editor putting people on a scale and transforming into dollars. I would hate that job."[158]

Warum Redakteure Redakteure geworden sind

Die Motive, warum Redakteure Redakteure geworden sind, zeigen ein breites Spektrum von Möglichkeiten. Einige ACEs geben unumwunden zu, sie seien der anstrengenden Reporterarbeit überdrüssig gewesen, und als sich die Möglichkeit bot, Redakteur zu werden, sagten sie, ohne nennenswert nachzudenken, zu. Einige andere arbeiteten gezielt auf die etwas besser bezahlte und innerhalb der Organisation einflußreichere und weichenstellendere Führungsposition hin.

Zitate

"I've been reporting for ten years. I was tired of reporting. Being an editor is better for me. I have more control over my own day. It is more scheduled. When I first became an editor I was pregnant with my first child. I know I cannot go and be out covering a story on the street. I was tired of being out on the street, doing the same things over and over again. I was ready for a new challenge.

---

[154] Zitat GA-reporter (Protokoll 5. Dezember 1989, S. 2).

[155] Zitat Roving reporter, filling in for schools (Protokoll 6. Dezember 1989, S. 2).

[156] Zitat City enterprise reporter (Protokoll 6. November 1989, S. 1).

[157] Zitat Roving reporter (Protokoll 7. Dezember 1989, S. 1).

[158] Zitat GA-reporter (Protokoll 8. Dezember 1989, S. 2).

I had many editors. Nobody in my mind as particularly good. I was a hard reporter to supervise. I wanted to do what I wanted to do basically. Perhaps that`s why I like being an editor."[159]

"*After a time you get burned out running after stories, usual step is being an editor. It is a different challenge.*"[160]

"*It has been one of my goals to become an editor. I had been a reporter at other small papers, city hall, politics, went back to graduate school to study politics and history. I wanted to leave reporting, really enjoy editing. It is an opportunity to help other people with their work, create an environment where other people can do their best work. I like having more influence on what is in the paper. As a reporter you effect that one story I did. I now shape let`s say ten a day. You have more influence on the community at large and the politics for the whole area.*"[161]

"*Over on copy desk I thought I could do that, reporting, better. I have never been a reporter. I try to compensate this disadvantage. I always felt it would be better if I had some reporter experience but it is gotten so far now I learned a lot by osmosis. I don`t think I will ever be a reporter. When I wanted they said you don`t need that because I was the common`s scold, constantly admonishing, asking questions, inhouse critique of the work that the desk put in. I am fairly intelligent. I know how to ask good questions. I am real comfortable with words. I am a strong word editor, more advocat than my reporters` boss. Praise outside, criticize internally. I`m a confessor, team-mate, I nurture.*"[162]
"*They asked me to do the job as ACE and I said sure, pleased at the recognition I wanted to respond.*"[163]

So leicht es fällt, auf die offerierte Redakteursschiene zu wechseln, so schmerzlich scheint der Schritt zurück ins Reporterlager. Denn Karriere im Tageszeitungsjournalismus zu machen, heißt, wie zuvor erwähnt, wenn nicht zum Autoren in einem der Eliteblätter, so doch zumindest vom Reporter zum Redakteur aufzusteigen.[164]

---

[159] Zitat ACE metro (Protokoll 13. Dezember 1989, S. 1).

[160] Zitat ACE morning (Protokoll 6. Dezember 1989, S. 3).

[161] Zitat ACE politics (Protokoll 5. Dezember 1989, S. 1).

[162] Zitat Special projects editor (Protokoll 13. Dezember 1989, S. 3).

[163] Zitat ACE urban affairs (Protokoll 6. November 1989, S. 1).

[164] Zitat GA-reporter (Protokoll 14. November 1989, S. 8):
"When I talked to my boss, the city editor, about leaving editing she warned me, I should consider the long-ranger potential would be greater, I should think over it. During vacation, I felt I really didn`t want to be an editor, I wanted direct coverage, lead, work in a team of reporters. City desk is always short-staffed. One time I asked for a month-long leave, got it, and a few weeks later it didn`t work because of short staff. That wouldn`t happen to a reporter... I would make more money if I had stayed being an editor, but I decided to make enjoyable work, a minor cut in pay at that time, the differences expand over time (siehe Kontrolle/PFP). Also, in management here there is a saving plan, they can put up to 3 % of their income and be matched by the company. Not for reporters, they can charge overtime, what editors cannot."

5.3.4. Der Lokalchef (*City Editor*) als *"key manager"* der *Company*

Die nächsthöhere Karrierestufe, die ein ACE der "SeattleTimes" im Lokalen erreichen könnte, wäre die Position des Lokalchefs. Dieser *City Editor* ist laut Organisationsschema verantwortlich für die Lokalredaktion als Ganzes (*"responsible for city desk management and operations"*) und überwacht (*"supervises"*) die ACEs. Der zum Zeitpunkt dieser Untersuchung amtierende Lokalchef macht keinen Hehl daraus, daß er nach 14 Redakteursjahren bei einer kleineren Zeitung zunächst Mühe hatte, seine Rolle bei der "Seattle Times" als "Schlüsselmanager des Unternehmens" zu begreifen, die ihn in eine Reihe stellt mit Leitenden Angestellten in Anzeigenabteilung und Vertrieb: "*I had to learn that I am one of the 35 key managers in this company.*"[165] Sein Engagement hat also nicht nur redaktionellen, sondern gleichberechtigt geschäftlichen Belangen zu gelten. So wie die ACEs Bindeglieder zu den eigentlich Produzierenden sind, ist der *City Editor* Bindeglied zwischen Lokal- und Chefredaktion. Sein journalistisches Handeln beschränkt sich darauf, die Konferenz zur *"Local Daily List"* zu leiten, im *"Ratsnest"* über den Tag hinausreichende Themen zu sammeln und frühmorgens vor Andruck die größeren Geschichten aus seinem Verantwortungsbereich im Computer zu lesen.

5.3.5. Regionalchef (*Metro Editor*) und Stadtteilbüro-Chefin (*Suburban Editor*)

Der dem Lokalchef vorgesetzte *Metro Editor* ist mit Ausnahme von Notfällen, die wie das Erdbeben in San Francisco wegen des hohen Aufwandes und der Notwendigkeit schnellen Handels unverzüglich eine Chefentscheidung fordern, nur noch Verwaltungsmann, eine Art Chef vom Dienst für aktuelle Nachrichten und Lokales. Er trägt laut Organisationsschema die generelle Verantwortung für die Lokalredaktion und die drei Stadtteilbüros (*"overall responsibility for city desk and suburban bureaus"*), überwacht (*"supervises"*) den Lokalchef sowie die als Verbindungsfrau zwischen den drei Stadtteilbüros und der Zentrale installierte Redakteurin (*"Suburban Editor"*). Praktisch bedeutet der Job des *Metro Editors* vor allem, regelmäßig mit Vertrieb und Technik die Blattplanung auszuhandeln. Wieviel anzeigenfreier Raum der Redaktion gewährt wird, welche Seiten farbig gedruckt werden können.

Die Redakteurin im Rang eines *Suburban Editor* ist verantwortlich für die Stadtteilbüros und deren Koordination mit der Zentrale (*"responsible for the suburban bureaus and coordination with the downtown newsroom"*). Das ist vornehmlich organisatorisch gemeint, gelegentlich aber auch inhaltlich, indem sie zum Beispiel die Schulreporter der Bezirke Nord, Süd, Ost und *Metro* zu einem Treffen in die Zentrale einlädt, um zu diskutieren, welche Themenideen in jedem Stadtteil angepackt werden könnten. Die Leiter der Stadtteilbüros sind dem *Suburban Editor* unterstellt. Eingerichtet wurde die Stelle im Sommer 1989, weil der Anteil der Stadtteilberichterstattung am Blatt zunimmt und die Außenstellen mit wachsender Bedeutung immer energischer über mangelnde Vertretung ihrer Interessen in der Zentrale klagen. Daß sie dort mit dem *Suburban Editor* endlich über eine ständige Lobby verfügen, wird von den Reportern der Stadtteilbüros ausdrücklich begrüßt: "*A., the zone zar, is a real*

---

[165] Zitat City editor (Protokoll 24. November 1989, S. 2):

hope for us. She is our advocat in the main office."[166] Freilich spricht aus diesen Sätzen hohes Vertrauen in die Funktionsfähigkeit formal institutionalisierter Kommunikation, das im Laufe der Zeit bröckeln dürfte, wenn die Erwartungen der Mitarbeiter nicht erfüllt werden. Übrig bliebe dann ein weiterer wenig produktiver, aber gut bezahlter Managementjob in der "Seattle Times"-Redaktion.[167]

5.4. Die Chefredaktion

Die Aufgaben eines Chefredakteurs sind bei der "Seattle Times" auf zwei Funktionsträger verteilt. Dies ist nicht nur ein weiteres Indiz für den hohen Grad der Arbeitsteiligkeit im Managemententwurf, sondern auch für das Gewicht, das der Verquickung redaktioneller Belange mit dem Verlagsgeschäft beigemessen wird.

Der eigentliche Chefredakteur, *Executive Editor* Mike Fancher, hat mit der Redaktion unmittelbar so gut wie nie zu tun. Er ist Vize-Präsident der Seattle Times Co., entwickelt geschäftspolitische Strategien mit und kämpft als höchster Repräsentant der Redaktion in den Verlagsgremien um großzügigere Ausstattung der Redaktion mit Personalstellen, anzeigenfreiem Raum und Produktionszeit. Die Redaktionsarbeit, einschließlich Blattkritik und Konferenzen, leitet sein langjähriger Freund und journalistischer Weggefährte, *Managing Editor* Alex MacLeod.[168] Der wiederum hat zu seiner Entlastung einen *Associate Managing Editor*, der das Wirtschaftsressort, die Sonntagsbeilage *Pacific Magazine* und den *Assistant Managing Editor/Graphics* überwacht. Die Chefin vom Dienst (*Assistant Managing Editor/Administration*) untersteht *Executive Editor* Mike Fancher.

5.4.1. Executive Editor

Executive Editor Mike Fancher, das ranghöchste Mitglied der "Seattle Times"-Redaktion, sieht nach eigener Darstellung seine wesentlichste Aufgabe darin, die Interessen der Redaktion gegenüber den anderen, rein profitorientierten Topmanagern des Verlages zu vertreten und als Mitglied der Geschäftsführung die Forderungen der Redaktion nach verbesserter finanzieller, personeller und technischer Ausstattung gleichberechtigt und glaubwürdig vorzutragen. Der Verleger habe ihn als Chefredakteur geholt, um die Zeitung fortschrittlicher zu gestalten, sagt er. Fast alle Managementreformen fallen, wie später ausführlich erläutert, mit dem Beginn der Ära Fancher zusammen. Sein Motto: *"People must become loyal to the future".*

Der Wandel zum Qualitätsprodukt, sagt Fancher, sei ihm gelungen, ohne je selber der beste Schreiber, Schlagzeilenmacher oder Layouter gewesen zu sein. Seine besondere Fähigkeit, meint er, sei das Verständnis von

---

[166] Zitat Zone reporter (Protokoll 18. Oktober 1989, S. 1).

[167] Vor der Schaffung der Position eines Suburban editors ist die Stelleninhaberin Leiterin des Feature-Ressorts "Scene" gewesen.

[168] Den störenden Einfluß einer solchen Doppelspitze auf das Redaktionsklima beschreibt am Beispiel der Booth Newspaper Inc. John Alfred Kaufman: The nature and effectiveness of a dual hierarchy system of newspaper administration. Ph.D. Michigan State University 1976.

Arbeitsabläufen, *"understanding process"*. Daß viele Redaktionsmitglieder die Wichtigkeit seiner Rolle als *"key-manager"* für das Wohlergehen der Redaktion nicht zu schätzen wissen, sei das eigentlich Frustrierende an seinem Job.[169]

Nicht zuletzt die persönliche Begeisterung und auf ästhetische Vorstellungen rückführbare Verliebtheit des Chefredakteurs in eine gut organisierte, sauber strukturierte Redaktion treibt den auf Steuerung und Kontrolle gegründeten Managemententwurf der "Seattle Times" vermutlich mit voran.

Management-*Know-how* durch MBA-Studium

Das Fachwissen für die interne Erneuerung erwarb Mike Fancher in einem zweijährigen Betriebswirtschaftsstudium nach Feierabend. 1986, im Jahr seiner Beförderung vom *Managing Editor* zum *Executive Editor*, erlangte er den Titel *Master of Business Administration*. Dieser MBA zeichnet den studierten Journalisten zusätzlich als Management-Experten aus, der um die Regeln der Betriebswirtschaft weiß und sie gleichberechtigt neben publizistischen Orientierungen in die Führung der Redaktion einzubringen vermag.[170]

Was es heißt, eine Redaktion ohne bevorzugten Blick auf das Unternehmen und seine Profitinteressen zu leiten, bekam ein GA-Reporter der "Seattle Times" während seiner Jahre als Chefredakteur der Konkurrenz-Zeitung "Tacoma News Tribune" zu spüren. Nach eigenen Angaben scheiterte er, weil er zu eindeutig die Partei der Redaktion ergriff, etwa guten Reportern generös Überstundenzuschläge gewährte, was er als zukunftssichernde Investition in redaktionelle Qualität verstand, während die Verlegerfamilie nur darauf aus

---

[169] Zitat Mike Fancher (Protokoll 1. Dezember 1989, S. 3):
"Have more money to travel, more space, that's my job. Management in the newsroom is respected, the money well-spent. My job is to have that kind of credibility. Real success is whether or not your people are succeeding or not, a chain of command. The biggest problem is how to set goals for themselves. Jerry, the publisher, said to me I'm willing to devote more resources to this newsroom but only if you can manage this newsroom effectively. Your job is to change. People must become loyal to the future. We have to change to be different. It has always been a good newspaper. I am a person who was never the best writer of the staff, best copy-editor or page-designer but what I'm supposed to be good at is understanding process, not what the headline or the lead of a story should be. I hire people who are really good at what they do. This newspaper is already better than I am. It is not being made in my image. I am a key-editor. My job is being outside the newsroom with other department heads. That is much more important than being inside. People not understanding that is perhaps the biggest frustration."

[170] Im Jahr 1968 graduierte Mike Fancher an der Universität von Oregon in Communications. Seine journalistische Laufbahn begann er als GA-Reporter beim "Kansas City Star", wo er während des Studiums ein Praktikum absolviert hatte. Nachdem er 1976 zum Lokalchef des "Kansas City Star" befördert worden war, kaufte eine Zeitungskette das Blatt auf. Etlichen Führungskräften wurde gekündigt. Mike Fancher bewarb sich bei der "Seattle Times", fing als GA-Reporter wieder "ganz unten" an. Nach nur drei Monaten wurde er allerdings zum City Government Reporter ernannt. 1980 stieg er zum stellvertretenden Chefredakteur für Nachrichten auf, 1981 zum Chefredakteur und 1986 zum Executive Editor der "Seattle Times" und Vice President der Seattle Times Co..

war, ihr Vermögen mit minimalem finanziellen Einsatz zu mehren.[171] Solche halsbrecherischen Alleingänge würde ein Chefredakteur wie Mike Fancher vermutlich nie wagen. Bevor er Initiativen ergreift, sichert er sich stets die Rückendeckung im Verlag.

5.4.2. Managing Editor

Managing Editor Alex MacLeod leitet die tägliche Themenkonferenz der Redakteure, diskutiert im kleinen Kreis oder unter vier Augen Grundsätzliches, lobt und tadelt an ausgewählten Beispielen jeden Freitag den redaktionellen *Output* der Woche. Er verdeutlicht damit den Ressortleitern, was von oben erwünscht ist, was nicht. Auf die Frage *"I heard you were the most influential single person in the newsroom..."* antwortet er, sichtlich geschmeichelt, mit vieldeutigem Gelächter: *"In some ways that is probably true. From the organizational standpoint I have the daily responsibility for how the news department functions and probably most contact to the staff. The meetings at 10.45 a.m. give me some influence, do some criticism, a fair amount of praising. I try to engage people in discussions of what we are going to do in group form but also individually in regular conversation with other editors, also reporters and photographers. On 10.45 a.m. every Friday I`ve gone through that week`s paper, take out what to praise. That costs the last 20 minutes of the meeting."*[172]

In sämtlichen redaktionellen wie redaktionsinternen organisatorischen Fragen hat Alex MacLeod das letzte Wort. Wann er nur als Sprachrohr Mike Fanchers auftritt, der sich persönlich in der Redaktion so gut wie nie sehen läßt, ist schwer zu sagen. Ein Beispiel hierfür ist das Verbot, daß Eheleute in einem Ressort tätig sind. Es stamme von "Alex", meint ein Betroffener - alle Redaktionsmitglieder reden sich mit Vornamen an - doch ist anzunehmen, daß MacLeod den *Executive Editor* zumindest unter vier Augen informiert und sein Einverständnis eingeholt hat.[173]

Als sich eine junge Frau auf die Stelle der Schulreporterin bewirbt, muß sie sich dem zuständigen ACE *urban affairs*, *City Editor*, *Metro Editor*, *Executive Editor/Administration* und *Managing Editor* Alex MacLeod vorstellen. Irgendwer muß sie abgelehnt haben, denn sie bekam die Stelle nicht. Aus welchen Gründen ließ sich nicht ermitteln. Auch den Reportern der "Seattle Times" sind

---

[171] Interview GA-reporter (Protokoll 4. Dezember 1989, S. 1):
Question: You have been an executive editor with the TNT before?
Answer: Yes, but I like writing better, put it back to me. I had no training in being the top person of a newspaper, made major mistakes. I was too much involved with reporters and photographers instead of the front office. I was too much on the one side. I wanted to spend more money for a better paper. They were very bottomline, shortly after sold the paper to a chain. They were pretty well off, owned a TV-station, radio system, they owned everything but they wanted to keep their money not invest it. Everybody got the same salary so under the table I gave people three hours overtime. I said we can`t keep good people if we don`t pay them. Yes, I violated a lot of rules. It was a lot smoother, sitting on the edge of the desk, didn`t have as much talent as down here, had to encourage everybody.

[172] Interview Managing editor (Protokoll 20. November 1989, S. 1).

[173] Zitat Special project reporter (Protokoll 4. Dezember 1989, S. 1):
Question: Why did you switch departments? You formerly worked in business...
Answer: It was Alex` decision not to let work spouses and spouses in the same department.

die Kriterien der Personalauswahl schleierhaft,[174] obwohl die Rekrutierung neuer Mitarbeiter zu den wesentlichsten und formal eindeutigsten Kontrollmöglichkeiten redaktionellen Managements über die zukünftige Gestalt der Zeitung zählt.[175]

5.5. Textverarbeiter und Schlagzeilenmacher (*Copy Desk*)

Parallel zur Lokalredaktion *City Desk* gibt es im amerikanischen Tageszeitungsbetrieb traditionell eine rein textverarbeitende Schlagzeilen- und Korrekturabteilung. Dieses *Copy Desk* ist bei der "Seattle Times" mit 32 Voll- und drei Teilzeitstellen fast ebenso gut besetzt wie die Lokalredaktion selbst mit ihren 38 Reportern und Redakteuren.

Copy Editors sitzen während ihres gesamten Arbeitstages vor dem Computer, feilen Texte sprachlich aus, kontrollieren Grammatik, Rechtschreibung und Schlüssigkeit von Geschichten. Sie kürzen Artikel für das Layout passend ein und formulieren sämtliche Überschriften. Reporter sind ab dieser Fertigungsstufe ausgeschlossen von der Textproduktion. Die Verantwortlichkeit für das, was unter ihrer Namenszeile veröffentlicht wird, geht an die Experten für sprachliche Genauigkeit und Schlagzeilen über. Daß Autoren sich weiter einmischen, ist im Produktionsablauf formal nicht vorgesehen, kommt aber regelmäßig vor. Und dieses Engagement vermeidet, wie im Kapitel Kontrolle ausführlich gezeigt werden wird, inhaltliche Fehler und destruktive soziale Spannungen zwischen Autoren und Textbearbeitern in der Redaktion.[176]

Äußerlich gleicht das *Copy Desk*, im rückwärtigen Teil des Großraumbüros gelegen, einer gut geölten und bis auf das unaufhörliche Geklacker der Computertasten lautlosen Maschine. Es ist eine Welt für sich, ohne Telefonanrufe und Unterhaltungen. Die Mitarbeiter sitzen konzentriert vor mehreren Reihen von Bildschirmen. Produziert wird wie am Fließband. Ist ein Text druckfertig, ruft sich der *Copy Editor* das nächste Manuskript auf. Sein Tagwerk ist vollbracht, wenn die Schicht endet und der nachfolgende Kollege den Platz am Computer übernimmt. Im *Copy Desk* der "Seattle Times" wird eine an

---

[174] Notiz Higher education reporter (Protokoll 27. November 1989, S. 2).
Question: Who decides about hiring?
Answer: I don't know who it does. The new reporter has a long list of whom she has to see and talk to: R., city editor, M., assistant managing editor administration, M., metro editor, R., editor urban affairs, Alex MacLeod, managing editor.

[175] Die anschließende berufliche Sozialisation verläuft weitgehend informell, gerade bei Nachwuchsjournalisten orientiert an in der Organisation erfolgreichen älteren Kollegen.- vgl. u.a. Lee Sigelman: Reporting the news: An Organizational analysis. In: American Journal of Sociology (1973), S. 132-151.

[176] Zitat City editor (Protokoll 24. November 1989, S. 1):
"Reporters are not discouraged to look at headlines but there is no process set up. When I come in at 6 a.m. I look at the headlines, especially if a story is controversial. Making headlines, on the other hand, is a special skill and talent. Copy editors are supposed to read very very carefully."

industrieller Fertigung orientierte Konzeption redaktionellen Managements, die kaum Luft läßt für eigenverantwortliches Handeln, besonders deutlich.[177]

Bevor lokale Texte im Computerverzeichnis der *Copy Editors* erscheinen, werden sie inhaltlich gewichtet und technisch kodiert. Der *Local News Editor* entscheidet am frühen Morgen nach den Kurzansagen in der ersten Konferenz, ausführlich geschildert im Kapitel Planung, wo welche Texte in welcher Aufmachung erscheinen. Dann läßt er die Seiten vom neben ihm sitzenden *Local Layout Editor* entwerfen. Anschließend ruft dieser Grafikredakteur die eingeplanten Texte auf, ergänzt Formatierungsbefehle - Textlänge, Satzbreite, Überschriftengröße - und sendet das Artikelgerüst in das Computerverzeichnis, aus dem sich das *Copy Desk* zwecks Bearbeitung bedient.

Nationale und internationale Nachrichten wählt ein spezieller *Wire News Editor* aus dem Ticker- und Korrespondentenangebot. Die Bearbeitung der Meldungen und Berichte erledigt ebenfalls das *Copy Desk*.

Die Produktion der Seite 1, für die Texte aller Ressorts gesichtet und gewichtet werden müssen, leitet der *Operational News Editor*. Auch ihn unterstützt ein eigener Layouter. Dieser *Makeup Editor* konstruiert nicht nur die Seite, sondern erstellt im Grafikcomputer Karten und Skizzen zu aktuellen Nachrichten vom Tage. Der *Operational News Editor* wacht zudem über die Einhaltung der Schlußzeiten durch die Redaktion. Er haftet für den pünktlichen Andruck und treibt die ACEs und das *Copy Desk*, wie im Kapitel Planung geschildert werden wird, entsprechend zur Eile an.

"*Rim*", "*Slot*" und das komplizierte Zusammenspiel zwischen Redaktion und *Copy Desk*

Das *Copy Desk* gliedert sich in "*Rim*" und "*Slot*". "*Rim*" meint die "einfachen" *Copy Editors*, "*Slot*" den *Copy Editor*, der alle Texte nach zweimaliger Endkontrolle per Knopfdruck in den Satz schickt. Bei der "Seattle Times" erfüllt diese Schleusenfunktion eine junge Frau in enger Abstimmung mit dem ihr gegenübersitzenden *Local News Editor*.[178] Sie führt zudem Protokoll, wer auf dem "*Rim*" welchen Artikel in welchem Zeitraum bearbeitet hat.[179]

---

[177] Die laut US-Arbeitsbehörde 1987 erstmals als häufigste Berufskrankheit registrierte Repetitive Strain Injury, kurz RSI, eine Folge der Überanstrengung der Bänder und Gelenke am Computer-Keyboard, plagt auch Tageszeitungsjournalisten zunehmend, vor allem im Copy Desk. Aufklärung über Entspannungsgymnastik wird in allen größeren US-Redaktionen betrieben, seit betroffene Arbeitnehmer mit Schadenersatzklagen erfolgreich waren.- vgl. Rolf Rykken: Repetitive strain injury. In: Presstime, Juni 1989, S. 6-10; Diana Hembree/Sarah Henry: A newsroom hazard called RSI. In: CJR, Januar/Februar 1987, S. 19-24.

[178] Zitat Local News editor (Protokoll 10. Oktober 1989, S. 1):
"I decide the lay-out, how much space for what story, the rim (deutsch: Bogen = copy-editor-pool) writes headlines, edits for grammar. The slot (deutsch: Schlitz = 1. copy-editor) reads it, checks it, that headlines do not say the same."

[179] Notiz Local slot (Protokoll 12. Oktober 1989, S. 3):
A. has a list: Slug (Stichwort), Length (Länge in inch), Page, Name of copy-editor, time when she set something in type for 1st edition.
That helps us to trace back what is done.
Slot-special: I know the story that ran before, know all the other headlines which another editor not necessarily does.

Der *Local News Editor* vergleicht seine Tätigkeit mit der eines Verkehrspolizisten: *"Copy editors check grammar and style, I logical sense and questions. My job is a sort of traffic cop. I decide, well these questions are reasonable, these not. As deadline approaches, then I would say, go ahead and make a headline, I got to get out a paper... My choice is where to place what. If they ask for more information, I am sort of control point. Otherwise, I would have editors to chase reporters."*[180]

Sein Wirken wird von den Untergebenen weder als Bevormundung noch als überflüssig empfunden, sondern als enorm verantwortungsreiche und kräftezehrende Aufgabe respektiert: *"J.´s job is regarded as one of the most difficult. He gets everything and must be really busy funneling and out. As copy editor you get a little breather between the editions."*[181]

Innerhalb der Weichenstellung durch den *Local News Editor* erfüllen die *Copy Editors* der "Seattle Times" ihren Teil der Textarbeit mit äußerster Gewissenhaftigkeit. Erwartet wird, daß sie jeden Text so aufmerksam studieren, als sei er nie zuvor gegengelesen und für gut befunden worden. Tatsächlich ist das *Copy Desk*, wie im Kapitel Kontrolle ausführlich geschildert werden wird, wenigstens dritte oder vierte Kontrollinstanz der Textproduktion.[182]

Alle Texte, vom Blattaufmacher bis zur Bildunterzeile, durchlaufen auf dem *Copy Desk* der "Seattle Times" gleichviele Stationen. Mit unbestechlicher Sorgfalt senden die bearbeitenden *Copy Editors* etwaige Rückfragen per Computer entlang der hierarchisch vorgeschriebenen Kanäle, meist ohne ein Wort zu sprechen. Sie empfinden dieses Verfahren, das auf Außenstehende aufwendig und bisweilen kleinkariert wirkt, als unverzichtbar. Nur so, sagen sie, sei der einzelne *Copy Editor* geschützt vor ungerechtfertigter nachträglicher Kritik.[183]

Treten in einem lokalen Text inhaltliche Unklarheiten auf, leitet der *Copy Editor* das Manuskript mit den eingefügten Fragen zurück zum *Local News Editor*, und der klärt den Sachstand entweder direkt durch einen Anruf beim Autoren des Artikels oder wendet sich mit der entsprechenden Bitte an den schichtleitenden Redakteur auf *City Desk*. Auch diese Prozedur wirkt umständlich im Verhältnis

---

[180] Zitat Local News editor (Protokoll 11. Oktober 1989, S.1).

[181] Zitat Special projects and local copy editor (12. Oktober 1989, S. 2).

[182] Zitat Special projects and local copy editor (Protokoll 12. Oktober 1989, S. 1):
"J. (Local News editor) makes the initial editing for content, the organization is to J. (Local News editor) or the nightshift. Theoretically he reads everything that comes over. D. (Local Layout editor) puts in formats for text and headline, we pick it then out of the system, basically we assign ourselves. Even if something is overread by nightshift, we are supposed to do as if it is read for the first time."

[183] Zitat Special projects and local copy editor (Protokoll 12. Oktober 1989, S. 1):
Question: All theses memos, checking and re-checking isn`t that annoying?
 Answer: It is a sacrifice in time so he (Local News editor) knows and is aware of what is going on. There is no surprise, hey, what is that, I did not say that, later.

zum meist nichtigen Anlaß im Artikel, ist aber formal und in den Köpfen aller Beteiligten als unerläßlich verankert.[184]

In Stil- und Grammatikfragen gilt AP-Regelwerk

Der Leitfaden, in welche sprachliche Form das *Copy Desk* die Texte der Reporter bringt, ist erklärtermaßen neutral und eng am Leser orientiert: *"Make it as easy to read as possible, make a headline that catches intention, make it clear."*[185] In Stilfragen stützt sich das *Copy Desk* auf das Regelbuch der Nachrichtenagentur AP.[186] Aber dieser Duden für Journalisten ist eben nicht neutral, wie die Textbearbeiter sagen, sondern empfiehlt eine Nachrichtensprache, die Meinungsäußerungen, subjektive Formulierungen und Experimente im Aufbau einer Geschichte kaum toleriert, und dies führt regelmäßig zu Mißtönen zwischen *Copy Desk* und Reportern, wie ausführlich im Kapitel Kontrolle geschildert werden wird.

5.6. Sonderpositionen sollen Qualität mittel- und langfristig heben

Um redaktionelle Qualität und Glaubwürdigkeit der Zeitung mittel- und langfristig auf ein höheres Niveau zu heben, richtete das Management der "Seattle Times" Sonderpositionen ein, die völlig losgelöst sind von der täglich zu bewältigenden Produktion.

Der Schreibtrainer (*Writing Coach*)

Ähnlich wie der zu Beginn dieses Kapitels erwähnte *Photo Coach*, der Fotografen schult, übt seit 1984 ein festangestellter *Writing Coach* mit Reportern und Redakteuren das Formulieren und Gestalten von Texten. In regelmäßigen Abständen lädt dieser Schreibtrainer ausgewählte Gruppen, etwa politische Berichterstatter oder *Copy Editors*, zu Workshops ein.[187] Außerdem erteilt er über einen Monat, wenige Stunden oder zweimal wöchentliche Sitzungen verteilt Einzelunterricht. Der jeweilige Mitarbeiter sammelt die Berichte, die im Schulungszeitraum entstanden sind, und der *Writing Coach* versucht, eingefahrene Schreibschwächen aufzudecken und abzubauen. Die Bereitschaft der "Seattle Times"-Reporter, sich dieser Kritik zu öffnen, kommt selten freiwillig zustande, erklärt der *Writing Coach*. Das Eingeständnis von Unzulänglichkeiten als Autor rüttelt wohl am Kern des professionellen Selbstbewußtseins: *"There are built-in bareers, part of the job to tear them down. More often an editor is approaching me or the writer himself, possibly after having talked to the editor."* [188] Im Untersuchungszeitraum ruhte das

---

[184] Zitat Special projects and local copy editor (Protokoll 12. Oktober 1989, S. 1):
"If there are questions, goes to A. (Local slot), from there to J. (Local News editor), he checks and makes phone calls to the reporters or tells N. (ACE morning) to do that, by memo or short talk over the desk."

[185] Zitat Local Slot (Protokoll 12. Oktober 1989, S. 3):

[186] Notiz Special projects and local copy editor (Protokoll 12. Oktober 1989, S. 2).

[187] Zitat Writing coach, filling in ACE urban affairs (Protokoll 13. Oktober, S. 1).

[188] Zitiat Writing coach, filling in ACE urban affairs (Protokoll 6. Dezember, S. 1).

Verfahren, weil der *Writing Coach* in der Lokalredaktion als ACE *urban affairs* eingesprungen war.

Eine Umfrage bei allen amerikanischen Tageszeitungen über 25 000 Auflage im Herbst 1983 ergab, daß sich sieben der 485 Häuser einen "Schreibtrainer" auf Vollzeitbasis, 70 als Teilzeitkraft leisteten. Ray Laakaniemi, Autor der Untersuchung, sah hierin *"growing concern with quality of writing"* reflektiert.[189] Die Argumente der Verlage, die auf einen *Writing Coach* verzichteten, waren Geldmangel und der Hinweis, daß es selbstverständlich zu den Aufgaben eines *Editors* gehöre, Reporter zu fähigen Schreibern heranzuziehen.

Eine Meinung, die an das in Deutschland gepflegte Bild vom (Lokal)Redakteur als *Allround*-Journalisten erinnert, der vom Anspruch her vor Ort recherchieren, Reportagen schreiben, kommentieren und packende Schlagzeilen formulieren kann, nur in der Praxis kaum dazu kommt, weil Zeit, Kraft und oft auch *Know-how* fehlen. Der Gedanke, diesen Widerspruch durch stärkere Trennung schon in der Aufgabenbeschreibung aufzulösen, wird in Deutschland sowohl von Redakteuren als auch von Verlegern kategorisch abgelehnt.[190] Nicht zuletzt, weil eine Tradition der Arbeitsteiligkeit in Redaktionen fehlt.

Der Leseranwalt (*Ombudsman*)

Frank Wetzel, seit März 1987 *Ombudsman* der "Seattle Times" und einer der 30 "Leseranwälte", die sich die amerikanischen Tageszeitungen insgesamt leisten,[191] umschreibt seine Aufgabe wie folgt: *"I am a means of helping readers to gain access and enhance credibility."*[192]

Praktisch heißt das zuallererst: Nicht der einzelne Reporter oder Redakteur, sondern Frank Wetzel nimmt sich in seinem neben der Chefredaktion eingerichteten Büro geduldig sämtlicher Leseranrufe zur Zeitung an - bis zu zwölfmal täglich schrillt das Telefon - und leitet sie bei Bedarf an die verantwortlichen Personen in Verlag und Redaktion weiter. Ein tagesfüllender Job, der den gelernten Journalisten oft frustriert. Selten, klagt Frank Wetzel, sei die Kritik der Leser inhaltlich fundiert oder spricht die seiner Meinung nach vitalen Probleme der amerikanischen Presse an wie die Konzentration des Eigentums an Zeitungen in rein profitorientierten Ketten. Die meisten Leute regen sich über abfärbende Druckerschwärze, unregelmäßige Zustellung, Rechtschreib- oder Grammatikfehler auf.

Die Quintessenz der Leseranrufe, die ihn im Laufe einer Woche erreichen, hängt der *Ombudsman* montags am Schwarzen Brett der Redaktion aus. Wer hier kritisiert wird, muß keine unmittelbaren Konsequenzen fürchten.

---

[189] vgl. Ray Laakaniemi: An analysis of writing coach programs on american daily newspapers. In: Journalism Quarterly, Sommer/Herbst 1987, S. 569-575.

[190] vgl. Sieglinde Neumann: Das Modell Lokalreporter. Dortmund 1986 (unveröff. Diplomarbeit).

[191] vgl. Cassandra Tate: What do ombudsmen do? In: CJR, Mai/Juni 1984, S. 37-41. Diesem Artikel zufolge stellte das "Louisville Courier-Journal" 1967 den ersten Ombudsman ein, 1970 folgte die "Washington Post".

[192] Zitat Ombudsman (Protokoll 21. November 1989, S. 1).

Frank Wetzel: *"I have no authority."*[193] Doch nach meinen Beobachtungen wird die Auflistung von Reportern wie Redakteuren sehr aufmerksam studiert.

In einer sonntäglichen Kolumne, die nur *Executive Editor* Mike Fancher gegenliest und laut Vertrag mit dem *Ombudsman* ganz oder garnicht gedruckt werden muß, bezieht Frank Wetzel von sich aus Stellung zu brisanten, meist übergeordneteren Medienfragen. Nur einmal, als er sich nach sechsmonatiger Tätigkeit über die Schwächen der "Seattle Times" ausließ, eckte der ehemalige Chefredakteur einer Stadtteilzeitung im eigenen Hause an. *Executive Editor* Mike Fancher persönlich erteilte eine Rüge, allerdings erst, nachdem die selbstkritische Kolumne veröffentlicht worden war.

In der Stadt ist Frank Wetzel bekannt, weil er einmal wöchentlich als Vertreter der "Seattle Times" im Frühschoppen des lokalen Fernsehens zu sehen ist.

Auf der Vollversammlung der Redaktion zum Jahresende 1989 gab Mike Fancher bekannt, was Frank Wetzel während des Interviews für diese Untersuchung noch nicht definitiv wußte: Das *Ombudsman*-Programm der "Seattle Times" werde fortgeführt.

Rechercheure

Zum redaktionellen Personal der "Seattle Times" rechnen auch die Mitarbeiter des Text- und Bildarchivs *(Library)*, das für die Recherchen der Lokalreporter unentbehrlich ist. Kaum eine Geschichte entsteht ohne Inspruchnahme der Bibliothek, und das gilt, wo immer ein funktionsfähiges Archiv vorhanden ist. *"Studies of newsmaking which ignore the role of the library should be judged incomplete"*, schlußfolgern die Autoren einer großangelegten Studie über US-Redaktionsarchive.[194]

Sämtliche Artikel der "Seattle Times" werden nach Stichworten sortiert elektronisch gespeichert. Jedes Redaktionsmitglied kann sich ausgewählte Artikel aus diesem Archiv auf den Bildschirm rufen und bei Bedarf ausdrucken. Von den 15 Vollzeitkräften der Bibliothek stellen drei *Library Research Specialists* Nachforschungen im Auftrag der Redaktion in allen möglichen, auch externen Verzeichnissen und Datenbanken an.[195] Herzstück ist das von der Zeitungskette Knight-Ridder aufgekaufte und in der Einführung zu dieser Arbeit kurz erwähnte Datenbanknetz *"Dialog"*. Gegen eine Gebühr werden Datenbankrecherchen als Dienstleistung der Seattle Times Co. auch Außenstehenden angeboten. Die Bibliothek stellt insofern auch eine eigenständige Wirtschaftseinheit dar, über die das Unternehmen bei ausreichender Profitabilität selbst ohne eine Tageszeitung herauszugeben mit Informationen handeln könnte.

---

[193] Zitat Ombudsman (Protokoll 21. November 1989, S. 1).

[194] Kathleen A. Hansen et al.: Role of the newspaper library in the production of news. In: Journalism Quarterly, Winter 1987, S. 714-720.

[195] Einen Überblick über die wachsende Bedeutung elektronischer Datenbanken für die Recherchen amerikanischer Journalisten bietet David C. Rambo: Database searches. In: Presstime, März 1987, S. 10-12.

5.7. Arbeitsteiliger Produktionsprozeß in US-Redaktionen historisch entwickelt

Die gute Besetzung der "Seattle Times" im Lokalen fällt für eine amerikanische Zeitung dieser Auflagengröße *prinzipiell* ebensowenig aus dem Rahmen wie der hohe Grad der Arbeitsteilung und Spezialisierung in der Redaktion. Entwickelt hat sich diese Struktur wohl nicht zuletzt aus der über 150 Jahre alten Tradition, strikt zwischen Redakteuren und Reportern zu trennen. Der *Editor*, ursprünglich der Besitzer der Zeitung, ist in diesem Urkonzept der Boß und Blattmacher am Schreibtisch, der Reporter der gegen Lohn angestellte Schreiber und Sammler von Nachrichten. Seit die *"Penny Press"* mit diesem Prinzip hohe Profite erwirtschaftete, hält der amerikanische Journalismus daran fest. Die Zweiteilung zwischen *Reporter* und *Editor* ist die Urform redaktionellen Managements im amerikanischen Zeitungsbetrieb. Die von Dröge/Kopper definierten und im Einführungsteil dargestellten Einflußfaktoren für die historische Entwicklung der Medien werden im folgenden Überblick zum amerikanischen Pressewesen seit Anfang des 19. Jahrhunderts anschaulich bestätigt.

"Penny Press" entdeckt als Berichterstattungsfeld das Lokale und beschäftigt die ersten Lokalreporter

Vor 1830 kannte das dünn besiedelte Nordamerika fast nur den Kleinverleger, der in Personalunion als Redakteur-Reporter-Geschäftsführer-Drucker Handelsnachrichten oder politische Kampfartikel unter den Eliten verbreitete. Bei Preisen von rund 6 Cent pro Exemplar und jährlicher Vorauszahlung war diese *"Partisan Press"* für das arme Landvolk mit einem Tagesverdienst von durchschnittlich 85 Cent ebenso belanglos wie unerschwinglich.[196] In den Städten hatte sich jedoch, auf engem Raum konzentriert, eine neue Bevölkerungsschicht gebildet und an diese *"Urban working class"* ließen sich andere Blätter massenhaft absetzen. Sie kosteten nur einen Penny, wurden einzeln auf der Straße verkauft und orientierten sich inhaltlich am Leben der einfachen Leute. In leicht lesbarer Form stellte diese *"Penny Press"* menschlich anrührende, unterhaltsame Geschichten (*"human-interest features"*) und rein faktische Nachrichten (*"objective news"*), die der praktischen Orientierung und Lebenshilfe dienten, über parteipolitisches Sendungsbewußtsein (*"political partisanship"*) und abgehobene, feingeistige Debatten.[197] Das Lokale, Identifikationspunkt der Zugewanderten aus aller Welt und eine Fundgrube für Nachrichten- und Featuregeschichten, rückte in den Mittelpunkt der Berichterstattung, wo es bis heute geblieben ist.

Die am 3. September 1833 von Benjamin Day gegründete "New York Sun" gilt als erstes *Penny Paper*. George Wisner`s tägliche Kolumne *"Police Office"* in der "Sun" mit Morden, Einbrüchen, Unfällen etc. (*"crime news"*) markiert eine journalistische Revolution: Der erste fachlich spezialisierte Reporter der USA war installiert, und zwar im Lokalen! *"Wisner was the first police reporter in American journalism. He was one of the first reporters of any kind"*, urteilen

---

[196] Michael Schudson: Discovering the news. A social history of american newspapers. New York 1978, S. 15.

[197] Peter M. Sandman/David M. Rubin/David B. Sachsman: Media. An introductory analysis of american mass communications. 2nd. Ed., Englewood Cliffs (N.J.) 1976/72, S. 37.

Sandman et al..[198] "So beginnt die "Sun" schon in ihren Anfängen mit der Bildung eines Stabes spezialisierter Reporter, der später das geistig und wohl auch wirtschaftlich produktivste Nervenzentrum der amerikanischen Zeitung geworden ist", rühmt Emil Dovifat das erste *Penny Paper* in seinem Buch über den amerikanischen Journalismus.[199] In nur zwei Jahren wuchs die "New York Sun" mit 19 000 verkauften Exemplaren täglich zur auflagenstärksten Zeitung der Welt.[200] Da der lukrative *Penny-Press*-Markt jedoch geschäftstüchtige Nachahmer lockte, wurde die "Sun" 1860 als Auflageweltmeister von James Gordon Bennett's 70 000mal pro Tag verkauftem "New York Herald" (Start 6. Mai 1835) entthront, und Bennett entpuppte sich als noch konsequenterer, wort- und tatenreicher Neuerer.

"Under him (Bennett/d. Autor)", schwärmt 1873 der Verleger des Springfield "Republican" im glorifizierenden Tonfall seiner Zeit, *"the "Herald" was the first of American papers, indeed, the first journal in the world, to apprehend the truth that the collection of news at any price was the first duty of journalism."* [201] Nüchterner ausgedrückt exerzierte Bennett mit seinem "Herald" klarer als die "Sun" vor, daß sich mit seinem Verständnis vom Zeitungmachen viel Geld verdienen ließ. Je höher die Auflage, desto mehr. Sein Erfolgsrezept mußte Schule machen. [202]

Die Ideen der New Yorker *Penny Press* sprangen über auf die anderen städtischen Ballungszentren Nordamerikas. "Boston Daily Times" (1836), "Philadelphia Ledger" (1836), "Baltimore Sun" (1837) entstanden[203]. An Zahl und Eifer der Reporter maß jedes einzelne Blatt seine Kompetenz. Reich werden oder pleite gehen, das entschied sich über die aktuellste, möglichst exklusive Nachricht. Spöttische Kommentare über die Unfähigkeit der Konkurrenz heizten die Stimmung an. So triumphierte Bennetts "Herald" am 21. November 1840 in einem Extrablatt zum Einmarsch britischer Truppen in Kanton: *"No other newspaper establishment in New York had the news at that time, nor could they get it, they are so inefficient and lazy."* [204]

Fachliche Spezialisierung unter nachrichten-ökonomischen Gesichtspunkten

Die *Penny Press*, das sei noch einmal betont, beschäftigte nicht nur die ersten hauptamtlichen Berichterstatter für lokale Nachrichten, sondern leitete auch

---

[198] Sandman et al, Media, S. 38.

[199] Emil Dovifat: Der amerikanische Journalismus (Berlin/Leipzig 1927), neu hrsg. v. Stephan Ruß-Mohl. Berlin 1990, S. 50.

[200] Bernard Roshco: Newsmaking. Chicago/London 1975, S. 27.

[201] Samuel Bowles, 1873, zit. nach Roshco, Newsmaking, S. 26.

[202] Auch im Anzeigengeschäft leistete sich die Penny Press keinen weltanschaulichen Luxus. Deren Verleger druckten gegen Bezahlung alles, während etwa das "Journal of Commerce" in New York weder Reklame für Theater noch Lotterien, noch "sonstige am Sabbath ausgeführte Transaktionen" annahm, vgl. Schudson, Discovering the news, S. 19.

[203] Schudson, Discovering the news, S. 18.

[204] zit. nach ebd., S. 26.

deren fachliche Spezialisierung unter nachrichten-ökonomischen Gesichtspunkten ein, indem sie Berichterstatter gezielt auf Brennpunkte ansetzte, wo mit fast hundertprozentiger Sicherheit täglich neue Geschichten zu erwarten waren: Polizei, Gericht, Wirtschaft, Kirchen, *High Society*, Sport.[205] *"We shall give a correct picture of the world - in Wall Street - in the Exchange - in the Police Office - at the Theatres - at the Opera -, in short, wherever human nature or real life best displays its freaks and vagaries"*, schwärmte Bennett.[206]

Zwar könnten bereits jene Späher als *"Beat"*-Reporter bezeichnet werden, die seit etwa 1800 einlaufenden Schiffen in Booten entgegeneilten, um aus mündlichen Berichten, Briefen und Zeitungen frische Nachrichten aus Übersee abzufangen, doch erst die *"Penny Press"* führte konkurrierende *Beats* als Grundmuster der Nachrichtensuche ein.

Flächendeckend faßten Lokalreporter selbst im Brennpunkt New York relativ spät Fuß. So rühmt sich der "Transcript" noch am 23. Juni 1834, von den elf (!) großen Tageszeitungen hätten nur zwei, er selber und Benjamin Day's "Sun", vier Reporter ausschließlich für lokale Nachrichten beschäftigt, *"exclusively to obtain the earliest, fullest, and most correct intelligence on every local incident; and two of these latter arise at three in the morning, at which hour they attend the police courts, and are there employed, with short intermissions, till the close of the office at eight in the evening, while others are obtaining correct information about the city."* [207]

AP-Gründung macht Objektivität zur wirtschaftlichen Notwendigkeit

Um die immer personal- und kostenintensivere Nachrichtensuche zu rationalisieren, gründeten 1848 sechs New Yorker Zeitungen, darunter so unterschiedliche wie die führenden *Penny-* und Wirtschaftsblätter, den Nachrichtendienst Associated Press (AP). *"The publishers had little in common but their shared interest in cutting the cost of news-gathering and assuring their access to telegraphic facilities"*, meint US-Pressehistoriker Roshco,[208] und vor diesem Hintergrund erscheint auch das feierliche Bekenntnis der Agentur zur reinen Faktizität in einem Licht, das Kritik an reiner Objektivität als angeblich höchster journalistischer Tugend vorwegnimmt. Denn damit alle Teilhaber ökonomisch gleichermaßen von AP profitieren konnten, *mußten* die Texte so neutral wie möglich geschrieben sein, unabhängig von inhaltlichen Positionen.

Der Bürgerkrieg 1861-65 trieb die Idee parteiloser Berichterstatter voran, unbestechlich den Blick auf alles und jeden richtend, nur dem Interesse der Zeitung und ihrer Leserschaft nach exklusiven Neuigkeiten folgend. Reporter

---

[205] Schudson, Discovering the news, S. 27.

[206] James Gordon Bennett am 11. Mai 1835, zit. nach Roshco, Newsmaking, S. 32.

[207] zit. nach Schudson, Discovering the news, S. 23.

[208] Roshco, Newsmaking, S. 28.

tauchten ungebeten auf Schlachtfeldern auf, sprachen Leute an, ohne eingeladen zu sein, und wurden, wenn auch widerwillig, akzeptiert.[209]

"The institution of paid reporters was not only novel but, to some, shocking", beschreibt Schudson den tiefgreifenden Wandel, der sich in diesen Jahren vollzog. Er bedeutete einen Kontrollverlust für die alten, politisch einflußreichen Eliten, auf deren Briefe sich die Berichterstattung ihrer Heimatzeitungen aus der Hauptstadt Washington zuvor kritiklos stützte.[210] Mit größter Verachtung entrüstet sich etwa John Quincy Adams 1842 in seinem Tagebuch, die Söhne von Präsident Tyler hätten *"divulged all his cabinet secrets to a man named Parmalee and John Howard Payne, hired reporters for Bennett`s "Herald" newspaper in New York."*[211] Kommentar Schudson: *"His use of "hired" to qualify "reporters" suggests how new, and perhaps disreputable, the institution of a reportorial staff was."*[212]

Autorenzeilen wurden 1863 auf dem Höhepunkt der Bürgerkriegsgefechte eingeführt. Aber nicht, um Reporter als Autoren aufzuwerten, sondern weil sich General Joseph Hooker über fehlerhafte und für seine Truppen gefährliche Artikel ärgerte, ohne den Schreiber rügen oder persönlich zur Verantwortung ziehen zu können.[213]

Big Business mit *Yellow-Press*

Die Ausprägung einer von weltanschaulichen und staatlichen Zwängen freien Presse ließ sich freilich durch keine Obrigkeit mehr stoppen. Zu groß war der wirtschaftliche Erfolg, zu günstig das gesellschaftliche Klima. Industrialisierung, Einwanderung und Verstädterung schufen explodierende Massenmärkte,[214] *"opening careers to talent, opportunity to persons regardless of birth or breeding"*. Geld wurde zur zentralen Macht der aufstrebenden *"market democracy"*, der einzelne Bürger zur wichtigsten Größe. *"Self-interest"* zu verfolgen galt nicht länger als unehrenhaft, sondern, sofern sich Geld damit machen ließ, als clever.[215] Sandman et al.: *"It was the era of Big Business in American history. And the mass media were about to become a big business themselves."* [216]

Joseph Pulitzer und William Randolph Hearst gründeten die ersten Massenblätter, deren Auflagen das Etikett "Masse" rechtfertigen. Pulitzer, eingewanderter *Selfmademan* aus Ungarn, kaufte 1883 die "New York World"

---

[209] Roshco, Newsmaking, S. 32.

[210] Schudson, Discovering the news, S. 24.

[211] zit. nach Schudson, ebd., S. 24.

[212] Schudson, S. 24.

[213] ebd., S. 68.

[214] Sandman et al., Media, S. 45.

[215] vgl. Schudson, Discovering the news, S. 30 ff.

[216] Sandman et al., Media, S. 47.

und steigerte deren Auflage bis 1894 auf sagenhafte 400 000 Exemplare täglich.[217] Er nutzte Techniken der *Penny Press*, feilte sie aus. Pulitzer war der erste der neuen Großverleger, die in ihrer Zeitung eine öffentliche Sache ohne parteipolitische oder persönliche Rücksichten ausfechten ließen. Er gilt damit, im positiven Sinne, als Vorläufer des investigativen *"Muckraking"*-Journalismus,[218] der vor allem Filz und Korruption in mächtigen Politiker- und Wirtschaftskreisen entlarven will und durch die Aufdeckung der Watergate-Affäre mit dem Sturz eines Präsidenten seinen spektulärsten Sieg errang. [219] Der von Pulitzer gestiftete Pulitzer-Preis ist noch heute der renommierteste Journalistenpreis der USA,[220] die Hearst-Gruppe einer der mächtigsten Medienkonzerne.

Negativ werden Pulitzer und mehr noch seinem Kopf-an-Kopf-Konkurrenten William Randolph Hearst vom "New York Morning Journal", angekreidet, daß sie den amerikanischen Journalismus in nie gekannte Tiefen purer Sensationsgier stürzten. Für Hearst war alles eine Nachricht, was dem Leser ein erstaunt-anerkennendes *"Geewhiz"* entlockte. *"No feature was too silly to run"*, meint Sandman, und zitiert als ein Beispiel die Schlagzeile "Machen enge Korsetts gewalttätig?"

Weil Hearst in seinem "Journal" 1895 als erster Verleger sonntags einen Comic-Strip abdruckte (*"The Yellow Kid of Hogan`s Alley"*), taufte man das ganze Genre nach dem Strichmännchen-Helden *"Yellow journalism"*.[221]

Reporter definieren ihre Tätigkeit als eigenständigen Beruf - Redakteure müssen keine Artikel mehr schreiben

Die große Zahl der Reporter, die die *Penny-* und *Yellow-*Blätter für ihre aggressive lokale Berichterstattung benötigten, rechtfertigten die Anstellung der ersten Redakteure, die keine Zeile, nicht einmal mehr einen Kommentar (*"Editorial"*) schrieben. Der *City Editor* war eingeführt, der erste, und jahrzehntelang einzige, festangestellte redaktionelle Manager im Zeitungsbetrieb.[222]

Parallel dazu schöpften die Reporter neues Selbstbewußtsein aus dem hohen Stellenwert der Nachrichten und den Mühen ihrer Beschaffung. Der Spruch von David Graham Phillips *"I would rather be reporter than President"*[223] wurde

---

[217] vgl. Sandman et al, Media, S. 48f.

[218] Der amerikanische Präsident Theodore Roosevelt hat diese Bezeichnung, wörtlich übersetzt mit "im Dreck wühlen", ursprünglich als Schimpfwort für lästige Reporter geprägt.-Hans Leyendecker: Die im Dreck wühlen. In: Spiegel special "Die Journalisten", 1/1995, S. 140.

[219] Roshco, Newsmaking, S. 34.

[220] vgl. ebd. S. 40.

[221] Sandman et al., Media, S. 49. Heute charakterisiert der Begriff die Regenbogen-Presse weltweit.

[222] Roshco, Newsmaking, S. 35.

[223] zit. nach Schudson, Discovering the news, S. 69.

zum geflügelten Wort. Die Gehälter hatten sich von 1870 bis 1890 verdoppelt. In den großen New Yorker Zeitungen wurde die karge Bezahlung nach Zeilen endgültig durch feste Löhne ersetzt. 1873 formierte sich der erste New Yorker Presseclub.[224] Der Job des Journalisten wandelte sich allmählich zum ernstzunehmenden Beruf.

Reporter grenzten sich in diesen frühen Jahren leidenschaftlich und meist überheblich von Redakteuren ab. In Memoiren und Aufsätzen glorifizieren zeitgenössische amerikanische Journalisten ihren Kampf um die reine, "objektive" Wahrheit. Vor allem jene, die bis ins hohe Alter Reporter blieben, lästern über die falsche Feierlichkeit der Leitartikler und die Uninformiertheit der stets von den Erkenntnissen der Reporter abhängigen Redakteure. Das aus diesen Berichten in den 1890-er Jahren entstandene erste kollektive Selbstporträt amerikanischer Journalisten, so Schudson, schuf den Mythos vom jungen ehrgeizigen Reporter, der ewig anrennen muß gegen einen verknöcherten und zynischen Redakteur.[225] Der Umgang miteinander muß demnach so rüde gewesen sein wie der Ton: Wer nicht spurte, flog.

Objektivität verkauft sich besser

Am 19. August 1896 startete Adolph S. Ochs die "New York Times" und zementierte mit diesem *"high-standard newspaper, clean, dignified and trustworthy"*[226] die zentrale Rolle der reinen Nachricht für das Zeitungsfach, zugleich wuchs die Bedeutung der Reporter. Sein puristisches Informationsverständnis - Ochs spielte mit dem Gedanken, Kommentare gänzlich abzuschaffen[227] - machte sich auch finanziell bezahlt. Die neue Nüchternheit nahm der grellen *Yellow-Press*-Tradition die Spitze[228]. *"He (Ochs) in the end taught them (his competitors) that decency meant dollars"*[229], so Melville Stone 75 Jahre später. Sandman: *"The people`s newspapers were turning to middle-class."*[230] Zwar sollte während der *"Roaring Twenties"* der *Yellow*-Journalismus in den *"Tabloids"* der Großstädte eine Renaissance erleben[231], doch die überwiegende Mehrheit der amerikanischen Zeitungen (*"mainstream newspapers"*) folgte den Tugenden, als deren Flaggschiff sich die "New York Times" verstand - Genauigkeit (*"accuracy"*), Objektivität

---

[224] Schudson, Discovering the news, S. 69.

[225] ebd.,S. 84.

[226] zit. nach Roshco, Newsmaking, S. 39.

[227] vgl. Schudson, Discovering the news, S. 98.

[228] Sandman et al., Media, S. 56, präzisiert: "The era of yellow journalism left a legacy of many characteristics still to be found in today`s newspapers: large headlines and pictures, Sunday comics, human-interest features, public-service crusades. It also left a tradition of stunts and sensationalism and still influences many editors...greatest effect: turned newspapering into a Big Business."

[229] zit. nach Schudson, Discovering the news, S. 107.

[230] Sandman et al., Media, S. 54.

[231] Die 1919 gegründete New York "Daily News" erreichte 1924 mit illustrierten Sex-and-Crime-News die höchste Auflage der USA. Auf Seite 1 bildete das Blatt erstmals eine Hinrichtung auf dem Elektrischen Stuhl ab.- Sandman et al., Media, S. 61.

("*objectivity*"), Verantwortungsbewußtsein ("*responsibility*") - [232] und druckte, außer im Lokalen, die per Fernschreiber frei Haus geschickten AP-Berichte.

Emil Dovifat und seine Studien in Amerika

Größere Zeitungsredaktionen müssen schon bald ähnlich strukturiert gewesen sein wie heute. Emil Dovifat faßte nach dreimonatigem Studienaufenthalt in den USA (März bis Mai 1926) die Organisation der führenden Blätter "New York Times", "New York World" und "Chicago Tribune" zusammen[233] und die Übereinstimmungen mit dem heutigen organisatorischen Grundgerüst der "Seattle Times" sind trotz der eingangs zitierten Unzulänglichkeiten der Arbeit Dovifats frappierend. Die Redaktionen waren schon damals für deutsche Maßstäbe riesengroß und stützten sich auf eine präzise Arbeits- und Aufgabenteilung mit einer Vielzahl von Spezialisten.

Sogar die Schwierigkeit, als deutschsprachiger Autor die vielen Titel zu übersetzen, ist geblieben. Denn etliche Positionen sind in unseren Redaktionen nach wie vor unbekannt. Anmerkung Dovifat: "Für die Bezeichnung der einzelnen Aufgabenkreise sind die amerikanischen Namen überall dort beibehalten worden, wo es in der Organisation der deutschen Presse eine der amerikanischen Aufgabenteilung entsprechende Aufgabenabgrenzung nicht gibt. Gelegentlich sind Übersetzungen versucht, die das Wesentliche der jeweiligen Aufgabe treffen sollen."[234]

Dovifat unterscheidet drei große Abteilungen: *Editorial Department* (Meinungsabteilung/Übersetzung Dovifat, d. Autor), *News Department* (Nachrichtenabteilung), *Business Department* (Verlag/Anzeigen/Vertrieb). Der *Business Manager* nimmt gleichberechtigt neben dem *Chief Editorial Writer* und dem *Managing News Editor* (Chef des Nachrichtenwesens) an der Redaktionskonferenz teil.[235] Das heißt: Zeitungsproduktion wird nicht als von den wirtschaftlichen Rahmenbedingungen gelöste journalistische Herausforderung verstanden, sondern die Redaktionsspitze muß sich ständig damit auseinandersetzen, wie sich das Produkt an Leser und Anzeigenkunden verkaufen läßt.

Mag sein, daß diese Verzahnung nie so recht funktionierte. Mag sein, daß die journalistische Seite zeitweise stärker war als Anzeigenabteilung und Vertrieb. Dovifats Einblicke in diesem Punkt sind spärlich. Fest steht: Seit Mitte der 1980er Jahre wird für amerikanische Zeitungsbetriebe die Konzentration aller Kräfte auf die optimale Plazierung des Mediums im Markt offen gefordert und mit aller Macht durchgesetzt, wie in den folgenden Kapiteln über den Redakteur als Manager und Marketing noch deutlicher werden wird. Diese Management-

---

[232] Sandman et al, Media, S. 61.

[233] Dovifat, Amerikanischer Journalismus, Anhang "Die Organisation der amerikanischen Tageszeitung", S. 257ff.

[234] ebd., S. 257.

[235] ebd., S. 259. Eine weitere Spezialisierung im Business Department fügt Dovifat der Vollständigkeit halber als Anmerkung hinzu: "In den meisten Betrieben ist der technische Aufgabenkreis wieder in einem eigenen Mechanical Department unter Leitung eines "Superintendent", der dem Business manager untersteht, zusammengefaßt".

Politik wirft, wenn auch in postmoderner Interpretation, den Stellenwert originär journalistischer Anliegen im Verlagsgefüge auf frühkapitalistische Verhältnisse zurück, wie sie Dovifat beschrieb. Und an amerikanischen Journalistenschulen wird, wie später erörtert, die Professionalisierung journalistischer Arbeit von Bemühungen um die Professionalisierung von Redaktionsmanagern übertönt.

Unverändert gilt, daß es in US-Zeitungen keinen allmächtigen, alleinverantwortlichen Chefredakteur gibt. Der *Managing News Editor* ("Chef des Nachrichtenwesens") kommt von seiner Bedeutung laut Dovifat dem deutschen Chefredakteur als "Zentrale Triebkraft aller Nachrichtensammlung" und "Mann, der die Zeitung `macht`"[236] zwar nahe, doch er hat keinen Zugriff auf das *Editorial Department*. In Deutschland hingegen sind Kommentare DIE Chefsache schlechthin und kein Chefredakteur würde sich die Kontrolle darüber nehmen lassen. In den USA, so Dovifat, verantwortet die Äußerungen der "Meinungsabteilung" ein eigener *Chief Editorial Writer*. Damit sind Nachricht und Meinung nicht nur im Blatt, sondern auch in der Redaktion formal sauber getrennt und das Streben nach Arbeits- und Aufgabenteilung hat in der Chefetage seine Fortsetzung gefunden. Jeder trägt Verantwortung für seinen Teilbereich, keiner für das ganze Produkt. Einem ganzheitlichen Managementansatz, in dem schlußendlich jedes Glied der Redaktion für das Ganze mitdenkt, ist diese Konzeption diametral entgegengesetzt.

Schon in Dovifats Liste stolpert man über die vielen Titel von Spezialisten. Im Organisationsentwurf der "Seattle Times" kommen, wie dargestellt, etliche neue Bezeichnungen sowie doppelt und dreifache Besetzungen von Stellen hinzu. Vor allem gibt es im Verhältnis zur Reporterzahl mehr "Bosse".

Beispiel Lokales (*City Desk*): Dovifat zählt einen *City Editor* (Lokalchef), einen *Assistant City Editor* (ACE), einen *Night City Editor* und "75 bis 200" Reporter, Lokalberichterstatter, *Copy Readers* und *Rewrite Men*.[237] Die "Seattle Times" beschäftigt im Lokalen 32 Reporter, über 30 *Copy Editors* - von denen ein Teil allerdings auch nationale und internationale Nachrichten verarbeitet - und gut ein Dutzend vorgesetzter Redakteure: Einen *City editor*, sechs *Assistant City Editors*, einen *Metro Editor*, drei Stadtteilbürochefs im Rang von *Assistant City Editors*, einen *Suburban Editor*, einen *Local News Editor*. *Copy Reader* und *Rewrite Men* sind zudem zu *Copy Editors*, also Reportern formal übergeordneten Redakteuren aufgewertet worden. Auf die fachliche Spezialisierung und zunehmende Professionalisierung der Reporter geht Dovifat in seiner Arbeit nicht näher ein. Doch gerade sie hat sich in den 1920er Jahren parallel zu PR-Aktivitäten weiter ausgeprägt.

Eliten wehren sich gegen Reporterneugier mit PR

Daß seit Entstehen der *"Penny Press"* plötzlich allerorten neugierige Reporter herumschnüffelten, löste eine Lawine von Verlautbarungen und offiziellen Terminen aus. Reporter wurden zu Interviews und Pressekonferenzen eingeladen. Roshco: *"By granting the press the privilege of an institutionalized access by such formal means as interviews and press conferences, American*

---

[236] Dovifat, Amerikanischer Journalismus, S. 257.

[237] ebd., S. 258.

society's higher strata came to terms with the intrusion upon their privacy pioneered by Bennett."[238] Ivy Lee, einer der ersten PR-Berater der Welt, führte 1906 die Idee mit einem legendären Beispiel vor. Lee empfahl der Pennsylvania Railroad Co. nach einem Zugunglück, Reporter auf Kosten der Firma zum Wrack zu fahren statt zu versuchen, die Meute fernzuhalten und den Unfall zu vertuschen. Erfolg: Während die New York Central eine böse Presse erntete, kamen Lee's Eisenbahnbosse vergleichsweise glimpflich davon.[239]

Reporter müssen ungeheuer hartnäckig, kritikfreudig und/oder ahnungslos gewesen sein. Denn der Bedarf nach Experten für das gute Bild in der Öffentlichkeit war enorm. Um 1919 tummelten sich allein in New York schätzungsweise 1200 Presseagenten.[240] Leitartikler wie Frank Cobb von der "New York World" klagten: *"How many there are now I do not pretend to know, but what I do know is that many of the direct channels to news have been closed and the information for the public is first filtered through publicity agents. The great corporations have them, the banks have them, the railroads have them, all the organizations of business and of social and political activity have them, and they are the media through which the news comes. Even statesmen have them."*[241]

1932 soll es in New York 5000 PR-Personen gegeben haben, mehr als Journalisten,[242] und der Politikwissenschaftler Peter Odegard schlug Alarm, 50 Prozent aller Zeitungsnachrichten hätten ihren Ursprung in PR-Quellen: *"Many reporters today are little more than intellectual mendicants who go from one publicity agent or press bureau to another seeking 'handouts'."*[243] Intellektuell stieß die PR-Flut jedoch nicht in ein Vakuum. Die "Professionalisierung" der amerikanischen Journalisten[244] war weit genug fortgeschritten, um sich zumindest auf der Ebene diffuser moralischer Grundsätze ihres Berufsstandes gegen jedwede äußere Einflußnahme zu stemmen - und damit über meßbare Fehlleistungen hinwegtäuschen zu können. 1904 hatte Joseph Pulitzer die *"Columbia School of Journalism"* gegründet. *"I wish to begin a movement that*

---

[238] Roshco, Newsmaking, S. 36.

[239] Schudson, Discovering the news, S. 134.

[240] vgl. ebd. S. 139.

[241] zit. nach ebd. S. 139.

[242] vgl. ebd. S. 137.

[243] zit. nach Schudson, Discovering the news, S. 144.

[244] Als ein wesentliches Element der Professionalisierung amerikanischer Journalisten gilt deutschen Beobachtern bis heute die Ausbildung an speziellen Schulen, vgl. Stephan Ruß-Mohl, I-Faktor, a.a.O., S. 123ff; Doch auch in den USA ist diese Professionalität im Verhältnis zu Ärzten oder Anwälten eher schwach ausgeprägt, zeigten David H. Weaver/Cleveland G. Wilhoit: The american journalist. Indiana Press 1985. Zitat, S. 143: "The professional culture of journalism remains quite weak compared to the more established professions of law and medicine." Zum Zeitpunkt dieser Untersuchung beschäftigten Kodifizierungsversuche in Prozessen um Überstundenzahlungen für Reporter US-Gerichte - mit widersprüchlichem Ergebnis. vgl. Clark Newsom: Reporters ruled 'professionals'. In: Presstime, Februar 1988, S. 66, sowie "Judge rules broadcast journalists are not 'professionals' under labor law". In: Presstime, Februar 1989, S. 58.

will raise journalism to the rank of a learned profession, growing in the respect of the community as other professions far less important to the public interest have grown", sagte er zur feierlichen Eröffnung 1913. *"We need a class feeling among journalists, one based not upon money, but upon morals, education and character."*[245]

Reporter als Experten für Lebenshilfe

Die größeren, finanzstärkeren Blätter beschäftigten fachlich spezialisierte Reporter mit *"expert knowledge"* in Bereichen, die den Alltag fast aller Menschen rasant veränderten. Die Tradition einer nicht primär politischen, sondern Service, Unterhaltung und Lebenshilfe liefernden Presse setzte sich in neuen, nicht räumlich, sondern fachlich definierten *Beats* für die Trendthemen Medizin, Chirurgie, öffentliche Sanitärvorsorge, Gesundheit, Motor, Arbeitswelt, Wissenschaft und Landwirtschaft fort.[246]

Zweiter Weltkrieg zementiert Objektivitätsanspruch - Elektronische Medien transportieren Aktualität

Die Diktaturen in Deutschland und Italien mit ihren Propaganda-Maschinerien und der nachfolgende Zweite Weltkrieg, in den die Amerikaner als Befreier eintraten, verliehen der Idee vom objektiven, amerikanischen Presse neue Leuchtkraft.[247] Zugleich erschütterte der Nachrichtenmißbrauch in Europa den naiven Glauben an rohe Fakten. Das Radio begann, den Bedarf an punktuellen Nachrichten (*"spot news"*) zu decken. Die oberflächliche Jagd nach Aktualität lohnte sich für die Zeitungen auch finanziell kaum noch. Extra-Blätter verschwanden. Hintergrundgeschichten, *"news behind the news"*, waren plötzlich gefragt.[248] Virtuos umsetzen konnte das kritisch nachfragende *"interpretative reporting"* der 30er Jahre jedoch nur eine Gruppe großstädtischer Star-Journalisten wie Walter Lippman in seiner politischen Kolumne *"Today and Tomorrow"* im "Herald Tribune". Für Lokalreporter weniger namhafter Zeitungstitel hieß *"interpretative reporting"* lediglich noch mehr Einzelheiten und Zitate zusammentragen, noch größere Sorgfalt walten lassen, noch mehr handwerkliche Mühe.[249]

Unter dem Leidensdruck der Weltwirtschaftskrise wurde 1933 die American Newspaper Guild gegründet, in der neben Druckern und Setzern auch festangestellte Journalisten erstmals organisiert ihre Rechte als Arbeitnehmer und Tarifverträge einforderten.[250] Doch die romantische Idee vom einzigartigen Engagement freier journalistischer Einzelkämpfer ließ sich hierdurch kaum ersetzen. Sie wirkt bis heute fort.

---

[245] zit. nach Schudson, Discovering the news, S. 152f.

[246] vgl.ebd., S. 145 u. 153.

[247] vgl. Roshco, Newsmaking, S. 44.

[248] Sandman et al., Media, S. 64.

[249] vgl. Schudson, Discovering the news, S. 150 f.

[250] ebd., S. 156.

5.8. Vietnam und Watergate: Reporter als Helden der Neuzeit

Zum 25jährigen Jubiläum des "Columbia Journalism Review" faßt dessen erster Chefredakteur, Pressehistoriker James Boylan, 1986 die Umwälzungen im "modernen" amerikanischen Journalismus nach dem zweiten Weltkrieg zusammen[251]. Gemeint ist die Entwicklung eines kritisch-emanzipatorischen Bewußtseins, ergänzend zu den überlieferten Regeln gründlicher Recherche, konträr zum traditionellen Objektivitätsdiktat, das Reporter stets auch zur persönlichen Unterwerfung verpflichtete. Da die meisten amerikanischen Journalisten, im Fallbeispiel "Seattle Times" das Gros der Reporter und Redakteure, vor diesem Hintergrund beruflich groß geworden sind und sich die nachfolgenden Kapitel vor allem über verstärkte Kontrollanstrengungen und Marketingorientierung im redaktionellen Management erst aus diesem Kontext erschließen, seien die maßgeblichen Ereignisse der Ära ausführlicher zitiert.

Die berühmte *Columbia School of Journalism* ist laut Boylan in den frühen 50er Jahren kein Hort der Aufmüpfigkeit, sondern Lehranstalt für folgsame Schreiber gewesen. Stur wurde den angehenden Journalisten das Handwerk eingetrichtert (*"terminology and practices of afternoon newspapers and wire services, news leads, feature leads, counting headlines, timing radio news"*), im Stil militärischem Drill nicht unähnlich, *"both in the insistence on unquestioning acceptance of authority and in the scorn for matters intellectual."*[252]

Boylan und seine Mitschüler (*"viewing it from the underside"*) empfanden Journalismus als perspektivlose Beschäftigung (*"dead in the water"*), ganz nützlich als Einstieg ins PR- oder Bankgeschäft, aber mehr auch nicht. Die frustrierendste Erfahrung tatsächlicher Ohnmacht und Bedeutungslosigkeit von Journalisten war die Leichtigkeit, mit der Kommunistenjäger Senator Joe McCarthy die Medien, allen voran das junge Fernsehen, als Vehikel des Kalten Krieges mißbrauchen konnte. Sein Trick: Er nutzte eines der Dogmen objektiver Berichterstattung, die man zum Beispiel an der renommierten *Columbia School* lehrte, wonach Zitate aus offiziellen Quellen stammen sollten (*"official quote"*) - je höher deren Status, desto besser - und fütterte das Washingtoner Korrespondentenkorps gezielt mit nach diesem Kriterium wertvollem Material. Erst nach gut vier Jahren, als Politik und Person mehr und mehr Rückhalt verloren, keimte ernsthaft Kritik. Zuvor hatte diese nur eine als "kommunistenfreundlich" verunglimpfte Presse unter Leitung der "Washington Post" zu veröffentlichen gewagt, während etwa die "New York Times" noch nach Ende der McCarthy-Zeit mehreren Mitarbeitern unter dem Druck einer amtlichen Untersuchung der New Yorker Presse auf kommunistische Unterwanderung kündigte.[253]

Doch gerade aus dieser sich selbst knebelnden, entmündigten Presse der 50er Jahre sollte die extrem potente und autoritätskritische Presse der 60er und frühen 70er Jahre hervorgehen mit dem Sturz eines Präsidenten durch zwei Reporter der "Washington Post" als bis heute unübertroffenem Höhepunkt.

---

[251] James Boylan: Declarations of independance. In: CJR, November/Dezember 1986, S. 29-45.

[252] ebd., S. 30.

[253] Boylan, Independance, S. 31.

Ein Teil der Akzentverlagerung in den Redaktionen, so Boylan, sei bedingt gewesen durch den Generationswechsel im Top-Management dreier Zeitungsgiganten mit Signalfunktion für das ganze Land. Der junge Erbe Otis Chandler übernahm 1960 die "Los Angeles Times". 1963 wurde Arthur Ochs Sulzberger IV. Herausgeber der "New York Times" und berief A.M. Rosenthal zum Lokalchef (*Metropolitan Editor*). Philip Graham, Verleger der "Washington Post", kaufte das Nachrichtenmagazin "Newsweek" und stellte Benjamin C. Bradlee an, den später seine Witwe Katharine Graham 1965 zum *Editor* der "Washington Post" ernannte.[254] Außerdem, und diese Trendwende kann garnicht hoch genug bewertet werden, wurde 1963 erstmals das Fernsehen zur wichtigsten Informationsquelle der Amerikaner.[255] Die Nachrichten- und Bilderflut aus den TV-Geräten drohte die gedruckte Tageszeitung journalistisch und damit über kurz oder lang auch wirtschaftlich zu verdrängen.[256] Der Radio-Schock der 30er Jahre war demgegenüber harmlos gewesen. Das Fernsehen entwickelte sich für die Konsumenten des Mediums zum *"way of life"*, für die Besitzer der Sender zur *"license to print money"* [257]. Freilich waren die Zeitungsverlage, die nun in Endzeitstimmung verfielen, durch zwei Jahrzehnte überdurchschnittlichen Wachstums verwöhnt.[258]

Der unaufhaltsame Vormarsch des Fernsehens mußte die jungen Verleger, die um die Zukunft ihrer Unternehmen fürchteten, zu Aktionen zwingen. Zuvor, meint Boylan, wären Themenauswahl und Schreibstil durch *Editors* und *Copy Editors* geprägt gewesen, vor allem bei der "New York Times", wo der einzelne Reporter als Autor wegen des Grundsatzes unbedingter Objektivität wenig Entfaltungsmöglichkeiten hatte. Aber gerade dort setzten sich die neuen Ansätze am deutlichsten durch. Der Schwerpunkt verlagerte sich vom *Editing* aufs *Reporting*. Reporter durften sich als die eigentlichen Profis im Journalismus, die *"true professionals"* betrachten. *"Pro"* zu sein, hieß nicht länger als *"good soldier"* zu dienen; *"it meant allegiance to standards considered superior to those of the organization and its parochial limitations."* [259] Politische und soziale Turbulenzen trieben die "Herrschaft der Reporter"[260] weiter voran. Das Selbstbewußtsein der Berichterstatter vor allem gegenüber der Politik wuchs.

---

[254] Boylan, Independance, S.31.

[255] vgl. Schudson, Discovering the news, S. 182.

[256] vgl. Sandman et al., Media, S. 67.

[257] ebd., S. 70.

[258] Jon G. Udell, langjähriger Berater der ANPA, resümiert 1965: "The growth of newspapers has exceeded the growth of the economy. Expenditures on newspaper advertising have grown faster than the Gross National Product, newspaper employment has expanded three and one-half times as fast as all manufacturing employment, newsprint consumption has increased more rapidly than Real Gross National Product and circulation has advanced as fast as population betwen the ages of 21 and 65." zit. aus: Jon G. Udell: The growth of the american daily newspaper. Wisconsin project reports, Madison 1965, Vol. III., No. 1, S. 13.

[259] vgl. Boylan, Independance, S. 32./Vermutlich versprachen sich die Verleger von dieser Haltung auch wirtschaftlichen Erfolg. Schließlich konnten sie durch umfassende, engagierte Enthüllungsgeschichten den oberflächlichen Nachrichten im Fernsehen paroli bieten.

[260] Boylan schreibt die Prognose der "reportocracy" Melvin J. Lasky, Editor des Encounter Magazine, zu.

Als 1960 der Pilot eines amerikanischen Düsenjägers in der Sowjetunion als Spion verhaftet wurde, hielt die Presse nicht still, sondern kreidete die U-2-Affäre dem Pentagon als Fehler an. Schon vor der Affäre um sowjetische Angriffsraketen auf Kuba führten Reporter vor, daß sich auch geheime Regierungspläne durchaus ohne die in den 50er Jahren befürchteten Sanktionen hervorzurufen, veröffentlichen ließen. Als Präsident John F. Kennedy nachträglich den Chefredakteuren der übervorsichtigen "New York Times" verriet, er an ihrer Stelle hätte die Geschichte in allen Einzelheiten gedruckt,[261] erwiderte Chefredakteur E. Clifton Daniel kämpferisch, er räume zwar ein, daß sein Blatt aus Rücksicht auf die vom Weißen Haus definierten nationalen Sicherheitsinteressen nicht alles veröffentlicht habe, was es hätte veröffentlichen können, doch so bereitwillig würde sich die Redaktion nicht noch einmal der Selbstzensur fügen.[262]

Dann spitze sich der Vietnam-Krieg zu. Bis 1961, erinnert Boylan, sei Kritisches hierüber kaum verlautet. Mit einer schlichten Personalentscheidung sollte sich das ändern. Die "New York Times" schickte ihren zweimal mit dem Pulitzer-Preis dekorierten Kriegsreporter Homer Bigart nach Saigon und der damals 55jährige, so Boylan, "haßte Krieg so flammend wie Heuchelei." Bigart wurde, obwohl nur ein Jahr vor Ort, zum legendären Mentor der jungen Korrespondenten, lehrte Mißtrauen gegenüber den offiziellen Verlautbarungen und Fakten, die der Reporter nicht selber verifizieren konnte. Sein Schüler und Nachfolger David Halberstam unterstrich später, wie sehr sich diese skeptische Grundhaltung auch gegen das eigene Haus und alle größeren Institutionen wandte: *"To be with him was to have one's own doubts about management confirmed... Bigart's sense of institutions, what they did to good men, was very good, and far ahead of the times."*[263]

Im Oktober 1963 forderte Halberstams Engagement die Intervention des Präsidenten John F. Kennedy heraus. Bei einem Treffen im Weißen Haus fragte er den neuen Verleger der "New York Times", Arthur Ochs Sulzberger, ob Halberstam nicht möglicherweise reif sei für eine neue Aufgabe, weil er *"too close to the story, too involved"* sei.[264] Doch Sulzberger ging nicht weiter darauf ein, antwortete nur, er könne diese Einschätzung nicht teilen. Seine Reaktion verdeutlicht den Klimaumschwung im Verhältnis zwischen Reportern und Politik. Auf einen ähnlich "dezenten" Wink gegenüber Sulzberger's Vater war 1954 Korrespondent Sydney Gruson kurz vor dem CIA-Coup aus Guatemala zurückgezogen worden.[265]

Vietnam revolutionierte zuerst das Selbstverständnis der amerikanischen Kriegsberichterstatter. *"The job of the reporters in Vietnam was to report the news, whether or not the news was good for America"*, so Halberstam. Die stumme Übereinkunft, Berichte müßten zur vorgefertigten Meinung der

---

[261] vgl. Boylan, Independance, S. 32.

[262] ebd., S. 33.

[263] ebd..

[264] Boylan, Independance, S.33. Neben diesem Zitat merkt der Autor in Klammern an: "JFK used journalists' jargon deftly".

[265] ebd..

Verleger passen, wurde von Reportern immer mutiger verworfen. [266] Auch an der Heimatfront.

Im April 1965 entfachte das Sonntagsblatt der "New York Herald Tribune" mit zwei bizarren Artikeln, in denen Tom Wolfe, Doktor der Amerikanistik, das angesehene Magazin "New Yorker" der Lächerlichkeit preisgab, einen Skandal. Wolfe vermengte nach Meinung seiner Kritiker *"the factual authority of journalism and the atmospheric license of fiction"* zu einem unlauteren *"Parajournalismus"*. [267] Unter dem Begriff *"New Journalism"* prägte Wolfe das literarisch-feuilletonistisch orientierte Pendant zur revolutionär-politischen Vietnam-Berichterstattung. Die Reporter-Literaten setzten sich erklärt subjektiv vor allem mit sozial benachteiligten Jugend- und Subkulturen auseinander. *"For much of the managerial side of journalism, however, the individuality this suggested was a distinctly unwelcome trend, suggesting as it did lack of control, lack of reliability, and youth"*, charakterisiert Boylan das Unbehagen gegenüber der neuen Richtung. Aber sie fand ihr Publikum, verkaufte sich gut und hatte schon aus diesem Grund eine Existenzberechtigung.

Reporter, ob stärker politisch oder literarisch engagiert spielt eigentlich kaum eine Rolle, spürten persönliche Stärke. Bereits totgesagte Journalistenschulen meldeten erhöhte Studentenzahlen. Walter Lippmann, der vier Jahrzehnte lang die Objektivität der Presse anmahnte, forderte jetzt mehr Unabhängigkeit für den einzelnen Journalisten. Am 27. Mai 1965 verkündete er unter starkem Beifall in einer Rede vor dem International Press Institute in London, daß Journalismus jetzt endlich ein Beruf (*"profession"*) und eine geistige Tätigkeit (*"intellectual discipline"*) sei.[268]

In den späten 60er und frühen 70er Jahre, *"an era of anti-organizational discontents,"*[269] stellte die Demokratie-Bewegung die verkrusteten Strukturen der Redaktionen infrage. Journalisten unterzeichneten Anzeigen gegen den Vietnam-Krieg, trugen *Buttons* und Armbänder, gingen zu Demonstrationen, *"violating the organizational taboo against politics."*[270] Ex-Reporter Gay Talese stieß ein Heiligtum vom Sockel, indem er 1966 bis 1969 in "Esquire" und "Harper`s Magazine" die "New York Times" als *"fact factory"* mit frustrierten Angestellten charakterisierte, *"where the workers realize the too-apparent truth: they are replaceable"*[271]. 1971, als Talese seine zweieinhalbjährigen Recherchen im Bestseller *"The kingdom and the power"* zusammenfaßte,[272] gründete eine New Yorker Gruppe die Zeitschrift "More" als Sprachrohr der *"Reporter Power"*-Bewegung und radikales Gegenstück zu den Journalism

---

[266] Boylan, Independance, S. 34.

[267] Dwight MacDonald im "New York Review of Books", zit. nach Boylan, Independance, S. 34.

[268] Boylan, S. 34.

[269] ebd., S. 37.

[270] ebd., S. 38.

[271] zit. nach Boylan, S. 37.

[272] Gay Talese: The kingdom and the power. The story of the men who influence the institution that influences the world. London 1971.

Reviews von Columbia (gegr. 1961) und Chicago (gegr. 1968).[273] Die A.J. Liebling-Counter-Convention, zu der "More"-Magazin 1972 parallel zur Frühjahrsversammlung des amerikanischen Zeitungsverlegerverbandes eingeladen hatte, geriet zum Triumph. *"Journalists must be as free from censorship and arbitrary interference by management as management is free from censorship and interference by government"*, forderten die 3000 Teilnehmer im Schlußkommuniqué.[274]

Parallel hierzu kratzte der Protest gegen die berufliche Benachteiligung von Frauen und Schwarzen an traditionellen Machtstrukturen. Die Kerner-Kommission deckte 1968 die Diskriminierung von Schwarzen als de facto so schlimm wie in den 50er Jahren auf. Die Frauenbewegung konnte nachweisen, daß Frauen im Journalismus wie in allen anderen Berufsfeldern zwar beschäftigt wurden, aber trotz gleicher Leistung weniger verdienten als ihre männlichen weißen Kollegen, seltener in Führungspositionen aufrückten, und selbst wenn sie sich aus dem *"pink-collar"*-Ghetto der Frauenseiten befreiten, kamen sie kaum über *"soft-news"* hinaus. Der "*Equal Employment Opportunity Act*" schuf 1972 eine Rechtsgrundlage für Musterprozesse gegen "Newsweek", "Time", AP, "New York Times", die TV-Station NBC und "Reader`s Digest", die zumindest Zeichen setzten.[275]

In der Tradition des *Muckraking*-Journalismus stellten größere Zeitungen Berichterstatter für *Enterprise*- und *Investigative-Reporting* ein. Diese Spezialisten für umfassende, kritische Enthüllungsrecherchen bildeten die neue Elite des amerikanischen Journalismus. 1967 berief AP ein Reporter-Team für schwierige Sonderaufträge (*"special assignment"*).[276] Nach *Civil Rights*- und *Black Power*-Bewegung, Studentenunruhen, Friedensaktionen und Drogenkultur richtete sich deren Hauptaugenmerk auf undemokratisches Gebaren der Regierungs- und Präsidialbürokratie. Das Feld war bereitet für Watergate, den dramatischen Höhepunkt der radikal kritischen Reporterkultur.[277] Boylan: *"This was truly the work of journalism as a Fourth Branch, devoted less to reporting on society as a whole than on the misdeeds of the Executive."* [278] Zwei Jahre nach dem Einstieg der "Washington Post" in die Geschichte erklärte US-Präsident Richard Nixon im August 1974 seinen Rücktritt. Die Journalisten-Schulen verzeichneten noch einmal einen Schub von Neuanmeldungen.

---

[273] vgl. Boylan, Independance, S. 38.

[274] zit. nach Boylan, S. 39.

[275] vgl. ebd..

[276] vgl. Schudson, Discovering the news, S. 187 f.

[277] Zum "Knüller" entwickelte sich die Geschichte erst nach langwierigen Recherchen. Als am 17. Juni 1972, einem Samstag, der City Editor der Washington Post den seit neun Monaten für ihn arbeitenden Reporter Bob Woodward um neun Uhr morgens aus dem Bett schellte, war die spätere Bedeutung des Vorfalls niemandem bewußt. "Ein Einbruch im örtlichen Hauptquartier der Demokraten: Das unterschied sich kaum von dem, was er bisher gemacht hatte - Recherchen über unhygienische Restaurants und kleine Korruptionsaffären bei der Polizei. Woodward hatte gehofft, derlei hinter sich zu haben." zit. aus: Carl Bernstein/Bob Woodward: Die Watergate-Affäre. München/Zürich 1974, S. 17.

[278] Boylan, Independance, S. 40.

Doch in der öffentlichen Meinung und den Chefetagen der Zeitungen war die Solidarität mit dieser Art Engagement unaufhaltsam gebröckelt. Viele fürchteten, Journalisten seien außer Kontrolle geraten, hätten sich entfremdet von allgemeingültigen gesellschaftlichen Zielen und eine eigene umstürzlerische Klasse gebildet. Konservative Kritiker malten in Zeitschriftenartikeln das Schreckgespenst eines Polit-Journalismus, der sich vom Grundsatz der Objektivität verabschiedet hatte.[279] Obwohl sich mit dessen Nachrichtenregeln, wie Senator McCarthy in den 50er Jahren gezeigt hatte, sehr viel kontrollierter Meinungen produzieren ließen. Verleger und Verlagsmanager machten sich, angeführt von Katharine Graham, Besitzerin der "Washington Post", die Unzufriedenheit der Leser und Anzeigenkunden zu eigen und nutzten "saubere" PR-Techniken, um den Eifer ihrer Reporter zu kühlen. Boylan: *"Inevitably, these measures took the form of controlling, or seeming to control, the activities of employees."*[280] Ein National News Council, schon 1947 vorgeschlagen von der Hutchins Kommission als Selbstkontrollorgan nach britischem Muster und Beschwerdeinstanz ähnlich dem Deutschen Presserat, wurde im November 1972 aktiv, genoß jedoch von Anfang an wenig Rückhalt, weil Marktgiganten wie "Time" und "New York Times" die Zusammenarbeit verweigerten. Deren Verleger fürchteten, die Institution würde der Regierung neue Kontrollmöglichkeiten eröffnen.[281]

Drei maßgebliche amerikanische Journalisten-Verbände, die traditionell als managementfreundlicher gelten - American Society of Newspaper Editors, Associated Press Managing Editors, Sigma Delta Chi/Society of Professional Journalists - schrieben zwischen 1973 und 1975 ihre Kodices neu, *"each implicitly condemning misbehavior by individual journalists, but offering not a word on individual journalists` rights, inside the organization or out"*, resümiert Boylan: *"In that light, the reporter-power movement began to look less like a revolution than a last stand against bureaucratization."*[282] Das Magazin "More" vermeldete 1975 resigniert, die Mehrzahl der Journalisten *"accept management control as a given."*[283] Chris Argyris, Harvard-Professor für *Organizational Behaviour*, zeigte mit einer weiteren Untersuchung der "New York Times", 1974 als Buch veröffentlicht, daß der Bewußtseinsfortschritt in den Redaktionen wirkungslos geblieben war. Die jungen Führer der *"Reporter Power"*-Bewegung, ermittelte Argyris, verhielten sich, sofern sie mächtigere Positionen erreichten, ebenso autoritär, nur auf persönlichen Erfolg und Vorteil fixiert wie die "Bosse", die sie attackierten.[284]

---

[279] Boylan, Independance, S. 41.

[280] ebd., S. 42.

[281] Einen Überblick über die geringen Einflußmöglichkeiten staatlicher Stellen auf die Arbeit amerikanischer Journalisten bieten Hermann Boventer/Werner Salomon: "Wer wacht über die Wächter? Amerikanische Journalisten üben Selbstkontrolle". In: Medien-Kritik Nr. 45 v. 5. November 1990, S. 8f. Zitat: "Fairneß und Objektivitätswille kommen letzten Endes aus individualethischen Beweggründen. Dieses amerikanische `Vorurteil` steht allen Kollektivregelungen entgegen."

[282] Boylan, Independance, S. 42.

[283] zit. nach Boylan, ebd..

[284] Chris Argyris: Behind the front page. Organizational self-renewal in a metropolitan newspaper. San Francisco 1974.

Der Skandal um "Washington Post"-Reporterin Janet Cooke, die mit gefälschtem Lebenslauf und einer in großen Teilen erfundenen Geschichte am 13. April 1981 den Pulitzer-Preis errang und nach zwei Tagen wegen Betruges wieder zurückgeben mußte, war Wasser auf die Mühlen derer, die schon immer zu wissen glaubten, daß Reportern zuviel Freiheit nicht gut bekommt. In einer Umfrage der American Society of Newspaper Editors 1982 meinten 30 Prozent der Interviewten, sie hätten nach diesem Fauxpas bei der "Washington Post" die Kontrolle ihrer Reporter verschärft, vor allem wenn sie aus anonymen Quellen zitierten.[285]

Der aus journalistischer Professionalität begründete Qualitätsanspruch, der in den ersten drei Jahrzehnten nach dem Zweiten Weltkrieg viele Reporter ermunterte, sich gegen jedwede Einflußnahme auch innerhalb der Redaktionen und von Verlagsseite zu stemmen, ist in den 1980er Jahren von den Marketingstrategen im Management als Produktionsziel vereinnahmt worden und dient seither nicht als Garant für die Freiheit des einzelnen Journalisten in seiner Berufsausübung, sondern zur Rechtfertigung genauerer, interner Kontrollen.[286]

"News is simply a consumer product of certifiable quality", resümiert Boylan. Die Redaktion habe sich von einem nahezu rechts- und regelfreien Raum, in dem ein einzelner Boß mehr oder weniger willkürlich und autokratisch herrschte, zu einer reifen Bürokratie gewandelt, mit weniger offensichtlichen und vielschichtigeren Kontrollen, die die Stabilität der Institution aber ebenso wirkungsvoll stützen wie die willkürlichen Machtworte eines diktatorischen *City Editors* früherer Tage.[287] Zwei von drei amerikanischen Tageszeitungen sind Eigentum einer größeren Kette, *"itself a bureaucracy in a society in which bureaucracies are the major institutions."*[288]

5.9. Der Redakteur als Manager

Der Redakteur, über dessen Rolle seit fast einem Jahrhundert, außer dem Klischee vom Feldmarschall-Lokalchef oder arroganten *Gatekeeper* wenig verlautete, rückt mit dem Umbruch Mitte der 1980er Jahre in den Mittelpunkt akademischer und praktischer Aufmerksamkeit.[289]

---

[285] Daß häufig nicht Verschleierungsabsicht der Reporter, sondern angesichts der in Bergen bürokratischen Materials versteckten Partikel brisanter Information vor allem Zeitnot hinter der Nutzung anonymer Quellen steckt, ermittelte David Johnston: The anonymous source syndrome. In: CJR, November/Dezember 1987, S. 54.57.

[286] vgl. Boylan, a.a.O., S. 43.

[287] ebd., S. 44. Allerdings, schränkt Boylan ein, daß auch in USA viele kleinere Zeitungen nach wie vor auf dem Niveau der 50er Jahre operieren, mit minimalem Lohn für maximalen Einsatz.

[288] ebd., S. 45.

[289] vgl. u.a. William C. Sniffin: The readership problem is one for the editors to solve. In: Presstime, Februar 1988, S. 24f. Zitat: "Perhaps as rarely before in the history of our industry, the editor has become, by far, the most important person in the newspaper organization. This period may become known as the era of the editor." Dito: "Members again say circulation/readership should be top ANPA priority" In: Presstime, Oktober 1988, S. 86f.

Redakteure (*Editors*) als Manager zu betrachten, ihrer primär journalistischen Orientierung möglichst schon zu Beginn der Ausbildung qua Definition zu entziehen und als Schnittstelle zwischen Produktion und Steuerung in die Verkaufsanstrengungen von Anzeigenabteilung und Vertrieb aufgrund präziser Marketing-Studien einzubeziehen, ist der dominierende Trend der 1980er und frühen 1990er Jahre. Alles drängt in diese Richtung. Das redaktionelle Management der "Seattle Times", dessen Strukturmerkmale in den folgenden Kapiteln aufgefächert dargestellt werden sollen, ist ein Beispiel hierfür.

Flut von Lehrbüchern und Seminaren

Sichtbarste Zeichen der Umorientierung US-weit ist eine Flut von Lehrbüchern und Ausbildungsprogrammen für angehende Manager-Redakteure, die den Markt überschwemmen. Ein Drittel der Schulen und Universitäten, an denen Journalistik gelehrt wird, doppelt soviele wie 1982, bietet 1988 mindestens einen Kurs in *"Media Management"* an. 50 bis 60 weitere Institute planen Veranstaltungen zu *"How to set your budget", "Developing a five-year-plan", "Managing by objectives"* und *"Strategies and tactics"*.[290] Das Lehrmaterial hat sich binnen fünf Jahren verdreifacht. Es gibt sechs umfangreiche Standardtextbücher mit Titeln wie *"Surviving in the newspaper business"* und *"Managing media organizations"*. Die High-Tech-Alternative ist Computer-Software, mit der Journalisten anhand praxisnaher Fallbeispiele unterschiedliche Lösungen für ein Managementproblem durchspielen können. Die Klassen für *"Media Management"* sind allesamt überfüllt.[291]

Als Meilenstein der *"growing awareness that management tools are available to help editors supervise their staffs"* gilt das *"Newsroom management handbook"* der American Society of Newspaper Editors (ASNE) von 1985, Grundlage für Fortbildungsworkshops über *"Leadership in the newsroom."*[292] Zentrale Forderung: *"Editors need training in organizational skills, decision-making, time-management, motivation."*[293] Norman E. Isaacs, *"reigning working-stiff editor and non-stop-preacher of tougher editing for the past 50 years"*[294], sieht sich nach zwei Jahrzehnten Reporter-*Power* in seiner These vom starken *Editor* als einzig funktionierendem Weg zu journalistischem Erfolg bestätigt. Allerdings soll dieser dem modernen Ideal zufolge nicht autokratisch herrschen, sondern Mitarbeiter überzeugen, motivieren und die Nachrichtenproduktion "intelligent" lenken, also mit betriebswirtschaftlichem *Know-how* und im Einklang mit verkaufspolitischen Zielen, als Manager von Personal und Organisation.

Die alltägliche Erfahrung, daß nicht jeder gute Reporter oder *Copy Editor* auch als Redakteur glänzt, wird nicht länger als Schicksal hingenommen. Eine Checkliste *"How to identify potential leaders"* verspricht dem orientierungslosen

---

[290] Mary A. Anderson: Teaching media management. In: Presstime, September 1988, S. 34.

[291] ebd. S. 36 f.

[292] Mark Ingham: Managing the newsroom. In: Presstime, Februar 1987, S. 28f.

[293] Carl S. Stepp: What editors do all day. In: The Quill, Februar 1985, S. 27ff.

[294] Thomas Winship: A media maven's manifesto about untended gates: The mismanaged press by Norman E. Isaacs. In: WJR, April 1986, S. 54.

Management der Redaktionen Hilfe gegen die *"horrendous failure rate"* bei Beförderungen[295] Nachwuchsredakteuren *"should be taught more than just editing copy. They should also learn how to prepare news and financial budgets, shape stories by talking to reporters, master the diplomatic skills needed to deal with prima donnas, and manuever through office politics"*[296], rät ein Experte vom Poynter Institute für Media Studies in St. Petersburg/Florida. Die in diesem Leistungskatalog implizierte professionelle Umerziehung, weg von einer primär journalistischen Orientierung mit ihren in USA scheinbar unerschöpflichen Reserven zur Eigenmotivation, wird im Unterschied zum erwachenden Problembewußtsein der Kommunikationsforschung [297] in der Leitfadenliteratur für Redaktions- und Verlagsmanager, die in der Praxis die weichenstellenden Entscheidungen treffen, so gut wie nie erwähnt. Geschweige denn, daß deren Autoren auf mögliche Langfristfolgen wie Nachwuchsmangel und Verteuerung des journalistischen Personals eingehen.[298]

"Circulation must be a philosophy, not a department"

Tatsächlich sollen alle Verlagsmitarbeiter, gleich in welchem Job und in welcher Abteilung tätig, mit vereinten Kräften unter Einsatz ihrer jeweiligen Spezialkenntnisse dafür sorgen, daß sich die Zeitung möglichst gut verkauft, wobei regelmäßige Untersuchungen über Leser- und Anzeigenmarkt, wie später im Kapitel Marketing ausführlich dargestellt werden wird, den

---

[295] J. Taylor Buckley, Senior Editor "USA Today" and Director of News staff training for Gannett Co. Newspapers, zit. nach Sara M. Brown: The selection and development of first-level editors. In: Presstime, März 1988, S. 18.

[296] zit. nach Sara M. Brown, ebd., S. 21.

[297] Schon die erste umfassende Bestandsaufnahme über Journalisten in Amerika Mitte der 70er Jahre warnte vor den Gefahren, die von der Aushöhlung primär professioneller Orientierung durch Kontrolle und Bürokratie auf den Arbeitsmarkt zukommen. Johnstone et al.: The news people, a.a.O., S. 181ff. Zitat: "To hold the most promising recruits, many American news organizations may soon find it necessary to reassess how they control newswork, and eventually to vest greater editorial autonomy with those who do news gathering, news writing, and news reporting." Daß Journalisten mit primär professioneller Orientierung höheren Qualitätsansprüchen genügen, ermittelte Danny L. Lattimore: Professionalism and performance: An investigation of Colorado daily newspapers. Ph.D. University of Wisconsin 1972; Je besser die formale Ausbildung, desto höher die Wahrscheinlichkeit primär professioneller Orientierung, zu diesem Schluß kommen nach Zweitauswertung der Johnstone-Daten Lee B. Becker et al: Reporters and their professional and organizational commitments. In: Journalism Quarterly, Winter 1979, S. 753-763/770. Und, je höher die selbsteingeschätzte Professionalität, desto lockerer muß der organisatorische Rahmen sein, zeigt Lee Sigelman: Reporting the news: An organizational analysis. In: American Journal of Sociology (1973), S. 132-151.

[298] Auf Kongressen bringen Redner den sich abzeichnenden Wandel in der soziodemographischen Zusammensetzung amerikanischer Zeitungsredaktionen ("more women, more minorities, more older workers, fewer high-potential young employees") bisweilen als Anhängsel ihrer Plädoyers für leistungsbezogene Bezahlung in Redaktionen zur Sprache.- vgl. "Newspapers face major labor challenges in future". In: Presstime, Mai 1989, S. 53; Clark Newsom: The changing face of the newspaper workforce. In: Presstime, März 1987, S. 26-34; Daß mehr Angehörige nicht-weißer Gruppen in den Journalismus gehen, wird allerdings aus Marketinggründen z.T. ausdrücklich begrüßt.- "Report stresses business reasons to hire minorities". In: Presstime, Mai 1989, S. 72. Zitat: "Counteract decrease in the number of traditional readers by focussing on the minority population segments in their communites, growing five times faster than the rest of the population."

publizistischen Kurs bestimmen. Vielzitierter Spruch von Carleton F. Rosenburgh, Vize-Präsident Circulation im Gannett-Konzern und 1988/89 Präsident der International Circulation Managers Association: *"Circulation must be a philosophy, not a department."*[299]

"Historically, editors have tended to embrace the news side of their role and downplay their role as manager", resümiert Sara M. Brown, früher Ausbildungsredakteurin (*"Training and Development Manager"*) der "Los Angeles Times", jetzt Chefin einer Unternehmensberatung. *"Many editors bristle when called manager. They believe that to be a manager is to be associated with "corporate", and that this association is somehow at odds with their journalistic mission. New editors are often confused about their loyalities and get caught in an "us against them" struggle, where "them" is management."*[300]

Virgil Fasso, Herausgeber des "Seattle Post-Intelligencer", präzisiert: *"The key involvement has to be between editorial and circulation."*[301]

Vier an Auflage verlierende US-Tageszeitungen, darunter die Knight-Ridder-Blätter "Philadelphia Inquirer" und "Philadelphia Daily News", sind seit 1984 dazu übergegangen, Redaktion und Vertrieb in der Chefredaktion zu verschmelzen.[302] Eine Personalunion, die Mike Fancher für die "Seattle Times" ebenfalls anstrebt. Praktisch folgte aus dieser Reform in Philadelphia, daß Redakteure und Vertriebsmanager regelmäßig diskutierten, wie sich alte Abonnenten halten und neue Stammleser gewinnen ließen. In "Decatur Herald and Review" (etwa 45 300 Auflage) und "The Billings Gazette" (etwa 57 620 Auflage) nahm ein Vertriebsmitarbeiter zudem täglich an der Redaktionskonferenz teil. Routinemäßig befragt, welche Geschichte aufgrund seiner Daten für die Leser in einem Gebiet X am Tag Y am interessantesten sei, wurden die Nachrichtenschürzen der Verkaufsstände gestaltet.[303] Alle vier Experimente sind letztlich gescheitert, weil die Ämterhäufung den Chefredakteur überlastete.[304] Doch die möglichst enge Verzahnung redaktioneller Entscheidungsprozesse mit Marketingzielen durch Umgestaltung redaktionellen Managements zu einer mit Anzeigenverkauf und Vertrieb gleichrangigen und in ständigem Einvernehmen gestalteten Führungsaufgabe dauert an.

So berichtet Robert M. Shull, Vertriebsleiter beim "The State" in Columbia, South Carolina, er würde wegen der zunehmenden Zahl auf der Straße verkaufter Zeitungen massiv auf Seite 1 einwirken. Wenn es dort eine Geschichte gäbe, die seiner Meinung nach oder der letzten Marketingstudie zufolge für viele *"single-copy*

---

[299] zit. nach Rolf Rykken: Executives stress importance of integrating all departments in circulation efforts. In: Presstime, August 1989, S. 48.

[300] Sara M. Brown, ebd., S. 19.

[301] zit. nach Rolf Rykken, ebd., S. 48.

[302] vgl. Gene Goltz: A twist to the usual organization chart. In: Presstime, Mai 1987, S. 50.

[303] ebd., S. 51.

[304] vgl. Gene Goltz: The workforce reorganization. In: Presstime, September 1989, S. 21.

buyers" interessant sei, *"we`d rather have them (editors) put it above the fold."*[305] Mögen sich traditionell journalistisch geprägte Redakteure und Reporter vor allem der kritischen Watergate-Schule auch massiv an derlei Einmischung stoßen. An der Spitze, meint Ellis Cose, ehemaliger Direktor des Institutes for Journalism and Education, sei die Botschaft so gut wie verstanden. Die praktische Umorientierung ist für ihn in erster Linie ein Generationsproblem.

"The next generation of executives - the MBA babies - is comfortable with financial management and marketing strategies. In the 1990s newsrooms will be more objective (sic !) about what it means when the barriers between the business side and news side of a newspaper begin to crumble." [306]

Im Top-Management der "Seattle Times" ist dieser Generationswechsel bereits vollzogen. Sowohl der 47jährige Präsident der Seattle Times Co., H. Mason Sizemore, [307] als auch der 43jährige Chefredakteur Mike Fancher haben in den frühen 1980er Jahren zusätzlich zu ihren Journalistik-Diplomen Magisterprüfungen in *Business Administration* abgelegt und wenden ihr frisch erworbenes Managementwissen in der Gestaltung von Organisationsaufbau und Produktionsverfahren der "Seattle Times" konsequent an. Die Ähnlichkeit ihrer Biografien dürfte die aus Gründen der Wirtschaftlichkeit geforderte Verschmelzung journalistischer und kaufmännischer Belange informell stützen. Andere Zeitungshäuser müssen aufwendige Integrationsexperimente starten, um diese Annäherung zu fördern.

So hat der Verleger des "Sun Herald" in Biloxi, Mississippi, im Juni 1989 ein *"Total Newspaper Training Program"*, kurz TNT, für seine 150 Angestellten lanciert, um Barrieren zwischen kaufmännischer und journalistischer Orientierung auf unterer Ebene einzureißen. In der dritten Woche des Monats werden je fünf ausgewählte Angestellte für je einen Tag zwecks Kennenlernen in eine der fünf Abteilungen des Verlages geschickt; montags lernen sie das Anzeigengeschäft kennen, dienstags die Redaktion, mittwochs die Finanzen, donnerstags den Vertrieb, freitags Produktion und Technik. Meßbare Erfolge klingen eher niedlich, zum Beispiel wurde eine Fußmatte in die Lobby gelegt, weil TNT-Teilnehmer dort bei Regen ausrutschten,[308] doch dürften zwangsläufig zwischenmenschliche Kontakte über Abteilungsgrenzen hinweg entstanden sein, die pauschale Feindseligkeiten entschärfen. Zudem scheint die Idee, gegen einen profitgefährdenden Mißstand nach gezielter Ursachenforschung ein Programm mit klaren Handlungsanweisungen zu starten, charakteristisch für redaktionelles Management in amerikanischen Zeitungsbetrieben, die sich als modern verstehen und in ihren Redaktionen US-weit durchschnittlich 30 Prozent mehr Personal als gut zehn Jahre vor Beginn dieser Untersuchung koordinieren müssen.[309]

---

[305] Goltz, Workforce, S. 21.

[306] zit. nach Sara M. Brown, Selection of first-level-editors, S. 19.

[307] vgl. Gene Goltz: Career strategies. In: Presstime, Mai 1988, S. 12.

[308] ebd., S. 20.

[309] vgl. Goltz, Workforce, S. 21.

Wichtigste Träger redaktionellen Managements im amerikanischen Zeitungsbetrieb sind die Redakteure. Ihre Umbenennung zeigt, in welche Richtung der organisatorische Wandel strebt. Das Etikett Manager soll *Editors* aller Hierarchiestufen qua Definition zur Solidarität mit dem unternehmerischen Ziel der Profitmaximierung respektive -sicherung verpflichten. Und wo das meiste Geld im Leser- und Anzeigenmarkt abzuschöpfen ist, geben Marketing-Studien vor.

So bleibt Redakteuren noch weniger Raum für persönlich als autonom empfundene Tätigkeiten und Entscheidungen, die gewertet werden als elementare Bestandteile journalistischer Professionalität. Vermutlich wird deshalb materielle Unzufriedenheit speziell von den lokalen ACEs der "Seattle Times" so deutlich artikuliert.

Nicht nur die Äußerungen der Befragten im Fallbeispiel deuten freilich darauf hin, daß der Schwerpunkt der *Editor*-Aufgaben in Redaktionen von der Größe der "Seattle Times" praktisch längst von journalistischen Tätigkeiten auf Managementfunktionen verlagert ist. Nur tritt diese Umorientierung mit ihrer formalen Kodifizierung Mitte der 1980er Jahre in immer offensichtlichere und damit schärfere Konkurrenz zu einem Berufsbild, das sich auch auf der Redakteursebene immer noch primär auf journalistische Traditionen stützt.

Speziell die Generation der amerikanischen *"Baby Boomer"*, die in den späten 60er und frühen 70er Jahren den Beruf des Journalisten ergriff und zum Zeitpunkt dieser Untersuchung vermutlich nicht nur bei der "Seattle Times" das Gros der unmittelbar vorgesetzten Redakteure und höchstgeschätzten Reporter stellte, hat andere professionelle Leitbilder und Arbeitsbedingungen verinnerlicht.[310] Aber auch etliche *"Yuppie"*-Nachfolger der 80er Jahre fühlen sich unwohl in einer zentralistisch geführten, bürokratisch verwalteten Redaktion. *"The yuppiefication of the newsroom means that young reporters and copy editors need more attention, understanding, and the chance to contribute to editorial decisions"*, schreibt Editor & Publisher.[311] Die heute 35- bis 40jährigen wollten investigative und politische Reporter sein. Die 25- bis 30jährigen wären eher feuilletonistisch, jedoch ebenso stark journalistisch ausgerichtet, bilanziert "Presstime"-Autorin Susan Miller: *"Now it`s I want to write, I`m interested in fine, creative writing."*[312] Erst wenn die Generation dieser *"Yuppie"*-Reporter in Redakteurspositionen aufsteigt, wird sich zeigen, wie sehr ihre Haltung in Konflikt zu der von Marketing- und Managementhandeln durchsetzten Führungsrolle gerät.

"Today`s editors are increasingly administrators, and most expect that role to increase in the future", so der Untertitel einer sechsseitigen Bestandsaufnahme von Joseph E. Pisani, *Managing Editor* der "Greenwich Times", im November

---

[310] vgl. u.a. Louis Peck: Anger in the newsroom. In: WJR, Dezember 1991, S. 22-27.

[311] M.L. Stein: The "yuppiefication" of the newsroom. In: Editor & Publisher, 7. Februar 1987, S. 16/49; Die gegenüber früher sehr gut bezahlten Korrespondenten in Washington werden von älteren Beobachtern der Szene gar als neureiche "super-yuppies" bezeichnet.- James S. Doyle: Has money corrupted Washington journalism? In: Nieman Reports, Winter 1989, S. 4-10/43.

[312] Susan Miller: The young and the restless: Managing yuppies in the newsroom. In: WJR, Oktober 1985, S. 36-38.

1989. *"The editor is no longer an autocrat whose sole purpose is to prod the staff to get The Big Story. Now, the editor must be a professional manager as concerned with human rights violations as libel suits, a journalist/administrator/bean-counter who must attend news conferences, along with several dozen other meetings on items such as carpal tunnel syndrome and marketing tactics."*[313]

Hauptursachen: *"Diversity of workforce, evolving technology, increasing competition from other media for advertising and readers, corporate ownership (about 70 percent of all dailies in America)."*[314]

Diese Sachzwänge zeigen offenbar in vielen Redaktionen Wirkung. Die Mehrheit der US-Redakteure lamentiert zwar über die zusätzliche Bürde bürokratischer Pflichten, die zu unbezahlter Mehrarbeit und Überstunden zwingt, aber grundsätzlich wird das Managen von *"human and capital resources,"*[315] die Beschäftigung mit *"PR, budgeting, evaluations"*[316] als *"part of the job"* akzeptiert. *"While the changes in recent decades leave some editors wondering whether they`re more suited for the corporate environment at Xerox"*, resümiert Pisani, *"most agree that journalistic responsibilites, which at one time might have been their sole concern, are now part of a much larger picture...In addition to the daily paperwork, most editors consider interdepartmental meetings a necessary part of the job now that newspapers are facing stiffer competition for advertisers and readers."*[317]

Ein Rest an Distanz oder zumindest Reserviertheit scheint dem Wandel dennoch zu trotzen. Ein Indiz hierfür ist, daß journalistisch unvorbelasteten Wirtschaftsexperten die Kooperationsbereitschaft der Redaktionen längst nicht weit genug geht und viel zu langsam vorkommt. *"We don`t necessarily see the newspaper business as being accomodating and flexible as other companies"*, klagt Robert O. Cottrell, Chef einer Unternehmensberatung für Medienbetriebe. Der latente und seiner Meinung nach anachronistische Glaube an die Trennung von *"state and church"* torpediere Bemühungen um besseren Service für Leser und Anzeigenkunden. Etwa wenn die *"business side"* eine kostspielige Untersuchung durchführe, was die Leute in ihrer Zeitung lesen möchten, und die Redaktion sich keinen Deut darum schert.[318] Um derlei Streuverluste zu mindern, scheinen organisatorische Reformen redaktionellen Managements unumgänglich. Ob dieser Umbau jedoch möglichst wie bei der "Seattle Times" erfolgen sollte, deren Management beispielhaft für die Antwort amerikanischer Verlage auf die Frage nach der auch hierzulande nötigen Zukunftssicherung für Zeitungsbetriebe steht, stellt die vorliegende Arbeit grundsätzlich zur Diskussion.

---

[313] Joseph E. Pisani: Where have all the curmudgeons gone? In: ASNE Bulletin, November 1989, S. 10.

[314] ebd..

[315] Judith G. Clabes, Editor Kentucky Post, zit. nach Pisani, a.a.O., S. 12.

[316] Janet A. Mittelstadt, Editor Daily News-Sun, zit. nach Pisani, S. 13.

[317] Pisani, a.a.O., S. 11.

[318] zit. nach Goltz, Workforce, S. 21.

MBA-geführte Redaktion - Negativbeispiel "Seattle Times"

Es mag Zufall sein, aber ein ehemaliger Reporter der "Seattle Times" zählt zu den profiliertesten Kritikern des *"new corporate journalism"* und *"new MBA run, market-driven newsroom"* in den Vereinigten Staaten. In seinem vielzitierten Artikel *"When MBAs rule the newsroom. A concerned reporter shows how bottom-line editors are radically changing american journalism"* im Columbia Journalism Review, aus dem 1993 ein komplettes Buch entstand,[319] legt Doug Underwood drohende Gefahren umfassend dar, die ausführlich im Kapitel Marketing diskutiert werden sollen. Underwood selbst ist nach eigenen Angaben nicht zuletzt wegen dieser Bedenken als Dozent an die School of Communications der Universität Washington gewechselt.[320]

Zur Einstimmung, worum es ihm in seiner kritischen Bestandsaufnahme geht, schildert der ehemalige Reporter eine Schlüsselszene aus den Tagen, als Mike Fancher gerade zum Chefredakteur der "Seattle Times" ernannt worden worden war.

Auszug: *"When executive editor Michael R. Fancher outlined his "1986 goals" for Seattle Times publisher Frank Blethen, he sounded like any other striving young organization man on the fast track, fresh from the University of Washington with an MBA in hand.*
In the memo, Fancher talked about overseeing a reorganization of the newsroom management, establishing priorities for the development of senior editors, and serving as liaison with the circulation department to help the Times meet its circulation goals. Forty percent of his time, he said, would be spent coordinating the news department`s role in marketing and keeping the newsroom budget in line. Nowhere in the memo did Fancher talk about the news - either overseeing the direction of the newspaper`s coverage, participating in news decisions, or helping to develop story ideas.
Welcome to the world of the modern, corporate newspaper editor, a person who, as likely as not, is going to be found in an office away from the newsroom bustle, immersed in marketing surveys, organizational charts, budget plans, and memos on management training."[321]

Beispiele für diese Haltung fand Underwood überall in den Vereinigten Staaten. *"Profit pressures and the corporate ethic are fundamentally transforming the nature of the newspaper business"*, warnt er.[322] Vor allem Reporter, die sich in den späten 60er Jahren nicht zuletzt aus politischem und sozialem Engagement für den Beruf des Journalisten entschieden hätten, fühlten sich

---

[319] Doug Underwood: When MBAs rule the newsroom. In: CJR, März/April 1988, S. 23-30; ders.: When MBAs rule the newsroom. New York 1993.

[320] Die notwendigen Recherchen für seinen engagierten Bericht, der sich auf Gespräche mit 50 Reportern und Redakteuren unterschiedlichster US-Zeitungen stützt, finanzierte der Fonds für Investigativen Journalismus.

[321] Underwood, MBA newsroom, S. 23. Diese Beschreibung deckt sich mit den Beobachtungen im Untersuchungszeitraum.

[322] ebd., S. 24.

betrogen. *"They say they are finding it tougher to question authority out in the world when they themselves are being pressured to become loyal corporate soldiers inside their own organizations."* [323]

Ein Reporter, der einen der drei Pulitzer-Preise in der Zeit vor der Amtsübernahme von Mike Fancher gewann, mit denen sich die "Seattle Times" bis heute gegenüber Lesern und Anzeigenkunden schmückt, hat wegen der sich anbahnenden Stilwende 1985 den Dienst quittiert und sich mit einer Privatdetektei selbständig gemacht. *"The Times was in transition and management wasn`t going to tolerate reporters who did things their own way. The working environment was becoming oppressive - regimented, almost militarized"*, erinnert sich Paul Henderson im Gespräch mit Doug Underwood. *"Senior editors were leaning on assistant editors and telling them to kick ass. It was becoming total accountability, with executve editors passing down orders from behind their closed office doors. From my perspective, management was hell-bent to take the fun away. It was starting to seem like a corporate sweatshop. It had never been that way before."*[324]

Chefredaktion: Ohne Journalisten als Manager würden rein betriebswirtschaftlich kalkulierende Führungskräfte die Redaktionen übernehmen

Mike Fancher, der in diesen Äußerungen persönlich wie professionell attackiert wird, fühlt sich von den ehemaligen Mitarbeitern und Kollegen in die falsche Ecke gedrängt, gedanklich mißverstanden. Auf der ASNE-Vollversammlung im April 1989, auf der am letzten Tag bezeichnenderweise die gewandelte Rolle des Zeitungsredakteurs zur Sprache kam (*"The editor`s job: How has it changed?"*), verteidigte Fancher seinen kaufmännischen Scharfsinn (*"business acumen"*). *"I may be a bean counter"*, sagte er, *"but at least I have some beans to count."* Redakteure hätten sich aus Notwendigkeit in die wirtschaftliche Seite der Zeitungsproduktion einschalten müssen, um Schlimmeres zu verhüten: Daß nämlich angesichts sinkender Einnahmen journalistisch ungeschulte, rein betriebswirtschaftlich kalkulierende Manager der Redaktion diktieren, was sie zu schreiben hat. Kräften, die seiner Einschätzung nach massiv in diese Richtung drängen, will Mike Fancher den Wind aus den Segeln nehmen, indem er sich als Manager und Journalist auf der höchsten Ebene der Geschäftsleitung engagiert: *"We all know about declining penetration, and we`re bothered by it. But others in the business...are out there fighting a war, and they think that we (editors) don`t care about being vital to readers."*

Sein Credo *"Being successful and journalistically sound are not mutually exclusive"* [325] würde wohl auch Doug Underwood unterschreiben. Schließlich haben Journalisten Forderungen nach mehr professioneller Autonomie innerhalb der Zeitungsbetriebe fast immer auch aus dem übergeordneten Informationsanspruch der Öffentlichkeit und vermuteten Leserinteressen

---

[323] Underwood, MBA newsroom, S. 29f.

[324] zit. nach Doug Underwood: The Pulitzer prize-winner who became a private eye. In: CJR, September/Oktober 1989, S. 44f.

[325] zit. nach "Editors air critical concern". In: Presstime, Mai 1989, S. 84.

legitimiert. Nur hat Underwood nicht mehr die Macht, seine unbequemere Vorstellung von journalistischer Tüchtigkeit als wirtschaftlich erfolgreich und marktkonform vorzuführen, und das ist das Dilemma praktisch aller alternativen Strukturvorschläge im Medienbereich. Es läßt sich nicht testen, ob andere Konzepte taugen, weil die Wirklichkeit in nur einer Richtung gestaltet wird. Den Versuch, die Umwertung von Redakteuren zu Managern im Hinblick auf die Logik des Managemententwurfes im amerikanischen Zeitungsbetrieb grundsätzlicher infrage zu stellen, unternimmt die Kritik in den Vereinigten Staaten nicht.

5.10. Trendsetter "USA Today" - der Siegeszug der Optik

Der hohe Stellenwert, den das "Seattle Times"-Management Fotos, Farbe, Grafiken, Layout und *Make-up* beimißt, ist keine exotische Eigenart, sondern seit den 80er Jahren charakteristisch für fast alle amerikanische Tageszeitungen. Je höher die Auflage, desto professioneller und konsequenter die äußere Gestalt. Die Einführung von "USA Today" durch den Medienkonzern Gannett Co. im September 1982 trat die erste Lawine los. Quasi aus dem Stand wurde die via Satellit an die zahlreichen Druckorte übertragene Zeitungsneugründung mit kurzen Texten, bunten Bildern und Infografiken nach dem "Wall Street Journal" zur meistverkauften Tageszeitung der USA. Auflage 1989: Rund 1,8 Millionen. Dieser Erfolg rüttelte die seit den 70er Jahren von Leser- und Anzeigenschwund ermüdete amerikanische Zeitungsbranche wach.[326]

Bereits ein Jahr nach der spektakulären Neugründung werteten 53 Prozent aller US-Tageszeitungen trotz kostspieliger Drucktechnik und noch früherer Andruckzeiten Text- und Anzeigenteile mit farbigen Elementen auf [327] und setzten die reizärmeren Schwarz-weiß-Blätter unter Zugzwang.[328]

Technisch unproblematischer und kostengünstiger wurde der Gebrauch von Land- und Wetterkarten, Säulen- und Kreisdiagrammen im Stil von "USA Today", als die Firma Macintosh 1985 ein für redaktionelle Bedürfnisse maßgeschneidertes Computer-Paket mit LaserWriter und MacDraw Software auf den Markt brachte. *"An editor can now edit a graphic at deadline... An informational graphic becomes just like a story"*, rühmt Roger F. Fidler, *Executive Manager* der Knight-Ridder Inc.,[329] die 1986 wegen der enormen Nachfrage bei gleichzeitiger Knappheit an fachkundigem Personal den ersten

---

[326] vgl. u.a. M.O.C. Döpfner: Der Wettlauf mit den bewegten Bildern. Wie amerikanische Zeitungen mit dem Fernsehen konkurrieren. In: FAZ, 11. Februar 1989.

[327] vgl. Mario R. Garcia/Don Fry: Color in american newspaper. Poynter Institute for Media Studies, St. Petersburg (Flor.) 1986, S. 32 f.

[328] vgl. Ardyth Sohn/Christine Ogan/John Polich: Newspaper leadership. Englewood Cliffs (N.J.) 1986, S. 166. Als Hauptgründe für die Einführung grafischer Elemente ermittelte 1983 eine Umfrage der AP-Managing Editors bei 90 Tageszeitungen über 60 000 Auflage 1.) News makes graphic mandatory, 2.) More information in less space, 3.) Competition is using more graphics.

[329] zit. nach Pamela M. Terrell: Art. Newspapers` historically gray pages have come alive with an explosion of color and graphics, many of them computer-assisted. In: Presstime, Februar 1989, S. 25.

Abodienst für Infografiken startete. Im Juni 1988 zog die Nachrichtenagentur Associated Press nach. Gegen nur 250 Dollar Anschlußgebühr (Februar 1989) konnten sich AP-Kunden an den GraphicsNet Service der Agentur anschließen und *on-line* Illustrationen zu regionalen, nationalen und internationalen Themen empfangen. Da zudem die Preise für bedienerfreundliche *Workstations* unter 10 000 Dollar liegen und weiter fallen, ist Computer-Grafik für praktisch jede amerikanische Tageszeitung erschwinglich geworden.[330]

Zwei Drittel der amerikanischen Tageszeitungen verfügten 1989 über ein eigenes *"Art Department"* mit durchschnittlich vier Stellen, zuzüglich der Marktgiganten, die sich bis zu über 40 vollzeitbeschäftigte Blattgestalter leisten. Die "Seattle Times" zählt mit zwölf Stellen für Grafik und Layout und einem eigenen *Assistent Managing Editor/Graphics* zur Spitzengruppe unter den weniger bekannten Regionalzeitungen, was die ständige Aufmerksamkeit für optische Qualität mit erklärt und sie klar als eine Priorität der redaktionellen Produktion definiert

Fachkräfte, die Grafiken sowohl journalistisch recherchieren als auch kreativ am Computer umsetzen können, waren im Untersuchungszeitraum trotz massiver Nachwuchsförderung nach wie vor rar und verdienten 20 bis 25 Prozent mehr als Reporter, *Copy Editors* oder Fotografen.[331] Die Empfindsamkeit vieler Journalisten gegenüber den *Make-up*-Spezialisten mag unterschwellig auch in dieser finanziellen Bevorzugung gründen, doch massiver wirkt wohl, daß Texte, damit die Verfasser und deren inhaltliche Anliegen, gegenüber der Verpackung von Journalismus in amerikanischen Verlagen und Redaktionen an Aufmerksamkeit und Wertschätzung verlieren. Dem stellvertretenden Chefredakteur der "Seattle Times" beispielsweise kann keine Geschichte kurz genug sein.[332]

Der Gannett-Konzern ist seit über einem Jahrzehnt Pionier der optischen Revolution. Ob eine Zeitung 1980 in San Rafael oder 1987 in Louisville aufgekauft worden ist, *"Re-Packaging"* zählte stets zu den ersten Amtshandlungen der neuen Führung.[333] *"McPapering"* lästern Kritiker über die moderne, aber uniforme Oberflächlichkeit. Doch der Erfolg gibt - noch - den Befürwortern recht. Und solange in der aufwendigen Verpackung wissenswerte Nachrichten stecken, Stellen hierfür zusätzlich und nicht auf Kosten der Textredaktion eingerichtet werden, wovon auf Dauer vermutlich nicht ausgegangen werden kann,[334] scheint aus Sicht der Leser wenig dagegen

---

[330] Pamela M. Terrell, Art, S. 24.

[331] vgl. ebd., S. 22f/26f.

[332] Die meisten Berichte der "Seattle Times" scheinen im Vergleich zu Artikeln in deutschen Regionalzeitungen dennoch extrem lang. Die Chefredaktion mißt diesbezüglich jedoch mit zweierlei Maß. Aufwendig recherchierte Specials der Star-Reporter werden gelobt, obwohl sie sich meist über mehrere Seiten ziehen.

[333] vgl. Leslie Guevarra: Gannett comes to hot tub country. In: feedback, Winter 1980, S. 8f; Die bereits zuvor erwähnte halbseitige Wetterkarte als eine der sichtbarsten Neuerungen im Blatt erwähnt Maria Braden: Gannett in Louisville. New workout for an old thoroughbred. In: WJR, Juli/August 1987, S. 12-15.

[334] Zweifel formuliert überspitzt z.B. Cordt Schnibben: Der McJournalismus. In: Spiegel special "Die Journalisten", 1/1995, S. 49f.

einzuwenden. Schließlich sind auch die traditionellen Blätter uniform gewesen. In ihrem unattraktiven, willkürlich zusammengestückelten Erscheinungsbild.

5.11. Fazit

Die Linie von den ersten Sensationsreportern der *"Penny Press"*, die auf Kommando allmächtiger Redakteure an örtliche Brennpunkte mit erhofft größtem Ereigniswert für arme städtische Zuwanderer eilten, zum extrem arbeitsteiligen Organisationsentwurf der "Seattle Times" und dem aktuellen Redakteur-als-Manager-Postulat verläuft, von der zugrunde liegenden Logik betrachtet, nahezu ohne Brüche. Den tiefsten Einschnitt markiert die emanzipatorische Ära von Vietnam und Watergate mit ihrer *Reporter-Power-*Bewegung und antihierarchischen Idealen. Ansonsten ist im amerikanischen Redaktionsmanagement bis heute in der immer feiner ausdifferenzierten Teilung von Aufgaben und Funktionen das überholte Erfolgsrezept der Industrialisierung fortgeführt, das in allen Produktionsbereichen zur Qualitätssicherung zentrale Steuerbarkeit durch Management für unerläßlich hält. Dies wird in den nachfolgenden Kapiteln über Planung, Kontrolle und Marketing im amerikanischen Zeitungsbetrieb noch deutlicher werden.

Der Glaube an Spezialisten und Experten i.S. einer ausgehöhlten Pseudo-Professionalität, deren Freiheit und Verantwortlichkeit das Management nach unternehmerischem Bedarf und ohne Einbeziehung der Betroffenen stutzen oder erweitern kann, als adäquate, alleingültige Antwort auf höhere Ansprüche auch an die handwerkliche Qualität der Tageszeitung droht Antriebskräfte und professionelle Substanz, aus denen speziell der amerikanische Journalismus der Nach-Watergate-Generation Vitalität und Motivation bezog, zu zertrümmern. Die Effizienz im Einsatz der Mittel ist fraglich. Die Langfristfolgen sind in ihrer Komplexität kaum abzuschätzen. Doch könnte etwa die daraus zwangsläufig entstehende De- bzw. Um-Qualifikation der Mehrheit der in Tageszeitungsredaktionen tätigen Journalisten den Steuerungsaufwand derart vergrößern, daß der Apparat betriebswirtschaftlich unbezahlbar wird und der inhaltliche Bezug zur Lebenswirklichkeit der angepeilten Leserschaft im Verbreitungsgebiet weiter schwindet, vor lauter Beschäftigung mit Zahlenwerken der Marketingabteilung über vermutete Leserwünsche und Handlungsplänen des Managements für sich selbst.[335]

---

[335] Anschauungsunterricht für diese Tendenz erteilte unfreiwillig eine Episode am Rande des Interviews mit Mike Fancher für diese Untersuchung. Als ich zum vereinbarten Termin in seinem Büro erschien, räumte er eilig einen Stapel Unterlagen beiseite und scherzte "I spent all my time shuffling paper and getting lost", um sich im folgenden Gespräch über die Ziele redaktionellen Managements bei der "Seattle Times" auf genau diese Statistiken und Umfragen zu beziehen. (Notiz Executive editor, Protokoll 16. November 1989, S. 1).

6. Planung

Planung ist im Unterschied zur bereits diskutierten Arbeitsteiligkeit oder *Editing*, dem im nächsten Kapitel vorgestellten Textkontrollverfahren, ein verhältnismäßig junges Strukturmerkmal redaktionellen Managements, das zwar in anderen Industrien und in Verwaltungen, nicht aber in amerikanischen Zeitungsredaktionen historische Wurzeln hat. *"Planning is the development of goals an organization seeks to attain and the creation of means to achieve them. It is a fundamental activity in an organization that wants to increase its probability of success,"* [1] lautet eine gängige, für alle Organisationen gültige Definition.

Im redaktionellen Bereich stellt Planung den Versuch dar, Zufälle und Unvorhersehbares auszuschalten, die redaktionelle Produktion von der nur auf den nächsten Tag oder die nächste Geschichte gerichteten Denkweise zu befreien und verbindlicher an die Geschäftspolitik des Unternehmens zu koppeln, die die journalistische Qualität der Zeitung, wie später ausführlich erörtert werden wird, einseitig aus Marketingsicht definiert. Indirekt ist Planung immer auch ein Instrument zur Kontrolle der Leistungserfüllung von Gruppen sowie einzelner Redaktionsmitglieder und insofern unter Reportern, wie am Beispiel der "Seattle Times" gezeigt werden wird, nicht unumstritten.

6.1. Chefredakteur der "Seattle Times" baute Planung in tägliche Routine ein

In einer Tageszeitungsredaktion könnte Planung kaum gründlicher verankert sein als in der Redaktion der "Seattle Times". Die Initiative ging und geht aus von Chefredakteur Mike Fancher, ausdrücklich gestützt durch das Modernisierungsstreben der Verlagsführung. Wenn der *Executive Editor* sich an frühere Zeiten erinnert, als er noch Reporter war und mit seinen Vorschlägen zu planvollerer Arbeit nur Ablehnung erfuhr, ist ihm fast körperliches Unbehagen anzumerken: *"Until 1982 the Times was missing any kind of thought. Classical pattern was, i.e. Christmas, one would take out the tree prices file every 14th of December, someone would take out that file, mark 1982 and put it back. That was planning at the Times. Or a strike on the ferries was to come some day, I asked, shouldn`t we prepare something? No, was the answer, wait until it happens. Then it happened at midnight and we threw into the paper what we could get until 7 a.m."*

Seine damalige und heutige Haltung repräsentiert das genaue Gegenteil. Mike Fancher sieht Planung als unerläßlichen Garanten gleichbleibend hoher redaktioneller Qualität: *"It (the paper) can be so much better if we can anticipate to do something."*[2] Das Ziel von Planung sei größtmögliche Beweglichkeit: *"So that you know where your resources are but always, always being willed to change the plan."* [3] Daß dieser Anspruch vor allem bezogen auf

---

[1] Martin J. Gannon: Organizational behavior. Boston 1979, S. 114.

[2] Zitat Mike Fancher (Protokoll 1. Dezember 1989, S. 3).

[3] Zitat Mike Fancher (Protokoll 1. Dezember, S. 3).

die Beweglichkeit im Umgang mit redaktionellen Inhalten oft unerfüllt bleibt, wird im Laufe dieses Kapitels deutlich werden.

Beispiel für Budgetplanung: "*Space-bank*"

Die "*Space-bank*", ein Jahreskontingent anzeigenfreier Seiten, illustriert zunächst den Vorteil fester Budgets gegenüber Stegreifaktionen. Einmal ausgehandelt, erklärt Mike Fancher, könne die Redaktion über diesen Raum verfügen, ohne daß der Verlag sich einmischt oder von Fall zu Fall neu um zusätzlichen Platz gerungen werden müßte.[4] Den Anstoß zur Einrichtung der "*Space-bank*" gab keine Studie, sondern der Ausbruch des Vulkans Mt. St. Helen, eine aktuelle Krise, in der Defizite kraß zutage traten. Mike Fancher: "*When Mt. St. Helens erupted we wanted to put out a special section to write about it. The general manager said, no, we can`t afford it. So we took two pages from the Saturday papers for five weeks to get ten pages in the Sunday paper. We created this space-bank so we don`t have to ask anybody for this. In 1990 it is $ 1 Mio. worth. The formula is based on advertising volume, space for series, negotiated every year. Some on-going things like Business-Monday, that makes alone 24 columns a week. We have budgets. As long as you have it you can do what you want. One reporter flew to the USSR. I didn`t know until he came back.*"[5]

"Manager-Redakteure" setzen Planung um

Im redaktionellen Alltag garantieren die "Manager-Redakteure" der "Seattle Times", daß Planung bezogen auf redaktionelle Inhalte und Reporter regelmäßig stattfindet. Mit größter Ernsthaftigkeit und eine Aura von Wichtigkeit verbreitend führen sie diverse Listen im Computer und sitzen mehrmals täglich in kleinen oder größeren Gesprächsrunden und Konferenzen zusammen.

6.2. Planungsinstrumente

6.2.1. Regelmäßige Konferenzen

Tägliche Konferenzen

Vier Routine-Konferenzen strukturieren den Arbeitstag der Redakteure von *City Desk*. Hauptzweck dieser Treffen ist, Themen zu sortieren und zu gewichten. Nur äußerst selten wird in der Gruppe eine Idee entwickelt oder kontrovers diskutiert.

---

[4] Mitte der 70er Jahre ergab eine Zufallsstichprobe bei 146 US-Chefredakteuren, daß 94 Prozent wenigstens einmal im Monat über zusätzlichen Platz verhandeln mußten.-Dan Drew/Cleveland G. Wilhoit: Newshole allocation policies of american newspapers. In: Journalism Quarterly 1976, S. 435.

[5] Zitat Mike Fancher (Protokoll 1. Dezember 1989, S. 4).

	Tägliche Konferenzen				Wöchentliche Konferenzen
Mo	05.00	10.45	14.00	17.45	- - -
Di	05.00	10.45	14.00	17.45	11.00 Sonntagsausgabe
Mi	04.30	10.45	14.00	17.45	
Do	05.00	10.45	14.00	17.45	08.30 Leitende Redakteure
Fr	05.00	10.45	14.00	17.45	11.00 Blattkritik
Sa	- - -	10.45	14.00	17.45	- - -
So	- - -	10.45	14.00	17.45	- - -

Abb. 7: Regelmäßige Konferenzen der *City Desk*-Redakteure

Frühkonferenz um 5 Uhr

Um 5 Uhr früh[6] legen die Redakteure der Frühschichten von *City-* und *Copy Desk*, Fotoredaktion, Nachrichten, Wirtschaft und Seite 1 endgültig fest, wie die Zeitung vom Tage aussehen wird. Jeder trägt die wichtigsten Themen seines Bereiches mit Empfehlungen für Seite 1 vor. Knapp, konzentriert. Kopfnicken, Kürzel, keine großen Debatten. In kaum vier Stunden ist Redaktionsschluß. Die Zeit drängt. *"Let`s go guys, quickly, we have a lot of work to do"*, mahnt der *Operational News Editor*,[7] der in diesem *"major decision making meeting"*[8] entscheiden muß, was in welcher Form auf Seite 1 veröffentlicht werden soll.

Als Entscheidungsgrundlage dient die *"Planning List"*, die zwei Tage vor dem eigentlichen Erscheinungstag aktuelle Termine, zur Verfügung stehende Geschichten und Optiken - Fotos, Grafiken, Abbildungen - nennt. Nach zehn, höchstens fünfzehn Minuten löst sich die Runde auf. Jeder weiß, was zu tun ist, eilt zurück in seine Abteilung, an seinen Computer, wo etwa der ACE *morning* eine *"Morning note"* zur Konferenz in die *"Local Daily List"* tippt,

---

[6] Nur mittwochs findet das Treffen schon um 4.30 Uhr früh statt, weil, wie im Kapitel Geschäftspolitik erwähnt, wegen erweiterter Stadtteilausgaben 30 Minuten früher angedruckt wird. Samstags erübrigt sich der Termin, weil die Seattle Times morgens erscheint. Redaktionsschluß dieser Ausgabe ist Freitagabend, 22.55 Uhr.

[7] Notiz Frühkonferenz (Protokoll 12. Oktober 1989, S. 1).

[8] Zitat Metro editor (Protokoll 9. Oktober 1989. S. 1).

um den nicht an der Konferenz teilnehmenden Kollegen die Entscheidung gegen eine lokale Geschichte auf Seite 1 transparent zu machen und etwaigen Rückfragen vorzubeugen.[9]

Morgenkonferenz um 10.45 Uhr

Um 10.45 Uhr, gut eine Stunde nach dem Eintreffen der ersten frischgedruckten Zeitungen vom Tage, wird um den weißen Konferenztisch im "Glaskasten" am Redaktionseingang über das Blatt des nächsten und übernächsten Tages beraten.[10] Auf den Stahlrohrstühlen im schall-, aber nicht blickdichten Konferenzraum nehmen 17 Personen Platz, außer den sechs Teilnehmern der Frühkonferenz vier weitere lokale ACEs, dazu die Ressortleiter Sport, *Scene, Art*, sowie *City Editor, Metro Editor, Suburban Editor* und *Managing Editor* Alex MacLeod.[11] Die frisch ausgedruckte und fotokopierte *"Planning List"* für die kommenden zwei Tage, sauber geheftet, bestehend aus zwei bis drei Seiten, wird verteilt. Reihum bittet der Vorsitzende um Erläuterungen zu einzelnen Punkten. Kurze Rückfragen, Anmerkungen, Aufträge an Fotoredaktion oder *Art*. Auch diese Veranstaltung wirkt äußerst sachlich, professionell reibungslos, routiniert. Die versammelten Redakteure sind augenscheinlich ein eingespieltes Team und gleicher Meinung. In maximal 30 Minuten ist die Zeitung für die nächsten zwei Tage in Grundzügen konstruiert. Auch hier konnte im Beobachtungszeitraum keine größere Debatte oder Uneinigkeit über die Behandlung eines Themas verzeichnet werden.

Mittagskonferenz um 14 Uhr

Um 14 Uhr klärt das Lokale sein Programm für den unmittelbar folgenden Tag. Wieviel anzeigenfreier Raum zur Verfügung steht, welcher vorbereitete Artikel in dieser Ausgabe zwingend veröffentlicht werden muß, wo der Einsatz von Farbe möglich wäre. Die ACEs referieren, wie weit Reporter mit den angekündigten Geschichten von *"Planning"*- und *"Local Daily List"* gediehen sind, welche Stücke ihrer Einschätzung nach einen Blatt- oder Seitenaufmacher wert wären, welche Termine für welchen Teil der Auflage noch aktuell berücksichtigt werden könnten. Der *Metro Editor* beantwortet produktionstechnische Fragen. Der *Suburban Editor* trägt die Themen der Stadtteilredaktionen vor, um die Attraktivsten zum Abdruck in der gesamten Auflage zu empfehlen. Der *City Editor* regt gelegentlich Stücke aus seinem Erinnerungsverzeichnis *"Ratsnest"* zur Recherche an oder nutzt die Gelegenheit, organisatorische Fragen wie Urlaubsvertretungen zu klären. In der Regel ist das mittägliche *"City Desk Meeting"* nach 40 Minuten beendet. Doch entsteht hier am ehesten der Eindruck originärer Themensortierung, auch wenn

---

[9] Notiz ACE morning (Protokoll 10. Oktober 1989, S. 1): "Many of us including R. (Operational News editor) liked Crack (Stichwort des Bericht auf der Liste) and tried to find a way to get it on page one. Lack of space and lack of enough decent stories for Northwest left the story and its art and map on the local cover."

[10] Änderungswünsche für die zweite, dritte oder vierte Auflage des Tages, Größe, Plazierung, Überschriften oder Themen-"Mix" betreffend, teilen City-, Metro-, und/oder Managing editor News-, Local News- und/oder Operational News editor spontan mit, wenn sie um 9.30 Uhr die erste Form in Händen halten und ihnen etwas mißfällt.

[11] Im Untersuchungszeitraum leitete der Operational News editor die Sitzung, weil MacLeod mit einer Journalistengruppe zu Studienzwecken durch Japan reiste.

sich die Gruppe über Qualität und Gewichtung der Artikel stets erstaunlich einig blieb.

Konferenz der Nachtschicht um 17.45 Uhr

Um 17.45 Uhr schließt sich als letztes "General Meeting" des Tages die Konferenz der Nachtschicht an, die sich aufgrund der "Planning List" vom Vormittag, der erweiterten "Local Daily List" und möglichen aktuellen Ereignissen wie Unfällen oder Einbrüchen über das verständigt, was in den nächsten Stunden für die Zeitung des folgenden Tages vorproduziert oder vorbereitet werden kann.

Wöchentliche Konferenzen

Dienstag: Konferenz zur Sonntagszeitung

Dienstags, nach dem "General Meeting" um 10.45 Uhr, findet ein Extra-Treffen zur Konzeption der Sonntagszeitung statt. Beginn 11 Uhr. Als Entscheidungsgrundlage dient auch hier eine ausführliche "Planning List" mit den zur Verfügung stehenden Themen, die in der Konferenz erläutert und sortiert werden.

Freitag: Blattkritik

Freitags am Ende der Morgenkonferenz um 10.45 Uhr steht die einzige offizielle Blattkritik der Woche an. Ihr Stil ist bezeichnend für den eher sanften, auf Konfliktvermeidung bedachten Umgangston im Haus. Kritik wird, obwohl in der Sache hart und gezielt, entweder positiv oder so allgemein formuliert, daß niemand sich persönlich verletzt fühlen kann. Nie hat die Konferenz den Charakter einer offensichtlichen "Hinrichtung" einzelner Mitarbeiter oder Arbeitsleistungen. Was *Managing Editor* Alex MacLeod aus den Zeitungen der Woche herausreißt und für einen Tag im "Glaskasten" als Anschauungsmaterial an die Fenster pinnt, steht beispielhaft für Lobenswertes, das "er" gerne öfter im Blatt sehen würde.[12] Da jeder Ressortleiter hofft, dort mit möglichst vielen Produkten seiner Abteilung zu erscheinen, setzen sich die erwünschten Prioritäten in den Köpfen der Zuhörer auch ohne Schelte fest und prägen die zu den Reportern in Form von Entscheidungen für oder gegen Geschichten weitergeleiteten Handlungsempfehlungen.[13]

Donnerstag: Konferenz der Leitenden Redakteure mit Chefredakteur

Donnerstags um 8.30 Uhr lädt Chefredakteur Mike Fancher Leitende *Editors* vom Ressortleiter aufwärts zum *"Helicoids-Meeting"*. Das Treffen im eleganten

---

[12] Das "er" steht in Anführungszeichen, weil MacLeod in seiner Blattkritik konsequent lobt oder kritisiert, was die später dargestellte Marketing-Studie als vom Leser mehr oder weniger erwünscht ermittelt hat. So mögen sie keine Texte mit Fortsetzungen auf folgenden Seiten ("Jumps").

[13] Die anwesenden Ressortleiter hören wirklich sehr genau hin. So rühmt sich der Scene editor in seiner Ressortversammlung am Mittwoch der mehrfachen Erwähnung von Scene-Seiten am Freitag.

Besprechungszimmer der Geschäftsleitung ist neben Gesprächen im kleineren Kreis sein Brückenkopf in die Redaktion und die einzige Redaktionskonferenz, an der er regelmäßig teilnimmt. Zur Sprache kommt eine aufschlußreiche Mischung aus Hausmitteilungen, Organisatorischem, Auflagetrends, neu anzupeilenden Zielen und Projekten, auf die Mike Fancher seine Führungsmannschaft einzuschwören versucht [14].

Treffen, Konferenzen, Besprechungen zwischendurch

Zu jeder Tageszeit finden Treffen zu speziellen Themen und Projekten unter vier bis sechs Augen statt. Manchmal mit, meist aber ohne Beteiligung von Reportern unterhalten sich *Editors* in dafür eingerichteten Nischen oder in einem der Chefbüros. Überspitzt formuliert: Ständig hat irgendwer ein *"Meeting"* mit irgendwem. Doch das ist nach einer schmerzlichen Phase der Neuorientierung im Sinne der Redaktionsspitze und wird als Zeichen gewertet für den Ersatz von Kontrolle der Mitarbeiter durch Kommunikation, der dieser Untersuchung zufolge jedoch weder erreicht noch aufrichtig angestrebt worden ist.[15] Als *Managing Editor* hat Mike Fancher offenbar versucht, ehrgeizige organisatorische Reformen redaktionellen Managements durchzusetzen, ohne tragfähige Allianzen in der Redaktion zu bilden. Erst der gemeinsame Aufschrei von Reportern und ACEs lehrte ihn die Notwendigkeit, den Boden für geplante

---

[14] Beispiel 12. Oktober 1989: Photo director C. startet mit der freudigen Mitteilung, Fotografen der Times hätten beim AP-Fotowettbewerb vier erste Preise errungen - drei für Seitenbilder, einen für das beste aktuelle Nachrichtenbild (Feuer im Yellowstone-Nationalpark). Anschließend geht es um den umstrittenen Pay-for-Performance-Plan (siehe Kapitel Kontrolle). Die im PFP-Beschwerdeausschuß sitzende Suburban editor-in (eine Frau) berichtet, fünf anhängige Revisionsverfahren stünden kurz vor Abschluß, woraufhin Fancher betont, wie sehr die "Company" dem Prinzip leistungsabhängiger Bezahlung verhaftet ("committed") sei. Es folgen Regularien. Die Namen neuer Reporter, die Montag ihren Dienst antreten, welche Stellen offen sind (6), wer einen oder mehrere Tage auf Dienstreise gehen wird (14 Editors, zwei Fotografen. Anlässe: AP editors' meeting, Minority Job Fair, Board Meeting National Society of Professional Journalists/Sigma Delta Chi, Workshop repetitive-strain syndrome, Flying Short Course on photography). Dann äußert sich Fancher zur Auflage: "0 %" des "Circulation goal" seien mit 220 283 verkauften Exemplaren im NDM (Newspaper designated market) erreicht, zurückzuführen auf eine Preiserhöhung im Einzelverkauf. Unter dem Punkt "More on goals" kündigt Fancher eine lockere Folge offener Mitarbeiterversammlungen ("forums") an, bei denen nach einem 15minütigen "state-of-the-company address" Senior-Manager "from throughout the company" der Belegschaft Rede und Antwort stünden. Die Idee hierzu stamme aus der hausinternen Umfrage ("employee attitude survey"), in der viele Mitarbeiter Unzufriedenheit äußerten, weil sie u.a. Kontakt zu "upper-level management" vermißten. (Typisch, wie auch dieses diffuse Mißbehagen, das auf Dauer Motivation und damit Profite gefährden könnte, mit formalen Lösungen bekämpft wird, nachdem eine Studie das Defizit "objektiv" ermittelt hat - obwohl vermutlich menschlich-informelle Kontakte und Kommunikation erwünscht sind und speziell Reporter Konferenzen prinzipiell nicht mögen).
Mit aufbauenden Petitessen (Sonderdruck Pierce Report findet reißenden Absatz und wurde Gegenstand einer Regionalkonferenz; Chefsekretärin Gail Scott veranstaltet einen Kuchenverkauf zugunsten der Sozialstation United Way; als "Besucher der Woche" lernte ein Reporter der Stadtteilredaktion Nord die Zentrale kennen) und Fanchers Dank an alle "for putting out such dynamite papers lately - papers that `have been fun to read`" klingt das Treffen aus, wie es eröffnet worden ist: Mit Streicheleinheiten.

[15] Zitat Executive editor (Protokoll 1. Dezember 1989, S. 3):
"In every organization if you want change there is a period to take power away from people in order to re-direct power. Then I started to focus on communication more than control. Not asking who is in charge, more how to do what we want to do. I insisted that people communicate with each other, planning-meetings, created the senior-editors-group, story budgets, a complete re-thinking. During the transition you take power away from people to give it back decentralized."

strittige Maßnahmen nicht nur im Verlag, sondern auch durch Gespräche zumindest mit jenen Redakteuren zu bereiten, die die Reformen gegenüber Reportern durchsetzen und vertreten müssen.[16]

Zeitverschwendung, "*Management talk*" - Einstellungen der Reporter zu Konferenzen

Den meisten Reportern der "Seattle Times" sind Konferenzen jedweder Art suspekt. *"All those meetings are good for planning but most messages don`t get through"*[17], sagt ein Reporter, stellvertretend für viele. Von Mike Fancher erwünschte Kommunikation zwischen Reportern und Vorgesetzten fördern die formalen Treffen demnach nicht.[18] Eher schüren die Gesprächszirkel der Redakteure das latent vorhandene Mißtrauen der Reporter gegenüber Management-Aktivitäten im redaktionellen Bereich und vertiefen die Kluft zwischen Reportern und ACEs. Daß vorgesetzte Redakteure wegen irgendeiner Besprechung für ihre Reporter in dringenden journalistischen Angelegenheiten nicht zu sprechen sind, hält die Spannungen lebendig: *"To all this management I have real mixed feelings. Sometimes they are sitting for hours and you think, what are they doing out there? Or you are out on the road, want to call your editor and can`t reach him because he is in a meeting."*[19]

Doch selbst wenn Reporter an Konferenzen teilnehmen, denken sie kaum positiver über dieses Planungs- und Kommunikationsinstrument. Geschweige denn, daß sie die Einbeziehung als Einfluß- oder Mitspracheinmöglichkeit begrüßen.[20] Vielmehr ärgern sie sich über die verlorene Zeit und machen den Redakteuren indirekt zum Vorwurf, daß sie Reporter mit diesen unerquicklichen Veranstaltungen behelligen, die Reporter prinzipiell nicht als Bestandteil ihrer Aufgabe sehen.[21] Je weniger es um konkrete journalistische Inhalte geht und je

---

[16] Zitat Medicine reporter, filling in for his Editor specialty beats (Protokoll 4. Dezember 1989, S. 2): "From 82 to 85 perhaps too many decisions were made in the glass-cages, too much second-guessing, everybody felt very negative. Then both frontline-editors and reporters screamed, a real out-cry, now it is better again. The staff really cares about the newspaper."

[17] Zitat Roving reporter, filling in for schools (Protokoll 6. Dezember 1989, S. 1).

[18] Das Mangement amerikanischer Redaktionen hält die Mitsprachemöglichkeiten der Mitarbeiter nach einer Studie an 70 Zeitungen in Südkalifornien offenbar stets für größer als die Belegschaften selbst.- Ellen H. Henderson: A study of staff participation in newsroom decision-making. M.A. University of Southern California 1978.

[19] Zitat Nukes reporter (Protokoll 4. Dezember 1989, S. 2); Konkret bestätigt wurde der Vorwurf bei der Verfolgung des Indianerrechtlers Satiacum in Kanada. Auch hier mußte der GA-Reporter vor Ort mehrmals aus verschiedenen Telefonzellen in der Redaktion anrufen, weil sein Boß in einer Konferenz steckte.- Notiz GA-reporter (Protokoll 17. November 1989, S. 1).

[20] Reporter wollen nicht unbedingt mitentscheiden. Generell ziehen sie "a management-consult-reporter but management-make-decision system" vor, zeigt Ted Joseph: Reporters` and editors` preference toward reporter decision making. In: Journalism Quarterly, Sommer 1982, S. 219-222/248; ders: Daily newspaper reporters` and editors` preferences for decision-making and existing decision-making practices. Ph.D. Ohio University 1980.

[21] Zitat Science reporter (Protokoll 22. Oktober 1989, S. 1):
8.45 a.m. like every Wednesday he has to attend this scene staff meeting.
H.: As far as it concerns me it is a waste of time but I have to go...
10.15 a.m. meeting over. H. upset: The editors could accomplish the same things by doing them among themselves and not taking away other people`s time. There is more double- than straight speak but I am prejudiced. I don`t like meetings."

mehr um hausinterne "Politik", desto größer der Unmut der Reporter.[22] Sich auf Konferenzen zu präsentieren, sagt einer, sei ein Talent *"like writing a story."* [23] Ein GA-Kollege schimpft über den selbstgefälligen *"Management talk"*. Ein Grafiker, der die Bemerkung zufällig mitanhört, setzt sarkastisch hinzu: *"I go to meetings so they are not talking about me"* - und erntet wieherndes Gelächter.[24]

Strukturplanung nach wie vor über die Köpfe der Betroffenen hinweg

Bei Reportern der "Seattle Times" sind Konferenzen wohl nicht zuletzt deshalb in Mißkredit geraten, weil auf *"Meetings"* über ihre Köpfe hinweg die organisatorische Struktur der Redaktion entschieden wird, welche Stellen geschaffen, neu gruppiert oder gestrichen werden. Reporter fühlen sich als Manövriermasse mißbraucht und Opfer eines redaktionellen Managements, dessen Geschäftigkeit und Regulierungsdrang ihnen in Gestalt verschiedenster Konferenzen tagtäglich vor Augen geführt wird.[25] Aber auch *Front-Line-Editors*, die regelmäßig an Konferenzen teilnehmen, werden ungefragt verplant, ohne daß ihre gegenteilige Meinung die eingeschlagene Route ändern könnte. Da es sich in ihren Fällen jedoch meist um positive Überraschungen wie Beförderungen handelt oder inhaltliche Fragen, über die sich ohne Gesichtsverlust trefflich streiten läßt, sitzt der Unmut weniger tief. So bedauert der Politikredakteur, daß er den Umweltreporter verliert und die Chefredaktion einen zweiten Korrespondenten in Washington D.C. für wichtiger hält als

---

[22] Gespräch Scene reporter (Protokoll 22. Oktober 1989, S. 1):
Question to A.: Do you like meetings
Answer: No, they are a waste of time especially those like today."
Offizielles Hauptthema war die Planung der Scene-Aufmacher für Weihnachten. Protokoll 22. Oktober 1989: "All seem very bored, cynically proposing something. M.: Why not make a contest for readers, make them fill the page? T., Scene editor, looks unhappy: Someone must read it, a lot of garbage." Anschließend verkündet der Scene editor stolz, wie oft Alex in seiner freitäglichen Blattkritik Scene-Seiten lobe. Dann wird das Gespräch ungewöhnlich persönlich. Eine Redakteurin, die vor drei Jahren gekündigt hatte, um die Lehrredaktion des Journalistik-Studienganges an der Universität Washington zu leiten, hat sich als News feature editor zurückbeworben, und die Kollegen begründen reihum ihr Gefühl - trocken im Ton, giftig zwischen den Zeilen - warum ihre Frau ihrer Meinung nach den Job nicht kriegen sollte. Im Nachhinein erklärt Science reporter H., die Gruppe habe bereits einen Protestbrief mit Unterschriften in Umlauf gebracht. Da die oben zitierte Scene Reporterin zum Zeitpunkt der Untersuchung ganz neu im Haus war, überrascht ihre negative Haltung speziell zu dieser Konferenz kaum.

[23] Zitat Roving reporter (Protokoll 22. Oktober 1989, S. 2):
"I am lucky not have to go to meetings. It is a talent like writing a story to perform in a meeting."

[24] Notiz GA-reporter (Protokoll 22. Oktober, S. 2).

[25] Zitat Nukes/GA-reporter (Protokoll 4. Dezember 1989, S. 2):
"Being taken away from K.T. (Special project editor) is one of those decisions made over there (in a meeting). It makes a big difference which editor you have."

Verstärkung im Lokalen.[26] Die ehemalige Redakteurin für *Urban affairs* erfuhr von ihrer Beförderung zur Redakteurin für Investigativen Journalismus und Projekte 24 Stunden vor der offiziellen Bekanntgabe der Personalentscheidung.[27] Eine zweite, persönlich ungleich härtere Entscheidung zum reformierten Projekt-Team traf wenige Tage später bezeichnenderweise einen Reporter. Er wurde von der Elite-Crew abgezogen, angeblich wegen Überbesetzung. Doch zeitgleich warb die Chefredaktion den hochgeschätzten investigativen Reporter des JOA-Partners "Seattle Post-Intelligencer" an. Seither traut der degradierte Reporter der "Seattle Times" seinen Vorgesetzten alles zu, außer daß hinter der auf die Einhaltung von Spielregeln drängenden *Business*-Fassade redaktionellen Managements so etwas wie menschliche Fairness steckt.[28] Durch solche Episoden, die sich in der Redaktion blitzschnell als Klatsch verbreiten, wird jeder einzelne Reporter in seinem prinzipiellen Mißtrauen gegenüber Managementaktivitäten bestärkt.

6.2.2. Listen für Reporter und veröffentlichungsreife Geschichten

Listen ermöglichen oder blockieren Themenvorschläge

Neben der zuvor erwähnten *"Planning List"* mit den Themenangeboten aller Ressorts und der *"Local Daily List"*, die die lokalen Geschichten nennt, fertigen die ACEs der "Seattle Times" routinemäßig Listen über ihre Reporter und deren Aktivitäten an. 1.) Eine Datumskartei, wer an welchem Tag welche Geschichte liefern soll, 2.) ein persönliches Register zu jedem Reporter, aus dem hervorgeht, mit welchen Themen er sich wann beschäftigt. Anhand dieser Notizen formulieren die Redakteure täglich Vorschläge für *"Local Daily"*- und *"Planning List"*. Mit diesem Eintrag, und nicht in den Konferenzen, in denen aufgelistetes Material gewichtet und sortiert wird, fällt die zentrale Vorentscheidung, welcher Ausschnitt von Wirklichkeit eine Geschichte wert ist, worüber die "Seattle Times" berichten wird. Lediglich Plazierung und Aufmachung sind anschließend noch offen und stehen in den Konferenzen der Redakteure zur Disposition.

---

[26] Zitat ACE politics (Protokoll 5. Dezember 1989, S. 2):
"Next month I fly to Washington D.C. to visit Schaefer (Political correspondent) interviewing applicants. I think there are higher priorities in D.C., a position in GA on city desk right now. But they, Alex (Managing editor), Fanch (Executive editor), Stanton (Metro editor), thought it is something we need to do... I hate to lose him (Environmental reporter) but I have more reporters than most editors. We are re-distributing."

[27] Zitat Special projects editor (Protokoll 13. Dezember 1989, S. 3):
"I was made special projects while I was on vacation... Alex (Managing editor) and whoever talked about the idea of calling me off city desk. I knew it 24 hours before it came officially out. This is not democracy. I talked to him (Alex) on my first day in. What a stupid idea, he said, just kidding because shortly afterwards he sent me a message, come in and talk to me. It took 15 minutes. He informed me he wanted to announce it on the general staff meeting the next day and he said you can have this job if you want and I said okay."

[28] Zitat Special projects editor (Protokoll 13. Dezember 1989, S. 3):
"Then I explained to him (Alex) I can`t do that with five reporters. I got to streamline with two different individuals, different strengths, so I chose T. and E.. Alex called me some days later and said I talked to D. (Reporter beim JOA-Partner Post-Intelligencer, der u.a. Gary Little Story machte/siehe Kapitel Experten), we have the opportunity to hire the second best investigative reporter in this city, what do you think. Of course P. (gegen seinen Willen aus dem prestigeträchtigen Team abberufener Reporter/d. Autor) whom I told he couldn`t stay with me because I couldn`t care for so many reporters felt betrayed. But I didn`t know until then either."

Schriftform für alle Beteiligten verbindlicher als mündliche Absprachen

Die Autorität der Listeneinträge ist enorm. Die Listen sind vom Grad der hergestellten Verbindlichkeit nicht zu vergleichen mit mündlich Erörtertem. Die Schriftform verpflichtet Reporter a) einigermaßen regelmäßig Geschichten vorzuschlagen, weil Lücken sofort unangenehm auffallen würden, b) Ideen tatsächlich zu verfolgen, c) pünktlich zum Termin fertig zu sein, obwohl objektiv kein Produktionszwang durch Andruckzeiten besteht, d) den Artikel in der mit dem Redakteur vereinbarten Form zu liefern. Falls dies nicht gelingt, bleibt bis zur Veröffentlichung noch genügend Zeit für zusätzliche Recherchen oder sprachliche Veränderungen bis hin zum kompletten Neuschreiben.

Das organisatorische Hauptziel der Listenführung im redaktionellen Bereich liegt erklärtermaßen darin, zu verhindern, daß Zufall oder Zeitknappheit die Qualität des redaktionellen Teils der Zeitung auf- und niederschwanken lassen, weil die für Kontrollgänge und Korrekturen notwendigen zeitlichen Spielräume fehlen.[29] Zugleich, diesen möglicherweise zentralen Nebeneffekt der Konferenzvorlagen für vorgesetzte Redakteure hat keiner der Befragten thematisiert, mindern Listen, die wie eine interne Nachrichtenagentur kontinuierlich journalistisch vorgeformte Berichterstattungsangebote liefern, den Produktionsdruck der Blattmacher im Lokalen. Die Listen erfüllen damit eine für Redakteure der "Seattle Times" psychologisch wichtige Stützfunktion, die das akute Risiko ihrer Arbeit senkt. Ob das Ergebnis für den Leser qualitativ weniger wert wäre, wenn redaktionsintern Listen weniger eifrig geführt würden, ist dem an späterer Stelle kommentierten *Input-Output*-Vergleich zufolge zumindest fraglich.

Listen entwickeln für Reporter oft fatales Eigenleben

Für Redakteure sind Geschichten durch die bloße Tatsache existent, daß sie auf einer Liste erscheinen, obwohl die Reporter meist noch mitten in der Recherche stecken: *"When it`s on the list it exists - hard to stop it."*[30] Dabei entsteht bisweilen eine absurde Situation. Der Trend der Geschichte und der Dreh zentraler Gedanken sind derart zementiert, daß der Eintrag auf der Liste von vorgesetzten Redakteuren als Argument gegen das Ergebnis weiterführender Ermittlungen verwandt wird: *"You research a story, if it is on a list and it doesn`t work out the editor will ask, well, I think it is on the list, so why don`t you do it?"*[31] Wegen der Schriftform scheidet das sonst in solchen Konfliktsituationen häufig vermittelnde Argument, der Autor sei mißverstanden worden, aus.

Um Konflikten vorzubeugen, halten Reporter demzufolge Ideen für Geschichten eher länger zurück, während Redakteure, die in Konferenzen über die Produktivität ihrer Reporter die eigene Vorgesetztenleistung demonstrieren

---

[29] Zitat ACE urban affairs and writing coach (Protokoll 6. Dezember 1989, S. 1):
"We are doing much more planning in the beginning of the process to make more intelligent decisions on what is in the paper and even it out."

[30] Zitat Special projects reporter (Protokoll 4. Dezember 1989, S. 1).

[31] Zitat City enterprise reporter (Protokoll 6. Dezember 1989, S. 1).

oder den Druck leerer Seiten durch üppige Vorräte abfedern wollen, auf frühzeitige Einträge pochen. Da dieses Spannungsverhältnis den Ideenfluß jedoch produktiv antreibt, scheinen Listen *im Prinzip* ein taugliches Mittel, um die von heute auf morgen gerichtete Produktions- und Denkweise in Tageszeitungsredaktionen zu ergänzen.

Erstickt Listengläubigkeit freiwilliges Engagement?

Nur einer der Reporter der "Seattle Times", der im Rahmen dieser Untersuchung befragt worden ist, moniert die Allgegenwart von Listen als kontraproduktiv. Statt Engagement zu stützen würden ihm diese Planungsinstrumente Initiative aus eigenem Antrieb vergällen. Ihm würden journalistisch widersinnige Bürozeiten zugemutet, nur weil der vorgesetzte Redakteur pünktlich zur Morgenkonferenz seine Liste gut gefüllt wissen will. Daß er, der Reporter, deshalb früher denn je in der Redaktion erscheinen müsse, zermürbe auf Dauer die Bereitschaft, freiwillig länger zu arbeiten, wenn eine Geschichte dies verlangt.[32]

Von Kollegen verlauten solche Klagen spontan nicht, obwohl die Kritik ein Problem anspricht, das in Zukunft aus redaktionellem Management vom Zuschnitt der "Seattle Times" mit einiger Wahrscheinlichkeit erwachsen könnte: Die unwiederbringliche Zerstörung einer spezifisch journalistischen Berufskultur, die den freiwilligen Einsatz bis hin zur Selbstausbeutung der Geschichte wegen traditionell zu ihren Tugenden zählt.

Andererseits räumen Listen ebenso traditionsreiche und meist als negativ empfundene Unsicherheiten im *Reporter-Editor*-Zusammenspiel aus. Einige Reporter der "Seattle Times", bezeichnenderweise eher ältere Jahrgänge, schätzen die Listen denn auch, der "Klarheit" wegen.[33]

Offenbar variieren Kritik oder Zustimmung der Reporter auch je nach Flexibilität und Großzügigkeit des vorgesetzten Redakteurs im Umgang mit dem Instrument; wie stur er es anwendet, wie massiv zur Kontrolle. Hinzu kommt das unterschiedlich hohe Bedürfnis einzelner Reporter nach Aufrechterhaltung zumindest der Illusion persönlicher Freiheit, etwa durch eigenverantwortliche Gestaltung der Arbeitszeit. Doch auf solche rational nicht eindeutig faß- und begründbaren Differenzen geht der auf Steuerung und Kontrolle bedachte Organisationsentwurf der "Seattle Times" nicht ein. Das Schema läßt Nischen, in denen sich solche Wahrnehmungsunterschiede informell auspendeln könnten, nicht zu. Wenn sie dennoch entstehen, ist dies ein hilfreiches Korrektiv, aber eigentlich nicht gewollt.

---

[32] Zitat City enterprise reporter (Protokoll 6. Dezember 1989, S. 1):
"I like showing up at work and going home when I am done. I feel I have to be there at 8.30 a.m. specifically show up at a certain time based on some editor to fill out a list."

[33] Zitat GA-reporter (Protokoll 5. Dezember 1989, S. 2):
"I have a list of stories in my head, a mental file. I am busy with a fire department project for K. (Special projects editor). When one story is done and I got some open time I tell N. (ACE morning) what I want to do."

6.3. "We are so busy planning that we miss the story sometimes" - Kritik am Planungseifer der "Seattle Times"

Das zu Beginn dieses Kapitels zitierte Planungsziel von Chefredakteur Mike Fancher (*"The purpose of planning is to create flexibility"*) setzt Maßstäbe, um die die von ihm reformierte Redaktion der "Seattle Times" in der Berichterstattung bislang noch vergebens ringt. Gravierend findet der *Executive Editor* die Schwäche, die täglich im Nachkarten aktueller Neuigkeiten aus den Morgenblättern vorgeführt wird, jedoch nicht. Weder aus Marketinggründen noch vom persönlich-journalistischen Standpunkt aus.[34]

Reporter und ACEs hingegen warnen. Die perfekte Planung, zuzüglich noch aufwendigerer Kontrollverfahren, über die im folgenden Kapitel ausführlich berichtet werden wird, blockiere soviel Zeit, Kraft und Aufmerksamkeit, daß das Blatt journalistisch verliere, weil zwar alle Redaktionsmitglieder überaus beschäftigt seien, aber statt mit dem "wirklichen" Leben draußen und dessen Umsetzung in Nachrichten und Berichte viel zu sehr mit sich selbst. Folge: *"We are so busy planning that we miss the story sometimes."*[35]

Auf die Frage, was ihrer Meinung nach aus journalistischer Sicht an der "Seattle Times" verbesserungsbedürftig sei, erwähnen nahezu alle Redaktionsmitglieder, einschließlich des stellvertretenden Chefredakteurs, immer auch fehlende Aggressivität, Flexibilität und Lebendigkeit im redaktionellen Handeln.

Unabhängig voneinander führen zwei Befragte als positives Gegenbeispiel die Berichterstattung zum Erdbeben in San Francisco an. Wie im Kapitel Spezialisierung dargestellt, wurde auf einer spontanen Redakteursversammlung im Büro des *Metro Editors* binnen weniger Minuten entschieden, ein Flugzeug zu mieten, um sieben Reporter der "Seattle Times" in das für Linienflüge gesperrte Katastrophengebiet zu transportieren. *"Few years ago they wouldn't have sent someone to San Francisco, they rather would have had another meeting the next day"*, unkt der Umweltreporter,[36] der seit 1982 bei der "Seattle Times" beschäftigt ist. *"Formerly they talked about pros and cons so long that it was too late to go"*, meint der Leiter des südlichen Stadtteilbüros. Im Einklang mit den nachfolgend zitierten Kollegen betont auch er: *"The Times must be more aggressive."*[37]

Zitate.

"I wish we would be a little more aggressive. A photographer makes a picture and it lies here untouched two days or more until the story appears."[38]

---

[34] Zitat Executive editor (Protokoll 1. Dezember 1989, S. 3):
"It is the little story that is missed today and put in the 3rd edition."

[35] Zitat Roving reporter, filling in for schools (Protokoll 6. Dezember 1989, S. 1).

[36] Zitat Science reporter (Protokoll 30. Oktober 1989, S. 3).

[37] Zitat ACE south (Protokoll 18. Oktober 1989, S. 2).

[38] Zitat Photo editor (Protokoll 12. Oktober 1989, S. 1).

"The PI tends to be more vivid. We plan our newspaper weeks ahead."[39]

"Just right now I think we need a little bit of more flexibility. Good many of the reporters are in projects that take one or two weeks. We need people who work on a day-to-day basis."[40]

"I see the danger that the Times will overemphasize the feature approach."[41]

"That's our major weakness. We are not quick enough."[42]

"It is so well-intentioned but too many reporters are on long projects, not on day-to-day news. We analize sometimes before we give the news."[43]

"Institutionally we are a bit slow."[44]

"Our major weakness - apart from Los Angeles Times and New York Times - most papers write shorter."[45]

"Sometimes we don't react as quickly as we could to significant stories. Perhaps because there are so many people working on longterm projects like me (Laughs)."[46]

Als schärfster Kritiker tritt wiederum Doug Underwood hervor. Für den ins akademische Lager gewechselten ehemaligen Reporter der "Seattle Times" hat Chefredakteur Mike Fancher den Bogen von Anfang an überspannt. In bester journalistischer Absicht zwar, aber wie im Märchen vom Zauberlehrling, den der zum Leben erweckte Besen mit ungewollt freigesetzten Energien tyrannisiert, hat Mike Fancher nach Auffassung des Journalistikdozenten jetzige Fehlentwicklungen vorprogrammiert: *"Mike Fancher by his pronouncements operates by a high journalistic mission. It would be okay if they were less focussed on the organizational mission, on planning, looking at design. They are too restrictive on their journalistic side. Reporters need to go out and find their stories on their own, need a bit of freedom to follow. Now they must keep all these lists updated and are plugged into the planning. That is reflected in the paper. It looks like dreamed up in the editors' offices. The stories don't give me the feeling of being out there, on top of the community. It is conceived and designed by editors who sit in offices and bring in what they already have read. They do a good job on well-packaged background. But it looks canned, pre-packaged. Not that they are not gathering news. It is more planned than*

---

[39] Zitat Science reporter (Protokoll 20. November 1989, S. 3).

[40] Zitat Managing editor (Protokoll 20. November 1989, S. 1).

[41] Zitat Ombudsman (Protokoll 21. November 1989, S. 1).

[42] Zitat Investigative reporter (Protokoll 30. November 1989, S. 2).

[43] Zitat GA-reporter (Protokoll 4. Dezember 1989, S. 1).

[44] Zitat Neighborhood reporter (Protokoll 4. Dezember 1989, S. 2).

[45] Zitat GA-reporter (Protokoll 5. Dezember 1989, S. 1).

[46] Zitat Traffic and growth reporter (Protokoll 8. Dezember 1989, S. 2).

anything else... There exists a general feeling not focussed on breaking the news... It would be better if less organized."[47]

Ob Underwoods Einschätzung *"It would be better if less organized"* zutrifft, läßt sich am konkreten Beispiel kaum prüfen, denn zu spekulieren, wie *"on top of the community"* die "Seattle Times" wäre, wenn weniger geplant und kontrolliert würde, ist schon allein wegen der Unmöglichkeit, von Medien verpaßte Geschichten aufzuspüren und zu gewichten, ziemlich unmöglich.[48]

Daß überhaupt keine Planung und die Rückkehr zu reaktivem Hau-ruck-Journalismus kaum Alternativen zu planvollerem redaktionellen Handeln sein können, hält auch ein Managementkritiker wie Doug Underwood für unstrittig. So ist zu vermuten, daß Geschichten von Projektgröße, die die "Seattle Times" als Nachmittagszeitung gegenüber elektronischen Medien und Morgenzeitungen im lokalen Leser- und Anzeigenmarkt als Qualitätsprodukt profilieren sollen, in der heute üblichen Regelmäßigkeit kaum auftauchen würden. Fazit eines älteren Reporters: *"We plan a lot now, maybe too much. But at least we plan.*"[49] Dennoch, im Vergleich zur Konkurrenz wirkt die "Seattle Times", als täte redaktionelles Management im Bemühen um vorhersagbare redaktionelle Qualität des Guten zuviel.

6.4. *Input-Output*-Vergleich: Eröffnet Planung Spielräume für eigene Ideen und umfassendere Recherchen?

Aufschlußreich ist in diesem Zusammenhang ein erster Blick auf den *Input-Output*-Vergleich unter dem Aspekt, wie die Ideen zu den Geschichten zustande kamen, ob dank der Planungsaktivitäten in der Redaktion der "Seattle Times" tatsächlich häufiger auf eigene Initiative der Reporter bzw. Redakteure und gründlicher als in Tageszeitungen traditionell üblich recherchiert worden ist. Die Bilanz fällt ernüchternd aus, auch wenn die im Untersuchungszeitraum entstandenen Textstichproben keinen repräsentativen Querschnitt darstellen. Der qualitative Unterschied zumindest in den 30 betrachteten Beispielen ist eher gering.

- Termine, Sitzungen, Einladungen, Pressemitteilungen und aktuelle Ereignisse zuzüglich Nachfolgeartikeln überwiegen als Anlässe für Berichterstattung in der "Seattle Times". Erst recht, wenn das Porträt des ersten schwarzen Vorsitzenden am Obersten Gerichtshof von Seattle [50] oder das Feature über den ersten Arbeitstag des neugewählten Bürgermeisters[51] nicht als außerordentliche planerische Leistungen

---

[47] Interview Doug Underwood (Protokoll 22. Januar 1991, S. 1):

[48] Selbst theoretisch scheint diese Erkenntnislücke unüberbrückbar.- Harvey Molotch/Marilyn Lester: News as purposive behavior. On the strategic use of routine events, accidents and scandals. In: American Sociological Review (1974), S. 101-112, bes. S. 111. Zitat: "We see media reflecting not a world out there, but the practices of those having the power to determine the experience of others... Seen in this way, one approach to mass media is to look not for reality, but for purposes which underlie the strategies of creating one reality instead of another."

[49] Zitat Traffic and growth reporter (Protokoll 8. Dezember 1989, S. 3).

[50] Court reporter, Art. 7 ("Person of action takes helm of Superior Court"), 30. Oktober 1989, B 4.

- Die Geschichte, die nach meiner Einschätzung im Untersuchungszeitraum den höchsten lokalen Nachrichtenwert besaß, die geplante Sperrung der Einkaufs- und Durchfahrtsstraße Pine Street zur Fußgängerzone,[52] geht auf einen Tip zurück, den der Reporter für *City Hall* aus jenen Kreisen der Stadtverwaltung bekam, mit denen er auch vor- oder nachmittags öfter Golf spielt. Und daß er genügend Freizeit hierzu hat, ist in erster Linie der Tatsache zu verdanken, daß er sich seine Arbeitszeit freier einteilen kann als die stärker unter persönlicher Aufsicht stehenden Reporter der Zentrale.

- Der Rechercheaufwand für die untersuchten Artikel schwankte zwischen Null für das reine Umschreiben einer Pressemitteilung der Universität Seattle über eine großzügige Spende [53] und mehreren Stunden, verteilt auf mehrere Tage für das Porträt über den ersten farbigen Vorsitzenden Richter am Supreme Court von Seattle,[54] wobei das Wissen um Reportern und Redakteuren um den zeitlichen Spielraum die Recherchen vermutlich eher streckte als verkürzte. Dennoch wären so gründliche Erkundigungen, wie sie speziell die Arbeiten des Wissenschafts- und des Umweltreporters auszeichnen, in einer weniger gut besetzten und nur von Ausgabe zu Ausgabe denkenden Redaktion kaum möglich gewesen. Die Informationssammlung erfolgte allerdings in allen Fällen gemäß den allgemein bekannten und gültigen Regeln journalistischer Aussagenproduktion mit Zugänglichkeit und Verläßlichkeit als wichtigsten Faktoren für die Medientauglichkeit zitierter Quellen.[55]

Daß Themen über einen längeren Zeitraum nicht aus dem Blickfeld gerieten, mag auch ein Effekt der kontinuierlichen Planung sein. Indirekte, in der Zeitung nachlesbare Effekte könnten im Zeitgewinn zum Verfassen der Texte sowie zur Kontrolle der Qualität einzelner Artikel liegen. Ersteres läßt sich mangels Vergleichsmaßstab nur vermuten, der zweite Punkt wäre im folgenden Kapitel Kontrolle zu klären. Die optische Aufmachung hat in den untersuchten Fällen im Hinblick auf Vorteile durch Planung eine untergeordnete Rolle gespielt, da die Artikel meist mit nur einem Foto illustriert worden sind, das während des Termins oder aus dem Bildarchiv mühelos auch in einem weniger geplanten Organisationsumfeld hätte beschafft werden können, und aufwendige Grafiken fehlen. Hier kommt lediglich der zuvor geschilderte Qualitätsgewinn durch stärkere Spezialisierung und Betonung optischer Element mit entsprechender Personalstärke der Abteilungen für *Photo* und *Art* zum Tragen.

---

[51] City hall reporter, Art. 4 ("Rice takes first, easy steps in new role"), 9. November 1989, S. 1.

[52] City hall reporter, Art. 5 ("Royer to close Pine Street"), 9. November, S. 1.

[53] Higher education reporter, Art 1 ("Seattle U receives equipment grant"), 28. November 1989.

[54] z.B. Court reporter, Art. 7 ("Person of action takes helm of Superior Court"), a.a.O.

[55] vgl. u.a. Nancy Lee Herron: Information-seeking behavior and the perceptions of information channels by journalists of two daily metropolitan newspapers. Ph.D. University of Pittsburg 1986.

"Seattle Times" in Redaktionen der örtlichen Konkurrenz als übermäßig geplant verrufen

Von der Menge der routinemäßig geführten Listen und täglichen Konferenzen unterscheidet sich die "Seattle Times" unwesentlich von den beiden Morgenzeitungen am Ort.

Beim JOA-Partner "Seattle Post-Intelligencer" treffen sich die leitenden Redakteure dreimal täglich, um 11.30 Uhr, 15.30 Uhr und 17.30 Uhr. Die Lokalredaktion *City Desk* tagt jeden Montag und steckt das Programm der Woche ab.[56]

Die Lokalredakteure der "Tacoma News Tribune" sitzen zweimal täglich um 11 und 16 Uhr zwecks Blattplanung zusammen. Jeden Dienstag sprechen sie die lokalen Themen der Woche ab. Die *"General News Conference"* findet um 16.45 Uhr statt.[57]

Eine administrative Konferenz pro Woche ist in beiden Häusern ebenso selbstverständlich wie schriftliche Themen-Listen für jeden Tag, jeden Reporter und mittelfristig veröffentlichungsreife Geschichten. Dennoch gilt die "Seattle Times" unter den Kollegen der Konkurrenz als derart perfekt geplant, daß die Erwähnung dieses Merkmals nicht mehr als Kompliment zu werten ist.[58]

Ein exakter Vergleich sämtlicher Planungsaktvitäten würde den Rahmen dieser Arbeit sprengen, doch das Image am Ort unterstreicht tendenziell, daß die "Seattle Times" als vom Aktualitätsgedanken abgerückte Nachmittagszeitung, mit auf 50 Jahre garantierten Profiten als finanzieller Basis und einem MBA-Chefredakteur an der Spitze in der Verwirklichung der in den 80er Jahren für die "alten Medien" neu entdeckten Management-Prinzipien verhältnismäßig weit fortgeschritten ist, und damit möglicherweise schon zu weit, um journalistisch optimal und betriebswirtschaftlich effizient agieren zu können.

6.5. Planung als zukunftsträchtiges Strukturmerkmal redaktioneller Organisation in amerikanischen Tageszeitungen prinzipiell anerkannt - Reporter kritisch

Daß eine Redaktion durch Planung den täglichen Zeitdruck auf die Produktion der Zeitung entschärfen, somit Qualität konstant halten oder durch die verstärkte Einbeziehung grafischer Elemente erhöhen kann, hat sich in allen US-Tageszeitungen als Grundannahme durchgesetzt, und aufgeklärte

---

[56] vgl. Protokoll Redaktionsbesuch am 12. Dezember 1989, S. 1: Die weniger starke Betonung der City desk Zusammenkünfte mag daran liegen, daß der PI keine Stadtteilbüros hat, die Beiträge zum Rahmenprogramm offerieren könnten.

[57] vgl. Protokoll Redaktionsbesuch am 11. Dezember 1989, S. 1.

[58] Zitat TNT-Metro editor (Protokoll 11. Dezember 1989, S. 1):
"The Times is extremely heavily planned."
Zitat PI-Assistant City editor (Protokoll 12. Dezember 1989, S. 1):
Question: You (city desk) meet only once a week?
Answer: Yes, that's what I am told. They (people at the Times) are meeting all the time.

Redakteure wenden die Erkenntnis im Rahmen der Möglichkeiten, die der Personalbestand zuläßt, mehr oder weniger konsequent an.[59]

Aus einer Untersuchung kleiner Lokalzeitungen unter 50 000 Auflage, denen die Fachautorin Jeanne Abbott wegen der großen Zahl eigener, gut recherchierter und illustrierter Geschichten außergewöhnlich hohe Qualität bescheinigte, kristallisierte sich als eines der *"10 elements of excellence"* heraus: *"Editors believe planning may be their most important daily task."*[60]

Curtis Coghlan, *Editor* eines der Musterblätter, führt außer inhaltlichen auch taktische Vorteile sorgfältiger Planung für Redaktionen an: *"Planning has become the most effective means to overcoming the limitations (in resources) for the Jackson (Tenn.) Sun. Two-week plans by each department ensure consistency of all sections every day, not just Sunday. Planning also guarantees outrageous coverage on big events. Planning allows us to get stories rewritten or photos shot again if they don`t meet the high standards we set. It allows time to put polish on the newspaper. Planning provides the paper with quality work during news droughts and organization when breaking news happens. And finally, planning can show that the newspaper`s managers are responsible with the resources available, and that is one of the best ways to show that the newsroom should be allowed to increase its staff."*[61]

Computer sind die wichtigste technische Voraussetzung für redaktionelle Planung in größerem Stil, weil sich mit ihrer Hilfe, ohne sich vom Schreibtisch fortzubewegen, Listen schnell anfertigen und nahezu kostenlos vervielfältigen lassen. Mit zunehmender Redaktions- und Verlagsgröße wird die Steuerungskapazität computergestützter Planung tendenziell jedoch nicht nur kräftiger genutzt, sondern geht auch auf Kosten dezentraler Entscheidungen.[62] Der vage formulierte Unmut der "Seattle Times"-Reporter gegen allzuviel Planung dürfte zum Teil aus diesem Zusammenhang resultieren. Die Liste, die Redakteuren die individuelle Arbeitsleistung verschiedener Reporter als Artikelrohstoff auf Konferenzen zur beliebigen Verwendung verfügbar macht, zeigt den Mangel an Mitbestimmung und persönlichem Einfluß augenfällig an.

Die negative Einstellung zu Konferenzen, die, je größer die Zeitung, desto häufiger stattfinden und persönliche Gespräche ersetzen,[63] scheint unter amerikanischen Journalisten generell verbreitet. Als Chris Argyris, Harvard-Professor für *Education* und *Organizational Behaviour*, Anfang der 70er Jahre

---

[59] Je kleiner die Zeitung, desto beschränkter vor allem zeitliche Spielräume aufgrund von Personalmangel.- vgl. Robert C. Coughlin: An analysis of management principles for small daily and weekly newspapers. M.S. Iowa State University 1980.

[60] Jeanne Abbott: Looking for excellence in all the right places. In: ASNE-Bulletin, Dezember 1989, S. 7. Weitere Punkte lauteten u.a. "clear mission that sets high standards", "Managers see journalists as motivated, creative, curious and independant, treat them with consideration, and give them challenges", "mutual respect between ownership and management".

[61] zit. nach Jeanne Abbott, Looking for excellence, S. 11.

[62] Nancy M. Carter/John B. Cullen: The computerization of newspaper organizations: The impact of technology on organizational structuring. Lanham 1983, S. 78ff.

[63] vgl. Gilbert L. Fowler/John Martin Shipman: Pennsylvania editors perceptions of communication in the newsroom. In: Journalism Quarterly, Winter 1984, S. 826.

zwecks organisatorischer Erneuerung die "New York Times" durchleuchtete, sprachen 82 Prozent der redaktionellen Mitarbeiter abfällig über *"group meetings"* und werteten sie, wie die Reporter der "Seattle Times", als *"waste of time"*.[64] Begründung: Konflikte, von denen 91 Prozent meinten, daß sie existierten, würden auf diesen Treffen totgeschwiegen,[65] personelle Veränderungen, die jeden Einzelnen unmittelbar angehen, würden in geheimen Zirkeln geplant.[66]

Den unbeteiligten Reportern führen Konferenzen permanent Einflußlosigkeit jenseits des eigenen, eng umgrenzten Tätigkeitsfeldes vor. Die Treffen der Redakteure symbolisieren ein Management, von dem der Reporter nie weiß, was es als Nächstes plant. *"They all go away to this secret place and they do their important things and you don't hear about it"*, meinte Copy Editor Susan Spencer-Smith bei einer Diskussion auf Einladung der American Society of Newspaper Editors im Press Institute Renton, Va..[67] Die reine Vielzahl der nicht zur Bewältigung der täglichen Produktionsaufgabe beitragenden Redakteure störe, sagte Alan Acosta, ein stellvertretender Chefredakteur: *"If you asked most reporters and mid-level managers they'd probably say there's too many senior managers around and they're not sure what everybody does."*[68]

Motivationsverlust als mögliche Langfristfolge von zu strikter Planung befürchtet

Reporter, fürchtet Argyris, könnten auf Dauer auf zu strikte Planung und Direktiven mit völligem Rückzug und Dienst nach Vorschrift reagieren, was die publizistische Leistungsfähigkeit der Zeitung gefährde. *"Since they are so far removed from these meetings"*, warnt der Organisationsforscher, *"they will tend to feel less optimistic about influencing the news planning and eventually they will become less motivated to contribute."*[69]

Journalisten, gleich welchen persönlichen oder beruflichen Hintergrundes, schätzen auch anderen Untersuchungen zufolge *"brief, daily, one-on-one, task-*

---

[64] Chris Argyris: Behind the front page. San Francisco 1974, S. 15f.

[65] ebd., S. 19f. Begründung: "The low risk-taking, the norms against expressing feelings and the suppression of issues that may threaten individuals led to ineffective copy with conflict at all levels."

[66] ebd., S. 22f.

[67] American Society of Newspaper Editors ASNE (Hrsg.): The changing face of the newsroom. Human resources committee report. Washington D.C. 1989, S. 78.

[68] zit. nach ASNE, Changing face of the newsroom, S. 96f.

[69] Chris Argyris, Behind the front page, S. 28. Was der Autor nicht erwähnt: 1.) Noch fängt professioneller persönlicher Ehrgeiz die Frustrationen auf. So stachelt die Geringschätzung für Konferenzen und Management-Aktivitäten z.B. die individuelle Leistungsbereitschaft des Wissenschaftsreporters der "Seattle Times" erst recht an. Eine äußerst produktive Trotzreaktion. 2.) Die Teilnahme an Konferenzen, auch das zeigt das Fallbeispiel, vermittelt Reportern nicht automatisch das Gefühl größerer Wichtigkeit, sondern schürt im Gegenteil die Geringschätzung für dieses Instrument. 3.) Was Motivation nicht schafft, kann m.E. verschärfte Kontrolle erzwingen, wenn auch zu höheren Kosten.

oriented communication." [70] Bei der Befragung von 125 Redaktionsmitgliedern zweier konkurrierender US-Großstadtzeitungen zeigten 80 Prozent der Interviewten *"an overwhelming desire to have a great deal of freedom to plan and organize their work"* mit geringfügigen Abweichungen nach *"job title."*[71] Nur ein Drittel der Befragten, hier deutlich mehr Redakteure als Reporter, meinte, sie würde über diese Freiheit verfügen.[72]

Wenn also Planung im redaktionellen Bereich zu offenkundig den Charakter von Steuerung und Kontrolle erhält, könnte ein empfindliches Gleichgewicht ausgehebelt werden, das Produktivität aus informellem Antrieb ermöglicht. Einmal zerstört, wäre die individuelle Leistungsbereitschaft der Reporter dann tatsächlich nur noch über totale Kontrolle zu garantieren. Eine kontraproduktive und kostspielige Spirale der Stellenvermehrung und Disziplinierungsversuche käme in Gang.

Auf eine weitere, selten erwähnte Grenze der Planungsmöglichkeiten im redaktionellen Bereich, die dem journalistischen Schreibprozeß innewohnen könnte, deutet eine Fallstudie von 1981. Die Autorin ließ drei Reporter, während sie Artikel verfaßten, laut denken, schnitt diese Kommentare auf Band mit und schaute beim Schreiben zu. Ergebnis: *"The story was organized as it was written, not planned in advance...The writers planned and wrote one sentence at a time by orchestrating a complex set of activities all directed at the immediate task at hand."*[73]

6.6. Fazit

Planung stellt eine produktive Ergänzung redaktioneller Abläufe dar, indem sie Blattmacher und Autoren vom Andruckdiktat der Tageszeitung durch imaginäre Grenzen emanzipiert und zeitliche Spielräume für über oberflächliche Tagesaktualität hinaus gedachte Geschichten in Magazinqualität schafft. Planung als Strukturmerkmal redaktioneller Organisation kann potentiell aufwendigere Steuerungs- und Kontrollverfahren erübrigen, weil im Zuge schriftlich niedergelegter gegenseitiger Verpflichtungen zum Beispiel auf Listen Verbindlichkeiten geschaffen werden, die die Autorität vorgezogener Redaktionsschlußzeiten besitzen und Reporter mit Schwierigkeiten in der Fähigkeit zu persönlicher Organisation anleiten können. An Budgetplanung im Verlag zur Sicherung hierfür notwendiger Mittel führt in der Praxis mit zunehmender Größe der Betriebe offenbar kein Weg vorbei.

Die größten Gefahren, die dem Planungsprozeß im journalistischen Bereich innewohnen - daß der Listeneintrag sich inhaltlich verselbständigt, Planung wegen der Komplexität anstehender Entscheidungen eine Flut von Konferen-

---

[70] vgl. Alfred Pagel: An exploratory study on communication problems in three midwestern newsrooms. M.A. University of Nebraska 1987. Basis der Studie: 43 Interviews.

[71] Cecilie Gaziano/ David C. Coulsen: Effect of newsroom management styles on journalists. A case study. In: Journalism Quarterly, Winter 1988, S. 872f.

[72] ebd., S. 873f.

[73] Beverly Pitts: The newswriting process: A protocol analysis case study of three practising journalists. Ed.D. Ball State University 1981.

zen lostritt, die Kräfte und Personen blockiert, daß Reporter sich ohnmächtig "verplant" fühlen, daß sich eine zu intensiv um sich selbst kümmernde "Nachrichtenmaschine" noch weiter von örtlicher Lebenswirklichkeit entfernt - sind wohl vor allem in amerikanischen Tageszeitungen zu fürchten. Dort trifft Planung traditionell mit weiteren Strukturmerkmalen redaktioneller Organisation zusammen, die auf möglichst nahtlose Steuerbarkeit von Textinhalten und Autoren zielen. Außerdem werden Redakteure zu vorgesetzten Managern deklariert, die Entscheidungen über Gestalt und Inhalt von Berichten nahezu ausschließlich in der künstlichen Umwelt von Redaktionskonferenzen fällen. Da sie hierin ihre tagesfüllende Aufgabe sehen, dürfte der Drang, den Planungsaufwand zurückzuschrauben und das Verfahren abzukürzen, wenig ausgeprägt sein. Dabei wäre im Fallbeispiel "Seattle Times" vermutlich die Ausschöpfung vorhandener personeller Möglichkeiten optimaler, wenn die Planungsaktivitäten gestrafft und rationeller gehandhabt würden.

7. Kontrolle

Einseitige Fixierung auf Hierarchie und Kontrolle der Mitarbeiter statt Vertrauen in Eigenverantwortung und Kommunikation lautet, wie im Einführungsteil dieser Arbeit dargelegt, einer der Hauptvorwürfe fortschrittlicher Kritik an amerikanischem Management traditioneller Prägung. In US-Zeitungsredaktionen ist strikte Kontrolle der Reporter durch Redakteure von den Anfängen der profitorientierten Presse an im Rahmen ihrer arbeitsteiligen Struktur üblich gewesen.[1] Doch mit zunehmender Qualifikation der Reporter, die heutzutage fast alle studiert haben und formal ebenso gut ausgebildet sind wie Redakteure, wurde Kontrolle nicht etwa zurückgenommen, sondern bezogen auf Zeitungsinhalt und Mitarbeiter immer differenzierter gestaltet, abgestimmt auf die jeweils aktuellen Organisationsziele. So sind in den Produktionsprozeß der "Seattle Times" kostspielige, zeit- und personalintensive Kontrollverfahren eingebaut, um die von der Redaktionsspitze angestrebte Produktqualität kontinuierlich zu sichern.

- Ein mehrstufiges *"Editing"* formt Texte der Reporter zu veröffentlichungsreifen Artikeln.

- Der 1986 eingeführte *"Pay for Performance Plan"* teilt Reporter in Leistungsklassen ein und rechtfertigt trotz Tarifvertrag unterschiedlich hohe Gehälter bei gleicher Position nach Ermessen der Verlagsführung.

7.1. Textkontrolle: Der *Editing*-Prozeß der "Seattle Times"

Editing ist wie die bereits erörterte Arbeitsteilung zwischen Reporter und Redakteur ein seit Ende des 19. Jahrhunderts eingebürgertes Merkmal redaktionellen Managements im amerikanischen Zeitungsbetrieb zur Sicherung der journalistischen Qualität. Daß der kaum ins Deutsche zu übersetzende Begriff mehr meint als Texte zu redigieren, verdeutlicht das Beispiel der "Seattle Times".

---

[1] Angesichts der vergleichsweise anarchischen Organisation in deutschen (Lokal)Zeitungsredaktionen fällt der Kontrollaspekt im redaktionellen Management amerikanischer Redaktionen dem deutschen Beobachter umso stärker auf. Die wesentlichen Rollen im Journalismus - Erkenntnis, Kontrolle der Erkenntnis und Bewertung - werden in keinem anderen Land häufiger von ein- und derselben Person ausgeübt als in Deutschland. Zudem sind Pressionen seitens der Geschäftsleitung in deutschen Redaktionen mit Abstand am unbedeutendsten, ergab die jüngste Studie von Wolfgang Donsbach über Nachrichtenjournalisten in USA, Deutschland, Großbritannien, Italien und Schweden.- Wolfgang Donsbach/Bettina Klett: Subjective objectivity. How journalists in four countries define a key term of their profession. In: Gazette, Vol. 51, 1993, S. 53-83, sowie Hermann Meyn: Frei von Kontrolle? In: journalist, September 1993, S. 39; Die prinzipielle Unfreiheit des Journalisten vor allem aufgrund der Begrenztheit von Produktionszeit und Veröffentlichungsraum bleibt freilich davon unangetastet bestehen.- Paul Rock: News as eternal recurrence. In: Stanley Cohen/Jocks Young: The manufacture of news. London 1973, S. 72-80. Zitat: "The explicit rules which fail to emerge inquest for news are remedied by institutional imperatives that emanate from the more manageable areas of the industry. What seems unregulated is, in fact, controlled... by space and time."

7.1.1. Gespräch mit direkt vorgesetztem Redakteur (ACE) klärt Aufbau und Tendenz einer Geschichte

Bevor ein Reporter der "Seattle Times" anfängt, eine fertig recherchierte Geschichte zu schreiben, muß er sich in einem kurzen Gespräch mit seinem vorgesetzten Redakteur über deren Lauf einigen. *"They are programmed before you start,"*[2] erklärt eine altgediente Reporterin einer jungen Kollegin, die sich um die Stelle des Schulreporters bei der "Seattle Times" bewirbt. Schließlich will jeder ACE sicher gehen, daß der Reporter termingerecht und ohne inhaltliche Überraschungen liefert, was sein Redakteur auf Listen und Konferenzen in der Regel wenigstens zwei Tage vor Erscheinungstermin, oft vor Abschluß der Recherchen angekündigt hat. Außerdem wird erfahrungsgemäß, je enger und früher die Kooperation, desto weniger geändert, ohne daß der Reporter in den Korrekturprozeß miteinbezogen wird.[3]

Die schlechte Plazierung einer gemeinsam ausgefeilten Geschichte kreiden Reporter umgekehrt ihrem Redakteur als unfair an. Stillschweigend setzen sie voraus, daß eine für gut befundene und termingerecht fertiggestellte Geschichte auch prominent, auf Seite 1 oder der regionalen Aufschlagseite *Northwest-Cover* plaziert wird. Lieber bauen sie weitere Ergänzungen ein, als daß sich ein potentieller Aufmacher zwischen Anzeigenstücken im unattraktiven hinteren Teil des Blattes verliert.[4]

Die Bereitschaft der Autoren, auf Rückfragen und Verbesserungsvorschläge ihrer vorgesetzten Redakteure einzugehen, war im Untersuchungszeitraum groß, zumal gründliche Planung, wie im vorhergehenden Kapitel geschildert, bei aufwendigeren Geschichten stets den zeitlichen Spielraum für Nachbesserungen schuf.

Das Feature über einen älteren konservativen Politiker im Kommunalwahlkampf, der von seinen PR-Beratern auf jugendlich getrimmt wird, ist ein Beispiel. Per Computer-Notiz hat die Reporterin die erste Reaktion ihres vorgesetzten Redakteurs auf die Geschichte erhalten. Lob, aber auch Kritik. Ohne zu murren, nimmt sie die Änderungsvorschläge an. Das anschließende Gespräch mit ihrem ACE verläuft sachlich und entspannt.[5]

---

[2] Gespräch Higher education reporter, School reporter mit einer Bewerberin für das School-Beat beim Lunch (Protokoll 27. November 1989, S. 2): Reporter asks: Is it difficult to get story in? Both, S. and G.: No. G.: You talk them over with the editor before you start. They are programmed before you start.

[3] Zitat Science reporter (Protokoll 20. November 1989, S. 1): "My stories are not heavily edited. We discuss it while I'm writing."

[4] Zitat Scene reporter (Protokoll 29. November 1989, S. 9): "Did you see what they did to that story? I was so angry and I still am. They said they liked it and it would be for the cover. They wasted it in all these ads. If they did not like it we could have changed it. They got it two days after the interview, a week before it appeared on Thanksgiving."

[5] Zitat ACE urban affairs (Protokoll 13. Oktober 1989, S. 3):
14.50 p.m. R. sends a message to J. (GA-reporter): I talked with her the whole week, this is the final. "Question: Somewhere more to identify him? Read the ending: How about working this just out a bit more... and be a little more clear about Gordon's use of the tennis shoes to connote youth - and find something else to say at the end...I like the story. Reads well, has good stuff. Good lead. R.."
15.05 p.m. walks over to J., knees down before her desk.

Ähnlich reibungslos gestaltet sich die Korrektur an einem Porträt des ersten schwarzen Vorsitzenden am *Supreme Court* in Seattle. Als Gerichtsreporterin J. ihren Dienst antritt, signalisiert ein flackernder Lichtpunkt am Computer: *"Message pending."* Sie findet die Notiz ihrer vorgesetzten Redakteurin zu dem am Vortag verfaßten Artikel und nutzt die nächstbeste Gelegenheit, einen Rückruf wegen einer anderen aktuellen Geschichte, um deren Einwände fast dankbar zu bestätigen.[6]

Von sich aus schreiben Redakteure Texte nur um oder komplett neu, wenn die Zeit fehlt, dem Reporter das Manuskript mit Änderungswünschen versehen zurückzugeben.[7] Reden, glauben sie, sei der Qualität der Zeitung förderlicher[8] und für die einigermaßen friedvolle Kooperation zwischen Redakteur und Reporter unerläßlich. Alle Reporter, sagen die Redakteure, haßten eigenmächtige Textänderungen.[9] Und dies wird im Laufe dieser Untersuchung ohne Abstriche bestätigt werden.

Was keiner der befragten Redakteure ausdrücklich erwähnt, aber die Bereitschaft zum klärenden Gespräch unter den Redakteuren sicher fördert: Reden erspart ihnen die im Detail oft schwierige Arbeit, ihre Ideen nahtlos in den fertigen Text einzufügen oder den ganzen Artikel gedanklich neu und deutlich besser zu strukturieren. Als der Politikredakteur das Prinzip für die später Pulitzer-Preis-gekrönte Öltanker-Serie umkehrt und Textkorrekturen eigenhändig umsetzt, nachträglich genehmigt durch den Reporter, feilt er 14 Tage allein an Aufbau und Formulierung der ersten Folge.[10]

---

[6] Zitat Court reporter (Protokoll 27. Oktober 1989, S. 10):
In Times newsroom message from J. (metro editor) concerning Johnson story:
"You told me he is an affable man with a sense of humour. That is not in the story."
J.: I knew there was something lacking. I'll work on that today. I go to Judge Noah who knows him best. They went into the same law school,
9.17 a.m. J. calls back, tells her the (other) story is for tomorrow not today: "Saturdays we have no pick-up." J.: "I want to tell you. I appreciate your note. It definitely lacks it, the Johnson story..."

[7] Zitat ACE metro (Protokoll 13. Oktober 1989, S. 3):
"Rewriting? No, not from top to the bottom. If it is not too late, we always send the story back to the reporter with questions and remarks."
Gespräch ACE mornings (Protokoll 10. Oktober 1989, S. 1):
Question: What if the editor is not satisfied with a story?
Answer: If there is enough time, we give it back to the reporter, if not, what in my case often occurs, I do it myself.

[8] Zitat ACE urban affairs (Protokoll 13. Oktober 1989, S. 3).
"I feel as if I did nothing but talking. (J., ACE metro, laughs and nodds) I have only done two stories. But I have been to a newspaper where I did nothing but editing stories. Talking it over makes a better newspaper."

[9] Zitat ACE metro (Protokoll 13. Dezember 1989, S. 1):
"Some stories are so heavily edited I might have written them myself. But that I rewrite so extensive is the exception. I don't like to do that. Reporters hate it."

[10] Zitat ACE politics (Protokoll 6. Dezember 1989, S. 2f):
"Take the tankers. I did really major editing. It took nearly two weeks for the first piece, four blanks inside, I spent one week only on that, divided screen, new slug, then I sent the text back to the reporter. He would give his comment, make changes then I sent it to the copy editor, then he'd come up with questions and suggestions, then he'd give it to the local slot."

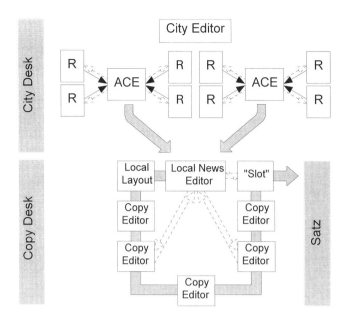

Abb. 8: *Editing* - **Verfahrensablauf**

7.1.2. Endfertigung im *Copy Desk* über mindestens vier Stationen

Gibt der direkt vorgesetzte Redakteur (ACE) ein Manuskript frei, wandern die Artikelrohfassungen, meist über den Bildschirm des *City Editors,* zum *Copy Desk*. Im Normalfall lesen zunächst vier bis fünf *Copy Editors* der Nachtschicht jeden Text gegen, dann ebensoviele Kollegen der Frühschicht. Außerdem paßt das *Copy Desk* frühmorgens die Artikel der Lokal- und aktuellen Nachrichtenseiten in die Layouts ein, textet Schlagzeilen und Bildunterschriften. Ein lokaler Text, vom Reporter fertiggestellt am Tag vor seiner Veröffentlichung, wird also vor Abdruck von rund zehn Redakteuren geprüft. Ein während der frühen Morgenstunden verfaßtes Stück durchläuft routinemäßig fünf bis sechs Stationen, bevor es belichtet und in den Satz gegeben wird.[11]

---

[11] Gespräch Night city editor (Protokoll 16. Oktober 1989, S. 1):
5.15 p.m. Greenriver, Hag 14 (=Kürzel auf Liste). Feature about the man who examines skulls and other remains of Greenriver victims (=Opfer einer Mordserie am Greenriver). M.: Five will have read the story when they pick it up in the morning, N., specialist for Greenriver (=front-line-editor), I myself as night city editor, night news editor, rim, slot (=3 Stationen auf copy desk).
Question: Has the morning shift no confidence in the nightpeople?
M.: It is appropriate. They put it in the paper.

Die geringe Tippfehlerquote gilt als erfreulicher Nebeneffekt dieser Gründlichkeit,[12] kann den Aufwand für das Textkontrollverfahren allein aber kaum rechtfertigen. Da das *Copy Desk* den zeitlich und personell kostspieligsten Teil der Textkontrolle erledigt und die größte Angriffsfläche für Kritik am *Editing* der "Seattle Times" bietet, sei seine Arbeit unter dem Aspekt der Textkontrolle im Folgenden ausführlicher dargestellt.

Vier Kontrollstufen durchläuft jeder Text vom Blattaufmacher bis zur kurzen Meldung im *Copy Desk*. Zunächst liest der *Local News Editor* das Manuskript gegen. Ist er zufrieden, ergänzt der *Local Layout Editor* die technischen Befehle und transferiert den Artikel in das Verzeichnis, aus dem sich ein *Copy Editor* des "*Rim*" den Text zwecks Bearbeitung auf seinen Bildschirm ruft. Dieser *Copy Editor* geht das Manuskript zweimal durch. Hat er nichts anzumerken, transferiert er den Artikel zum "*Slot*", auf Millimeter genau eingepaßt und mit druckreif formulierter Überschrift versehen. Erst wenn diese Kollegin, wiederum nach zweimaligem Durchgang, keine weiteren Fragen mehr hat, gibt sie den Text per Knopfdruck in den Satz.[13]

Keine Textänderung ohne schriftliches Okay

Während dieser Aktivitäten werden pausenlos Notizen von Rechner zu Rechner geschickt, denn kein *Copy Editor* ändert, wie im Kapitel Spezialisierung angedeutet, einen Artikel ohne Einverständnis des *Local News Editors*. Im Untersuchungszeitraum entpuppte sich die permanente Abstimmung allerdings als reine Formsache. Nie hat der *Local News Editor* Vorschläge seiner Mitarbeiter abgelehnt. Nur einmal, als sich die Idee eines *Copy Editors* als zu knifflig in der Umsetzung erwies, siegte Ungeduld über äußerste Sorgfalt, die im *Copy Desk* der "Seattle Times" auch aus winzigen Textänderungen einen mehrstufigen Abstimmungsvorgang zu machen pflegt. Nach kurzer Diskussion mit dem *Local News Editor*, ob die bevorstehende Versetzung von Lehrern *ein* Problem der örtlichen Schulbehörde sei, wie der Reporter schrieb, oder ein *neues*, wie der *Copy Editor* einfügen wollte, setzte

---

[12] Gespräch ACE mornings (Protokoll 10. Oktober 1989, S. 1):
Question: Why are there not so many mistakes in the paper?
Answer: The reporter writes it, editor reads it, nightshift edits and copy-edits it, I read it, then we run proof programs, indicates all unknown spellings.

[13] Zitat Special projects und Local copy editor (Protokoll 12. Oktober 1989, S. 1):
"I put in my initial to indicate that I am working on it, then go through the story twice. First I check style, grammar, spelling, back through it again check contents, i.e. is the lead supportive? If not, I send it back with my question to J. (=Local news editor)."
Question: How long takes a story?
Answer: Depends on how much editing it needs. This one seems to be in fairly good shape.
Question: How do you handle copy, what is your measure for changes?
Answer: Not necessarily changing writing style as we feel the need to go to the point faster. If it takes five inches, I make a suggestion. We are supposed to do more than check for spelling and grammar. Anything and everything on a story. I am surprised how many times there is something missing.

der zuständige ACE entnervt den ursprünglichen Einstieg durch: *"Just leave the fucking lead alone."*[14]

Trotz der verschwindend geringen Zahl von Einwänden halten die *Copy Editors* der "Seattle Times" den elektronischen Schriftverkehr mit ihrem Vorgesetzten für unverzichtbar. Wird ihr *Editing* nachträglich kritisiert, läßt sich genau rückverfolgen, wer den Text in Arbeit hatte. Und falls tatsächlich ein Fehler vorkommt, trägt der *Local News Editor* stets Verantwortung mit, weil er grünes Licht für den Änderungsvorschlag gab.[15]

Stößt ein *Copy Editor* in einem Artikel auf inhaltliche Unklarheiten, werden Fragen, den hierarchischen Linien folgend, über den *Local News Editor* auf *City Desk* rückdelegiert. Der *Local News Editor* wendet sich an den für den jeweiligen Reporter zuständigen ACE. Dieser versucht, den Reporter zu erreichen, um die Antwort des *Copy Desks* korrekt beantworten zu können.[16]

Wenn während dieses Verfahrens unter den beteiligten Redakteuren gelegentlich Unmut artikuliert wird, dann nicht gegen das aufwendige Regelwerk, sondern gegen den Reporter, der derart "wirres Zeug" und damit die zusätzlichen Umstände fabriziert. Geschimpft wird grundsätzlich nie im Beisein der Autoren.

Einen ausdrücklichen Hinweis des *Copy Desks* auf Textunzulänglichkeiten auf eigenes Risiko zu ignorieren, erlauben sich die Redakteure von *City Desk* nicht einmal bei den Stadtteilseiten, die schon in der Nacht vorgedruckt werden und

---

[14] Notizen Frühschicht (Protokoll 12. Oktober 1989, S. 1):
7.20 a.m. school story. Lead has too long sentence.
R. (Local copy editor): I don't like that sentence (too many figures).
7.38 a.m. note to R. (ACE urbain affairs): "Adding 'new' to lead because district has loads of problems. Ok by you?"
7.42 a.m. R. stops, wonders if 'little interest' hits the point if a union leader is quoted saying 'we will discuss'.
7.45 a.m. answers R.: "It is not a new problem. They have moved teachers in the past."
7.47 a.m. note to R.: "How about saying 'another' problem?"
7.49 a.m. answers R.: "Just leave the fucking lead alone."
7.50 a.m. starts making headline
7.56 a.m. check over desk with J. (Local news editor)
7.57 a.m. message to J.: "In Skull 11 rewrite of this sentence Ok?"
7.58 a.m. answers J.:"It is an improvement."
Notizen Frühschicht (Protokoll 11. Oktober 1989, S. 2):
7.50 a.m. suggestion from a copy editor concerning cutline fall-photo, trees in the fog. Comes as memo. J. (Local news editor) answers "Go ahead, do it".

[15] Zitat Local slot (Protokoll 12. Oktober 1989, S. 3):
"I check with J. (Local news editor). I am sort of nervous of making changes myself because I am the last one to check. Mostly over the desk, sometimes, if he is busy, I just go ahead and send a message, 'Is that ok?' If he says fine, I send it."

[16] Notizen Frühschicht (Protokoll 10. Oktober 1989, S. 1):
6.30 a.m. problems with a story from political reporter R. about the mayor and school busing. J., chief of copy desk, thinks that the lead does not work - some sort of traffic metaphore - gives it to N. (ACE morning), they both start thinking and try to change, torture their brains for about five minutes and fail. N. sends a note to D. (ACE politics), who will come in at 7 a.m. "D., futz with it, please."....
7.20 a.m. mayor story is changed by D., the lead is totally new. D. reads it to the reporter on the phone. No problems. D.: "He appreciates good editing."

nur einen geringen Teil der Auflage erreichen. Widerwillig, aber vorschriftsgemäß arbeiten sie das Korrekturprogramm ab.[17]

Stellvertretender Chefredakteur als "Graue Eminenz" der Textkontrolle

Als informelle oberste Instanz und "Graue Eminenz" der Textkontrolle ruft sich *Managing Editor* Alex MacLeod ab 6 Uhr morgens fertig bearbeitete Berichte der vorderen Seiten per Computer auf. Das ist früh genug, um einen oder mehrere Artikel vor Redaktionsschluß der ersten Ausgabe notfalls komplett zu ändern.[18] Von Vertrauen in die Zuverlässigkeit der zahlreichen *Editing*-Stufen davor zeugt dieses Verhalten nicht, zumal es, obwohl nirgends vorgeschrieben, stillschweigend zum festen Bestandteil täglicher Produktionsroutine geworden ist.

Außerdem kann jeder Redakteur, der Lust und Muße hat, während des ganzen Vormittages Vorschläge machen, wie sich ein Artikel oder eine Seite seiner Meinung nach verbessern ließe. Erst wenn die letzte Auflage, das *"Night Final"*, gedruckt ist, hört das Nachkarten definitiv auf. Höflich wie man bei der "Seattle Times" miteinander umzugehen pflegt, wird keine gegenüber den zuständigen Redakteuren geäußerte Idee sofort verworfen, sondern ruhig angehört und zumindest formhalber erwogen.[19]

7.1.3. Reporter der "Seattle Times" finden praktizierte Textkontrolle überzogen, kontraproduktiv

Redakteure vermuten zu Recht, daß die Haltung der Reporter gegenüber der Textkontrolle, wie sie die "Seattle Times" praktiziert, kritisch bis ablehnend ist. Reporter, da irren Redakteure nicht, empfinden allein die Vielzahl der Stationen

---

[17] Notizen Frühschicht (Protokoll 11. Oktober 1989, S. 2):
6.15 a.m. A. (Local slot), who has proof-read zone covers, finds misleading names in coverstory East, one part totally confused. (Local news editor) J. ("Something like that is especially unpleasant when everything is done") at 6.30 a.m. hands proof of zone page with questions to N. (ACE morning). N. phones the reporter who made the story about more and more people having guns. In the meantime, 6.24 a.m., N. whom J. sent the crossarm-story with a question called the reporter who answered as far as he could. Question on cover South J. himself phones the bureau, because N. is still busy talking to S. (ironically whispers `a minor nightmare`), changes story. J. informs staff in production, question to South zone answered with a memo (telephone number he asks for not available yet), J. sends back: "Thanks for checking."
7.55 a.m. N. has reporter on the phone, talks and writes East-cover-story at the same time.
8.00 a.m. ready, rather upset. N.: I am afraid this story is not worth it, but I did what I could.

[18] Zitat Managing editor (Protokoll 20. November 1989, S. 1):
"I read the paper in the computer at about 6 a.m.. If somebody agrees with me in disliking something we can still change it."

[19] Zitat GA-reporter (Protokoll 13. November 1989, S. 2):
"Everybody over there (city and copy desk) tends to second-guess the reporter, i.e. the poll about the election on Page 1. It satisfied me, the political editor, it was completely through the copy desk, even printed. But that doesn`t end the possibility for people to second-guess. Then J. (Wire news editor) came to me and asked "Don`t you think that lead is a little bit unfair to Doug Jewett (konservativer Bürgermeister)?" I said, "No, I don`t think so. I discussed it with D. (ACE politics), talk to him what he thinks. " D. had already gone home, probably he thought it is not important enough to go to R. (city editor), so the story remained as it was."

als überflüssig ("*too many eyes on a story*").[20] Das *Editing*-Verfahren sei nicht nur unergiebig, sondern kontraproduktiv, sagen sie. Jeder Drübergucker fühle sich genötigt, etwas zu bemängeln, um seine Existenz zu rechtfertigen ("*is bounced to come up with something*")[21] und würde "dumme Fragen" stellen.[22] Der ganze Aufwand, der für das *Editing* betrieben werde, stehe in keinem Verhältnis zum Ertrag: "*I wrote a story. They changed one word. Why must six people check?*"[23] Diese Kritik finden auch Redakteure legitim: "*Yes, we spend far more time on editing than on reporting.*"[24] Allerdings, gibt der Lokalchef zu bedenken, mache die Redundanz des Verfahrens die Qualitätseinbußen durch wegrationalisierte Korrektoren wett.[25] Angesichts der mit Sicherheit höheren Kosten für die jetzige Prozedur wirkt dieser Begründungsversuch freilich seltsam hilflos und wenig schlüssig.

Ungefragt beugen Autoren möglichen *Editing*-Fehlern vor

Formale Möglichkeiten zur Kontrolle der Text-Kontrolleure durch Reporter existieren nicht. Der Lokalchef umschreibt den Zustand wie folgt: "*Reporters are not discouraged to look i.e. at headlines but there is no process set up.*"[26] Dennoch hat fast jeder Reporter aus der schmerzlichen Erfahrung von Unzulänglichkeiten im *Editing* Taktiken entwickelt, um bei größeren Geschichten in letzter Sekunde vor der Veröffentlichung zu verhindern, daß Fehlerhaftes, sinnentstellend Gekürztes oder sprachlich Verstümmeltes unter der eigenen Namenszeile erscheint.

Die Skepsis der Autoren richtet sich vor allem gegen das *Copy Desk* der "Seattle Times". Die gebräuchlichste Form, möglichen Ausrutschern vorzubeugen, besteht darin, die fertig ins Layout eingepaßten und übertitelten Geschichten entweder vor Andruck im Verzeichnis oder in der frischgedruckten

---

[20] Gespräch ACE morning (Protokoll 10. Oktober 1989, S. 1)
Question: What do you think reporters will complain about when I ask them?
Answer: There are too many eyes on a story, the reporters will say, I suppose.
Zitat ACE metro (Protokoll 13. Oktober 1989, S. 3):
"This paper is heavily edited, bothers reporters a lot."

[21] Zitat City editor (Protokoll 24. November 1989, S. 1):
"From a reporter's perspective there is more redundance than necessary. One to two many set of eyes. We edit stories at least once too often, that is a continuous debate, and of course, that set of eyes that looks at a story is bounced to come up with something."

[22] Gespräch ACE south zone (Protokoll 18. Oktober 1989, S. 2):
Question: How react reporters to copy?
Answer: Sometimes they think they are asked stupid questions, because they think it is clear.

[23] Zitat Higher education reporter (Protokoll 23. Januar 1990, S. 5).

[24] Zitat Night news editor (Protokoll 16. Oktober 1989, S. 1).

[25] Gespräch City editor (Protokoll 24. November 1989, S. 1):
Question: Don't you think in your process of handling copy is some redundancy?
Answer: Years ago there used to be proofreaders. When technology gave us the chance to put copy into type from computers on copy desk, we did it. So they built redundancy into the copy flow, I guess.

[26] Zitat City editor (Protokoll 24. November 1989, S. 1).

Frühausgabe der Zeitung zu lesen. Diese Wachsamkeit, die sowohl Mühe als auch Zeit kostet, sei jeder Reporter seinen Geschichten aus professioneller Verantwortung selbstverständlich schuldig, meinen Reporter, trotz der gegenläufigen Weichenstellung durch das auf Arbeitsteiligkeit und Spezialisierung drängende Management der Redaktion. Vor allem, da die Autorenzeile Lesern wie Informanten suggeriert, einzig der Reporter sei verantwortlich für den Artikel, der in der Zeitung steht, einschließlich Bildzeilen und Überschrift.[27]

Zitate.

"I stayed around while being edited."[28]

"I'm tankering with my stories by the copy desk. Some of them don't have much feeling for the language." [29]

"I take the story on the screen again after the editing to see what they have done and check the headline,...often I want to know just how they did it. Usually pretty obvious why they changed it, i.e. in today's El Salvador-story they completely dropped the school's name."[30]

"I always read my story in the paper, sometimes I find boring errors. When I know a story is going to appear at a certain day the first thing when I come in is to call it up, see the editing, check the headline. It happened that things were edited out I think are important. Because I was on copy desk I know how the system works and I am much more willing to fight for something. They tend to believe me. The operation as a whole is very quite. If it happens it happens."[31]

"After the editing is done, I go over the stories again, sometimes restoring things, making sure it is accurate. Difficult for an editor to reduce size and not being in the story. I might write 120 inches and he wants 80 inches, he got to lose a third of it and I don't want to take out paragraphs, only little pieces within."[32]

"Sure, usually I read a story after editing. I do a lot of errors, often not too late to change for 2nd or 3rd edition. I made a lot of mistakes. That made me real

---

[27] Daß sich US-Reporter in einem 25-Stunden-Job fühlen und weit über den Feierabend hinaus über mögliche Fehler in ihrem zuletzt fertiggestellten Artikel sorgen, zeigte am Beispiel von vier Beat-Reportern der "St. Petersburg Times" in Florida Andrew William Morgan: Stress and the reporter: An exploratory study. M.A. University of Florida 1982.

[28] Zitat City government reporter zur Reportage über den ersten schwarzen Bürgermeister von Seattle (Protokoll 8. November 1989, S. 1)

[29] Zitat Traffic/growth reporter (Protokoll 8. Dezember 1989, S. 2).

[30] Zitat GA-reporter (Protokoll 13. November 1989, S. 2).

[31] Zitat Nukes/GA-reporter (Protokoll 4. Dezember 1989, S. 2).

[32] Zitat Investigative reporter (Protokoll 30. November 1989, S. 2).

nervous. If I know the story will be in the paper the first thing is to call the story up. This is our responsibility as reporters."[33]

"I read it in the paper, check the editing, of course. I care about what I write." - "Do you complain?" - "Of course."[34]

"One thing every reporter needs to do is to read your story as it has been edited and if necessary change it for next editions."[35]

Ein Reporter verrät augenzwinkernd, er würde notfalls sogar manipulieren, um sich Korrekturmöglichkeiten länger offenzuhalten, was praktischerweise gleichzeitig verhindert, daß sein Text hinten im Blatt zwischen Anzeigen versinkt: *"There were times when I came in and wanted to make a change and the story was on an overnight page, impossible. Now I write "maybe updated" in it, even if it is not necessarily true, if I don't want to have my story on one of these pages. They are far behind, too. Usually it works."*[36]

Nachträgliche Reklamationen am *Editing* aus Prinzip

Kommen erwiesenermaßen *Editing*-Fehler vor, machen die Reporter der "Seattle Times" aus Prinzip nachträglich einen Vorgang daraus, um größeren Respekt im Umgang mit ihren Texten anzumahnen und übereifrige Redakteure zu zügeln. In den meisten Fällen geht die Beschwerde als Computernotiz an den eigenen Redakteur (ACE) als nächsthöhere Instanz, und der leitet die Klage weiter an den *Local News Editor*, den Chef des *Copy Desks*. So verfährt etwa der Umweltreporter, als ein *Copy Editor* in einem Artikel über öffentliche Gelder zur Erforschung des Unteren Columbia River dem Begriff *"green report"* eine falsche Erklärung beifügt. Automatisch fiel dieser Mißgriff als mangelndes Fachwissen auf den Reporter zurück, weil nur sein Name über dem Artikel stand, und das ärgerte ihn sehr.[37]

Die den Reportern direkt vorgesetzten Redakteure (ACEs) tragen die Wachsamkeit ihrer Autoren gegenüber dem *Copy Desk* engagiert mit. Vor allem, wenn Geschichten ihrer Meinung nach sprachlich verstümmelt worden

---

[33] Zitat Roving reporter, filling in for schools (Protokoll 6. Dezember 1989, S. 2).

[34] Zitat Roving reporter (Protokoll 7. Dezember 1989, S. 2).

[35] Zitat GA-reporter (Protokoll 8. Dezember 1989, S. 1).

[36] Zitat GA-reporter (Protokoll 14. November 1989, S. 5).

[37] Protokoll Environmental reporter (Protokoll 1. November 1989, S. 6):
2.35 p.m. sends short message to D. (ACE politics) about little editing error in Columbia story.

sind, haken sie nach, ebenfalls aus Prinzip.[38] So beschäftigt sich die Redaktion der "Seattle Times" immer auch mit sich selbst. Daß kein *Copy Editor* einen Handgriff ohne das schriftliche *"Go ahead"* des *Local News Editors* tut, mag an der Gründlichkeit liegen, mit der dieser Reklamationen rückverfolgt: *"On copy desk it is routine to trace mistakes and errors back."*[39]

Richtiges Maß für Einmischung und Kritik muß erlernt werden - formal nicht faßbar

Das rechte Maß für Kritik im Rahmen der formalen Möglichkeiten steht nirgends geschrieben. Weder Reporter noch Redakteure können sich hier auf eine feste Formel oder ein allgemeingültiges Verfahren berufen. Die Dosierung verlangt psychologisches Fingerspitzengefühl und ist in erster Linie Ergebnis langjähriger Erfahrung im Umgang mit den Kollegen in der Redaktion. Der Politikredakteur meint beispielsweise, er wisse sehr genau, wie radikal und eigenmächtig er die Texte welcher Reporter anpacken könne. Geduldig fängt er diese Unterschiede durch Flexibiltiät und angepaßtes Verhalten seinerseits auf.[40] Ein jüngerer Reporter hingegen klagt, er müsse noch lernen, den rechten Ton zur rechten Zeit zu finden und "das Spiel" so zu spielen, daß er Kritik äußert, wo notwendig, und darauf verzichtet, wo sie als unprofessionelles Querulantentum auf ihn zurückfallen könnte.[41]

Als eine Art Schiedsrichter, der darüber wacht, daß keiner seiner ACEs die formal eingeräumte Kontrollbefugnis überreizt und sich gegenüber Reporter-Kritik am *Editing* taub stellt, versteht sich der Lokalchef. Allerdings unterstreicht auch er das hierzu notwendige Taktgefühl, damit die Autorität vorgesetzter Redakteure im Zuge solcher Streitigkeiten keinen Schaden nimmt. Keiner der Beteiligten dürfe das Gesicht verlieren: *" There is no editor who has absolute power rewriting the story. The reporter can come to me and say he or she*

---

[38] Notiz ACE urban affairs R. (Protokoll 13. Oktober 1989, S. 1):
9.37 a.m. does what he usually does first, looks what is in the paper from his stories, looks at the editing, too.
9.45 a.m. R. goes to J. (Local news editor), says, they butchered it (the story), points at the paper. J. agrees, gives it back to copy desk for 2nd edition remake.
9.55 a.m. message to J.: "This quotation appears to have been edited."
J. (ACE metro) agrees: "Quotes should not be cleaned up".
10.10 a.m. J. answers: "It was done overnite. I'll pass on your message to J. (Night news editor). You wanna fix and let me know. Will redump for 2nd." R. walks over to J., says afterwards (smiling):
"He takes it very serious. It was more policy from my side."

[39] Zitat Science reporter (21. November 1989, S. 3).

[40] Zitat ACE politics (Protokoll 5. Dezember 1989, S. 2):
" I try to find different approaches with different reporters. There are some I basically discuss everything including minor changes, others I know they appreciate good editing.
If I'm editing personwise I know I can have a freer hand without much discussions on this, with this guy I must talk, talk, talk."

[41] Roving reporter, filling in for schools (Protokoll 6. Dezember 1989, S. 2):
"Garble, unclear, inconvenient: I'm learning that game. Some reporters argue over every single point. I try to be intelligent what to argue about, what to be cool about. You must have respect for the people you work with. It is not like the paper in Kansas, 20 000 circulation, where you treat them, the editors, as friends and jump on. This is a big organization. I feel I have an incredible amount to learn."

screwed the story. No one has that absolute power... Some have this odd tendency to rewrite. I work with them in a way you don't undermine them, carefully and quietly."[42] Auf die Probe gestellt wurde seine Schiedsrichterrolle im Untersuchungszeitraum nicht. Vermutlich würde Kritik an Kleinigkeiten noch rascher zum "Vorgang" ausufern, der atmosphärische Störungen in der gesamten Redaktion provoziert, wenn der Lokalchef in Streitfällen tatsächlich als höchste Instanz eingeschaltet werden würde.

Reporter der "Seattle Times" betrachten *Editing* grundsätzlich als unverzichtbar, um Artikel optimal zu formen

Grundsätzlich, und hier zeigt sich einmal mehr, wie fest berufsspezifische Traditionen in den Überzeugungen amerikanischer Journalisten verwurzelt sind - auch der im Kapitel Spezialisierung zitierte Reporter kritisierte das "Klima" in der Redaktion, nicht die Hierarchie - steht die Mehrheit der Reporter der "Seattle Times" hinter der Notwendigkeit von *Editing* als Vorhandensein eines "zweiten Hirns", das eine Geschichte journalistisch verbessern und die Autoren vor peinlichen sachlichen Fehlern schützen kann.

Zitate.

"Stolpersteine" ausräumen

"Good editing makes a product better. Any author or writer will put too much into it, too much words. An editor's job is to remove the obstacles, he must approach the story as a reader and make the changes he'd like to have as a reader."[43]

Fragen stellen, die der Reporter aufgrund zu ausführlicher Beschäftigung mit der Materie übersehen hat

"A lot of substantive stuff is found in the editing process, questions you didn't think of, where to go from here. It is good to have another brain. Reporters have the tendency to think they have asked everything."[44]

Sachliche Fehler identifizieren

"They (editors and copy-editors) save a lot of reporters from embarrassment. You make mistakes. You need someone to check."[45]

---

[42] Zitat City editor (Protokoll 24. November 1989, S. 2).

[43] Zitat Investigative reporter (Protokoll 30. November 1989, S. 2).

[44] Zitat Higher education reporter (Protokoll 29. November 1989, S. 8).

[45] Zitat Nukes/GA-reporter (Protokoll 4. Dezember 1989, S. 2).

"Just good process"

"Reporters always need an editor. No story couldn`be improved but of course there are some butchers, some artists. One thing every reporter needs to do is to read your story as it has been edited and if necessary change it for next editions. It`s good process. An editor is protection from errors. It is a give and a take between reporters and editors. It is just good process - at least at the Times."[46]

Konkrete Vorwürfe der Reporter gegen das *Editing* der "Seattle Times"

Nur einem der befragten Reporter mißfällt das *Editing* bei der "Seattle Times" ständig. Er könne es nicht mehr ertragen, seine Geschichten im Blatt zu lesen, schimpft er, so häufig würden sie sprachlich von Redakteuren verunstaltet und unter seiner Autorenzeile verkauft.[47] Kollegen äußern sich vorsichtiger. Einen Hang zu Gleichmacherei, die Geschichten "das Leben nimmt", kritisiert ein älterer Reporter: *"Sometimes you feel it is edited by a committee. They tend to kill life in the stories and mould it in a pattern."*[48]

Provokative Formulierungen, bildhafte Vergleiche und kommentierende Sätze fallen im Laufe des *Editings* bei der "Seattle Times", wie der folgende *Input-Output*-Vergleich zwischen Reportermanuskripten und Artikeln detailliert belegen wird, in der Tat auffällig oft fort. Ihr Gebrauch verstößt offenbar gegen das Objektivitätsgebot, das die strikte Trennung zwischen Nachricht und Meinung verlangt und zu den unveräußerlichen Grundsätzen des amerikanischen (Zeitungs)Journalismus zählt.[49] Reporter der "Seattle Times" kennen diese Regel zwar in- und auswendig und erkennen sie prinzipiell an. Aber aus dem Drang nach persönlicher Handschrift und mehr Originalität

---

[46] Zitat GA-reporter (Protokoll 8. Dezember 1989, S. 1)

[47] Zitat GA-reporter and traffic columnist (Protokoll 5. Dezember 1989, Seite 1):
"It is not the editor`s name that is on a story. If it is screwed up I am the one to blame. If it is my mistake I accept responsibility. There is a lot of psychology behind it...Ican`t stand read my own stuff in the paper. I`m never satisfied. It`s just emotionally upsetting what happened to the story, frequently mistakes are put somewhere in the editing process."

[48] Zitat GA-reporter (Protokoll 5. Dezember 1989, S. 2):

[49] Die überwältigende Mehrheit der amerikanischen Reporter und Redakteure hält das Festhalten an dieser Norm für unerläßlich.- Barbara E. Phillips: Approaches to objectivity: Journalistic versus social science perspectives. In: Paul M. Hirsch et al.: Strategies for communication research. Beverly Hills 1977, S. 63-77. Zitat: "98 % of the newsgatherers and editors polled virtually defined journalism as adherence to the norm of objectivity." Als geradezu beleidigend empfinden US-Redakteure die These der Kommunikationswissenschaft, das Pochen auf Objektivität diene ihnen als "copy out".- John H. Boyer: How editors view objectivity. In: Journalism Quarterly, Frühling 1981, S. 24-28.

erproben fast alle Befragten die Grenze erlaubter Spielereien mit jeder Geschichte neu.[50]

Im Bericht über den umgestürzten Baukran in San Francisco erwähnte die Reporterin, daß im Büro der Firma in Seattle ein Plakat mit der Aufschrift *"Salesmen make good targets"* im Fenster stand. Daß der Spruch als zu salopp herausfliegen würde, war ihr eigentlich von Anfang an klar. Gebracht hat sie ihn trotzdem.[51] Doppelt ärgerte den Reporter, der die Verkehrskolumne schreibt, als er Busse, die aus einem Tunnel auftauchen, mit U-Booten verglich und die Kolumne tags drauf ohne die Metapher erschien, obwohl sein unmittelbarer Vorgesetzter, der Nachtredakteur, den bildhaften Vergleich ebenso originell und anschaulich fand wie er selbst:*" I had a column on busses coming out of a tunnel and made a comparison to submarines because it exactly looked like that. M., the night editor, said, Great! , and the next morning it was edited out, that was not a big deal but you know..."*[52]

Die *Copy Editors* der "Seattle Times", mit dieser Kritik konfrontiert, betonen, sie wollten keine Uniformität schaffen: *"I think we don`t chase a story down to a blender fire, lacking character, sustinction."* Dennoch dürfen sie die Texte hauptamtlicher Kolumnisten grundsätzlich nie antasten, bezeichnenderweise wegen der Gefahr stilistischer Gleichmacherei.[53] Auch den ACEs schwebt nach eigener Darstellung ein *Editing* vor, das individuelle Handschriften der Reporter respektiert.[54] Doch die unterschwellige Verzerrung der Perspektiven, wie weit dieser Respekt bei wem reicht, erwähnen sie nicht. Lediglich ein Reporter merkt

---

[50] US-Reporter fühlen sich generell eingeschränkt durch die Forderung nach dem "straight news account".- Arnold H. Ismach/Everette E. Dennis: A profile of newspaper and television reporters in a metropolitan setting. In: Journalism Quarterly, Winter 1978, S. 739-743; Eine schlagkräftige Gegenbewegung stellte Anfang der 70er Jahre der im Kapitel Spezialisierung bereits erwähnte "new journalism" dar.- Everette E. Dennis/William L. Rivers: Other voices: The news journalism in America. San Francisco 1974. Zitat: "The best objective reporter may cover all the surface of an event, the best interpretative reporter may explain all its meanings, but both are bloodless, a world away from experience." In Deutschland beinhaltet der Begriff Reportage selbstverständlich, daß Reporter auch Position beziehen.- Irene Jung: Experiment Reportage. In: journalist, Februar 1988, S. 38f.

[51] Gespräch ACE mornings und Higher education reporter (Protokoll 29. November 1989, S. 7): "N. (ACE mornings) to S. (Higher ed reporter): "I took out this salesmen..." S. (laughs): "I knew you would." N.: "It`s too skippy. That`s what people tell other people in the streets. That doesn`t belong to a news story. S.: "I always throw in everything I have. They can take it out or leave it."

[52] Zitat GA-reporter and traffic columnist (Protokoll 5. Dezember 1989, S. 1).

[53] Gespräch Local and special projects copy editor (Protokoll 12. Oktober 1989, S. 1):
Question: What`s the measure for copy-editing?
Answer: At least, be clear. That`s a basic standard for me in editing. I think we don`t chase a story down to a blender fire, lacking character, sustinction. We tend to be more analytical, allow the writer to start with an anecdote. Because we are late, we cannot sell fresh news.
Question: Doesn`t copy-editing produce uniformity?
Answer: That`s often said, and that`s why we don`t work on a columnist who also lives from his personal writing style.

[54] Zitat ACE politics (Protokoll 6. Dezember 1989, S. 2):
"I really think that most of the time I improve stories in the editing process. I am a good word-editor and give some massage. Many reporters say I don`t need that but I think good, careful editing is important. I try to find different approaches with different reporters."
Zitat ACE urban affairs and writing coach (Protokoll 6. Dezember 1989, S. 1):
"We try to respect the individual. When I touch their copy I don`t change it to my intentions."

an, er würde unterschiedlich strikte Maßstäbe für unterschiedliche Kollegen erkennen. Je höher der "Status" eines Reporters, desto größer sei seine "künstlerische Freiheit", sagt er: *"You have more latitude in writing style."*[55]

Quantitativ ließe sich die Behauptung, in wessen Texten wieviel von der journalistischen Sprachnorm Abweichendes durchgeht, nur im Rahmen einer exakten Textanalyse oder eines Experiments, zum Beispiel mit gleichen Texten unter fingierten Autorenzeilen, verifizieren. Offen bliebe jedoch auch dann noch die eigentliche Grundfrage zur Textkontrolle, ob nämlich *Editing* im Hinblick auf die Sicherung der Produktqualität wegen eines "objektiven" Leistungsgefälles der Reporter mehr oder weniger hart sein muß, und Beschneidungen der Ausdrucksmöglichkeiten, so schmerzhaft sie für den einzelnen Reporter sein mögen, aus der Perspektive möglichst hoher Produktqualität letztlich doch "objektiv" und fair sind und mitnichten Ausdruck persönlicher Verunglimpfung oder Begünstigung.[56]

7.1.4. Topziel der Textkontrolle: Berichterstattung juristisch unanfechtbar machen

Zu den ganz offenkundigen Zielen des *Editing*-Verfahrens bei der "Seattle Times" zählt, Texte juristisch unanfechtbar zu machen. Konsequent aussortiert wird, was auch nur im entferntesten Sinne als rassistisch, frauenfeindlich oder persönliche Beleidigung interpretiert werden könnte. So streicht etwa der Politikredakteur umgehend den Ausspruch von Demonstranten, die den damaligen US-Vizepräsidenten Dan Quayle anläßlich seines Besuches in Seattle mit Hitler verglichen.[57]

Reporter halten Redakteure in ihrer vorauseilenden Rücksichtnahme auf *"political correctness"* zuweilen für überängstlich, ja unjournalistisch, vor allem wenn es um schwarze Afro-Amerikaner oder indianische Ureinwohner geht.[58] Kleinigkeiten illustrieren die Empfindlichkeit der "Seattle Times"-Redakteure im Umgang mit diesen Bevölkerungsgruppen.

---

[55] Zitat Neighborhood reporter (Protokoll 4. Dezember 1989, S. 2):
"It depends on how high your status as a reporter is how much you can put into a story. You have more latitude in writing style. One the whole it works pretty smoothly, more or less."

[56] Als sekundäre Einflußfaktoren auf die Entscheidung über mehr oder weniger prominente Plazierung von Artikeln nannten die befragten Redakteure zweier Tageszeitungen in Denver "writing quality, degree of continuity and the credibility and skill of the individual reporter." - Marilyn Fritzler: Evaluating news. M.A. University of Colorado 1982; Auch der Schreibtrainer der "Seattle Times" meinte: "It is reality. There are better writers and better reporters consistently. That`s natural. It is true that a story by reporter x is better written and more interesting than a story written by reporter y." Zitat ACE urban affairs and writing coach (Protokoll 6. Dezember 1989, S. 1).

[57] Notiz ACE politics (Protokoll 16. Oktober 1989, S. 1):
16.26 p.m. Dan Quayle in Seattle, protestors quote comparing Quayle with Hitler taken out by D. (ACE politics).

[58] Die erste ins Deutsche übersetzte polemisch zugespitzte, aber deshalb nicht weniger überzeugende Kritik am derzeitigen Umgang mit der ursprünglich guten und fortschrittlichen Idee, die amerikanische Öffentlichkeit für sprachliche Diskriminierungen zu sensibilisieren, liefert Robert Hughes: Nachrichten aus dem Jammertal. Wie sich die Amerikaner in political correctness verstrickt haben. München 1994.

Die *Metro*-Redakteurin empfand den Gebrauch des familiären Wortes *"boy"* in einem Artikel der Gerichtsreporterin über einen schwarzen Richter und dessen Jugend als herabsetzend. Sie fügte die neutralere Bezeichnung *"youngster"* ein, *"because of the bad connotation boy has, especially used for blacks"*. Fazit der Reporterin: *"Editors always go for the safer."* [59]

Einen GA-Reporter ärgerte maßlos, daß ihm die Mimosenhaftigkeit der textbearbeitenden Redakteure die Erwähnung der TV-Rolle verbot, durch die ein indianischer Schauspieler in ganz Amerika berühmt geworden war. Wegen dieser Streichung beschwerte sich der sonst eher abgeklärt wirkende Mitarbeiter und frühere Anti-Vietnam-Aktivist bei seinem ACE: *"Sometimes the desk makes changes I argue about, for example the Satiacum story in Thursday`s paper. It referred to supporters of Indian fishing rights, among others TV-actor Jay Silverhill who played the "Tanto" and nobody knows him but as this. Somebody on the desk thought that that wasn`t fitting, that that was racist. We ended up leaving him completely out, I think...There is a climate of readiness to take offense, minorities, women. The editor is sometimes so careful that it stops them to make logical decision, i.e. this actor`s name to identify him."* [60]

7.1.5. *Input-Output*-Vergleich bestätigt Reporterkritik

Die Änderungen an den Texten der sechs Reporter, die im Untersuchungszeitraum für je eine Woche begleitet wurden, bestätigen die Kritik der Reporter am *Editing* der "Seattle Times" weitgehend. Der Befund scheint umso signifikanter, als daß es sich bei den 30 Vergleichsprodukten um reine Zufallsstichproben handelt.

Das vielstufige *Editing* schlägt sich mit Abstand am häufigsten als grammatikalischer und sprachlicher Feinschliff nieder. Sätze werden umgestellt; statt *"said Benson"* heißt es nach einem wörtlichen Zitat *"Benson said"*. Vokabeln werden ausgetauscht; *"in World War II"* wird zu *"during World War II"*.[61] Ein einschränkender Nebensatz schließt statt mit *"but"* mit einem eleganteren *"however"* an.[62] Zahlen werden ausgeschrieben; das *"7th Grade"* aus dem Reporter-Rohmanuskript wird im Blatt zum *"Seventh Grade"*.[63] Statt *"American authorities"* oder *"American prisons"* heißt es korrekter *"U.S. authorities"* und *"U.S. prisons"*.[64] Informationen werden präzisiert; statt *"on both*

---

[59] Zitat Court reporter (Protokoll 24. Oktober 1989, S. 5).

[60] Zitat GA-reporter (Protokoll 13. November 1989, S. 2/4).

[61] City Hall reporter, Art. 5 ("Royer to close Pine Street"), 9. November 1989, S. 1.

[62] Higher Education reporter, Art. 3 ("Turning to the private colleges"), 30. November 1989, B 2.

[63] GA-reporter, Art. 1 ("Grenade kills Spokane teacher"), 13. November 1989, S. 1.

[64] GA-reporter, Art. 3 ("How long, how far can I run? asks a weary Satiacum"), 16. November 1989, NW-Cover.

occasions" heißt es *"in both motel incidents",*[65] statt *"the plan"* noch einmal deutlich *"the branch campus plan".*[66] All dies sind Korrekturen, die den Sprachfluß glätten und das Textverständnis für den Leser, so weit ich es mit meinen Englischkenntnissen beurteilen kann, in der Tat erleichtern. Die betriebswirtschaftliche und inhaltliche Effizienz des Verfahrens, das Verhältnis zwischen Aufwand und Ertrag, bleibt dennoch fraglich.

Rarer, gleichwohl ideologisch und für die Autoren gewichtiger, sind Änderungen, die kritiklos und oft auf Kosten von Sprachfluß und Signifikanz der Schilderung dem Objektivitätsdiktat Geltung verschaffen wollen oder die zuvor erwähnte *"political correctness"* überstülpen.

Amtliche Quellen werden öfter ausdrücklich und in voller Länge erwähnt als im Ursprungstext der Reporter (*"according to King County Superior Court documents"*),[67] vermutlich um sich vor Gegendarstellungen oder später ausführlicher problematisierten Schadenersatzklagen zu schützen und klar zu signalisieren, daß dies keine Behauptung der Zeitung ist. So wird ein ehemals klarer Satz hölzern und kompliziert. Bei Platzmangel wird der Artikel radikal gekürzt, um Raum für solche Einschübe zu schaffen.

Ein mit wertenden Äußerungen und bildhaften Vergleichen durchsetzter Schreibstil, den die Reporter selber für origineller und individueller halten, muß nüchterner Nachrichtensprache weichen. Ausdrücke wie *"just how that money will be spend isn't yet cast in stone"* in einem kommunalpolitischen Artikel[68] oder *"with no fanfare"* als Einleitung zu einer folgenreichen Justizentscheidung[69] werden ersatzlos gestrichen. Statt *"face the unenviable task"* erscheint im Blatt ein neutrales *"had to".*[70] Der saloppe Kommentar *"but then what"* wird ersatzlos gestrichen,[71] statt *"will have a good, hard look at the issue"* heißt es schlicht *"will review".*[72] Auf diese Eingriffe in ihre schöpferische Freiheit reagieren alle befragten Autoren äußerst sensibel.

Auch in wörtlichen Zitaten sind Wertungen, die an Beleidigungen, persönliche Verunglimpfung und Provokationen grenzen, tabu. So werden die abfälligen Bemerkungen eines Wahlverlierers über den Sieger (*"a bean counter"*) aus einem Bericht gestrichen, obwohl sie der City Government Reporter der "Seattle Times" bezeichnend für den Stil der Kampagne fand.[73]

---

[65] Court reporter, Art. 5 ("Ex-officer sentenced to 8 months in jail"), 28. Oktober 1989, A 11.

[66] Higher Education reporter, Art. 3 ("Turning to the private colleges"), 30. November 1989, B 2.

[67] Court reporter, Art. 3 ("Two gang members accused of raping girl"), 26. Oktober 1989, C 5.

[68] City hall reporter, Art. 1 ("As expected, proposition 1 wins"), 8. November 1989, B 4.

[69] Court reporter, Art. 4 ("U.S. judge grants David Lewis Rice stay of execution"), 26. Oktober 1989, C 6.

[70] City hall reporter, Art. 1 ("As expected proposition 1 wins"), 8. November 1989, B 4.

[71] City hall reporter, Art. 4 ("Rice takes first, easy steps in new role"), 9. November 1989, S. 1.

[72] City hall reporter, Art. 6 ("Close call: Pine Street Status up to Rice"), 10. November 1989, C 1.

[73] City hall reporter, Art. 3 ("Bailey beaten; winner pledges efficient office"), 8. November 1989, B 4.

Die von Reportern der "Seattle Times" kritisierte Empfindlichkeit der *Editors* gegenüber möglicher Herabsetzung von Minderheiten wird ebenfalls durch den *Input-Output*-Vergleich belegt. Den tiefsten Konflikt verursachte das bereits erwähnte Porträt über den ersten schwarzen Vorsitzenden am Obersten Gerichtshof von Seattle. Die Reporterin fand faszinierend, daß Richter Johnson die Zeiten noch miterlebt hat, in denen eine solche Karriere wegen seiner Hautfarbe undenkbar gewesen wäre, ließ ihn entsprechend ausführlich über Anfeindungen und Rassentrennung in seiner Schüler- und Studentenzeit berichten. Für die vorgesetzte Redakteurin war dieser Ansatz herabwürdigend. Sie formte das Feature zur Erfolgsgeschichte eines engagierten Juristen mit Herz und Humor um, in der die Hautfarbe nur als Bestandteil der Nachricht eine Rolle spielt. Die Gerichtsreporterin blieb überzeugt, daß ihre Lösung journalistisch adäquater war: *"Apparently I think that my portrait was more accurate, we shouldn`t make a white man out of him."*[74]

Nicht nachvollziehbar ist, warum aus einem Opfer des Kranunglücks in San Francisco *"who drove a mini-van school bus for handicapped students"* ein Fahrer wurde *"who drove a mini-van school bus"*.[75] Sollte der Hinweis auf den Transport behinderter Schüler dem Ereignis nicht die Tragik nehmen oder klang er dem bearbeitenden Redakteur zu bizarr? Oder waren genau diese drei Worte für den Raum im Layout zuviel? Reporter der "Seattle Times" stellen Fragen zu diesen vergleichsweise geringfügigen faktischen Ungereimtheiten des *Editings* in der Regel nicht.

7.2. Textkontrolle durch "*Editing*" traditionell mehrstufig, aufwendig, strikt

Fasziniert und alarmiert zugleich schilderte Emil Dovifat 1927 die amerikanische Tageszeitungsredaktion als "Nachrichtenmaschine".[76] Gerade in der Formung und Verarbeitung von Texten triumphiere "handwerkliche Mechanik" über "die geistige Selbständigkeit jedes einzelnen Arbeitsgliedes."[77] Jede Nachricht, rechnete der deutsche Zeitungsforscher am Beispiel der "New York Times" vor, gehe durch sieben oder acht Hände, ehe sie "im Setzersaale" lande. Der Weg "brauchte nur noch auf dem laufenden Band zurückgelegt werden", meinte Dovifat, "und die Zeitungsbetriebe wären von denen des Herrn Ford nicht mehr zu unterscheiden."[78]

Diese Charakterisierung trifft, bezogen auf den industriellen Organisationsentwurf und abzüglich der von Dovifat ergänzten moralischen Distanzierungen, weitgehend auch auf das redaktionelle Management der "Seattle Times" zu. Auch die von Dovifat identifizierten Stationen der Textkontrolle stimmen mit denen bei der "Seattle Times" überein. Nur wirkt,

---

[74] Court reporter, Art. 7 ("Person of action takes helm of Superior Court"), 30. Oktober 1989, B 4.

[75] Higher education reporter, Art. 2 ("Five victims of crane accident are identified, four from state"), 29. November 1989, S. 1.

[76] vgl. Dovifat, Amerikanischer Journalismus, S. 95-150.

[77] ebd., S. 127.

[78] ebd., S. 133.

was Dovifat an redaktionellen Aktivitäten schildert, weniger klar sortiert und aufeinander abgestimmt. Kopfloser, diktiert von Zufällen, journalistischem Gespür und unvorhersehbaren Launen eines allmächtigen Lokalchefs, der "aus dem Bauch" weiß, was "unsere Leser" interessiert, als Handlungsrichtschnur und einzigem Qualitätsmaßstab [79] - während bei der "Seattle Times", wie im anschließenden Kapitel Marketing ausführlich dargestellt werden wird, Umfragen und buchdicke Statistiken der Marktforschung die Zielgruppen im Leser- und Anzeigenmarkt mit dem größten Profitpotential wissenschaftlich "objektiv" benennen.

Die erste Phase der Textbearbeitung, den "Einlauf der Nachricht in die Redaktion", schildert Dovifat wie folgt: "Die hundertfünfzig und mehr Reporter, die z.B. ein New Yorker Morgenblatt täglich innerhalb der Stadt unterwegs hat, berichten am Abend dem *City Editor* über ihre Erlebnisse und erhalten den Auftrag, Berichte von einer ganz bestimmten Länge zu schreiben."[80] Dann drücke der *City Editor* dem fertigen Manuskript einen Uhrenstempel auf ("der in diesen Betrieben überhaupt eine große Rolle spielt")[81] und die "eigentliche" redaktionelle Arbeit beginne. Ein "*Master of the Desk*", notierte Dovifat, verteile die Texte an "zwanzig und mehr sogenannte `*Copy Readers*`". Deren Aufgabe: "Sie redigieren. Sie prüfen die sachliche, stilistische und orthographische Richtigkeit der Reporterarbeit oder der telegraphisch oder telephonisch einlaufenden Lokal- und Provinznachrichten. Sie unterstreichen, beleben, bauen um, geben der Nachricht ihre psychologisch errechnete, schulmäßige und erprobte Form. Schließlich entfernen sie beleidigenden und strafbaren Text. Vor allem aber: sie finden die Kopfzeile, die `*Headline*`... Die gute *Headline* ist der Stolz des *Copy Readers*."[82]

Und heute? Die Reporter der "Seattle Times" ziehen eine Recherche handwerklich professionell durch, mit klarer Vorstellung, was sie wie herausfinden wollen. Bevor sie einen Artikel schreiben, einigen sie sich mit ihrem vorgesetzten Redakteur über den adäquaten Lauf der Geschichte - um Enttäuschungen und Mehrarbeit vorzubeugen. Anschließend wird anhand ausführlicher Themenlisten auf Redakteurskonferenzen, und nicht auf Order eines autoritär herrschenden Lokalchefs, über Aufmachung und Plazierung der Artikel entschieden. Der *City Editor* greift nur punktuell in das alltägliche redaktionelle Geschehen ein, befaßt sich ansonsten mit Personal- und Budgetplanung in seiner Eigenschaft als "*key manager*" der "*company.*" Zudem ist der Themen-*Input* durch gründliche Planung weitgehend zufälliger Tagesaktualität entkoppelt und die Schwerpunkte der Themensetzung im Blatt werden, wie im folgenden Kapitel Marketing ausführlich erörtert, aus detaillierten Studien im Leser- und Anzeigenmarkt definiert.

---

[79] Daß der City editor die minimalen Leistungsstandards für Reporter personifiziert, bemerkte noch Anfang der 60er Jahre Robert P. Judd: The newspaper reporter in a suburban city. In: Journalism Quarterly, Winter 1961, S. 35-42.

[80] Dovifat, ebd., S. 127f. Als Besonderheit erwähnt der Autor, daß bezeichnenderweise kein Manuskript entgegen der Praxis in deutschen Zeitungsredaktionen von Hand geschrieben, sondern auf der Maschine getippt wird.

[81] ebd., S. 128.

[82] ebd., S. 130.

Das *Editing*-Verfahren ist vielschichtiger und hat einen höheren Reifegrad erreicht als vor dem Zweiten Weltkrieg, aber da sich redaktionelles Management im amerikanischen Zeitungsbetrieb im Kern immer noch auf die Logik des rationalen, auf Steuerung und Kontrolle zugeschnittenen industriellen Organisationsentwurfes zur Qualitätssicherung stützt, wirkt der Geist der "Nachrichtenmaschine", wie ihn Dovifat 1927 geschildert hat, fort. Statt des Eingangsstempels auf dem Manuskript hält der Computer Bearbeitungszeiten, die wie alles Meßbare eine ungebrochen große Rolle spielen, automatisch fest. Textkontrolle bei der "Seattle Times" meint zudem, daß Artikel "programmiert" sind, bevor sie entstehen, und die einstigen *Copy Readers* zu *Copy Editors* aufgewertet worden sind.

"*Rewrite Men*", die sich zu Zeiten Dovifats Neuigkeiten von Reportern erzählen ließen, um hieraus nach den "bekannten Gesetzen" die "eigentliche" Nachricht zu verfassen, gehören der Vergangenheit an, weil kein Reporter mehr, wie Dovifat seinerzeit süffisant formulierte, "mit Lesen und Schreiben auf dem Kriegsfuß" steht.[83] Im Gegenteil: Die Reporter der "Seattle Times" sind durch die Bank formal ebenso gut ausgebildet wie die vorgesetzten Redakteure. Fast alle, gerade die Älteren, haben Journalistik oder ein verwandtes Hochschulfach wie Politik, Englisch oder Literatur studiert. Umso anachronistischer scheint die immer noch auf eine Schar ungebildeter "Nachrichtenschlepper" ausgerichtete Organisation. Umso zwingender stellt sich die Frage, warum amerikanische Verlage in Textkontrolle immer noch soviel investieren wie zu Anfang dieses Jahrhunderts. Warum und in welchem Kontext sich das mehrstufige *Editing* immer noch "rechnet".[84]

Einen vermutlich zentralen Erklärungsansatz lieferte Ralph Ingersoll II, Geschäftsführer und Chefredakteur der St. Louis Sun Publishing Co., auf der AP-Managing Editors Konferenz am 6. Oktober 1989 in Des Moines, Iowa. Es geht demnach nicht primär um journalistische Notwendigkeit i.S. sachlicher Qualitätssicherung im redaktionellen Teil, sondern um die Rückgewinnung von Macht und die Fähigkeit zur zentralen Steuerung der Nachrichtenproduktion in völliger Konzentration auf wirtschaftlichen Erfolg nach zwei Jahrzehnten Aufmüpfigkeit und offenbar doch recht erfolgreicher Reporter-Emanzipation. "*Reporters ran away with the direction of many newsrooms in the 1970s, after Watergate, and in the early 1980s*", sagte Ingersoll. "*I would like you editors to reassert your authority in the newsroom... No successful newspaper in this country has ever been edited by reporters.*"[85]

---

[83] Dovifat, a.a.O., S. 128.

[84] Bernstein/Woodward, die Watergate-Enthüller, sind vor 20 Jahren selbst bei der weltberühmten "Washington Post" noch einem reinen "Nachrichtenschnüffler"-Reporter begegnet. Polizeispezi Alfred E. Lewis meldete die ersten Einzelheiten über den Einbruch ins Hauptquartier der Demokraten am 17. Juni 1972. "In 35 Jahren", amüsierten sich die jungen Kollegen, "hatte er noch nie eine Geschichte `geschrieben`. Er gab der Zeitung die Informationen telefonisch durch und besaß im Polizeipräsidium nicht einmal eine Schreibmaschine... Acht Reporter waren damit beschäftigt, die Story zusammenzubasteln, die unter dem Namen Alfred E. Lewis erschien." Aus: Bernstein/Woodward, Watergate, S. 19-23.

[85] Ralph Ingersoll II: "Our newspapers are edited from a viewpoint totally oblivious to the central lessons of the information era". In: ASNE Bulletin, November 1989, S. 31.

Die "Seattle Times", obschon fast ausnahmslos mit akademisch qualifizierten Reportern besetzt, zählt mit ihren wenigstens fünf bis sechs Kontrollstufen für Texte zu den am gründlichsten redigierten Zeitungen der USA. Mangelndes Vertrauen in die schreiberischen Qualitäten der Autoren? Angst vor teuren Schadenersatzprozessen aufgrund unwahrer Behauptungen oder Beleidigungen in Artikeln ("*libel chill*")? Oder fatale Eigendynamik eines zu konsequent auf Risikominimierung ausgelegten Managemententwurfes? Die Chefredaktion blieb die Antwort schuldig. Vermutlich läßt sich begründet in alle drei Richtungen spekulieren.[86]

Zwei bis fünf *"editorial layers"* ermittelte Gilbert Cranberg in einer der wenigen konkret die Stufen der Textverarbeitung schildernden US-Studien zum *Editing* als üblich: *"Typically, the bulk of the editing was done on the metro desk; copy editors then checked style and spelling and wrote the headline."*[87]

Die Kritik der "Seattle Times"-Reporter an übermäßigem *Editing* als potentielle Fehlerquelle deckt sich mit den Schlußfolgerungen Cranbergs aus der Analyse 680 lokaler Geschichten von 65 Reportern an kleinen, mittleren und großstädtischen Tageszeitungen. Knapp ein Fünftel, nämlich 128 Artikel, enthielten durch *Editing* verursachte Fehler. Davon waren ein Drittel irreführende Überschriften, zwei Drittel faktisch falsche oder verdrehte Sachverhalte durch Einkürzen oder Umformulieren von Texten. Und: Je mehr Hände einen Artikel anrührten, so Cranberg, desto häufiger schlichen sich Fehler ein. Indiz für diesen paradoxen Zusammenhang: 40 Prozent der dokumentierten *Editing errors* kamen in den besonders gründlich redigierten Seite-1-Geschichten vor.[88] Da Cranberg umgekehrt die durch das *Editing*-Verfahren ausgeräumten Fehler in den Manuskripten der Reporter weder qualitativ noch quantitativ erfaßt hat, kann er zwar die These stützen, daß *Editing* a) Fehler produziert und b) ein Zuviel an *Editing* kontraproduktiv wirken *kann*, doch die zentrale Frage, ob *Editing* eher mehr Fehler produziert als verhindert und insofern prinzipiell zur Disposition gestellt werden sollte oder als Garant journalistischer Qualität zu verteidigen ist, berührt er wie alle anderen amerikanischen Autoren nicht. Der stichprobenartige *Input-Output*-Vergleich im Rahmen dieser Untersuchung stellt zumindest die betriebswirtschaftliche Effizienz von *Editing*, wie es die "Seattle Times" praktiziert, infrage. Im Verhältnis zum personellen, zeitlichen und sozialen Aufwand sind die festgestellten Textverbesserungen marginal. Allerdings mag das bloße Wissen um die nachfolgenden Kontrollstufen Autoren anhalten, auf unerwünschte Ausdrucksformen von vornherein zu verzichten, weil sie erfahrungsgemäß sowieso gestrichen werden.

---

[86] Das Klima der Angst analysiert Michael Massing: The libel chill: How cold is it out there? In: CJR, Mai/Juni 1985, S. 31-43. Fazit der Gespräche mit 150 Journalisten und Anwälten: "A chill has indeed set in. One publisher i.e. gave up investigative reporting and hired an editor with law degree." Die Versicherungsprämien für Rechtsschutz klettern entsprechend.- Michael Massing: Libel insurance: Scrambling for coverage. In: CJR, Januar/Februar 1986, S. 35-38. Allerdings gibt es Anzeichen, daß ab Ende der 80er Jahre US-Gerichte wieder öfter zugunsten der Medien entschieden.- "Media are winning more libel trials, new survey shows". In: Presstime, September 1989, S. 40.

[87] Gilbert Cranberg: The editor-error equation. In: CJR, März/April 1987, S. 40.

[88] ebd. S. 40 f.

Kontrolle der Text-Kontrolle in keiner US-Zeitung formal verankert - aber überall beugen Reporter befürchteten Fehlern "freiwillig" vor

Was ohne grundsätzliche Änderung traditioneller Formen der Textverarbeitung in amerikanischen Redaktionen wirksam vor *Editing*-Fehlern schützen könnte, darüber herrscht zwischen allen unmittelbar Beteiligten scheinbar Einigkeit. Reporter müßten, wo immer ein *Editor* eingreift, gefragt (*"consulted"*) werden, zumindest im Nachhinein, sagen US-Journalisten. Praktisch, ermittelte Cranberg, findet diese Rückkoppelung in 90 Prozent der Fälle jedoch nicht statt. Häufigste Begründung, die sowohl Redakteure als auch Reporter vorbringen, ist Zeitnot. Routinemäßige Kontrolle der Kontrolleure durch die Textproduzenten ist in kein redaktionelles Organisationsmodell eingebaut. Sie muß also notgedrungen eine zusätzliche Leistung sein, die Reporter aus individuellem Antrieb erbringen.

Daß auch Motive sozialer Konfliktvermeidung, die auf Befragen von Redakteuren nicht artikuliert werden, grundlegendere Reformen der *Editing*-Strukturen blockieren könnten, scheint ebenfalls nicht abwegig. Denn in einigen amerikanischen Zeitungen, in denen Reporter nach eigener Darstellung bereit wären, sich die Zeit zu nehmen und regelmäßig zu warten, bis druckreife Texte das *Copy Desk* verlassen, verhindern elektronische Sperren oder ausdrückliche Verbote den Zugriff. Auf diesen Widerspruch hingewiesen und zu einer Erklärung gedrängt, geben Redakteure zu, daß sie kleinliche "Wortfeilscherei" fürchten, und diese lästig fällt.[89] Reportern stellt sich das, worüber geredet werden müßte, ungleich dramatischer dar. Schließlich haften sie, und nur sie, über die jeweilige Autorenzeile gegenüber Öffentlichkeit, Informanten, Freunden und Kollegen mit ihrem persönlichen und professionellen Ruf für jede Silbe, die in einem Artikel steht. Diese täglich wiederkehrende Bedrohung ihrer Position entschärfen fast alle US-Reporter, wie im Fallbeispiel "Seattle Times" vorgeführt, durch freiwilliges Zusatzengagement an vorgesetzten *Editors* und formal verfügter Aufgabenteilung vorbei. Die Taktiken ähneln sich.

Viele Autoren schreiben bewußt leicht zu kürzende, eher überflüssige Einzelheiten in eine Geschichte, weil sich die meisten "Drübergucker" nach Überzeugung der Reporter nicht zuletzt zur Rechtfertigung der eigenen Existenz genötigt fühlen, irgendetwas zu ändern, und erfahrungsgemäß, sagen sie, sei Streichen weniger fehlerträchtig als Hinzufügen. Etliche Kollegen halten Texte "unauffällig" zurück, bis ein Redakteur ihres Vertrauens Dienst tut. Wenn zeitlich möglich, ermittelte Carl Sessions Stepp, Journalistik-Dozent und *Senior Editor* des Washington Journalismus Reviews, rufen US-Reporter ihre druckfertig bearbeiteten Artikel noch einmal auf den Bildschirm, vor allem um die Überschriften auf sachliche Richtigkeit zu prüfen.[90]

---

[89] Cranberg, Editor-error equation, S. 42.

[90] vgl. Carl Sessions Stepp: As writers see editors. In: WJR, Dezember 1987, S. 30f.

Doch obwohl die Schlagzeile die Beurteilung einer Nachricht durch den Leser nachweislich stärker prägt als der nachfolgende Text[91] und sich Reporterkritik am *Editing* nicht nur der Untersuchung Cranbergs zufolge zu einem Drittel an Zeilen-Formulierungen entzündet,[92] scheint das Prinzip, diese wichtige Tätigkeit routinemäßig Redakteuren zu überlassen, im Bewußtsein amerikanischer Journalisten so fest verankert, daß es niemand grundsätzlich infragestellt oder auf ein nachträgliches Kontrollrecht pocht. Hier stimmen sogar Wissenschaftsreporter zu, die sonst in ihrer Medien- und Schlagzeilenschelte tendenziell eher mit ihren Quellen d`accord gehen. Lediglich die "Opfer" der Berichterstattung fordern auf Befragen, auch die Schlagzeilen sollten vom jeweiligen Fachreporter formuliert werden.[93]

7.3. Trendsetter "USA Today": *"Chain-saw-style Editing"*

Der Gannett-Konzern und sein Flaggschiff "USA Today" gelten nicht nur in ihrer dem Fernsehen angenäherten Betonung der optischen Blattgestaltung, sondern auch wegen radikaler Textkontrolle und -kürzung als Trendsetter für die Reformbestrebungen amerikanischer Verlage in den 1980er Jahren. Dies ist keine erfreuliche Perspektive für die zukünftige Stellung der Reporter: Autoren zu "vergewaltigen", Texte (*"copy"*) ungefragt zu verhackstücken (*"butcher"*), ist Programm, berichtet Peter Prichard, *Managing Editor* für Blattaufmacher (*"cover stories"*) in "USA Today". *"It (USA Today) was probably the only newspaper in the world where reporters sometimes fought to keep their stories off page one; they knew they would have more space, and less chain-saw-style-editing elsewhere."* [94]

"The belittling of reporting is a Gannett tradition", schreibt Philip Weiss im Columbia Journalism Review. In der Neugründung "USA Today" sei die reporterfeindliche Haltung des Unternehmens lediglich zur Perfektion gereift. Eine der Hauptqualifikationen heutiger Gannett-Redakteure liege darin, auf jedwede Frage zur Blattmache treffsicher zitieren zu können, was wieviel Prozent der Amerikaner nach jüngsten Marketing-Studien und Umfragen interessiert. Weiss: *"Indeed, you can ask about any Gannettoid about reporting and he quotes percentages."*

Gleichförmigkeit und vor allem lokaler Substanzverlust, weil eine Zeitung, die zum Gannett-Konzern gehört, überall nach einem Schema gestaltet wird, ist eine nahezu zwangsläufige Folge dieser Strategie. Daß zudem alternative, nicht auf Zahlen gestützte Ideen mit Statistiken über vermutete Leserwünsche

---

[91] vgl. Percy H. Tannenbaum: The effect of headlines on the interpretation of news stories. In: Journalism Quarterly, Frühling 1953, S. 189-197.

[92] Auf eine fast identische Fehlerquote von 32,2 % in Überschriften stieß eine Untersuchung mit dem Schwerpunkt auf Wissenschaftsnachrichten.- Lynn D. Pulford: Follow-up study of science news accuracy. In: Journalism Quarterly, Frühling 1976, S. 119-121.

[93] vgl. Michael Ryan: Attitudes of scientists and journalists toward media coverage of science news. In: Journalism Quarterly, Frühling 1979, S. 18-30/53, bes. S. 26. Daß Wissenschaftler den zuständigen Fachreporter vermutlich nicht nur für sachkundiger, sondern durch die meist persönliche Bekanntschaft auch für leichter kontrollierbar halten, wird in dieser Studie nicht thematisiert.

[94] Peter Prichard: The McPapering of America. In: WJR, Oktober 1987, S. 33ff.

ebenso wirkungsvoll erstickt werden können wie in früheren Jahrzehnten mit dem willkürlichen Machtwort eines diktatorischen *City Editors* erfahren Mitglieder nicht nur der Gannett-Redaktionen anscheinend täglich.[95] *"All thoughts of journalistic excellence"*, schließt Weiss seine pointierte Kritik am Denkstil im Gannett-Konzern, *"are drowned out by that clarion call - echoing from newsroom to newsroom, from Marin to Muskogee, Guam to Green Bay: `Can you do something to improve that weather map?`"*[96]

In Cocoa-Melbourne, Florida, etwa gestaltete Gannett 1985 eine Tageszeitung mit Logo und Layout von "USA Today" um und erweiterte den anzeigenfreien Raum für lokale Nachrichten um ein Drittel. Der größte inhaltliche Unterschied, ergab eine wissenschaftliche Auswertung dieses *"all-local newspaper experiments"*, lag in einer Verdopplung aktueller *"crime news"*. Außerdem stieg der Anteil der Veranstaltungshinweise von 8,2 auf 14 Prozent.[97]

7.4. Persönliche Leistungskontrolle: Der *Pay For Performance Plan* (PFP) der "Seattle Times"

Seit 1986, dem Jahr der Beförderung Mike Fanchers vom *Managing Editor* zum *Executive Editor* der "Seattle Times" gilt in allen Abteilungen des Unternehmens ein vom Verlagsmanagement konzipierter, in der Redaktion verhaßter *Pay For Performance Plan*, abgekürzt PFP. Er legt Kriterien für leistungsabhängige Prämienzahlungen fest. Die hieraus errechneten prozentualen Lohnsteigerungen werden ergänzend zu den Tarifgehältern gezahlt, die die Geschäftsleitung mit den Gewerkschaften für eine vierjährige Laufzeit aushandelt und allen Mitarbeitern ohne Ansicht der Person gewähren muß.

Nur die eigentlich produzierenden Mitarbeiter der Redaktion, also Reporter, Fotografen, *Copy Editors,* Archivare und Grafiker, sind PFP unterworfen. Redakteuren ordnet PFP in ihrer Eigenschaft als Vorgesetzte (*"supervisors"*) die Rolle der Leistungskontrolleure und Punktrichter zu. Sie managen PFP. Für die Redakteure der "Seattle Times" gilt ein weniger formalisiertes, weitgehend von ihnen selbst verwaltetes Beurteilungssystem. Sie können sich Zulagen erarbeiten, indem sie vor Beginn der Bewertungsperiode positionsbezogene Ziele (*"goals"*) formulieren. Je nach Grad der Verwirklichung dieser Vorsätze fällt die Höhe der Prämie aus.

Unterschiedlich hohe Löhne sind für Reporter und Redakteure der "Seattle Times" seit Jahrzehnten üblich. Nur wurden Zulagen (*"Merit pay"*) in der Vergangenheit individuell ausgehandelt und blieben in der Regel bis zum Ende des Beschäftigungsverhältnisses bestehen. PFP-Beurteilungen hingegen

---

[95] So kennt etwa die Zeitungskette Thomson ebenfalls "roving consultants", die jeder journalistischen Frage mit Zahlen der Marktforschung begegnen.- Bruce B. van Dusen: Thomson comes to Kokomo. In: The Quill, September 1983, S. 28-33.

[96] vgl. Philip Weiss: Invasion of the Gannettoids. In: The New Republic, 2. Februar 1987, S. 18-22.

[97] Ron F. Smith/Sherlyn-Ann Tumlin/Volker Henning: A gatekeeping study of Gannett`s all-local newspaper experiment. In: Journalism Quarterly, Herbst 1988, S. 740-744.

erfolgen nach einem durchgäng gültigen, schriftlich festgelegten Kriterienkatalog. Die Prämien müssen von Jahr zu Jahr neu erarbeitet werden.

Im Tarifvertrag der Seattle Times Co. mit der Pacific Northwest Local Newspaper Guild, Local 82, vom 22. Juli 1986 ist das gültige System mit keiner Zeile erwähnt. *"Incentives or payments in addition to the schedule of wages"* werden aber pauschal begrüßt und der Herausgeber der "Seattle Times" erhält einen Freibrief, wie er diese gestaltet (*"... the Publisher may add, modify or eliminate all forms of incentive payment as the Publisher determines is necessary."*)[98] Der *Pay for Performance Plan* der "Seattle Times" ist das vielleicht anschaulichste Indiz für den Versuch redaktionellen Managements, alles Erdenkliche organisatorisch "rational" zu regeln und an der selbstproduzierten bürokratischen Last und den Widersprüchlichkeiten verlautbarter Absichten und gelebter Wirklichkeit in vielerlei Hinsicht zu scheitern.

Einmal jährlich, zwischen 1. Mai und 15. Juli, fertigt der unmittelbar vorgesetzte Redakteur (ACE) für jeden seiner Reporter eine schriftliche Beurteilung nach den Kriterien an, die das Management im PFP-Regelwerk festgelegt hat. In einem *"informal, PFP-related update talk"* zwischen 1. Dezember und 1. Februar wird dem Betroffenen der Stand der ersten Bewertungshälfte mitgeteilt, mit ihm über Fehler und Verbesserungsmöglichkeiten diskutiert. Über dieses Gespräch steht dem Reporter ein schriftliches (!) Protokoll zu.

Bevor den Reportern im Sommer die endgültigen "Zeugnisse" zugestellt werden, tragen die ACEs ihre Bewertungsempfehlungen auf eigens zu diesem Zweck einberufenen Konferenzen vor und holen ihrerseits Ratschlag und Rückendeckung beim zuständigen Abteilungsleiter (*"Appropriate Section Head"*), den Leitenden Redakteuren des Hauses (*"Senior Editors"*) sowie ACE-Kollegen ein. *Executive Editor* Mike Fancher gesteht das Verfahren ein Veto-Recht zu. Formal verantwortet er ausnahmslos alle PFP-Entscheide per Unterschrift mit.[99]

Lohnzuwachs abhängig von erzielter Punktzahl auf Skala von 5 bis 20

Jede Leistung des zu bewertenden Mitarbeiters ist mit einer Punktzahl verknüpft. Aus der Summe dieser Punkte - je mehr, desto besser - errechnen sich Endprädikat und Prämie (*"incentive"*). Vordergründig schlägt sich der Leistungsanreiz für den betroffenen Reporter, *Copy Editor* oder Grafiker rein finanziell nieder, in der Höhe der prozentualen Lohnsteigerung zuzüglich zum nach wie vor kollektiv vereinbarten Sockelsatz, der im Tarifvertrag im Untersuchungszeitraum garantiert 1,8 Prozent mehr Lohn betrug. Zwangsläufig hat die Zugehörigkeit oder Nicht-Zugehörigkeit zu einer der Leistungsklassen im PFP jedoch auch eine soziale Etikettierung zur Folge, die, falls sie negativ ausfällt, professionellen und persönlichen Gesichtsverlust bedeutet. Im Gegensatz zur Tragweite, den der PFP-Bescheid für die Beurteilten beinhaltet, liest sich die Auflistung der Prädikate, die je nach erzielter Punktzahl verteilt

---

[98] vgl. Agreement - Pacific Northwest Newspaper Guild Local 82 and Seattle Times Company. July 22, 1986 - July 21, 1990, Artikel VI "Minimum Salaries", S. 25.

[99] The Seattle Times Co. (Hrsg.): Revised news department Pay for Performance Plan v. 14. Dezember 1988, S. 1 (vervielf. Manuskript).

werden, harmlos wie die Auflösung des banalen Psychotests im Frauenmagazin: *5-7 points: Needs improvement", "8-10 points: Full performance, Range 1", "11-13 points: Full performance, Range 2", "14-16 points: Full performance, Range 3", "17-20 points: Outstanding."*[100]

Die zentralen Definitionen der Leistungsmerkmale veranschaulichen, auf welche Formen von *"Performance"* sich PFP bezieht. Gemeint ist durchgängig die Funktionsfähigkeit jedes einzelnen Reporters auf seiner Position, bezogen auf das dort verlangte Produktionsziel. Es geht primär um persönliches Wohlverhalten, professionelle Aufgabenerfüllung sowie Steuerbarkeit durch redaktionelles Management im Rahmen der Organisation.

7.4.1. Definition erwünschter Leistungsmerkmale

PROFESSIONAL SKILLS

Der handwerklichen Eignung der Reporter, Fotografen, *Copy Editors* oder Grafiker für ihre jeweilige Position in der Organisation (*"given job"*) mißt PFP mit 60 Prozent der möglichen Punkte die größte Bedeutung zu.

Zitat: *1.) PROFESSIONAL SKILLS. The knowledge, abilities and expertise needed to perform effectively a given job. (This area has 60 percent of the weight in the overall rating)*[101]

Hier wie selbstverständlich den Ausdruck *"professional"* zu verwenden, zeichnet freilich ein schiefes Bild. Geht es im PFP doch ausdrücklich nicht um umfassende journalistische Qualitäten, sondern um Planerfüllung, Produktivität und handwerkliche Fertigkeit im *"given job"* während der durch die Verlagsführung bestimmten Zeitspanne einer PFP-Bewertungsrunde.

WORK HABITS

An zweiter Stelle der definierten Leistungsmerkmale folgt, was unter den Begriffen Sozialtauglichkeit, Kollegialität und Folgsamkeit subsumiert werden könnte. Ohne derlei "freiwillige" informelle Kooperations- und Kommunikationsbereitschaft mit Gleichrangigen und Vorgesetzten, das leuchtet auch den Konstrukteuren von PFP ein, ist die angestrebte Qualitätssicherung nie optimal zu erreichen. Denn vorhandene Möglichkeiten liegen brach oder blockieren sich angesichts der Komplexität der Produktionsaufgabe gegenseitig, wenn jeder Beteiligte nur stur seinem Teilauftrag folgt. Umso widersinniger scheint das Bemühen des Managements, diese "weichen", nicht quantifizierbaren Elemente sozialen Verhaltens durch ein starres Regelwerk allgemeingültig anordnen zu wollen.

Zitat: *2.) WORK HABITS. Those factors in an employee`s approach to the job that affect overall performance and the general workplace, including working*

---

[100] Pay for Performance Plan, S. 3.

[101] ebd. S. 2.

independently and as part of a team, taking direction and criticism and communicating with peers and supervisors (weighted 20 percent).[102]

REPORTER -LEISTUNG

Professional Skills	Work Habits	Enterprise
60 %	20 %	20 %

Abb. 9: Leistungsbeurteilung der Reporter laut *Pay for Performance Plan*

ENTERPRISE

Persönlicher Einsatz und die Bereitschaft, sich jederzeit fortzubilden, fließen als *ENTERPRISE* mit 20 Prozent in die Leistungsbilanz ein. Hier schließt sich der Kreis zum Topziel *PROFESSIONAL SKILLS*, aber auch zu *WORK HABITS*. Es ist ein weiterer Versuch, "freiwillige" Initiative und Mitdenken über minimalen Dienst nach Vorschrift hinaus per Dekret von oben herab zu installieren. Kein Wunder, daß sich viele Reporter, wie später erläutert, durch PFP in ihrem professionellen Selbstverständnis beleidigt fühlen.

Zitat: *3.) ENTERPRISE. Demonstrating initiative in improving the newspaper journalistically, contributing to a constructive working environment and seeking opportunities to enhance and broaden one's own professional skills (weighted 20 percent).*[103]

Innerhalb dieser drei Sparten stufen und punkten die *"supervisors"* nach einem Schlüssel, der mit seinen fünf Prädikaten an die in der Schule üblichen Noten von "Sehr gut" bis "Mangelhaft" erinnert:

"*NEEDS IMPROVEMENT*" soll sagen: *"Performance is not at standard and requires attention and improvement (1 point)."* Das Prädikat "*FULL PERFORMANCE*" ist zweigeteilt; a.) meint *"Performance consistently meets the position requirements (2 points). "*, b.) *"Performance consistently meets the position requirements and in many cases exceeds them (3 points)".* Leistungsträger zeichnet das Urteil "*OUTSTANDING PERFORMANCE*" aus, definiert im PFP-Katalog als *"Consistently superior performance has been sustained over the review period (4 points)."*[104]

7.4.2. Einspruch gegen PFP-Beurteilungen

Wehrlos ausgeliefert sind die Reporter der "Seattle Times" den Beurteilungen im PFP nicht. Auch für Einwände sieht der Prämienplan Verfahren vor. Ein aus

---

[102] Pay for Performance Plan, S. 2.

[103] ebd. S. 2.

[104] ebd. S. 3. Die Sonderklasse "TOO NEW TO RATE" (ebd. S. 2) gilt für Leute, die weniger als sechs Monate im PFP-Kalenderjahr bei der "Seattle Times" beschäftigt sind.

Sicht der Betroffenen unfaires PFP kann, sofern der Einspruch form - und fristgerecht erfolgt, wie ein Gerichtsurteil im demokratischen Rechtsstaat durch mehrere Instanzen angefochten werden.

Die Beschwerde (Stichtag: 31. August) läuft entweder direkt über den *Executive Editor* oder einen vierköpfigen, paritätisch besetzten Revisionsausschuß, der den Reporter, seinen vorgesetzten Redakteur sowie andere Redakteure und Kollegen als Zeugen hinzuzieht. Der Schiedsspruch des Gremiums hat zwar formal nur den Charakter einer Empfehlung, praktisch stimmte ihm *Executive Editor* Mike Fancher seit Einführung des PFP-Verfahrens jedoch immer zu. Drei Reaktionen auf Eingaben sind möglich.

1. Der Reporter zieht nach einem ersten klärenden Gespräch seinen Antrag freiwillig zurück.

2. Der Einspruch wird mangels Stichhaltigkeit verworfen.

3. Der Reporter überzeugt Revisionsausschuß bzw. *Executive Editor* von seinem Anliegen und diese verpflichten den *"Supervisor"*, sein Urteil zu überprüfen und ggfs. zu revidieren.

Findet der PFP-Geschädigte die Entscheidung der redaktionsinternen Gremien unfair, kann er als letzte Instanz das *"Companywide Appeals Committee"* anrufen.[105]

Ein Blick auf die Statistik zeigt, daß die Zahl derer, die die Prozedur eines Beschwerdeverfahrens bis zum Zeitpunkt dieser Untersuchung auf sich nahmen, vom ersten auf das zweite Jahr (1987-1988) mit PFP um mehr als zwei Drittel einbrach (von 41 auf 12), vom zweiten auf das dritte Jahr (1988-1989) noch weiter schrumpfte (von 12 auf 10).[106] Ein Erklärungsansatz: Die *"Supervisors"* punkteten von Jahr zu Jahr milder, eventuell wegen der im Folgenden geschilderten Gegenwehr der Beurteilten. Folglich mußten sich objektiv weniger Mitarbeiter genötigt fühlen, unfair schlechte Beurteilungen anzufechten. 1989 wurde im redaktionellen Bereich niemand mehr mit dem negativsten Prädikat *"Needs Improvement"* gebrandmarkt (1988: 8). Dafür drängten sich 57 von 228 redaktionellen Mitarbeitern in der Elitegruppe *"Outstanding"* (1988: 42), 90 in der zweithöchsten Kategorie *"Full Performance 3"* (1988: 82). Unter dem Strich zählten 64,3 Prozent der Redaktion laut PFP zur Leistungsspitze oder zum sehr guten Mittelfeld.[107]

Die stumme Resignation und Anpassung der Ewigletzten, die im PFP regelmäßig schlecht abschneiden, mag bei der immer geringeren Zahl der Einwände auch eine Rolle spielen. Nach drei Jahren PFP sind die Fronten geklärt. Das formale Recht auf Einspruch ist zum eher symbolischen als praktisch wirksamen Korrektiv verkümmert. Die Zahl der eingereichten Beschwerden, die zu einer Heraufstufung der PFP-Note führten, ist von 4 (1987)

---

[105] Pay for Performance Plan. S. 2f.

[106] Statistik zit. nach Mike Fancher (Protokoll 1. Dezember 1989, S. 1).

[107] Statistik zit. aus "Notes from the helicoids meeting" v. 19 Oktober 1989 (vervielf. Manuskript).

auf 2 (1988) auf 0 (1989) gesunken. Daß diese immer dünnere Erfolgsquote die potentiell nach wie vor Unzufriedenen nicht zum Weg durch die Instanzen motiviert, liegt auf der Hand.[108] Doch dies scheint nicht unbeabsichtigt. *Executive Editor* Mike Fancher sieht positive Effekte für die Sozialhygiene der Redaktion: *"Sometimes people feel they had a chance to be heard."*[109]

7.4.3. Reporter und vorgesetzte Redakteure lehnen PFP prinzipiell ab

Unter der Oberfläche gärt der Unmut über PFP so massiv, daß die Einwände schon an dieser Stelle berücksichtigt werden sollen. Nur so werden die neutral klingende technische Schilderung der Verfahrensregeln und die nachfolgend erörterten Absichtserklärungen von Chefredaktion und Geschäftsleitung in ein angemessen kritisches Licht gerückt. Sowohl Reporter der "Seattle Times" als auch ihre unmittelbar vorgesetzten Redakteure sezieren, was an PFP nicht funktioniert.

REPORTER - ob im PFP gut oder schlecht weggekommen, ob alt oder jung, gleich in welchem Gebiet tätig - finden PFP durch die Bank unfair, "link", im Stil unerträglich, anmaßend, ungeeignet, um journalistische Leistung, die immer auch Subjektivität, Kreativität und "Nichtgreifbares" einschließe, zu messen. PFP als sozialer Störfaktor fördere Unehrlichkeit und Neid, demotiviere, vergifte das Arbeitsklima, nehme den Spaß am Beruf, zwinge Reporter, nicht aufzumucken nach dem Motto "Wer mit seinem Redakteur nicht kann, hat eh verloren". Einige weisen nachdrücklich darauf hin, daß die Seattle Times Co. mit der Einführung von PFP in erster Linie die Macht der Gewerkschaften zerschlagen und deren Einfluß auf die Höhe der Löhne zurückdrängen wollte, außerdem könnten Mitarbeiter, die nicht ins Konzept passen, mit ewiger Nörgelei in Beurteilungen "rausgeekelt" werden. Finanziell sei das Ergebnis dieser gigantischen bürokratischen Anstrengung selbst für die Leistungsträger jämmerlich, die PFP angeblich besonders belohnen soll.

REDAKTEURE sind zwar eher gewillt, PFP zu akzeptieren, klagen aber über den zusätzlichen Zeitaufwand und kritisieren, hier wiederum im Einklang mit vielen Reportern, daß plötzlich in der verletzlichen Beziehung zwischen Redakteur und Reporter sowie als Motiv für journalistisches Engagement überhaupt Geld eine zentrale Rolle spiele. So gerate Journalismus auf die falschen Gleise, warnen sie. Außerdem werde das "Möhrchen" Mammon so geizig genutzt, daß selbst Top-Leute, die von PFP profitieren sollen, dagegen sind.

Einwände der Reporter

Zitate.

"PFP? I don`t like it. It creates too much distension among the staff and has put a sort of cap on high salaries."[110]

---

[108] Statistik zit. nach Mike Fancher (Protokoll 1. Dezember 1989, S.1)

[109] zit. ebd..

[110] Zitat Investigative reporter (Protokoll 11. Oktober 1989, S. 1).

"It's just a quota system like a curve, 5 percent top, 5 percent insufficient, and 90 percent average. If you had an excellent staff, you still could not have 100 percent on the top. I am kind of cynical about it. It's a joke. When I sit here, I don't think about money. If I did, I should have gone into the oil business... It comes down to subjective grading... If you are subjectively irritated by a person's personality, you tend perhaps view him more critically."[111]

"What about PFP?" - "Bats, it makes everything different."[112]

"Financially I have benefitted. But I haven't seen people working harder. Rather than encourage PFP discourages them. Similar pay increase for everyone and bonusses like we did it in former times was much better. But I think they will keep PFP. They want to take away from the union the ability to dictate wage increases."[113]

"The principle is fairly sound, but we are dealing with creative people in a very subjective atmosphere, a lot of reporting is teamwork. PFP encourages me to say `Do the work yourself'" - "I often make phonecalls for J., i.e. if he is under deadline." - "They already have the possibility to pay better people better by merit increases above a minimum raise bargained with the union. In fact, PFP means an end to bargain a minimum increase." - "The money increase is so small, what's one percent?" - "I expect over the time, it will be a hard thing for some people. PFP is an issue you rather should go on strike than accept it... I am PFP-top rated but the whole system is sinister, constraint."[114]

"What do you think of PFP?" - "It is terrible. You are put in a category no matter what you do. It has to fit in the end...It is not terribly informative either, a good talk with your editor tells you more."[115]

"I can understand why they have it. Something of that sort is possibly right. Better people got to be paid more, get better assignments, approval, strokes...Not worth fighting because you can't win. So you try to get the highest rating without selling your soul. I feel sorry for the editors who have to make it work."[116]

"A bad system on the whole. I think it breaks down a lot of positive interaction with your editor when all your faults are reduced to the point how much money you don't get. It is never really backed up with training... Management is more

---

[111] Zitat Special projects and local copy editor (Protokoll 12. Oktober 1989, S. 2).

[112] Gespräch Court reporter (Protokoll 27. Oktober 1989, S. 12).

[113] Zitat Environmental reporter (Protokoll 30. Oktober 1989, S. 2).

[114] Gespräch zwischen GA-reporter J. und Roving reporter R. (Protokoll 14. November 1989, S. 6).

[115] Gespräch Higher education reporter (Protokoll 27. November 1989, S. 2).

[116] Gespräch GA-reporter (Protokoll 4. Dezember 1989, S. 1).

powerful since PFP because basically PFP is a system that is sufficiently complex to hide subjective reactions, maybe unintentional."[117]

"I think it's silly. It has the opposite of the intended effect, instead of motivation demotivation. I do better work than all the people in the cages (Leitende Redakteure in den nur durch Glasscheiben vom lokalen Großraum getrennten Büros/d. Autor) and don't get more."[118]

"The system is too simplistic for a fairly subjective business. It's like in grade-school, terrible for morale. It is always in the back of people's mind. It has no positive effect on quality."[119]

"PFP is probably the worst thing that ever happened at this paper. It's horrible for morale, relationships between supervisors and staff. It makes people feeling not any self-worth, not valued, all their work not appreciated. Apart from that it is sexist and agist, women and older people just don't do that well under PFP. It is not a fair system. People are rewarded for being a super-star not every day efforts. It is subjective and a demotivating factor. Most reporters are highly motivated. We think of ourselves as pretty good in what we do, the pride of your work keeps you going, a real blow to hear we are only average. First PFP took me weeks to get over my anger on my supervisor. I don't know anybody to be motivated. For the harm it does I don't see the benefit. I sat in the appeal committee this year: It made me even more anti-PFP."[120]

" PFP made bust the union...It ought to be illegal. I don't have anything against paying individuals more to reward them. A merit-pay is fine...PFP is ultimately subjective, how you get along with your editor...PFP is a morale-buster... A friend appealed successfully. It was not for the money. He gets $ 120 more a year. He was wounded, professionally."[121]

"PFP is an absurd management system, counter-productive... It is an attempt to quantify things that are substantially subjective. Putting numbers on it gives management some sense of objectivity. People here are trying the best job they can and end up average. That destroys any sense of accomplishment and morale that you have."[122]

" PFP stinks. It puts reporter against editor where there is already enough tension built in between them...In a way it puts reporter against reporter. Morale is not that it used to be, not the degree of co-operation. Everybody is watching out for themselves instead of working together. Some sources I never reveal, longtime sources. I think that kind of thing is not taken into consideration."[123]

---

[117] Neighborhood reporter (Protokoll 4. Dezember 1989, S. 2).

[118] Gespräch Special projects reporter (Protokoll 4. Dezember 1989, S. 1).

[119] Gespräch Medicine reporter (Protokoll 4. Dezember 1989, S. 2).

[120] Zitat GA/Nuke-reporter (Protokoll 4. Dezember 1989, S. 1).

[121] Zitat Investigative reporter (Protokoll 5. Dezember 1989, S. 2).

[122] Zitat GA-reporter and traffic columnist (Protokoll 5. Dezember 1989, S. 1).

[123] Zitat GA-reporter 5 a.m. (Protokoll 5. Dezember 1989, S. 2).

"PFP is the worst system ever deviced for throwing reporters on a human garbage heap, very unfair. It does nothing to create initiative, especially among those of us who are lowly rated. It is a classic graph of supposed achievement. It shows how management is dominating. It has given your editor power over your pocket book. I wonder if they are qualified to have this power."[124]

"I can't stand the numbers, you get a 12. Management should have the power to evaluate people and give them rewards but PFP is subjective, undercuts the whole integrity of the system. I am cynical." [125]

"I didn't get in this business to be treated like a child. It doesn't motivate me to do better, it demotivates some people who perhaps would respond to human encouragement or responsible leadership by the editor...The reporter-editor-relationship should be more a partnership... This way reporters implicantly are encouraged to constantly be saying, Yes Sir, Yes Sir."[126]

"I am not dissatisfied with how I have done personally, some poor marks are deserved. Still it is a mistake. The Times needed to put greater emphasis on merit, now perhaps it is too much.
Why this business appealed to me was partly how non-hierarchical newspapers are. We say Mike not Mr. Fancher. Reporters and editors consider themselves as equal. PFP inforced hierarchy."[127]
"The intangibles, that bothers me. It's almost impossible to take human feelings out of it. I hated to be an editor putting people on a scale and transforming into dollars. I would hate that job."[128]

Kritik der Redakteure

Zitate.

"It is good to sit down and talk about everything is going every few months, but it should better be not connected with money."[129]

"PFP? It is very hard to administer, none likes it, very time-consuming. Reporters do not like it, for us it is a very unpleasant job. Merit-bonuses still exist, for example if someone did good, longterm coverage on a strike. The only positive thing: It forced people, who burnt out or got indifferent, to think what they are going to do. (ironically) You know this term, dead wood? Some went."[130]

---

[124] Zitat GA-reporter (Protokoll 5. Dezember 1989, S. 1).

[125] Gespräch Roving reporter (Protokoll 6. Dezember 1989, S. 2).

[126] Gespräch City enterprise reporter (Protokoll 6. Dezember 1989, S. 1).

[127] Gespräch Traffic and growth reporter (Protokoll 8. Dezember 1989, S. 3).

[128] Gespräch GA-reporter (Protokoll 8. Dezember 1989, S. 2).

[129] Gespräch ACE speciality beats (Protokoll 10. Oktober 1989, S. 1).

[130] Zitat ACE mornings (Protokoll 10. Oktober 1989, S. 2).

"I have two opinions. A good evaluation system is workable, but PFP is going wrong in assuming that money alone helps. In fact, there is a lot of psychology, there are broad personal differences. Where does motivation come from? From personal satisfaction, sense of having some control over what they are doing, that they are involved and important. PFP tends to identify shortcomings more than strength. For many, it is a source of a great discontent, but we will keep it. I am sure."[131]

"The hardest thing we have to do as supervisors is PFP, quantify quality work, trying to do it right. Such a qualitative performance, style, proper use of sources, that is pretty tough. If it improves the paper? Let's wait another four years... So far I have not seen that it is worth it. Certainly, it causes supervisors to think about their job, reflect on the way they are supervisors. What people communicate to us, PFP should not replace the daily feedback. Rating shouldn't be a surprise. Only restricted power, we have to make notes. I wanna give PFP a chance, too."[132]

"PFP? I don't like it, not as a reporter, not as an editor, when I have to administer it. I think the people I hire are motivated. When you attach money you get into the wrong reason. It is hard to quantify a person's value, some produce a lot fewer stories, but win prizes, the others fill the paper. Day to day motivation or incentives are more important than one year evaluation. I don't like the grading aspect, too. One of the things is to get away from that. From manager standpoint PFP is time-consuming, it even can be demotivating. I have a different definiton of the term outstanding, and I was actually shocked how many got that. People compare, feel themselves underrated. Some, the older ones, have started when there were different standards of news."[133]

"It think it is generally counterproductive, not at all motivational, in some cases demotivational. Most of the people don't enter journalism primarily for the money. It introduces more variance among people, more opportunity for jealousy, suspicion. Essentially paid the same plus bonusses worked better... There are major communication problems because of PFP really strained."[134]

"I hate it. It creates a lot of tension with my staff. I like my staff personally. If it is not that 100 percent professionally it makes some real bad feelings. I think that PFP is a power most editors don't want. The reporter-editor-relationship should be co-operative. Obviously you are the boss. You are the editor but I approach it more as sort of teamwork."[135]

"It stinks. The idea of giving people an honest estimation of their work is crucial. But I have two major reasons against PFP. First, it gets in the way of productive communication between reporter and editor. It is as much supportive as critical.

---

[131] Zitat ACE urban affairs (Protokoll 13. Oktober 1989, S. 2).

[132] Zitat ACE nights (Protokoll 17. Oktober 1989, S. 1).

[133] Zitat ACE south zone (Protokoll 18. Oktober 1989, S. 2).

[134] Gespräch ACE government/politics (Protokoll 6. Dezember 1989, S. 2).

[135] Gespräch ACE metro (Protokoll 13. Dezember 1989, S. 1).

PFP is an ever-present reminder that I have a direct say on money. That risks a delicate balance. Second, PFP uses the carrot of money poorly."[136]

"PFP? Oh god, don`t ask me, ask Alex (Managing Editor/d. Autor). It`s horrible. It`s kind of people walk around, tatooed with a label. The problem is not the money. It`s the rating. Mike Fancher is very much a proponent of this system, but both supervisors and employees hate it, many will say. The good will be good, no matter what system. There is no incentive for the middle level. If you ask me, has the paper improved in the last 13 years, I would say yes. If you ask me, has it improved in the last two years? I would say, no. The similarity to classroom is obvious, who is for PFP will not admit that."[137]

"PFP? Bothers a lot of people. Some are starting to see that they benefit, I work harder, I want to get paid better. It is a real unpleasant thing to do. I chose to accept it as part of my job... People here get a lot of money. You can have a fine American middle-class-lifestyle, a new car, decent housing. Photographers just don`t want to be rated low."[138]

"It did not have a very positive effect on moral. My sense is that after three years of PFP people show what I call resigned indignation towards PFP...People have become very cynical about the company. It has been demotivating... There are a lot of very good people who were very disenchanted with management. I have mixed feelings to PFP. Before PFP, taking five years ago, I don`t think evaluation was arbituary. Taking ten years ago I think it was. The supervisor sat down at a typewriter and wrote this nice note for everyone."[139]

Kollektive Gegenwehr: Aufstand der "Alten"

Nur einmal in seiner kurzen Geschichte hat PFP in der Belegschaft der "Seattle Times" kollektive Gegenwehr provoziert.[140] Nach der ersten Beurteilungsrunde im Sommer 1987 schlossen sich die *"Senior Reporters"* mit 15 und mehr Jahren Betriebszugehörigkeit zusammen, um gegen die Bewertungsmethode zu protestieren. Nur 5 Prozent der *"Senior Reporters"* hatten im PFP *"Outstanding"* erreicht, 11 Prozent erzielten das schlechteste Prädikat *"Needs Improvement"*, während die Kollegen, die 5 bis 15 Jahre im Haus waren, zu 21

---

[136] Gespräch Special projects editor (Protokoll 13. Dezember 1989, S. 3).

[137] Zitat Local news editor (Protokoll 11. Oktober 1989, S. 2)/Private conversation, 15 minutes, in cantine downstairs, he did not want to discuss PFP in front of his people.

[138] Gespräch Photo editor (Protokoll 12. Oktober 1989, Seite 1).

[139] Gespräch City editor (Protokoll 24. November 1989, S. 1/2).

[140] Im Mai 1988 berichtete "Presstime", die Monatszeitschrift des amerikanischen Zeitungsverlegerverbandes ANPA, daß die Newspaper Guild, Local 82, bei der Equal Employment Opportunity Commission eine Beschwerde gegen den Pay for Performance Plan der "Seattle Times" einreichen wolle, weil PFP nach Meinung der Gewerkschafter Angehörige von Minderheiten diskriminiere. Die Geschäftsleitung der Seattle Times Co. nahm diese Attacke lediglich zur Kenntnis, wohl u.a. weil das Verfahren unzufriedenen Mitarbeitern ein Einspruchsrecht einräumt, das das Unternehmen gegen solche Klagen schützt . Der Gewerkschaftsvorstoß ist im Sande verlaufen.- vgl. "Seattle pay-for-performance plan draws guild complaint to EEOC. In: Presstime, Mai 1988, S. 78.

Prozent mit "*Outstanding*" beurteilt wurden und in keinem Fall mit *"Needs Improvement"*. Immerhin 17 Prozent "*Outstanding*" und nur 3 Prozent "*Needs improvement*" erzielten Reporter mit ein- bis fünfjähriger Betriebszugehörigkeit. Außerdem wurden von den Beschwerdeanträgen der "Alten" nur 12 Prozent anerkannt, gegenüber 28 Prozent im Redaktionsdurchschnitt.[141]

Daß diese statistische Diskrepanz kein Zufall sein konnte, sondern der Befangenheit der im Schnitt 39,7 Jahre "jungen" Redakteure gegenüber älteren Reportern mit einem Altersdurchschnitt von 45,5 Jahren entsprang, darüber gab es unter den Betroffenen keine zwei Meinungen. Die "Alten" bildeten einen Ausschuß (*"comittee"*) und forderten von der Chefredaktion, Redakteure im Umgang mit *"Senior Employees"* zu schulen.

Lernziele:

1.) Improve the sensitivity of editors as to the value of senior employees in terms of skills, unusually deep knowledge of the community and experience. Help the supervisors learn how to use this resource, which is valuable to the Times. Help supervisors recognize the value of senior employees as a stable work force. 2.) Impress young editors with the fact that many reporters/photographers/copy editors have made a conscious choice to remain in those jobs, that spending many years in the same job does not represent a failure. Help them see the worth of upgrading reporter/photographer/copy editor as a career goal.[142]

Zu einem solchen *Editor*-Trainingsprogramm kam es zwar nicht, wohl aber zu einer allgemeinen Ermahnung der "*Supervisors*" durch die Chefredaktion. Außerdem meint der Wissenschaftsreporter, ehemals Vorsitzender der "Alten"-Kommission, seien die Redakteure seit dem Eklat in ihren Urteilen vorsichtiger geworden. Die Zahlen fielen netter aus. Dennoch dauere die Diskriminierung der "Alten" nach seinem Dafürhalten an, weil PFP deren spezifische Qualitäten wie langjährige Erfahrung im Umgang mit Informanten nur gering schätze oder überhaupt nicht erfasse und sich Vorurteile über alte Reporter als *"those who could not make it"* in den Köpfen der jungen Vorgesetzten nicht ausrotten ließen.[143] Seine Prognose für die Zukunft von PFP - *"When the generation*

---

[141] Zahlen zit. nach "Comittee of senior employees" 1987 (vervielf. Manuskript).

[142] ebd..

[143] Zitat Science reporter (Protokoll 20. November 1989, S. 2/3):
"We seniors feel discriminated... It has improved but figures are still screwed and do not fairly represent the value of senior employees. PFP might be a good management tool in some businesses but you can't rate a person in the newsroom in numbers. Perhaps they do not run as much as the younger but they have lot more experience, know whom to call in the community, often they are better writers. People doing the ratings don't have the experience themselves, don't really understand reporting. It is gradually improving but it won't be abolished I am sure.
One thing that has changed since thirty years ago when I started, the editors are young and we have a good scattering of older reporters. Part of the problem is the editor's inbuilt prejudice that older reporters are those who could not make it. Any organisation has to rate its people, reward the better. PFP is an attempt to make rating more objective and less subjective by introducing numbers. As humans are, most of them fall in the middle.
The main motivation in a job like this is internal. For me, the editors are a much smaller motive than my internal drive. PFP fails to external motivation, turns to the opposite, I think, in some cases it has."

changes all reporters hired unter PFP will accept it" - tippt die vermutlich zentrale Frage für die Zukunft aller in dieser Untersuchung skizzierten Instrumente redaktionellen Managements jüngeren Datums an. Erhöht ein Generationswechsel die Akzeptanz des Instrumentariums, weil sich die berufliche Sozialisation der Nachwuchsjournalisten von Anfang an in ihrem Rahmen vollziehen wird? Funktioniert die Redaktion im Hinblick auf das gesteckte Produktionsziel langfristig also doch "besser"? Meine an späterer Stelle ausführlich begründete These argumentiert dagegen, auch für amerikanische Tageszeitungen mit ihrer hierarchischen und arbeitsteiligeren *Reporter-Editor*-Tradition. Trotz - oder vielmehr gerade wegen - der vordergründigen "Erfolge" von PFP.

Konkrete Verhaltensänderungen der Reporter durch PFP

Weder massive verbale Kritik von Redakteuren und Reportern noch ungeplante soziale Schwierigkeiten und Kommunikationsstörungen im Produktionsbereich können darüber hinwegtäuschen, daß PFP in der persönlichen Disziplinierung und Steuerung der Beurteilten durchaus die beabsichtigte Wirkung zeigen kann. Reporter, obwohl sie das Prinzip zutiefst unfair und professionell herabsetzend finden, studieren ihr Zeugnis nach meiner Beobachtung sehr genau. Viele stellen, was der vorgesetzte Redakteur moniert, tatsächlich ab. Je konkreter die Kritik formuliert worden ist, desto größer die Wahrscheinlichkeit, daß der gemaßregelte Reporter Anpassung an die erwünschten Standards versucht. Auch wer sich verbal hartnäckig wehrt, hat genug (PFP-)Schere im Kopf, um sich bei Konflikten unwillkürlich daran zu erinnern, wie negativ ihm eine weniger gern gesehene Reaktion im nächsten PFP angekreidet werden könnte.

Einer der Punkte, die im Zuge der PFP-Verfahren konkret beanstandet werden und über die Reporter der "Seattle Times" auf Befragen berichten, vermutlich weil der Vorwurf mit dem geringsten professionellen und persönlichen Gesichtsverlust verbunden ist, betrifft die Bereitschaft auszuhelfen und für andere *Editors* zu arbeiten. Im PFP, klagen Reporter, würden solche und andere Aktivitäten neben denen, für die ein Reporter eingekauft worden ist (*"given job"*), kaum honoriert. Kein *"Supervisor"* würde es schätzen, wenn eigene Leute ihre Arbeitskraft anderen Kollegen zur Verfügung stellten. Daß solche Einsätze über den normalen Aktionsradius hinaus akute Engpässe überbrücken und damit die allenthalben eingeforderte Qualität des Gesamtproduktes sichern helfen, zählt offenkundig nicht.

Beispiel: Die Reporterin für *Higher Education* springt oft und gern in der Nachtschicht ein, weil hier immer Kräfte gebraucht werden und sie persönlich die Abwechslung und die zusätzliche Freizeit durch den Ausgleich über freie Tagschichten schätzt. Folge: Regelmäßig mäkelt ihr vorgesetzter Redakteur im PFP, sie sei zu leicht verfügbar, und droht, wenn auch gemäßigt im Ton, er werde die Zügel straffen.[144] Oder die Reporterin für "Atom" und GA: Sie half freiwillig in einem neu eröffneten Stadtteilbüro aus, wo anfangs nichts zu

---

[144] Zitat Higher education reporter (Protokoll 29. November 1989, S. 8):
"A major critcism on my PFPs is, I like different things. I like to take nights so I can ski on some extra days off. I am too available. J. (her editor) told me he is going to be much meaner with my time, too much of that can backfire you too. That`s one reason why I think PFP is not fair."

funktionieren schien. Doch für ihr PFP zahlte sich dieses strapaziöse Engagement nicht aus. Seither versucht sie, sich rar zu machen, und auf die Geschichten zu konzentrieren, die ihren *"Supervisor"* und damit ihr PFP schmücken. Als der Politikredakteur während des Interviews für diese Untersuchung auf sie zukommt und fragt, ob sie aktuell aushelfen könne, wehrt sie ihn, gegen ihren spontanen kollegialen Impuls, mit dem dünnen Hinweis auf Recherchen für eine andere Geschichte ab. Tatsächlich war die Geschäftigkeit vorgeschützt. Ein Alibi. Sie dachte, obwohl strikte Gegnerin des Systems, an ihr nächstes PFP.[145]

Mit Widerwillen malt sich einer der GA-Reporter aus, wie er zu seinen Zeiten als politischer Reporter hätte gegängelt werden können, hätte PFP schon damals existiert. Er hätte vermutlich nie gewagt, der sonntäglichen Beilage "Pacific Magazine" größere Reportagen anzubieten, über die er sich professionell profilieren konnte.[146]

Umgekehrt sind auch Redakteure der "Seattle Times", die über PFP Druck ausüben, nicht zwangsläufig zufrieden mit dem Ergebnis. Der Politikredakteur, nach eigenen Angaben eigentlich ein überzeugter PFP-Gegner und "milder Richter", hat versucht, mit einem Denkzettel im PFP die Produktivität eines eigensinnigen, ansonsten hochqualifizierten Reporters anzukurbeln. Das Resultat, sagt er, sei absolut vernichtend gewesen. Das gegenseitige Vertrauen, die Basis für ehrliche Kommunikation sei zertrümmert worden. Jetzt tut der gekränkte Kollege trotzig erst recht nur noch Dienst nach Vorschrift.[147]

Schon diese schlaglichtartigen Befunde zeigen: Reporter stellen dank PFP ihr Verhalten ggfs. in die geforderte Richtung um, sodaß das Ziel persönlicher Leistungskontrolle und Steuerung greift. Doch der Preis ist eine für Redakteure wie Reporter belastende Kommunikationsstörung. Das Arbeitsverhältnis wird durch gegenseitiges Mißtrauen unproduktiv starr und der Komplexität täglich neu zu bewältigender Aufgaben tendenziell weniger gerecht, als wenn es den Störfaktor PFP nicht gäbe. PFP wohnt zudem die Gefahr inne, daß es eigenständiges und kreatives Mitdenken der Untergebenen eher unterdrückt als

---

[145] Zitat GA/Nuke-reporter (Protokoll 4. Dezember 1989, S. 1):
"I know who is doing the work, who puts a special effort into his job. You know which reporter you can go to and ask if he can do that quickly. You praise those with three prices and two series a year, the intangible doesn`t get rewarded. I went to the zones as an editor, doesn`t consider a lot. It was not for my supervisor. PFP doesn`t reward the enabelers, the groundwork. D. (ACE government/politics) came over at 9.30 a.m. to my desk to ask if I can make a story: Why didn`t he go to any other reporter? It doesn`t enable me to do some projects. PFP really is absolutely the worst thing, the most demoralizing."

[146] Zitat GA-reporter (Protokoll 15. November 1989, S. 9):
"It is more awkward for different editors because they think their story is more important. I worked for a political editor who is no longer here a couple of years ago. The magazine section asked me to do a story which included some travel to eastern Washington. He was very unhappy. He regarded my job as working exclusively for him. If we had had PFP then, it would have been my interest to drop it, even if it contributed to the paper. But it would not have been worth alienating the person who later rates me."

[147] Zitat ACE government/politics (Protokoll 6. Dezember 1989, S. 3):
"I have had a problem of productivity with one of my reporters.
The quality of what he does is outstanding. He got a clear message on his PFP. I tell him all the time he should do more. He ignores it and found the PFP crushing. He feels betrayed by me and the paper and is not motivated at all."

fördert, weil der PFP-Bescheid die erwarteten Leistungen fest umreißt und gerade diejenigen, die diesen Vorgaben nicht genügen, dürften sich auf jeden einzelnen Buchstaben beziehen. In strittigen Fällen könnte die Beurteilung somit zum Argument des beurteilten Reporters gegen aus aktuellem Anlaß notwendige, aber anderslautende Kritik des vorgesetzten Redakteurs werden. Nachteilig dürfte auch sein, daß die Aufmerksamkeit der Reporter und Redakteure durch das PFP-Verfahren noch stärker auf das Umschiffen redaktionsinterner Risiken gelenkt wird und sich damit weiter entfernt von journalistischen Anliegen und der Realität, über die es zu berichten gilt.

Chefredaktion führt mangelnde Akzeptanz von PFP auf Mißverständnis über Zweck des Verfahrens zurück

Gefragt, wie das Management auf die Idee gekommen sei, PFP einzuführen, holt *Executive Editor* Mike Fancher weit aus. Kern seines Vortrages: Die Verteilung übertariflicher Zulagen sei, als er zum Chefredakteur ernannt worden ist, willkürlich und planlos gewesen, aus Erbhöfen überliefert, ohne Bezug zum tatsächlichen Leistungsstand. Folglich sei die Höhe der Löhne unehrlich und unfair vor allem gegenüber neu angestellten Mitarbeitern gewesen und die Chance, Geldprämien als *"Incentive"* für außerordentliches Engagement zu nutzen, wurde verschenkt.

Dank PFP, so Fancher, könnten die Mitarbeiter "wachsen", die Qualität der Zeitung würde steigen, weil alle an der Produktion Beteiligten die Möglichkeit bekämen, besser zu werden. Ein ins Verlagshaus eingeladener Psychologe habe seine Bedenken zerstreut, altgediente Reporter könnten an zu massiver Kritik und Umversetzungen zerbrechen.[148] Auch dies ein Indiz für das strategisch wichtige Ziel des Chefredakteurs, innere wie äußere Maßnahmen nur mit dem geringstmöglichen Risiko persönlicher Haftung zu ergreifen. In diesem Fall dank der Rückendeckung durch einen psychologischen Experten.

Fehler taktischer Art bei der Durchführung von PFP räumt Mike Fancher mehrere ein. Die Beurteilungen seien anfänglich, wie der Aufstand der *"Senior Reporters"* zeigte, zu erbarmungslos gewesen. Das Management habe sich in einem Anflug von Entgegenkommen von den Vertretern der Gewerkschaften zuviele Bewertungsstufen aufdrängen lassen, sodaß im Zuge der PFP-

---

[148] Zitat Executive editor (Protokoll 16. November 1989, S. 1):
"PFP, that is a long history.
When I became managing editor in 1981 a lot of people were getting merit pay they earned 10, 15 years ago. It was handled in a very arbituary way. If you didn`t get merit raise you didn`t know why. When they heard who got money supervisors were outraged. We wanted to pay them for the work that they are doing and didn`t know how to do it.
Management style at the Times was very kind and gentle but not very honest, leaving people on a beat 20 years even if they were failing. Change his beat, the editors said, and that will kill him. I invited an industrial psychologist and he said, no that isn`t true. It will kill him for one day but he knows that he doesn`t meet the standards.
We made annual interviews, year after year, nothing changed.
We want to help people to survive, grow, prosperate not only exist. We don`t want to know what he did last year but what he wants to do next year. The newspaper gets better because people get better...We wanted to be able to reward people to what they contribute, the same access to extra money for everyone."

Verfahren nur noch über Punkte, nicht über die Inhalte der Beurteilungen debattiert würde.[149]

Daß der Verlag den Prämienplan zeitgleich mit seiner Berufung zum *Executive Editor* einführte, habe die "Mißverständnisse" vertieft: *"Maybe the biggest problem is that people think the whole reason we were doing this was to hold down raises. No, it was to justify higher raises for few."*[150]

Die einzig prinzipielle Kritik am Verfahren, die Mike Fancher gelten läßt, betrifft die Veränderung dessen, was vielleicht am treffendsten als journalistische Berufskultur bezeichnet werden könnte. Daß nämlich mit PFP die Motivation durch Bezahlung in den Vordergrund rückt, die laut Fancher für amerikanische Journalisten traditionell nie maßgeblich für die Berufswahl und außerordentliches persönliches Engagement gewesen ist.[151]

Zu allem, was Mike Fancher zur Verteidigung von PFP anführt, ließe sich aus den zuvor zitierten Stimmen und Erfahrungen ein Gegenargument erwidern. Der Chefredakteur lügt zwar nicht, aber er sagt, vereinfacht ausgedrückt, meist nur die halbe Wahrheit.

- Bemängelt Mike Fancher die früheren Kriterien, wer wieviel Zulage verdiente als planlos, willkürlich und zu wenig auf aktuelle Leistungen bezogen, so mag dies zweifelsohne stimmen. Nur schließt PFP Ungerechtigkeiten in der Bezahlung nicht aus, sondern schafft andere Verzerrungen, die aufgrund der Bindung an einen Katalog pseudo-objektiver Kriterien und Verfahren noch unerschütterlicher sind als gleicher Tariflohn für alle zuzüglich *"Merit pay"*. Das Ergebnis muß aus der Perspektive der Belegschaft keineswegs fairer sein. Wahrscheinlich ist, daß Mike Fancher angesichts begrenzter Budgets dem Management Steuerungs- und Disziplinierungsmöglichkeiten über leistungsabhängige Bezahlung erhalten wollte. Auch fällt es dank PFP leichter, die Gruppe der neu hinzugekauften Reporter auf Kosten der weniger mobilen Reporterveteranen finanziell zu begünstigen. Da jedoch selbst die im PFP mit den schmeichelhaftesten Prädikaten bedachten Reporter über die negativen Auswirkungen des Prämienplanes klagen, steht wohl ganz allgemein der Kostenkontrollaspekt im Vordergrund.

---

[149] Zitat Executive editor (Protokoll 16. November 1989, S. 1):
"We made some obvious mistakes. We were too abrupt, too merciless."
Zitat Executive editor (Protokoll 1. Dezember 1989, S. 2):
"There are too many categories. I made the mistake allowing the staff to design the system, created a committee of managers and guild-employees. They had numbers attached to it. With alle these numbers of categories it is too complicated. Good part, they have some faith in it. PFP shouldn`t have numbers and be too precise. What you end up arguing over is not your work performance but 12 or 13 points. We switched from four to five categories from 87 to 88. The staff said there should be a middle. 70 % of the people in the newsroom are in the highest categories. That bothers people."

[150] Zitat Executive editor (Protokoll 1. Dezember 1989, S. 2).

[151] Zitat Executive editor (Protokoll 16. November 1989, S. 1):
"Downside of PFP was to make pay more important. But people don`t become journalists for the money."

- Fanchers Credo, PFP würde Leute und damit die Zeitung durch Leistungsanreize verbessern, ist praktisch nicht belegt. Reporter wie Redakteure sehen keine Anhaltspunkte für einen Fortschritt in dieser Richtung, der mit dem Verfahren zusammenhängt. Es sei denn, Fancher meint mit den Leuten, die "wachsen", keine Einzelpersonen, sondern die abstrakte Gesamtheit der Redaktion, aus der PFP den aktuellen Zielen des Redaktionsmanagements nicht entsprechende Glieder i.S. eines formal legitimierten "*Mobbings*" von oben verdrängen könnte.

- Die "taktischen" Fehler, die Fancher einräumt - zuviele Kategorien und Punkte zugelassen, mit zu gnadenlosen Beurteilungen angefangen zu haben - entlarven tatsächlich das grundsätzliche Dilemma von PFP. Es soll "objektiver" wirken als das herkömmliche Tarifgehalt plus Zulagen, ohne es zu sein. Es soll Leistung und Lohn "fairer" aneinander koppeln, ohne es zu können, weil die Bewertungskategorien letztlich scheitern an der Komplexität der Erscheinungsformen journalistischer Tätigkeit in der Redaktion, die nicht nur Produktionsstätte im mechanischen Sinn, sondern immer auch ein soziales Gefüge mit verbindenden professionellen Normen und informell austarierten Rollen ist. Außerdem setzt PFP die Unfehlbarkeit zentraler Zielvorgaben voraus. Dies ist, wie an späterer Stelle ausführlich erörtert werden wird, vor allem im Zeitungsbetrieb grundsätzlich infragezustellen.

- Höhere Lohnzuwächse für Einzelne zu rechtfertigen, wie Fancher sagt, ist sicher ein Effekt von PFP. Aber nur um den Preis, daß PFP die Tarifmacht der Gewerkschaften knackt. Mehr Geld an Leistungsträger könnte bei der "Seattle Times" bei gleichem Budget auch ohne PFP fließen. Das Prinzip unterschiedlicher Zuschläge für unterschiedliche Redaktionsmitglieder ist nämlich, wie im Folgenden gezeigt werden wird, von amerikanischen Journalisten traditionell akzeptiert.

- Das Bedauern, durch PFP würde Geld im Journalismus plötzlich eine zentrale Rolle spielen, klingt zynisch, da es für amerikanische Zeitungsreporter angesichts fortschreitender Inflation um die Aufrechterhaltung eines mittelständischen Lebensstils geht. Ex-Reporter Mike Fancher schweigt sich bekanntlich über die Dotierung seiner jetzigen Position als Topmanager aus. Die Summe würde vermutlich den sozialen Frieden noch stärker stören. Seine Aussage verdeutlicht aber indirekt auch die Kurzatmigkeit der unternehmerischen Kalkulation. Läßt sich qualifizierter Nachwuchs für Journalismus auch in USA nur noch durch Gehälter gewinnen, die nicht mehr flächendeckend von einer spezifisch freiheitlichen Berufskultur und ideellen Beweggründen bezuschußt werden, könnten fähige Reporter bald so teuer sein wie Rechtsanwälte. Aus Sicht der Journalisten rein finanziell keine unangenehme Perspektive, aber höchst unerfreulich für die profitorientierten Tageszeitungsbetriebe.

Ungeachtet der vielen Fragezeichen in den Ausführungen von *Executive Editor* Mike Fancher argumentiert *Managing Editor* Alex MacLeod ähnlich, wenn auch nüchterner im Ton. Er rühmt die größere Klarheit durch PFP; daß er jetzt jederzeit wisse, wer warum wieviel verdient. PFP lichtet den Dschungel persönlicher Profile, erleichtert die Stellenplanung und die Kontrolle des redaktionellen Personals.[152] Mitgefühl oder soziale Verantwortung für diejenigen, die am geforderten Standard scheitern, konkret meint der *Managing Editor* offenkundig viele der dienstälteren Reporter, sind dem überzeugten Verfechter des Leistungsgedankens fremd: *"If their wage isn`t liveable then they can find another job. Failure is not rewarded. Some stayed too long to start a successful career in other fields."*[153]

Noch eindeutiger unternehmerisches Kalkül spricht aus den Worten der Spitzenmanager der Seattle Times Co., die journalistisch unvorbelastet sind. Personalchef Duane E. Johnson (*"Director of Labor Relations"*) beklagt pauschal, und für die "Seattle Times" seit dem JOA eigentlich wenig zutreffend, den harten Wettbewerb im Zeitungsmarkt, steigende Herstellungskosten und das erhöhte finanzielle Risiko, das viele Unternehmen zu Zeitungsschließungen zwingt. Er erhofft sich von PFP die seiner Meinung nach längst überfällige Kontrolle über die Entwicklung der Lohnkosten allein durch die Verlagsführung.[154]

Bezeichnenderweise ist Duane E. Johnson, der in Tarifverhandlungen mit den Gewerkschaften für die Arbeitgeberseite um möglichst geringe Lohnsteigerungsprozente kämpft, der einzige Befragte, der die Einführung von PFP auch in der Redaktion ohne einen Hauch von Zweifel gutheißt. Ob Reporter oder Anzeigenvertreter: Leistung sei meßbar, lautet sein Credo. Ob es denn gar keine Unterschiede gebe? *"No, no, no. We know whose articles are in the paper. The supervisors know very well from reader feedback and longterm experience."*[155]

7.5. PFP setzt sich in immer mehr amerikanischen Unternehmen und Zeitungsbetrieben durch

Pay for Performance-Pläne, die die Leistungen einzelner Mitarbeiter detailliert erfassen und die Höhe ihrer Gehälter an diese Beurteilungen koppeln, boomen in den USA seit Ende der 70er Jahre. Im November 1988 berichtet "Newsweek", daß über 70 Prozent der amerikanischen Betriebe *"some form of*

---

[152] Zitat Managing editor (Protokoll 20. November 1989, S. 2):
"The idea is to create a system that enables me to look at the entire staff, who is paid what and why. PFP has created much more direct communication between the staff member and his or her editor. I looked at how people were paid and realized there was no relation at all to the present. It tended to be preserved by paying everybody the same money. Over time we will remove any of those inadequancy."

[153] Zitat Managing editor (Protokoll 20. November 1989, S. 2).

[154] Zitat Duane E. Johnson, Director of Labor Relations (Protokoll 20. Oktober 1989, S. 1):
"Many other media we have to compete with are awarding personnel according to their contribution. We would love to have PFP a greater proportion. We did not roll back people`s base rate, like warehouse companies, or gave no increase at all, wage freeze, zero, zero, zero... The alternative would be going zero, zero, zero. Paper, ink, technical equipment, all costs of doing the business really affected the bottom line. Newspaper business becomes more and more risky. TV, radio, magazines, direct mail fight for advertising. There are fewer and fewer independant newspapers with family ownership in the US, those who stay are committed, really committed to the idea of news. They get not much of an economic incentive to stay in business."

[155] Gespräch Director of Labor Relations (Protokoll 20. Oktober 1989, S.1).

performance incentive" nutzen.[156] 75 Prozent der US-Unternehmer, präzisiert im Dezember 1988 "Fortune" in einer Titelgeschichte zu Prämienplänen, hätten einen *"nontraditional pay plan"* eingeführt, 80 Prozent davon in den letzten fünf Jahren.[157] Die Seattle Times Co. startete PFP 1986 mit der Berufung Mike Fanchers zum *Executive Editor*. Also zu einer Zeit, als die Idee in anderen Branchen bereits Fuß gefaßt hatte und die amerikanischen Tageszeitungsverlage anfingen, sich auf breiter Front für *"incentive"*-Systeme zu interessieren.[158]

Hauptmotiv der Unternehmen, sich von Einheitslöhnen zuzüglich planlos gewährter übertariflicher Zulagen zu verabschieden, die es immer gab, ist unabhängig von Produkt oder Fertigungsart, ob Zeitung oder Automotor, die Steigerung der Wettbewerbsfähigkeit. Einerseits soll der finanzielle Anreiz die Beschäftigten dazu bringen, ihre Arbeit produktiver zu tun. Andererseits stellt PFP es völlig in das Ermessen des Verlagsmanagements, ob Bezüge erhöht, gekappt oder eingefroren werden. Das allein scheint den Aufwand für einen Prämienplan wert.[159]

Vorteile für Verlage: Protokolle erleichtern Kündigungen, PFP ermöglicht Kontrolle über Gehälter trotz Tarifvertrag

Ein Nebeneffekt der *"nontraditional pay plans"*, den speziell journalistische Fachzeitschriften ausführlich beleuchten, ist die Möglichkeit, Reportern, die schon lange Jahre im Verlag sind und nach Einschätzung des Managements dem erwünschten Leistungsprofil nicht mehr genügen, dank lückenloser schriftlicher Dokumentation ihrer Unzulänglichkeiten in PFP-Protokollen fristlos kündigen zu können.

Die Verlage seien nicht länger gewillt, Reporter mit *"less-than-sterling performances"* wie in früheren Zeiten zu halten, erläutert Larry A. Frankel, Vize-Präsident und Personalchef der "Washington Post", den Stimmungsumschwung 1987. Der Kostendruck sei enorm, *"so-called `deadwood` adds to the burden."*[160]

Da sich die amerikanischen Zeitungsverlage heutzutage keine zusätzlichen Planstellen mehr leisten könnten, um das *"quality product"* Zeitung zu produzieren, müßten Neueinstellungen notgedrungen *"replacements"* sein,

---

[156] "Grading merit pay". In: Newsweek, 14. November 1988, S. 45.

[157] Nancy J. Perry: Here come richer, riskier pay plans. In: Fortune, 19. Dezember 1988, S. 51.

[158] vgl. Patricia P. Renfroe: Productivity. In: Presstime, September 1987, S. 32f. Zitat: "Newsroom have traditionally been difficult to grade on productivity but lately there has been a greater effort to do so." Daß kein vorgesetzter Redakteure die Beurteilungen gerne durchführt betont Gene Goltz: Evaluating performance. In: Presstime, Oktober 1989, S. 30-32; ders.: Incentive pay plans flower. In: Presstime, April 1990, S. 78.

[159] Perry, Pay plans, S. 51.

[160] zit. nach Mary Sepucha: Newspapers have `come to expect more`, especially in the newsroom. In: Presstime, September 1987, S. 33.

meinte John B. Hammett, Senior-Vize-Präsident der "San Jose Mercury News".[161]

Patricia P. Renfroe, Managerin für Personalfragen im amerikanischen Verlegerverband ANPA, sieht PFP als Schlüssel zur erfolgreichen Entlassung. Die sich häufenden Klagen *"We cannot dismiss poor performers. The government and the courts will not let us"* verwarf sie als *"simply not true."* Auf sorgfältige Buchführung käme es an. Zitat: *"Avoiding legal action... depends upon the establishment of formal procedures such as performance appraisals and progressive discipline actions. Both entail written records shared with employees and maintained in personnel files."*[162]

Susan Miller, *"Director Editorial Development"* in der Zeitungskette Scripps Howard Newspapers, präzisiert: *"Perhaps the biggest inducement to change is that it is a lot harder to fire a newsroom employee than it used to be. The old doctrine of "employment at will" (the right of the employer to hire and fire "at will") has been eroded by numerous court decisions...The courts want hard evidence of affirmative answers to questions such as: Was the employee warned that his performance wasn`t satisfactory? Was he warned of the consequences if he didn`t improve? Was he given reasonable opportunity to improve?"*[163]

Diese und viele andere Daten, die eine juristisch haltbare Kündigung ohne die Zustimmung des Betroffenen und Abfindungen enthalten muß, liefert PFP.

Die Seattle Times Co. hat nach übereinstimmenden Aussagen aller Befragten PFP noch nicht eingesetzt, um Reportern zu kündigen. Doch drei altgediente Berichterstatter wären durch den Druck negativer PFP-Bescheide "freiwillig" gegangen, heißt es, und je länger PFP Daten produziert, desto leichter könnten mißliebige Reporter eines Tages finanziell ausgetrocknet, psychologisch zermürbt oder juristisch unanfechtbar gekündigt werden. Die dienstältesten Reporter stehen trotz aller Beteuerungen, sie würden nicht diskriminiert, in Wirklichkeit nicht nur in der Redaktion der "Seattle Times" überdurchschnittlich oft unter Beschuß. In 41 Schiedsgerichtsverfahren (*"disciplinary arbitrations"*), die der amerikanische Verlegerverband ANPA zwischen 1970 und 1987 registrierte, waren über die Hälfte der Geschädigten *"longterm employees"*.[164]

7.6. Psychologische Unwägbarkeiten: Kann PFP motivieren?

Weitaus schwieriger einzuschätzen als die handfesten Vorteile aus unternehmerischer Sicht oder die von den Gewerkschaften befürchteten sozialen Besitzstandsverluste sind die motivationspsychologischen Effekte von PFP und vergleichbaren *"Incentive"*-Systemen. Das gilt nicht nur für Zeitungsredaktionen. Als Faustregel für Versuche, Arbeitsleistung mit

---

[161] zit. nach Mary Sepucha, Newspapers have `come to expect more`, a.a.O., S. 33.

[162] Patricia P. Renfroe: There`s a right way to handle dismissals. In: Presstime, Januar 1987, S. 37.

[163] Susan Miller: Managing the newsroom. In: WJR, März 1986, S. 31.

[164] vgl. Sepucha, Newspapers have come to expect more, S. 33.

finanziellen oder anderen, ohnehin nur kurzfristig wirksamen Anreizen stimulieren zu wollen, formulierten Thomas G. Cummings und Edmond S. Molloy 1977 nach Auswertung von 78 Projekten in den verschiedensten Branchen, daß es keine Faustregel gibt. *"Their use in a particular organization, however, requires much experimentation and innovation on site...Current knowledge is insufficient to formulate a blueprint for success in most organizations."*[165]

So lobt Gerald Sass in einer Magisterarbeit an der Universität Kansas nach einwöchigen Interviews mit Reportern und Redakteuren das *"reporter-performance-rating-system"* der "Gannett Rochester Newspapers" im Bundesstaat New York. Im Gegensatz zu den Reportern und Redakteuren der "Seattle Times" unterstrichen die Kollegen dort die Vorzüge des Verfahrens, *"to allow editors to select employees who should be promoted or fired; to select those who needed training and to select what training was needed; to allow editors to determine how much to pay employees; to streamline and make more efficient the newspaper operations."* Nur wie die Beurteilungen formal gehandhabt würden (*"administration of the ratings"*), speziell Schlüssigkeit (*"consistency"*) und Aktualität (*"timeliness"*), ließen bisweilen zu wünschen übrig. Kritik entzündete sich an Details der Durchführung, nicht am Prinzip.[166]

Ein Zusammenhang, der mögliche Motivationseffekte durch Beurteilungen Vorgesetzter nicht nur bei Journalisten beschränkt, ist die offenbar tiefe Kluft zwischen sehr hoher Selbsteinschätzung betroffener Arbeitnehmer und der laut Statistik eher mageren Verteilung von Top-Talenten. Umfragen zufolge behaupten rund 80 Prozent der amerikanischen Arbeiter, sie seien besser als die Norm.[167] Dagegen weiß David Drennan, Management-Professor an der Nottingham University: *"Performances of subordinates will generally fall into a normal distribution pattern with a few at the good and the bad ends of the performance scale, and the majority will fall somewhere around the middle."*[168]

Aus diesem inneren Widerspruch läuft praktisch jedes Beurteilungsverfahren Gefahr, die Mehrheit der betroffenen Belegschaften vor den Kopf zu stoßen, einzuschüchtern und zu verunsichern statt zu motivieren. Drennan: *"For most people an appraisal is like an examination at school. We all remember that the same people kept on getting the top marks and the prizes - for them it was fine. For the majority, however, the exam marks were simply a repeated confirmation of their mediocrity. The exams generated feelings of worry, fear and aversion. And these are exactly the feelings appraisals generate in most people at work."*[169]

---

[165] vgl. Thomas G. Cummings/Edmond S. Molloy: Improving productivity and the quality of work life. New York 1977, S. 280ff.

[166] vgl. Gerald Sass: How are they doing? A study of one newspaper's reporter evaluation system. M.S. University of Kansas 1983.

[167] "Grading merit pay", a.a.O., S. 45.

[168] David Drennan: Motivating the majority. In: Management Today, März 1988, S. 92.

[169] ebd., S. 89.

Die Meinung, daß das Einkommen gleich Leistung gleich Selbstwert(gefühl) des erwachsenen Menschen während des gesamten Berufslebens darstellt, macht den Druck im häufig genannten Vergleich zwischen den PFP-Beurteilungen und der Notengebung in der Schule objektiv gravierender. *"If I tell you you got $ 100 and he got $ 5,000, I`ve made a judgement about your worth as human being, and you take that personally"*, sagt Robert Ochsner, Chef der Management-Beratungsfirma Hay.[170] Störfaktoren wie Eifersucht und Intrigantentum sind nicht zuletzt deshalb, wo immer ein Bonus-System eingeführt wird, nahezu unvermeidlich, resümieren die "Newsweek"-Autoren. *"Others stem from indecisive or poorly trained managers who refuse to choose between workers, or use unfair or inaccurate criteria in evaluating their employees."* Und: *"In an effort to make decisions look `objective`, managers sometimes make another dangerous mistake: trying to quantify things that shouldn`t be."*[171]

Diese drei Vorwürfe könnten abstrichslos auf die Manager-Redakteure der "Seattle Times" und den *Pay for Performance Plan* gemünzt sein. Bei Beurteilten wie Beurteilenden in der Redaktion kommt jedoch ein weiterer, wesentlicher Störfaktor hinzu. Reporter und Redakteure sind, allesamt, überzeugte Journalisten und sehen in dem Instrument, außer drohenden finanziellen Einbußen und der persönlichen Kränkung durch schlechte Bewertungen, einen fundamentalen Angriff auf Grundfesten ihres Berufsstandes wie professionelle Eigenständigkeit und ein eher unbürokratisches, auf persönlichen Kontakt und direkte Kommunikation gestütztes Arbeitsklima, das das Gegenteil der Managerkultur anderer Erwerbszweige darstellt.[172] Die Redakteure der "Seattle Times" sagen übereinstimmend, die besten Reporter seien *"self-motivated"*.[173] Man könne ihnen die Hälfte zahlen, und sie wären immer noch gut, zumal die Aussicht lockt, bei herausragender Leistung an ferne Nachrichtenschauplätze reisen zu dürfen.[174] Der sicherste Weg zur Mitarbeitermotivation sei allerdings, Autoren

---

[170] zit. nach "Grading merit pay", S. 45.

[171] ebd., S. 45f.

[172] Pointiert zugespitzt charakterisiert John Kenneth Galbraith das kulturelle Klima im Zeitalter der Großunternehmen mit einem Zitat von Charles Addams. "It (the corporate world) ist a world... where there are no great men, only great committees." zit. nach John Kenneth Galbraith: The age of uncertainty. Boston 1977, S. 259.

[173] Zitat ACE specialty beats (Protokoll 10. Oktober 1989, S. 1):
Question: Do you have any problems to motivate your reporters, to dig out news and be initiative?
Answer: No, this group is pretty much self-motivated. Because they are beat-reporters, they want to maintain their name on the beat and many byline-stories in the paper."
Zitat Photo editor (Protokoll 12. Oktober 1989, S. 1):
"The best people are self-motivated"
Zitat Medicine reporter, filling in for ACE specialty beats (Protokoll 4. Dezember 1989, S. 2):
"This particular group are all very good reporters, all self-starters."

[174] Zitat Photo editor (Protokoll 12. Oktober 1989, S. 1):
"You could pay them half and they would perform good. There is one reporter who goes to the movies with the camera. I will say, he is always working. Last year we went to Russia, Japan, Alaska, that`s a sort of incentive, same placement. Page 1, scene- or sports-cover, Sunday Magazine."

aufzuspüren und einzustellen, die von Natur aus zupackend und neugierig sind.[175]

Reporter der "Seattle Times" betonen ebenfalls, ihre Motivation sei *"internal"*.[176] Engagement ergebe sich aus professionellem Stolz[177] und der Arbeit selbst. So müßte die eigene Autorenzeile möglichst häufig und gut plaziert im Blatt erscheinen, um seine Glaubwürdigkeit vor allem gegenüber den Informanten behaupten zu können.[178] Die ständige Furcht, Reporter der Konkurrenz könnten die gründlicher recherchierte, elegantere formulierte Geschichte schreiben, trüge ebenfalls nahezu zwangsläufig zur Motivation bei.[179] Unerwähnt ließen die Befragten, daß dieser Ansporn nur greift, wo solch eine publizistische Kopf-an-Kopf-Konkurrenz noch existiert. Und dies ist, wie eingangs erwähnt, in kaum einem lokalen amerikanischen Zeitungsmarkt noch der Fall. Zudem entfällt die Möglichkeit des direkten Vergleichs bei nicht tagesaktuellen Hintergrundgeschichten, die einen immer größeren Raum im Blatt einnehmen.

Geld ist nach Meinung aller Redaktionsmitglieder, die bei der "Seattle Times" für diese Untersuchung befragt wurden, wenig ausschlaggebend für ihre Arbeitsmotivation. *"If you want to make money, you have to be a lawyer or a doctor"*, sagt ein GA-Reporter. Obwohl er zu Bedenken gibt: *"When you sort of reach the limits in opportunity in a particular area, income-level is more important."* Auch hält er die Nach-Watergate-Generation für einen Sonderfall. *"People who wanted to effect a change were drawn to journalism."* Die Affäre habe der damaligen Jugend vorgeführt, *"newspapers can kill a president"*.[180]

Doug Underwood, an die Universität von Seattle gewechselter ehemaliger Reporter der "Seattle Times" und Sproß eben dieser emanzipatorischen Ära, kritisiert die Managementreformen der 1980er Jahre denn auch primär als Widerspruch zu seinen Vorstellungen von journalistischer Professionalität: *"Especially the good solid professionals who didn`t need a lot of direction, we suffered under the system. We went into journalism to have some freedom, not to be good company soldiers."*[181]

In der Tat wird Reportern die in US-Redaktionen traditionell geringe Bewegungsfreiheit durch die Reformen redaktionellen Managements der 1980er Jahre qua Definition weiter gestutzt. Gleichzeitig sollen sie aber

---

[175] Zitat ACE urban affairs (Protokoll 13. Oktober 1989, S. 2).

[176] Zitat Science reporter (Protokoll 20. November 1989, S. 3).

[177] Zitat Nukes/GA reporter (Protokoll 4. Dezember 1989, S. 1):
"The pride of your work keeps you going. You`re here to do the best job you can do."

[178] Zitat Investigative reporter (Protokoll 5. Dezember 1989, S. 3):
"I don`t have kind of daily story in the paper to produce. I have to go weeks and months without byline. As I am going to lose my credibility, I put more pressure on myself than any editor could."

[179] Zitat Nukes/GA reporter (Protokoll 4. Dezember 1989, S. 1):
"When there is fear of getting beaten on a story. The PI had a fulltime reporter on nukes but abolished it. That made a real change. I do have the time to do other things now."

[180] Zitat GA-reporter (Protokoll 14. November 1989, S. 8).

[181] Interview Doug Underwood (Protokoll 22. Januar 1990, S. 2).

"professionell", also handwerklich perfekt und engagiert am zugewiesenen Platze funktionieren. Eine Bestrafung unangepaßten Verhaltens im PFP schmälert außer der persönlichen Ehre langfristig auch den Lebensstandard. Kaum absehbar ist, über welche Ventile diese Einengung langfristig abgeleitet oder kanalisiert werden wird. Ein höherer Stellenwert der Bezahlung dürfte die redaktionelle Produktion in jedem Fall verteuern. Redakteure, die PFP und andere Managementinstrumente auf Reporter anwenden müssen, werden zudem Spannungen mit journalismusspezifischen Überzeugungen auf Dauer möglicherweise nur aushalten können, indem sie sich dem strukturellen Druck beugen und ihre Rolle tatsächlich primär als Manager sehen. Erfolgserlebnisse und die Erfüllung von Karrierewünschen werden dann nicht mehr primär im Journalistischen, sondern im Unternehmen und in der Führungsrolle gesucht. Fraglich ist, ob hierdurch der Kontakt der Entscheidungsträger zur äußeren Erfahrungswelt der Leser nicht noch weiter schwindet.

7.7. Die Ohnmacht der Gewerkschaften

Die amerikanischen Gewerkschaften, auch die 1933 gegründete Newspaper Guild, lassen Umwälzungen im Bezahlungsmodus bislang widerstandslos zu. Bewußt ist ihnen die Tragweite der Bedrohung schon. *"Our top issue is health, the second most troublesome trend are PFPs. We are more and more running into this. It undermines equal pay for equal work,"*[182] meint Linda K. Foley, *"Executive secretary"* des *"Contracts committee"*. Auf der Vollversammlung der Newspaper Guild im Juni 1989 schlug das *"Collective bargaining committee"* in einem dramatischen Lagebericht Alarm. Auszug: *"Increasing demands by publishers to limit or eliminate general increases in favor of "merit-based" wage compensation bring into focus a particularly insidious assault on collective bargaining. It is extremely difficult to negotiate fair and objective criteria for measuring individual performance. The term "merit" is too frequently applied to instances, where wage increases are purely discretionary on the part of the employer. Such increases frequently have the effect of weakening and destroying collective bargaining. It also can lead to discrimination on the bases of race, sex, age, union activity and other prejudices."*[183]

Doch an der Ohnmacht der Newspaper Guild ändern diese Einsichten wenig. Ein Grund: Mangelnde Stärke durch niedrigen Organisationsgrad. 1984 hatten nur noch 121 von 1541 amerikanischen Tageszeitungen gültige Tarifverträge mit der Newspaper Guild.[184] Das Verhältnis von Organisierten zu Nicht-Organisierten in amerikanischen Verlagshäusern liegt bei 1 zu 5. Die Zahl der "Brüder" und "Schwestern", so die altertümliche Anrede unter Guild-Mitgliedern,

---

[182] Telefon-Interview mit Linda K. Foley am 8. Dezember 1989.

[183] First report of the collective bargaining committee. In: Proceedings. Fifty-Sixth annual convention. The Newspaper Guild, AFL-CIO, CLC. June 19-23, 1989. Desmond Americana Inn, Albany, N.Y., S. 51; Einen guten Überblick über aus Gewerkschaftssicht problematische Praktiken bietet "Merit pay". IEB-Reporter v. 25. April 1990 (vervielf. Manuskript).

[184] John Morton: Journalism doesn´t pay. In: WJR, Juli/August 1984, S. 15.

ist seit 20 Jahren unverändert, nicht zuletzt infolge von Zeitungsschließungen und JOAs.[185] Der Mitgliederschwund der amerikanischen Gewerkschaften dauert jedoch in allen Branchen seit Jahren an. Waren 1970 laut U.S. Census Bureau noch 24,7 Prozent aller Lohnempfänger gewerkschaftlich organisiert, konnten 1987 nur noch 17 Prozent gezählt werden.[186]

Zu dieser objektiven Schwäche des Arbeitskampfpotentials kommt subjektive Unsicherheit der amerikanischen Gewerkschafter im ideologischen Umgang mit dem Leistungsbegriff und daran orientierter Bezahlung hinzu. *"We don't quite know how to deal with it"*, räumt Richard J. Olive, ein Delegierter aus Nordkalifornien, auf dem Gewerkschafts-Kongreß 1989 ein, obwohl auch ihm klar ist, was das Ziel der Reise sein wird. *"What the company is looking for is a way - and this is a way - to turn the clock back to that time when the bossman had all of the say on who got the money, had all of the say on how much money that was to be, and we are really troubled by this embroglio of merit and how to respond to the issue of outstanding performance."*[187]

Der Mustertarifvertrag (*"Model contract"*), den die Newspaper Guild im Juli 1989 vorlegte, belegt die zwiespältige Position der Gewerkschafter. Mit dem Satz *"The minimum salaries herein are minimums only; individual merit shall be acknowledged by increases above the minimums. The Employer shall review the salaries of all employees at least every six months for merit increase purposes"* öffnet der Vertragsentwurf *"Merit pay"* jeglicher Art Tür und Tor. Einzig die Fußnote enthält einen sorgenvollen Aufruf zu ständiger Obacht: *"Each Local should analyze the merit increase information provided under the information clause of the contract to determine if women, minority workers, Guild leaders, or other employees are systematically or otherwise unfairly excluded from merit increases and protest rigorously if such discrimination exists, enforcing pertinent contract provisions."*[188]

Das Prinzip ist anerkannt.

Daß die gewerkschaftliche Liste der erfahrungsgemäß sehr oft unfair Beurteilten ausgerechnet die Gruppe der älteren Mitarbeiter übergeht, die nicht nur im Fallbeispiel "Seattle Times" bei der Prämienvergabe überdurchschnittlich häufig schlecht abschneiden, läßt sich ebenfalls am schlüssigsten aus der ideologischen Unsicherheit in der Verwendung des Leistungsgedankens begründen.

---

[185] vgl. A.H. Raskin: The once and future newspaper guild. In: CJR, September/Oktober 1982, S. 26ff. Kurz bevor die Gewerkschaftsführung einen leichten Mitgliederzuwachs bekanntgeben wollte, wurde das JOA in Seattle genehmigt und die 103 Jahre alte "Cleveland Press" schloß, sodaß die Mitgliederzahl erneut schrumpfte.

[186] zit. nach Gene Goltz: Union rolls still shrinking. In: Presstime, März 1989, S. 6.

[187] zit. nach Proceedings, a.a.O., S. 53.

[188] The Newspaper Guild AFL-CIO, CLC (Hrsg.): Collective bargaining mannual. 2. U.S. Model contract v. 15. Juli 1989, S. 20.

7.8. Fazit

Die kostspieligen Kontrollverfahren im amerikanischen Zeitungsbetrieb zeigen, daß das strukturelle Vertrauen in Reporter als verantwortlich handelnde professionelle Persönlichkeiten so minimal ist wie zu Zeiten Dovifats und im Widerspruch steht zu einer Unternehmens- und Menschenführung, die zur Bewältigung komplexer Aufgabenstellungen in Produktionsprozessen auf Kommunikation statt Kontrolle setzt.

Angesichts der gegenüber vorgesetzten Redakteuren seit Jahrzehnten im Schnitt gleichwertigen beruflichen Qualifikation ist der unverändert hohe Kontrollaufwand nur verständlich aus der zentral im Verlagsmanagement entwickelten Definition auch publizistischer Ziele, denen sich die tendenziell ganzheitlicher beziehungsweise individualistischer gefärbte professionelle Orientierung der Reporter unterzuordnen hat.

Ein Grund für die akribische Anwendung der Kontrollinstrumente bei der "Seattle Times" ist gewiß die geradezu ästhetische Verliebtheit des Chefredakteurs in die klare Komposition redaktioneller Organisation als "seiner" Schöpfung. Ob das Preis-Leistungs-Verhältnis für ein auf größtmöglichen finanziellen Erfolg zielendes Unternehmen stimmt, ist fraglich, doch für die Seattle Times Co. dank der gesicherten Finanzdecke durch das JOA vermutlich weniger von Belang als für Betriebe, die unter Wettbewerbsdruck stehen.

Textkontrolle durch *Editing* wird von der Mehrheit der amerikanischen Journalisten als positiv für die Qualität von Berichten begrüßt, allerdings im Unterschied zu den Zeiten Dovifats nur, wenn sich die Beteiligten an einen informellen, mit der Aufnahme der journalistischen Tätigkeit stillschweigend akzeptierten Verhaltenskodex halten, der von den vorgesetzten Redakteuren ein Mindestmaß an Respekt für die Professionalität und Kompetenz der Autoren verlangt. Allein die Vielzahl der Stationen, die ein Text bei der "Seattle Times" passiert, führt Reportern freilich das Gegenteil vor. Das Verfahren selber birgt die Gefahr, daß jede zusätzliche Kontrollstufe neue Fehler und Fehleinschätzungen hinzufügt statt Qualität zu sichern. Die Produktion redaktioneller Inhalte wird verteuert und doppelt kompliziert.

Die Unzufriedenheit von Reportern wie Redakteuren mit dem *Pay for Performance Plan* deutet auf fundamentale Verletzungen persönlicher und professioneller Natur. Die Spannung, die aus dem traditionell akzeptierten Hierarchiegefälle zwischen Reporter und *Editor* entsteht, spornt persönliche Leistungsbereitschaft der Reporter vermutlich finanziell und sozial weniger verlustreich an als ein starrer Prämienplan, der das professionelle Profil der Reporter qua Definition auf handwerkliche und soziale Funktionstüchtigkeit im Rahmen der jeweiligen Organisationsziele reduziert.

Allerdings scheint PFP ähnlich dem JOA entgegen den Rechtfertigungsversuchen der Chefredaktion ein primär geschäftspolitisch vorteilhafter Schachzug, der der Redaktionsspitze lediglich genügend positive Nebenwirkungen verspricht - formale Klarheit, Disziplinierung, Hoffnung auf Motivationshilfe - um ihn gegen den Widerstand der Reporter und ihrer unmittelbar vorgesetzten Redakteure als Fortschritt gegenüber früher zu vertreten. Bezeichnenderweise ist der einzig unstrittige Effekt des Prämienplanes, daß die einst mächtige Gewerkschaft Newspaper Guild weiter an Einfluß verliert und der von ihr ausgehandelte Tarifvertrag für die Mehrheit der Nichtführungskräfte immer weniger bindend wird. PFP scheint vor allem ein Kostenkontrollinstrument für den Verlag. Die materiell (noch) nicht zu beziffernden Schäden innerhalb der Redaktionen und des Berufsstandes fließen wegen dieses massiven Vorteils in keine betriebswirtschaftliche Kalkulation ein.

III. DEFINITION PUBLIZISTISCHER ZIELE AUS LESER-/ANZEIGENMARKT

8. Marketing

Marketing, konsequentes "Denken von der Nachfrage" im Leser- und Anzeigenmarkt,[1] betrachten nicht nur Verlagsleitung und Chefredaktion der "Seattle Times", sondern Führungskräfte aller amerikanischen Zeitungsbetriebe als unerläßlich für ökonomischen und publizistischen Erfolg.[2] Auch wenn in anderen Industriebranchen, wie eingangs dargestellt, das Vertrauen in die einseitige Anwendung von Marketingkonzepten ohne Gespür für nicht quantifizierbare Strömungen auf der Nachfrageseite und ohne mehr Eigenverantwortung und Mitsprache in den eigentlich produzierenden Jobs erschüttert ist.

Die Märkte der Tageszeitung sind aus unternehmerischer Sicht und im Vokabular der Marktforschung derart unzertrennlich miteinander verwoben, daß sich publizistische Zieldefinitionen von Strategien, die primär der optimalen Ausschöpfung des Anzeigenpotentials dienen, kaum noch unterscheiden lassen. Dafür ist, wie am Beispiel der "Seattle Times" gezeigt werden wird, in einer Redaktion, deren Management sich an Marketingüberlegungen orientiert, journalistisch fast alles möglich, was sich mit Vorteilen im Markt begründen läßt, bis hin zum monatelangen Reportereinsatz für eine industriekritische Serie über Sicherheitsmängel auf Öltankern, die mit nur die publizistische Qualität honorierenden Pulitzer-Preis bedacht worden ist. Umgekehrt haben redaktionelle Anliegen ohne zumindest den Anschein, daß der Marketingnutzen die Kosten aufwiegen könnte, wenig Aussicht auf Verwirklichung.

Marketing-Studien mit redaktionellem Schwerpunkt helfen der Chefredaktion der "Seattle Times", das publizistische Angebot der Zeitung gezielt unter Nachfragegesichtspunkten weiterzuentwickeln, und untermauern Forderungen nach den hierfür notwendigen Sach- und Personalmitteln im Verlag. Zugleich haben sie einen Nebeneffekt, der auf den unterschiedlichsten Ebenen der Organisationsgestaltung der "Seattle Times" immer wieder zu beobachten ist: Die meist kostspieligen Werke mindern die persönliche Haftung beteiligter Entscheidungsträger. Falls Reformen scheitern, kann man sich, in diesem Fall die Chefredaktion, nachträglich immer auch auf die teuer bezahlten Empfehlungen der auswärtigen Marktforscher berufen.

8.1. Die Belden-Studie von 1987

Mike Fancher hat sich von Beginn seiner Topmanagerlaufbahn an der Marktforschung zur Definition publizistischer Ziele bedient. Als er 1986 vom

---

[1] Kurt Koszyk/Karl Hugo Pruys: Handbuch der Massenkommunikation. München 1981, S. 170ff.

[2] Die praktische Umsetzung dieser Zielvorstellung im redaktionellen Management erfolgt freilich auch in amerikanischen Verlagen nicht gleich gründlich, wenn auch die Zugehörigkeit zu einer Kette die Wahrscheinlichkeit erhöht. Noch Ende der 70er Jahre überwog eine traditionelle informelle Markteinschätzung entlang pauschaler Erfahrungsgrundsätze wie "Women don't read the sports pages", betont Philip Meyer, Director of News Research bei Knight-Ridder Newspapers.- Philip Meyer: Models for editorial decision making: The benefits of semi-formality. In: Journalism Quarterly, Frühling 1978, S. 77-83.

Managing Editor zum *Executive Editor* der "Seattle Times" befördert wurde, zählte zu den ersten Amtshandlungen des frisch graduierten *"Masters of Business Administration"*, die auf *"Research and Counsel in Marketing and Communications"* spezialisierte Belden Associates Inc. in Dallas/US-Staat Texas mit einer großangelegten Studie über die Präferenzen der "Seattle Times"-Leser zu beauftragen. Zweck: Orientierungshilfe, wie der Themen-Mix attraktiver gestaltet werden kann und auf welche inhaltlichen Ziele die redaktionelle Organisation ausgerichtet werden muß, damit die auf wissenschaftlicher Basis ermittelten Leserpräferenzen optimaler bedient werden können.

In ihrem Vorwort zum 350-Seiten-starken *"Management summary"* von Juni 1987 merken die Verfasser an, wie ungewöhnlich es sei, die Befragung nur auf die Leserschaft der Zeitung, die die Studie in Auftrag gibt, zu beschränken.[3] Normalerweise würde die Stichprobe der Interviewpartner aus allen Erwachsenen eines Verbreitungsgebietes gezogen. Offiziell wird von Seiten der Auftraggeber methodisch argumentiert: Das Mangement der "Seattle Times" habe nur Personen in die Entscheidungsfindung einbeziehen wollen, die sich aufgrund regelmäßiger Lektüre tatsächlich ein qualifiziertes Urteil über *"content mix"* erlauben können. Indirekt könnte man in dem eigenartigen Verzicht jedoch auch eine weitere Bestätigung für die Annahme sehen, daß sich die Seattle Times Co. seit dem JOA mit ihrem Objekt "Seattle Times" ausschließlich darauf beschränkt, den Besitzstand auf möglichst hohem Niveau zu sichern statt sich der Konkurrenz im Markt zu stellen und in der Illusion zu verzetteln, man könne mit einer Nachmittagszeitung neue Leser gewinnen.

8.1.1. Elite-Profil der Leserschaft bestätigt

Die Anzeigenabteilung, und damit auch der Verlag, können mit dieser Strategie der qualitativen Besitzstandssicherung sehr gut leben. Zur Stammleserschaft der "Seattle Times", rund 840 000 Menschen im *Newspaper Designated Market*, zählt traditionell die kaufkräftige, gut gebildete (weiße) Mittel- und Oberschicht, auf die, wie später ausführlich erläutert werden wird, inzwischen alle amerikanischen Tageszeitungen zielen.[4] Die Belden-Studie bestätigt das Elite-Image des "Seattle Times"-Lesepublikums mit einer imposanten Fülle sozio-demographischer Daten, übersichtlich in Tabellen, Kreisdiagrammen und Listen präsentiert. 60 Prozent der Haushaltsvorstände üben demnach einen Dienstleistungsberuf aus, 14 Prozent sind Ruheständler. Männer und Frauen halten sich mit 54 zu 46 Prozent etwa die Waage. 53 Prozent sind verheiratet,

---

[3] Belden Associates (Hrsg.): The Seattle Times reader interest and content mix research. Management summary, June 1987, conducted for The Seattle Times. Dallas 1987 (vervielf. Manuskript), S. A-1 "Background and Objectives".

[4] Zitat Gary Jesinek, Metro editor Tacoma News Tribune (Protokoll 22. Dezember 1989 , S. 1): "We consider the PI as our competitor because it is easier to compete against... The Times is a different animal. It has an afternoon-mindset, featurier, warmer, fuzzier, lot of space and effort on extremely long stories, more pleasant appearing newspaper, totally different approach. We want to be real first, tough, aggressive. The Times wants to be more analytical. Tacoma is a blue-collar town, the Times is more a yuppie-newspaper."
Zitat Clayton C. Chinn, Times marketing research Manager (29. November 1989, S. 1): "The Times typically is a little more white-collar as opposed to blue-collar."
Zitat John A. McCall, Times Circulation manager/vice president (Protokoll 16. Oktober 1989, S. 1): "Generally, you can say the higher the income level the greater the readership of the Times."

28 Prozent Singles. 70 Prozent haben keine Kinder, 25 Prozent maximal zwei. 46 Prozent der Leser sind zwischen 25 und 44 Jahre jung. 56 Prozent absolvierten ein College, 25 Prozent die *High School*, 14 Prozent sind Akademiker. Das jährliche Haushaltseinkommen bewegt sich zu 44 Prozent im Bereich 35 000 Dollar aufwärts, davon zu 12 Prozent zwischen 50 000 und 79 999 Dollar. Der Gesamtdurchschnitt der Haushaltseinkommen liegt bei 32 600 Dollar.[5]

Gesondert verglichen werden Abonnenten und *"Single-copy"*-Käufer, Leser der werktäglichen "Seattle Times" sowie der Sonn- und/oder Samstagsausgabe, mit oder ohne "Seattle Post-Intelligencer."

Außerdem listet die Studie minutiös auf, wer die "Seattle Times" zu welcher Tageszeit liest. Dies sind wichtige Eckdaten, damit das Management im eingangs geschilderten Dauerkonflikt zwischen Redaktion, Produktion und Vertrieb um Zeitanteile eine annähernd objektive Richtschnur hat. Auch wie stark parallel zur Zeitung andere Medien genutzt werden, fanden die Marktforscher heraus.[6]

Die durchschnittliche Lesedauer für die "Seattle Times" liegt demnach mit 43 Minuten von Montag bis Freitag und 39 Minuten am Samstag rund 10 Minuten über der US-Norm für Tageszeitungen.[7] Diese Werte bestätigen indirekt einmal mehr das Elite-Image der Leserschaft.

8.1.2. Lücke zwischen Nachfrage und publizistischem Angebot festgestellt

Im Anschluß an die 70seitige Bestandsaufnahme in Zahlen, von der unmittelbar auch Anzeigenabteilung und Vertrieb profitieren, dreht sich die Belden-Studie ausschließlich um redaktionelle Inhalte sowie Art und Umfang ihrer Präsentation. Knappe Schlußfolgerungen am Ende jeden Kapitels geben der Chefredaktion der "Seattle Times" übersichtlich Empfehlungen, was sie aufgrund eingehender Analyse der vorangegangenen Daten, die sie nicht unbedingt Ziffer für Ziffer studieren oder verstehen muß, konkret ändern oder beibehalten sollte. Auszug:

"Images of the Seattle Times":

"Although the overall images on four concepts are positive, there is a need for concern over the magnitude of the negative ratings:
- Not Enough Color (39 %)
- Hard to Find What I Want (18 %)
- News Stories Too Long (16 %)
- Does Not Cover All the News I Want (14 %)

---

[5] vgl. ebd., S. B-12 ff "Demographic characteristics of Times readers".

[6] vgl. ebd., S. B-18 ff "Demographic characteristics of exklusive/duplicated Times readers"/S. C-3ff "Key demographic variance between subscribers and single-copy purchasers"/S. D-7ff "Time of day when weekday Times is read".

[7] vgl. ebd., S. D-9 "Amout of time spent reading weekday Seattle Times"/S. D-10 "Amout of Time spent reading The Saturday Times".

The desire for more color, expressed by a third of your readers, is particularly significant."[8]

Einwandfrei halten die Meinungs- und Kommentarseiten (*"Editorial"*) der Prüfung durch die befragten Leser stand. Folglich wird für sie keine Reformidee präsentiert. Zitat: *"Based on the results of the measurements we would conclude that there is overall satisfaction with the editorial pages and no specific revision is suggested."*[9]

Auf drei *"noteworthy patterns"* sind die Schlußfolgerungen der Studie zu *"Reader interest compared to other markets"* komprimiert:

- *In all markets the top three reader interest groupings are the general categories of local, national and international news.*
- *Seattle shows a higher interest ranking in science and technology and a somewhat higher interest in personnel finances.*
- *Consumer news ranks lower in interest in Seattle than in other markets.*[10]

Die Spanne zwischen *"Interest"* und *"Performance"* wird zusätzlich unterschieden nach Geschlecht der Leser sowie Sport und Nicht-Sportthemen.[11]

Dann werden die Elemente der Zeitung einzeln seziert (*Weekday Times: 79 items/ Saturday Times: 18 items/ Sunday Times: 88 items/ Columnists: 38 items/ Front Page Graphics: 2 items*). Ob *"Puzzle and Predictions"*, *"National and International News"* oder die Lebenshilfe-Kolumne *"Dear Abby"*, die simple und einzige Frage, die die Marktforschung interessiert, lautet stets: wie viele und welche Leser widmen sich welchem Stück wie oft und wie intensiv?[12]

Sämtliche Lesemuster und - *"level"* werden dann mithilfe einer mathematisch-statistischen Formel namens *"McCombs Decision Model"*[13] verknüpft, gewichtet und in einem viergeteilten Empfehlungsraster operationalisiert, aus dem die Chefredaktion entnehmen kann, wo Handlungsbedarf besteht.

Als Zwischenprodukt spuckt der Rechner zwei *"Charts"* über die Rangfolge aller untersuchten *"Items"* im Leserinteresse aus. Der *"Interest-Index"* setzt *"News About Seattle"* auf Rang 1 (*Interest Index 76*), *"Birth and Weddings"* auf Rang 41 (*Interest Index 8*).[14] Laut *"Weighted Readership Index"* ist die Seite 1 der Sonntagsausgabe bezüglich der Aufmerksamkeit, die die Leser der "Seattle

---

[8] ebd., S. F-2.

[9] ebd., S. G-2.

[10] Belden-Studie, S. H-6.

[11] vgl. ebd., S. I-1ff "Relating reader interests and performance of The Times".

[12] vgl. ebd., S. J-1ff "The popularity of Seattle Times content".

[13] Der Erfinder, Dr. Maxwell McCombs, ist Präsident der journalistischen Fakultät der University of Texas. Davor war er Direktor des ANPA News Research Centers in Syracuse, N.Y., und unterstützte die Studie für die "Seattle Times" als Berater.

[14] Belden-Studie, S. N-3.

Times" einzelnen Zeitungselementen widmen, der Renner, *"Alfred Sheinwold`s Bridge Column"* das Schlußlicht.[15]

8.1.3. Empfehlungen an die Chefredaktion

Wer sich einmal durch die Flut von Daten gearbeitet hat oder an Kommentaren und näheren Erläuterungen zu den einzelnen Posten weniger interessiert ist, findet am Schluß der Studie auf zwei Seiten reduziert die Quintessenz fast einjähriger Forschungsarbeit. Das Blatt mit der Überschrift *"SUMMARY OF CANDIDATES FOR TRIMMING OR DELETION"* verrät, auf welche Rubriken ohne allzu große Leserproteste verzichtet werden könnte (*"content items to be most likely candidates for reduced coverage or possible deletion from the newspaper"*). Die zweite Seite heißt *"SUMMARY OF CANDIDATES FOR EXPANSION OR FINE-TUNING."* Aufschlußreicher als die Kürzungsvorschläge, die sich fast ausschließlich auf Kolumnen und Service-Rubriken wie *Business-, Food-, Religion-* und *Home-Calendar beziehen,* [16] sind die Empfehlungen zu "Erweiterung" und "Vervollkommnung" der "Seattle Times". Auszug:

Expansion

Primary Consideration:
- *Local Community/Neighborhood News*
- *Science and Technology*
- *Health and Fitness*
- *Social Issues*

Secondary Consideration:
- *Monthly Arts and Entertainment Calendar in Sunday Arts/Entertainment Section*
- *Individual Sports*

Fine-Tuning

- *National/International News*
- *Economy Section*
- *Education*
- *More Use of Color*[17]

Um diese simple Prioritätenliste herauszufiltern, wurden 25- bis 30minütige Telefoninterviews mit 1692 Lesern geführt, ermittelt aus einer Zufallsstichprobe der erwachsenen Bevölkerung im NDM. Außerdem wurden 992 Fragebögen ausgewertet, nachdem vor Beginn der Feldstudie Ende 1986 ein zweimonatiger *Pre*-Test mit 200 Teilnehmern durchgeführt worden war.[18]

---

[15] Belden-Studie, S. N-4ff.

[16] ebd., S. R-1.

[17] ebd., S. R-2.

[18] ebd., S. A-5.

Dieser forschungstechnische Aufwand klingt gemessen am Ergebnis zunächst gewaltig. Aber angesichts der Komplexität und Unschärfe des Untersuchungsgegenstandes ermöglicht das Verfahren, um bezahlbar zu bleiben, nur eine holzschnittartige Wiedergabe tatsächlicher Befindlichkeiten entlang gängiger Standards. So kam, wie im Folgenden ausgeführt werden wird, auch keine der Empfehlungen wirklich überraschend.

Gerade die Reduktion auf griffige Schlußfolgerungen nach Umwälzung riesiger Datenmengen, die die Interpretationen wissenschaftlich "objektiv" stützen, macht aber vermutlich Autorität und Brauchbarkeit der Studie für die unternehmerische Praxis aus.

Im hier zur Diskussion stehenden Fall hatten die Kunden der Beratungsfirma aus Texas offenbar das Gefühl, daß jeder Dollar für die Untersuchung gut angelegt war. Denn das Management der "Seattle Times" griff nahezu alle für ihre Zeitung formulierten Kürzungs- und Ausbauempfehlungen auf und setzte sie konsequent um.[19]

8.1.4. Umsetzung der Erweiterungsvorschläge - Beispiele

Local Community - and Neighborhood News

Die empfohlene Verstärkung von *"Local Community and Neighborhood News"* lieferte Verlag und Chefredaktion Argumente für die noch zügigere Erweiterung der Stadtteilausgaben. Dieser kostspielige und logistisch schwierige Prozeß wurde im Juli 1976 und im Januar 1977 mit einem eigenen Lokalteil für Ost bzw. Nord- und Süd-Zone gestartet, der in der Zentrale erstellt wurde und jeden Mittwoch erschien.

Der Ausbau der Stadtteilberichterstattung war zum Zeitpunkt dieser Untersuchung, gut zwei Jahre nach Vorlage der Belden-Studie, zehn Jahre nach der Eröffnung der ersten Außenredaktion im Osten der Stadt, noch immer in vollem Gange. Die Anzeigenabteilung der Seattle Times Co. treibt die Entwicklung aktiv voran, sodaß anzunehmen ist, daß die in der Belden-Studie formulierte publizistische Zieldefinition in erster Linie die geschäftspolitisch längst als optimal erkannte Strategie nachträglich auch einmal mehr als dem Leserbedürfnis entsprechend sanktionierte.[20]

Marji Ruiz, *Advertising Director* der Seattle Times Co., erläutert die kurz- und vor allem langfristigen Vorteile der Stadtteilseiten für Anzeigenkunden wie folgt: *"I can sell advertising full-run and zone, i.e. for the dry cleaner in Bellevue it would have been a waste of money, too expensive to advertise in the whole paper. The zones give an opportunity to target geographically... The demand is*

---

[19] Interview Executive editor Mike Fancher (Protokoll 1. Dezember 1989, S. 2):
Question: How did the reader survey influence the shape of the paper?
Answer: We have done most of it.

[20] Der Mechanismus ist in allen größeren amerikanischen Zeitungsmärkten zu beobachten.- Susan Ross: Circulation battles. In: Presstime, Februar 1989, S. 28-30. Zitat: "The turf fighting follows the retailers who follow the population."
Mary A. Anderson: Doing battle in the suburbs. In: Presstime, Juni 1987, S. 8-12.

always bigger. We need a lot more attention to the suburbs. We got to have more visibility. If not this is going to hurt us on the long run. The East bureau is hidden in a commercial area because of sign restrictions in Bellevue. You simply don't see it. When our readers are driving down the street they should see that the Times is there."[21]

Ohne diese zweifelsfreie Deckungsgleichheit zwischen publizistischer Nachfrage und betriebwirtschaftlicher Rechnung wäre der finanziell gewaltigste Schritt der jüngeren Unternehmensgeschichte, der Bau einer neuen Druckerei nordöstlich von Lake Washington,[22] mit an Sicherheit grenzender Wahrscheinlichkeit nie gewagt worden. Mike Fancher hätte noch so laut klagen können, daß Engpässe in Rotation und Vertrieb wegen erweiterter Stadtteilausgaben der Redaktion immer frühere Schlußzeiten diktieren.[23]

Wie ohnmächtig der *Executive Editor* dasteht, wenn er Sach- und Personalmittel allein für redaktionelle Belange fordert, zeigt die materielle und personelle Ausstattung der angeblich so bedeutsamen Redaktionen für *Local Community and Neighborhood News*. Nicht nur, daß die Mitarbeiter der Stadtteilbüros am unteren Rand der professionellen Image-Skala rangieren. Die Zahl der Planstellen in den Bezirksredaktionen ist im Verhältnis zum Gebiet, das abgedeckt, (das *South Bureau* etwa betreut mit sechs Reportern 300 000 Einwohner) und zum Platz, der gefüllt werden muß (täglich eine Seite, mittwochs ein ganzes "Buch"), deutlich magerer als die Besetzung der Zentrale *City Desk*. In jedem Stadtteilbüro gibt es 7 Planstellen, Büroleiter, Fotograf und Sportreporter mitgerechnet. Erschwerend zu den schlechteren Arbeitsbedingungen kommt, daß die Reporter der Außenredaktionen nur 70 Prozent des tariflich festgelegten Lohns erhalten. Folge: Fast nur Berufsanfänger sind in den Stadtteilredaktionen zu finden und die personelle Fluktuation übersteigt die Grenze des journalistisch Erträglichen. Ein Stadtverordneter in Renton weigerte sich gar, die Reporter der "Seattle Times" kennenzulernen, weil die Gesichter ständig wechselten.[24]

---

[21] Zitat Marji Ruiz, Advertising director (Protokoll 30. November 1989, S. 1/2).

[22] Der Grundstückskauf erfolgte im Januar 1989.

[23] Zitat Carolyn S. Kelly, Vice president finance (Protokoll 15. November 1989, S. 1):
"$ 160-200 mio. costs a new plant with presses, land and all that. We will borrow some money. We never borrowed money before but we need new presses so the distribution problem is solved, too."

[24] Zitat ACE south (Protokoll 18. Oktober 1989, S. 1):
"This bureau covers 300-400 000 people, the number of reporters in all zones is far too low. It is never a problem to have news. My problem is to have enough people to produce the story. I lost by promotion H. to business, one female reporter went to the PI. Turnover is a big problem. I hope it stabilizes, continuity is important. People need having their sources because of the wide area they cover. In Renton one council administrator rejected to get aquainted with a new reporter because he said it would not be worth getting to know each other as quick as faces change. I hired A. extra for that. I can rely on her for good, consistent coverage. People here basically are starting out in their career. K. is 1 1/2 year in the job, L. - first job, A. - first job..."

Journalistisch und für Leser, die fundiert informiert werden wollen, fatal ist,[25] daß der Zustand betriebswirtschaftlich ideal zu sein scheint. Der Raum rund um die Anzeigen, die reißenden Absatz finden, wird tagtäglich gefüllt, optisch attraktiv genug, um Anzeigenkunden zu imponieren. Die Unterbezahlung motiviert die Reporter zu äußerstem Engagement, weil jeder Einzelne so schnell wie möglich in die Zentrale aufsteigen will. Um sich professionell profilieren und für Beförderungen in die Zentrale empfehlen zu können, bieten die "Billigkräfte", die journalistisch nicht weniger fähig sein müssen, nur weil sie der Verlag aufgrund des Überangebotes an Journalisten im Arbeitsmarkt schlechter bezahlen kann, dem Rahmenblatt darüberhinaus noch zusätzlich eigene Geschichten an. Ehrgeiz und Einsatz sind schier grenzenlos.[26]

Der einzige Sieg, den *Executive Editor* Mike Fancher für die Stadtteilredaktionen der "Seattle Times" davontrug, war die zusätzliche Personalstelle des im Kapitel Spezialisierung erwähnten *Suburban Editors*. Gedacht als Kommunikationsrelais zwischen den Bezirksredaktionen und *City Desk*, trägt diese hierarchisch hochrangige und vermutlich entsprechend gut dotierte Position freilich auch zur weiteren Titelinflation auf der Mangementebene der "Seattle Times"-Redaktion bei.

Kompromißlos zur Stadtteilberichterstattung bekannt, wie allerorten verlautbart und von Marktforschern US-weit empfohlen,[27] haben sich in Seattle scheinbar weder Verlag noch Chefredaktion. Die Geschäftsführung mißbraucht den Betriebszweig als kostengünstige *"Cash cow"* und Mike Fanchers Journalisten-Herz schlägt heftiger für die großen, exzellent aufgemachten Serien und Sonderdrucke der "Seattle Times", die Reporter und Redakteure ebenfalls am höchsten schätzen, sodaß es im Haus, mit Ausnahme der Stadtteilreporter und -redakteure, keine Lobby für die weniger repräsentativen Stadtteilseiten gibt. Gegen diese geballte Ignoranz dürfte auch der *Suburban Editor* machtlos sein. Erst wenn das Informationsangebot der Stadtteilseiten nicht einmal mehr als Anzeigenumfeld taugen sollte, wird wohl Alarm wegen mangelnder redaktioneller Qualität geschlagen werden - von der Anzeigenabteilung höchstselbst.

---

[25] Inhaltlich halten die Bezirksseiten der städtischen Zeitungen dem Vergleich mit reinen Stadtteilblättern generell nicht stand. Das bestärkt die Annahme, daß es den Verlagen weniger um den Dienst am Leser als um die Abschöpfung des Anzeigenpotentials in den Vorstädten geht.- S. Lacy/A.B. Sohn/L.F. Stephens: A content analysis of metropolitan and suburban newspapers in Denver and Detroit. In: Newspaper Research Journal, Frühling 1989, S. 39-50.

[26] Zitat ACE south (Protokoll 18. Oktober 1989, S. 1):
" All are quite new, highly motivated. One of the incentives is to stand out, be promoted in the main newsroom, get a story on Page 1 or Northwest-Cover. Money, no, they get only 70 percent guild salary... Some of the older reporters say, as many editors confirm, they don`t want to work 20 hours a day, they are over that. The young are willing to work 24 hours seven days a week. They want to shoot into the main newsroom,...everybody is hard working, they care about what they are doing. A real fun-crew. 70 percent thing is a constant problem, they feel overworked and underpaid.
But the top knows we are going to be the future savers of our paper."

[27] John Morton: Back to basics: Smalltown coverage. In: WJR, Oktober 1981, S. 10. Zitat: "Yet if big-city newspapers want to hold aggressive suburban publications at bay, they too must dip down into the minutial of life in all the communities they cover."

Science and Technology - Health and Fitness

Die Empfehlung der Belden-Studie, mehr über *"Science and Technology"* zu berichten, ist vollständig verwirklicht worden. Die Forderung nach mehr *"Health and Fitness"* ging im Fachgebiet Medizin auf. Für beide Reformen bedurfte es weder zusätzlicher Reporterstellen noch mußte der Blattumfang erweitert werden.

Schon seit 1967 leistet sich die "Seattle Times" im Lokalen einen festangestellten *Science Reporter* und seit 1981 einen festangestellten Berichterstatter für Medizin.[28] Ihre Fachgebiete rückten mit der Belden-Empfehlung lediglich stärker in den Vordergrund. Um Platz für die erweiterte Themenpalette im Blatt zu schaffen, wurde die erste Seite der täglich erscheinenden *"Scene (= Lifestyle/Feature) - Section"* am Montag zur *"Discovery-Page"* für Wissenschaft, Technik und Medizin erklärt, ausgestattet mit eigenem Logo und Redakteur. Der Medizin-Reporter liefert dieser Sonderseite nun neben seiner Tätigkeit im Lokalen zu. Wegen der auf Wochen und bisweilen Monate im voraus geplanten Themenschwerpunkte der *"Discovery-Page"* ist dies gut zu leisten. Der Wissenschaftsreporter wurde im September 1989 von der Lokalredaktion *City Desk* abgezogen und direkt dem *"Discovery Editor"* im *"Scene"*-Ressort unterstellt. Dies war, wie bereits im Kapitel Spezialisierung erwähnt, eine der wenigen Versetzungen bei der "Seattle Times", die der betroffene Reporter nach meinen Beobachtungen ausdrücklich begrüßte. Als Fachmann für ein Sachgebiet, in dem längere Erklärungen nötig sind, Fakten oftmals unklar und ohne zwingenden Bezug zur Tages- oder Wochenaktualität, erleichtert dem Wissenschaftsreporter das "Ghetto" einer eigenen Seite, die schon in der Konzeption auf ein fachkundigeres Publikum zielt, die Arbeit und ermöglicht die Umsetzung wissenschaftlich anspruchsvollerer Inhalte. Als größten Gewinn betrachtet der Wissenschaftsreporter, daß der *Discovery Editor* seine Manuskripte nahezu unverändert läßt, während *City Desk* stets versuchte, seine Texte für Laien verständlich "aufzupeppen".[29]

Daß er seine größere Freiheit als Autor primär Marketingüberlegungen und nicht "vernünftiger" Einsicht der Vorgesetzten und Kollegen in die Komplexität vieler Wissenschaftsthemen verdankt, scheint dem Wissenschaftsreporter wenig bewußt. Umso stärker seinem Redakteur. Er betont die eindeutige Zielgruppenorientierung der Seite. Nur Bildung und Sachkunde der angepeilten

---

[28] Seit Mitte der 60er Jahre haben Tageszeitungen US-weit ihr Angebot analog zum Zeitschriftenmarkt um "special interest sections" ergänzt. Gesundheit und Wissenschaft erlebten in der ersten Hälfte der 80er Jahre einen Boom.- Pamela M. Terrell: Newspapers add sections. In: Presstime, Juli 1989, S. 6-8.

[29] Zitat Science reporter (Protokoll 22. November 1989, S. 1):
"The Discovery-Page and the Science-Digest (Rubrik für Neuigkeiten von Meldungslänge) is kind of fun for me. I hate to throw away interesting things in the mail I get that are not worth a major story. I really like that scene affiliation because of the space it provides for my story...Science stories demand a pretty bit of space city desk hasn`t... My stories are not heavily edited. Jazzing up refers to city desk. The editor now is very good. He and I see things pretty much alike. We discuss it while I`m writing."

Leserschaft erlaubten den Abschied von traditionellen (lokal)journalistischen Grundsätzen wie Verständlichkeit und "Simplizität."[30]

Als eine Tageszeitung wie die "Seattle Times" sich noch ohne Abstriche als Massenmedium für möglichst viele Menschen in einem Verbreitungsgebiet verstand und weniger klar auf ein besser gebildetes kaufkräftigeres Publikum zielte, mußten diese (lokal)journalistischen Qualitätsmaßstäbe auch aus Marketingsicht absolute Gültigkeit besitzen. Es gibt denn auch nicht wenige Kommunikationswissenschaftler, die in redlichster Absicht - und nicht wie Verleger, die Pressefreiheit auffälligerweiser immer dann einklagen, wenn es um unternehmerische Entscheidungsfreiheit geht - "guten" Journalismus und Marketingorientierung als zwei Seiten einer Medaille sehen.[31] Diese Auffassung läßt sich zwar vertreten, müßte aber angesichts tatsächlicher Strömungen im Marketing und wegen der realen Machtverhältnisse in den Zeitungsbetrieben unbedingt durch alternative Überlegungen relativiert werden, wie dies im abschließenden Schlußfolgerungsteil dieser Untersuchung geschieht.

Social Issues

Themen, die die texanischen Zeitungsmarketing-Experten unter dem Begriff *"Social Issues"* zusammenfaßten (*"child abuse, women`s issues, AIDS, aging and elderly, drug dependency, and so forth"*), zogen sich vor und nach Veröffentlichung der Belden-Studie im Juni 1987 wie ein roter Faden durchs Blatt. Zwar fanden keine spektakulären Neuerungen statt, doch mehrere der Serien, die als Sonderdrucke im "Seattle Times"-Verlagshaus kostenlos abzuholen oder gegen 1,25 Dollar Rückporto per Post erhältlich sind, und auch etliche Reportagen in der Sonntagsausgabe beschäftigten sich dicht aufeinanderfolgend mit Obdachlosen (*"On the Street"* - März 1987), psychisch Kranken (*"At the Breaking Point"*) und Kindesmißbrauch in Seattle.

"More Use of Color"

Das in der Belden-Studie empfohlene *"Fine-Tuning"* der preisgekrönten "Seattle Times"-Blattgestaltung durch mehr Farbe - das *"Newspaper Design Style Book"* stammt wohlgemerkt schon aus dem Jahre 1983 - war im Untersuchungszeitraum weitgehend abgeschlossen. Aus Produktions- und Kostengründen blieb der Einsatz von Farbe jedoch nach wie vor auf Tage mit Farbanzeigen und wenige "Schaufensterseiten" wie das Titelblatt, *"Scene"*- und Sport-*Cover* beschränkt.

Für die (Text)Redaktion bedeutete die Realisierung der Forderung nach *"More Use of Color"* stärkeren Zeitdruck. Sie muß der Technik Layouts, Fotos und

---

[30] Zitat Editor Discovery-Page (Protokoll 22. November 1989, S. 1):
"We have a very high science readership in Seattle, University of Washington, new computer firms, a lot of highly educated people but we had no organized way covering science as such before the discovery page...The way editors and some reporters think about science, they want something very clear, an angle. A lot of things aren`t that clear. There aren`t so many things interesting to the average reader. We deal on things in a more subtle, sophisticated way. We address to more sophisticated readers."

[31] In Deutschland z.B. Günther Rager/Susanne Schaefer-Dieterle/Bernd Weber: Redaktionelles Mangement. Wie Zeitungen die Zukunft meistern. Bonn 1994, sowie m.E. Stefan Ruß-Mohl: Am eigenen Schopfe... Qualitätssicherung im Journalismus - Grundfragen, Ansätze, Näherungsversuche. In: Publizistik, Januar 1992, S. 83-96.

Grafiken noch früher liefern. Vor allem deshalb bezeichnete Chefredakteur Mike Fancher die Verlegung der Farbandruckzeiten nach hinten in seinem Jahresrückblick 1989 als wichtigen Sieg für die Redaktion. Was er unerwähnt ließ: Auch die Anzeigenabteilung profitiert von den späteren Andruckzeiten, weil sie die lukrativeren Farbanzeigen jetzt noch kurzfristiger verkaufen kann. Allein zur Entlastung der Redaktion hätten Technik und Vertrieb ihre Zeitpläne vermutlich nicht gestrafft.

Die Beharrlichkeit, mit der *Managing Editor* Alex MacLeod in seiner freitäglichen Blattkritik geglückte Seitengestaltung lobt, wird vor dem Hintergrund der Belden-Ratschläge noch verständlicher. Seine Kommentare schwören die Redakteure im Umgang mit Texten und Reportern auf den Kurs ein, der in der Marketingstudie als optimal definiert worden ist. In der Gründlichkeit, diese Empfehlungen in der redaktionellen Praxis umzusetzen, ist die Chefredaktion der "Seattle Times" kaum zu schlagen. Immer wieder lobt MacLeod kurze Artikel, weil die Leser Umfragen zufolge Geschichten mit Fortsetzungen auf folgenden Seiten (*"jumps"*) nicht mögen. *"Good mix"* und *"good package"* sind die von ihm am liebsten gebrauchten Anerkennungsvokabeln.

Indiz, wie tief die Chefredaktion die schlagwortartig hervorgehobenen Befunde der Belden-Studie verinnerlicht hat, ist die Reaktion des stellvertretenden Chefredakteurs auf die Frage nach Lücken in der Berichterstattung der "Seattle Times". Was wie ein originärer Einfall aus journalistischem Gespür für "Themen-die-in-der-Luft-liegen" klingt, ist tatsächlich die wortwörtliche Wiederholung einer Belden-Empfehlung: *"Even if we do a decent medicine coverage there should be more on health and fitness, more dietary stuff."* [32]

Seattle Times Co. beschäftigt festangestellten Manager für *"Marketing Research"*

Die Suche nach optimaler Orientierung im Leser- und Anzeigenmarkt stützt sich nicht nur auf teure Einzelaktionen wie die Belden-Studie zum Amtsantritt von Mike Fancher. Für kontinuierlichen Informationsfluß sorgt Clayton C. Chinn, der *Marketing Research Manager* der Seattle Times Co.. Er sichtet Tag für Tag unzählige Studien und Fachaufsätze über Lesewünsche und -gewohnheiten der Amerikaner, leitet sie per Rundlauf an die potentiell interessierten Abteilungsleiter weiter und recherchiert umgekehrt speziellen Fragen der Führungskräfte nach. Außerdem betreut er hausinterne Marktstudien. Eine tagesfüllende Aufgabe.

Ein Netzwerk verschiedener Institute, vom New Yorker Newspaper Advertising Bureau (NAB) über das Audit Bureau of Circulations (ABC) bis hin zu privaten, auf Presseverlage spezialisierte Unternehmensberater veröffentlicht laufend Marktanalysen, praxisorientierte Projekt- und Kongreßberichte mit auflagesteigernden Strategie-Ideen wie *"Attracting non-readers to newspapers"* oder *"Marketing the newspaper to single-copy buyers."* Das Management der Seattle Times Co. ist also jederzeit genügend informiert, um das eigene Unternehmen nach den aktuellsten Erkenntnissen der Marktforschung "rational" steuern zu können. Insofern konnte auch keine Empfehlung der Belden-Studie

---

[32] Zitat Managing editor (Protokoll 20. November 1989, S. 1).

wirklich überraschend sein. Wie später ausführlich gezeigt werden wird, sind in ganz USA die für Tageszeitungen vorgeschlagenen Marketing-Strategien ähnlich. Einmalig ist der Belden-Report, weil es der teuerste und umfassendste Forschungsauftrag war, der je im Namen der "Seattle Times"-Redaktion vergeben wurde.

Hauptnutznießer von Marktforschung sind traditionell eher Anzeigenabteilung und Vertrieb, die turnusmäßig durch Zahlen bestätigt haben wollen, daß die Leser der "Seattle Times" genau die kaufkräftige Kundschaft sind, auf die ihre Inserenten, vom Möbelhändler bis zum Makler, zielen.[33]

Der Ausbau der Stadtteilseiten kommt auch in den Aktivitäten der hauseigenen Marktforschung als geschäftspolitische Priorität der Seattle Times Co. zum Ausdruck. Im November 1988 legte Clayton C. Chinn die Auswertung zweier Gruppengespräche mit Lesern der *North-* (= SW Snohomish County) und *South Zone* (= Federal Way) über Stärken und Schwächen der lokalen Berichterstattung vor. So diffus die inhaltlichen Verbesserungsvorschläge auch ausfielen, so einmütig artikulierten die Teilnehmer der Runde pauschal, daß sie mehr Informationen über ihren Wohnort wünschten und umfangreichere Stadtteilausgaben gerne nicht nur mittwochs, sondern täglich lesen würden.[34] Die Anzeigenabteilung konnte mit diesem Ergebnis zufrieden sein, die Redaktion weniger. Ihr führte die Sprachlosigkeit der Leser bestenfalls die Grenzen der Erkenntnismöglichkeit von Marktforschung in Fragestellungen über den journalistischen Zuschnitt von Tageszeitungen vor.

Akuten Handlungs- und damit einhergehend erhöhten Informations-Bedarf sieht das Management der Seattle Times Co. im südlichen Verbreitungsgebiet wegen der aggressiven Konkurrenz der "Tacoma News Tribune" in Federal Way, einer jungen Schlafstadt mit großem Einkaufscenter und kaufkräftiger Mittelschichtbevölkerung.[35] Das Büro der Stadtteilredaktion Süd wurde bereits

---

[33] Zitat Clayton C. Chinn (Protokoll 29. November 1989, S. 1):
"We do a big survey every couple of years for advertising purposes, basically to show that we reach a lot of people that, let's say, Joe's furniture store wants to reach in terms of age, sex, income. Also for advertising we asked people who had bought houses, where they learned about the house. Times was on top, up to 80% got the information there. For circulation we study if we can get more people to subscribe if the PI comes earlier, a typical answer to our question why people don't subscribe is, I don't subscribe because I leave the house before the paper comes...Mostly we research for advertising and circulation that affects both Times and PI, for the newsroom only for the Times...A TV-section survey on Sunday was done both for Times and PI."

[34] The Seattle Times Co. (Hrsg.): North and south zone focus group observations. Memorandum by Clayton C. Chinn, 11. November 1988 (vervielf. Manuskript).

[35] Zitat Marketing research manager (Protokoll 29. November 1989, S. 1):
"We will be doing a news survey on the south. The Tacoma paper is making heavy noise overlapping territory."

im Sommer 1989 von Kent nach Federal Way verlegt, Vertrieb und Anzeigenannahme folgend.[36]

Die Vorteile exakter Marktforschung für das Unternehmen faßt die Selbstdarstellungsbroschüre der Seattle Times Co. zusammen, die jahrelang an Anzeigenkunden verschickt, aber auch jedem Besucher in die Hand gedrückt wurde. Zitat: *"Research`s task is to minimize the guesswork and risktaking involved in newspaper management. The News, Circulation and Advertising Departments use research in a variety of ways to help them in their decision-making process... Local audience research (demographics and psychographics) also is valuable to the paper for describing to advertisers the kind of readership the newspapers serve."*[37]

In der Neuauflage dieser Schrift ist nicht nur der Einband umgestaltet - statt schwarz-weiß fotografierter Rotationsmaschinen sind pastellfarbige Aquarellzeichnungen geschäftiger Menschen zu sehen - sondern auch dieser aufschlußreiche Passus ist ersatzlos gestrichen. Obwohl sich das Unternehmen der Marktforschung häufiger denn je bedient. Vermutlich ließen diese Sätze zu sehr das geschäftliche Kalkül in der Definition der Verlagsziele durchblicken, das im Widerspruch zum Image als primär an umfassender Information der Öffentlichkeit interessierten Zeitungshaus steht.

8.2. Markt- und Management-Beratung für amerikanische Zeitungsverlage boomt - Orientierungsbedarf enorm

Auch wenn die "Seattle Times" dank JOA-Finanzpolster und Führungsfiguren wie Mike Fancher Ideen modernen Zeitungsmanagements gerade im redaktionellen Bereich übergründlich in die Tat umsetzt. Marketing gilt in den Chefetagen praktisch aller amerikanischen Tageszeitungsverlage als Königsweg zum ökonomischen und publizistischen Erfolg. Marktforschung hilft der Verlagsführung, Entscheidungen auch und gerade bei der Blattplanung im redaktionellen Teil zu treffen. Die einstige *"off-limits arena of editorial autonomy"*[38] wird dem neuen Credo zufolge abgelöst durch den *"coordinated newspaper marketing effort involving all departments"*[39] - *"because news is the main selling ingredient in the newspaper."*[40] Das Konzept vom Redakteur als Manager fügt sich nahtlos in eine solche Definition der Zeitungsproduktion ein.

---

[36] Zitat School reporter/South zone (Protokoll 18. Oktober 1989, S. 1):
"In summer we changed office to Federal Way, the Bellevue of the South, yuppie-area, harsh competition with the Tacoma paper."
Interview ACE south zone (Protokoll 18. Oktober 1989, S. 1):
Question: Why did you move?
Answer: For a couple of reasons. We had a nice building in Kent, then the circulation department moved to Federal Way west-campus area, we were left with twice as much space as we needed. This is a big growing area, a lot of news going on, and we are in a circulation battle with the Tacoma News Tribune."

[37] The Seattle Times Co., Informationsbroschüre, a.a.O., S. 12.

[38] vgl. Jim Willis: Editors, readers and news judgement. In: Editor & Publisher, 7. Februar 1987, S. 14f.

[39] vgl. David C. Rambo/Rolf Rykken: Circulation summit in Miami focusses on giving readers what they want. In: Presstime, März 1989, S. 26.

[40] David Lippman: Managing editor "St. Louis Post-Dispatch", zit. nach Jim Willis, a.a.O., S. 14.

Seine Einführung gegen den Unmut des journalistischen Personals ist letztlich nur aus eben diesem Umschwung zu verstehen.

Als Begründung, warum alle Kräfte im Tageszeitungsbetrieb auf das Verkaufsziel konzentriert werden müssen und Marktforschung existenznotwendig ist, werden allenthalben verschärfter Konkurrenz- und Kostendruck sowie Leserschwund angeführt. Das war so, als Donna R. Downes 1982 den Gebrauch von Marktforschung in vier Zeitungen in Los Angeles analysierte (*"survive and prosper in an increasingly competitive and complex media environment"*)[41] und setzt sich fort in den Kolumnen, mit denen Marketing-Experten die Fachzeitschriften der Verleger- und Journalistenverbände versorgen. Hochtrabende Sätze wie *"The modern newspaper must be ahead of its rapidly changing audiences. Editorial research is the radar that can make such moves accurate, perceptive and highly efficient"* gepaart mit praktischen Tips zu *"features in the health reporting field"*[42] werden von den Entscheidungsträgern in Verlagen und Redaktionen offenbar begierig zur Kenntnis genommen, warum sonst würden sie derart inflationär publiziert?

Die Orientierungslosigkeit scheint gemessen am Informations- und Serviceangebot der Beraterfirmen in der ganzen amerikanischen Zeitungsbranche enorm.

Das Newspaper Research Council, 1977 von den ersten 75 festangestellten *Marketing Research Managern* amerikanischer Zeitungsverlage gegründet, ist 1989 über 250 Mitglieder stark. Kaum ein Blatt mit mehr als 100 000 Auflage kommt ohne einen Mitarbeiter wie Clayton C. Chinn aus, der die Flut der Fachpublikationen sichtet und hauseigene Studien durchführt oder initiiert. An die 100 US-Firmen bieten Managementberatung und Marktforschung für Tageszeitungen an.[43] Das Geschäft, in der zweiten Hälfte der 70er Jahre angerollt, ist Ende der 80er Jahre *Big Business* geworden.

"Market Opinion Research will have gross billings this year of $ 11-12 million, of which newspapers will account for about 15 percent", erklärt Frederick P. Currier, Vorstandschef des mit 100 Vollzeit- und mehreren 100 Teilzeitkräften viertgrößten Unternehmens der Branche.[44]

---

[41] Donna R. Downes: The use of market research in the editing and management of newspapers. A case study of four Los Angeles newspapers. M.A. California State University 1982.

[42] Louis Harris: There are good reasons to do editorial research. In: Presstime, November 1989, S. 36. Presstime-Info zur Vita des Autoren: Harris is chairman und chief executive officer of Louis Harris and Associates Inc., an international public-opinion research firm based in New York City. He has conducted editorial research for newspapers for more than 40 years.

[43] Christine R. Veronis: Research moves to center stage. In: Presstime, November 1989, S. 21.

[44] Zu verifizieren ist diese Angabe aus der Selbstdarstellung des Unternehmens nicht, weil Mitkonkurrenten Umsätze und Mitarbeiterzahlen unter Verschluß halten. Auch dies ein Indiz für die Goldgräberstimmung im Beratermarkt, auf dem ehemalige Journalisten teils atemberaubende Karrieren machen.

Die von der Seattle Times Co. beauftragte Firma Belden Associates ist mit über 100 Zeitungskunden in USA, Kanada, Großbritannien und Australien unangefochten Marktführer und konnte zwischen 1983 und 1988 ihr Auftragsvolumen verdoppeln, gegenüber 1978 verdreifachen. *"Managers at all levels are seeking help in trying to manage an uncertain, difficult business environment"*, erklärt Geschäftsführer Thomas J. Holbein, ehemals *Copy Editor* bei "The Dallas Morning News", den Nachfrageboom.[45]

"Standardized, syndicated research" wie die Liste der *"Top 50 Metropolitan Markets"*, die seit 1978 veröffentlicht wird,[46] regelmäßige Projektberichte des Newspaper Advertising Bureau NAB und Tips für Leserstudien im *Do-it-yourself*-Verfahren (*"mail 100 questionnaires, to coordinate the study should not exceed 100 hours..."*)[47] machen das Instrumentarium der Marktforschung auch für kleine und mittlere Zeitungen erschwinglich.[48]

Erhoffter Nutzen

Editorial research im engeren Sinne soll Streuverluste im Lesermarkt minimieren, indem es ermittelt, welche Leser in welchem Umfang welche Teile der Zeitung lesen. *Editorial research* testet neu eingeführte Rubriken ebenso wie alterhergebrachte Elemente, das optische Erscheinungsbild der Zeitung ebenso wie *"types of coverage"*. Im Ergebnis scheidet es verzichtbare von ausbaufähigen Merkmalen der Berichterstattung.[49]

"Strategic consulting", das Marktführer Belden als *"currently most active area"* bezeichnet, denkt das ganze Produkt Tageszeitung neu und gibt den Verlagsmanagern durch *"newspaper market-positioning research"* einen detaillierten Entwicklungsplan für die Sicherung der ökonomischen Basis vor. *"Thorough sampling of readership"* ist eine tragende Säule dieser Grundlagenforschung. *"Defining the market, modifying the product to fit the market, introducing new products to fill available niches, and then targeting distribution and promotion of the product to develop sales"*, erläutert Belden-Vorstand Thomas J. Holbein den Aufbau der Strategie.[50]

Das Vokabular der Marktstrategen läßt bezeichnenderweise jeden Bezug auf journalistische Spezifika vermissen. Holbein könnte ebensogut über einen Lebensmittelkonzern sprechen, der nach Rezepten für garantiert lukrative Neuheiten sucht, weil das Produkt, das die Firma einst groß gemacht hat, zum Beispiel Schokoladenpudding, wegen veränderter Eßgewohnheiten überholt ist und zum kalorienreichen Ladenhüter verkümmert. Qualitätsmaßstab für das

---

[45] Gene Goltz: The strong demand for newspaper consultants. In: Presstime, August 1988, S. 30/32f.

[46] Gene Goltz: Today's researchers will tackle anything. In: Presstime, Juli 1987, S. 9.

[47] Gerson Miller: Conducting a low-cost readership study. In: Editor & Publisher, 12. Januar 1985, S. 26ff.

[48] vgl. u.a. Rolf Rykken: Using research. In: Presstime, Juni 1988, S. 22-24.

[49] Harris, Reasons to do editorial research, S. 36.

[50] zit. nach Gene Goltz, Demand for newspaper consultants, S. 31.

neue Produkt ist hierbei weniger, was wirklich gesünder wäre. Qualität ist, was sich mit an Sicherheit grenzender Wahrscheinlichkeit profitabel vermarkten läßt.

Die großen Zeitungsketten, in denen, wie eingangs erwähnt, drei von vier amerikanischen Tageszeitungen erscheinen, setzen diese marktorientierte Denkart offenbar besonders konsequent um. Ihr Management - um im Bild zu bleiben - interessiert weniger, was an einem Ort tatsächlich wesentlich ist und passiert, als vielmehr die journalistische Mischung herzustellen, die bei geringstmöglichen Kosten den höchstmöglichen Umsatz bringt, weil die angesprochenen Leser die von Anzeigenkunden erwünschten Konsumenten sind. Aufgekaufte Redaktionen spüren das sofort. Als etwa Scripps-Howard für 160 Millionen Dollar die Zeitung in Floridas *Boomtown* Naples erwarb, wurde die Zahl der Personalstellen in der Redaktion erweitert. Aber nicht planlos in die Breite, um Mitarbeiter zu entlasten, sondern eng orientiert an Lücken im Dienstleistungsangebot für den Leser/Anzeigenmarkt, die die Marktforschung diagnostizierte. Ein Betroffener: *"Management tried to identify a need then staff for it."*[51]

8.3. Empfohlene Standard-Strategien:
Zoning - Diversification - Targeting

Die empfohlenen Strategien, wie unprofitabel dahindümpelnde Tageszeitungsbetriebe wieder flott gemacht oder zumindest mittelfristig erhalten werden können, laufen auf drei zentrale Begriffe hinaus, die den Verlagsleitungen und Chefredaktionen nahegelegt werden, ob ihre Zeitung 28 000 oder 800 000 Auflage erreicht:

Zoning - Diversification - Targeting [52]

ZONING meint das Vordringen in immer kleinere räumliche Einheiten eines Verbreitungsgebietes zum Beispiel durch Stadtteilseiten.

DIVERSIFICATION empfiehlt die Erweiterung unternehmerischer Aktivitäten der Zeitungsverlage auf Felder potentieller Konkurrenz durch Einführung von *Direct Mail,* Kauf von Radiostationen, Kabelkanälen oder Datenbanken. "Nur" Zeitung zu verkaufen, ist antiquiert. Im redaktionellen Teil bedeutet DIVERSIFICATION die noch feinere Auffächerung der Themenpalette nach *"special interest,"* analog zu den Trends im Zeitschriftenmarkt.

TARGETING ist die Quintessenz all dieser Bemühungen, ZONING und DIVERSIFICATION inklusive. TARGETING meint das Maßschneidern des Blattes für den Leser- und Konsumentenkreis, der der Zeitung kurz- und mittelfristig den größtmöglichen Profit, also die höchsten Anzeigeneinnahmen sichert. Nachdem der Marketinggedanke an sich in den Köpfen der Verlags- und Redaktionsleiter fest verankert ist, wird TARGETING nach Meinung amerikanischer Fachautoren das *"industry buzzword"* schlechthin.[53]

---

[51] Margaret G. Carter: Growing opportunities. In: Presstime, Dezember 1987, S. 6f.

[52] "Marketing strategies for non-metro-newspapers". In: Presstime, Juli 1989, S. 41.

8.4. Abkehr vom Massenmedium: Fortschreitende Konzentration auf (kaufkräftige) soziale Eliten

Zeitungen in den Vereinigten Staaten haben sich anfänglich ohne aktives Zutun durch die bloße Übermacht des Fernsehens und den Niedergang der Lesekultur vor allem in unteren sozialen Schichten mehr und mehr zu Medien der gesellschaftlich Privilegierten entwickelt. Längst sind nicht nur die traditionellen Eliteblätter wie "New York Times" oder "Financial Times" nahezu ausschließlich Lektüre der oberen Zweidrittel der Gesellschaft.

"The audience for newspapers is slowly moving upscale," meint Millard G. Owen, Vize-Präsident für Marketing und Verkauf des "Boston Globe", *"we have a problem with the lower end of the market."* [54] Doch zutiefst beunruhigt scheinen die Verlage über diesen Trend, der die Auflagezahlen mindert, nicht. Präziser: Nicht mehr bzw. zunehmend weniger.[55]

Targeting, meinen inzwischen viele, kann den auflagegefährdenden Nachteil, daß nur noch die Bessergestellten und Gebildeten in einem Verbreitungsgebiet Zeitung lesen, aus Marketingsicht in einen gewinnbringenden Vorteil ummünzen. Die Auflage sinkt, die Rendite steigt oder bleibt zumindest stabil - dank höherer Anzeigentarife.

Parkman W. Rankin, Professor an der Arizona State University und praxiserfahren durch Arbeiten für das Nachrichtenmagazin "Newsweek" und im Gannett-Konzern, spricht von der *"chance that newspaper readers are more upscale than TV viewers and purchase a higher proportion of goods and services."* Würden Zeitungen diesen Pluspunkt ausbauen und offensiver vertreten, spekuliert er, könnten sie eventuell sogar nationale Inserenten wie Zigarettenfirmen und Fluggesellschaften zurückgewinnen, die im Schnitt 60 Prozent höhere Tarife für Anzeigen zahlen können als die örtliche Klientel, aber schon vor Jahrzehnten an das Fernsehen verloren gingen.[56]

Susan H. Miller, Direktorin für *Editorial Development* bei Scripps-Howard, schrieb 1987: *"The new trend for some papers is a shift away from total readership to a focus on market niche. As newspapers adjust to reality of lower market penetration, many are making strategic decisions about how best to market themselves both to readers and advertisers. Some are deliberately narrowing their geographic and demographic sights. This re-thinking may eventually be as profound in its long-term consequences as the efforts of the past 15 years to capture lost readers."*[57]

---

[53] vgl. u.a. Mary A. Anderson: Newspaper marketing. An industry buzzword takes on added significance because of economic pressure, difficult choices. In: Presstime, Januar 1989, S. 26-29.

[54] zit. nach ebd., S. 27.

[55] vgl. u.a. Gene Goltz: Reviving a romance with readers is the biggest challenge for many newspapers. In: Presstime, Februar 1988, S. 16-22.

[56] Parkman W. Rankin: The practice of newspaper management. New York 1986, S. 9f.

[57] zit. nach Mary A. Anderson, Newspaper marketing, S. 27.

Die fundamentale Entscheidung, die die amerikanischen Tageszeitungen in den kommenden Jahren treffen müssen, so Fachzeitschriften-Autor Rolf Rykken 1989: *"Should the industry remain a mass medium or should it become a selective one, serving and delivering only the most desirably demographic groups?"*[58]

Für Conrad C. Fink, Journalismus-Professor an der Universität Georgia, gibt es hierüber nicht zwei Meinungen. *"Costs are simply too high to profitably serve mass audiences that are geographically dispersed and demographically and psychologically diverse because advertisers don't want dispersed, diverse audiences."* [59] Auch auf der ANPA-Tec 1989 in New Orleans plädierte die Mehrheit der Experten für *"total Zoning"* - geographisch, demographisch, psychologisch.[60]

Gedankenspiele, für welche kaufkräftigen Zielgruppen die Tageszeitung künftig gestaltet werden kann, haben Konjunktur. Junge Männer, Senioren und berufstätige Mütter mit festem Einkommen, aber wenig Zeit kämen infrage.[61] Kurzum, sämtliche *"atypical nonreaders"*, die nicht zu ungebildet sind, sondern Umfragen zufolge "nur" zu mobil und beschäftigt, um eine (Lokal)Zeitung zu abonnieren oder wenigstens regelmäßig zu lesen.[62]

Christine D. Urban, Chefin der Consultingfirma Urban & Ass., entwirft im Workshop *"Managing for success in a changing market"* darüberhinaus die Vision einer lokalen, schichtspezifisch gestalteten Zwei-Klassen-Zeitung: *"If a newspaper operates in a market with two distinct population segments, such as white-collar and blue-collar groups, then you've got to have two separate products. They must have a different emphasis, writing style, tone and `intelligence`."*[63]

Technisch rückt die Verwirklichung solcher Modelle in greifbare Nähe. Schon Anfang der 90er Jahre, so William D. Rinehart, ANPA-Vizepräsident für Zeitungstechnik, könne durch die Kombination von Computer-, Laser- und Satellitentechnik die Zeitung für jeden, der sie im Abonnement bezieht, nach dem Baukastenprinzip individuell zusammengesetzt werden: *"Newspapers could thus provide each subscriber with a tailored package containing the basic newspaper, the locally zoned section, and whatever special-interest sections he or she wants to buy."* Ob Stock-Car-Rennen, Bergsteigen oder die Notierungen am Aktienmarkt, der Leser zahlt und bekommt von seiner Zeitung, was er

---

[58] Rolf Rykken: Readership decline brings newspapers to crossroads. In: Presstime, März 1989, S. 22.

[59] zit. nach Mary A. Anderson, Newspaper marketing, S. 28.

[60] "To zone or not to zone? It could mean newspaper survival". In: Presstime, Juli 1989, S. 40.

[61] Mary A. Anderson, a.a.O., S. 28.

[62] Paula Poindexter-Wilson: Atypical non-readers are good targets in efforts to boost daily circulation. In: Presstime, März 1989, S. 28.

[63] zit. nach "Newspapers should start new papers". In: Presstime, Mai 1989, S. 44.

wählt, wie beim Pay-TV im Kabelhaushalt.[64] Natürlich, und das impliziert Rinehart durch die zitierten Beispiele eindrucksvoll, steht inhaltlich nur zur Auswahl, was sich für den Verlag rechnet, weil es als redaktionelles Umfeld für zielgruppenspezifische Werbung taugt.[65] Langfristig sei auch die völlige Herauslösung dieser "*special interest sections*" aus der Zeitung als "*separate products*" denkbar, prognostiziert das Newspaper Advertising Bureau,[66] ebenfalls ohne ein Wort über die zusätzlichen Kosten des technisch Möglichen für Verlage und Konsumenten zu verlieren.

Conrad C. Fink ist der einzige rein betriebswirtschaftlich argumentierende US-Autor, der, obschon Befürworter von *"Targeting"*, dem euphorischen Drang zur Elite einen Dämpfer versetzt. Statistische Risiken, die leicht verdrängt werden, könnten seiner Meinung nach den erhofften ökonomischen Erfolg gefährden. Als Beispiel nennnt er den "Boston Globe": Das Blatt rühmt sich, über 50 Prozent der Haushalte mit mehr als 100 000 Dollar Jahreseinkommen zu erreichen, verschweigt aber, daß diese nur 9 Prozent aller Haushalte im Verbreitungsgebiet ausmachen. Der "Bodensatz", der umgekehrt abgekoppelt wird, als sei er für den Verlag ökonomisch irrelevant, umfaßt 25 bis 30 Prozent der Bevölkerung. Vielen Anzeigenkunden, darunter Kaufhäusern, warnt Fink, könnte dieser weiße Fleck auf Dauer zu groß sein. Außerdem würden sich die Verlage langfristig möglicherweise um jene Privilegien bringen, mit denen der Staat die Zeitungsbetriebe auch in USA wegen der Bedeutung einer unabhängigen Presse für den demokratischen Willensbildungsprozeß subventioniert.[67] Dazu zählen Billigtarife beim Postversand, Steuervorteile, der das Anzeigenmonopol sichernde *Newspaper Preservation Act*.[68] Doch solche Einwände gehen (noch) ungehört unter. Vermutlich, weil sich die Problematik akut nicht stellt und die Lobby der Medienbetriebe in Washington, siehe *Newspaper Preservation Act*, fest im Sattel sitzt.

8.5. Mehrheit amerikanischer Journalisten gegen Definitionsmacht von Marketing im redaktionellen Bereich

Amerikanische Reporter und *Editors* sehen Marketing im Unterschied zu Verlags- und Redaktionsspitzen bezogen auf Zeitungsinhalte überwiegend

---

[64] William D. Rinehart: Technology is spawning the tailored newspaper. In: Presstime, Juni 1989, S. 56.

[65] Die große Aufmerksamkeit, die Verlage der Erforschung der Leseinteressen der "single copy buyers" schenken, muß ebenfalls in diesem Licht betrachtet werden. Nicht nur, daß angesichts sinkender Abonnementenzahlen der Anteil der einzeln verkauften Zeitungen in USA steigt. Die "single copy buyers" sind mehrheitlich junge Erwachsene, Singles und zu 50 Prozent männlich, also eine gleichermaßen kaufkräftige wie konsumfreudige Zielgruppe.- Albert E. Gollin: Marketing the newspaper to single copy buyers" (vervielf. Manuskript).

[66] Newspaper Advertising Bureau Inc.: An update on readership, April 1988 (vervielf. Manuskript).

[67] Conrad C. Fink: How newspapers should handle upscale/downscale conundrum. In: Presstime, März 1989, S. 40f.

[68] Robert G. Picard: Free press and government. The ignored economic relationships of U.S. newspapers. In: Karl Erik Gustafsson (Hrsg.): Media structure and the state. Proceedings from an international symposium, 9-10 May 1994, at Göteborg University (Sweden). Göteborg 1995, S. 133-148.

kritisch. Im August 1985 meinte von 1333 befragten Journalisten in 51 US-Zeitungen die Hälfte, daß die Qualität ihrer Arbeit leide, wenn Journalisten zu stark berücksichtigen würden, was Leser wünschen.[69]

Emmett Lane, *Copy Editor* im Sportressort der "Seattle Times", hat Ende der 70er Jahre zur Erlangung seines MBAs an der University of Washington die Haltung der "Seattle Times"-Kollegen zu Marketing-Konzepten erforscht und stieß auf noch mehr Ablehnung als im US-Durchschnitt. 92 Prozent der 61 Redaktionsmitglieder, die seine Fragebögen ausfüllten, meinten, Zeitungen hätten die Pflicht, auch Dinge zu drucken, die Leser nicht lesen wollten. *"Social responsibility"* kristallisierte sich als primäre Orientierung heraus, wobei 89 Prozent meinten, daß mit einer solchen Einstellung letztlich auch den Lesern am besten gedient sei. Marketing hingegen sah die Mehrheit der Befragten als Bedrohung der primär journalistischen Aufgabe *"report the news, decide what news is."* Aktive Gegenwehr wie beim *Pay for Performance Plan,* der jeden Reporter persönlich tangiert, provozierte die Skepsis freilich nicht.

"Journalists", resümierte Emmett Lane, *"approach it (the marketing concept) with an attitude of practical acceptance, reservation, some fear, and a mixture of resignation and inevitability."*[70]

Doug Underwood, der Ex-Reporter der "Seattle Times", der erklärtermaßen wegen der nicht zuletzt aus Marketingzielen begründbaren Managementformen, die Mike Fancher durchsetzte, 1987 an die Universität von Seattle wechselte, sieht mit der Allgegenwart und Definitionsmacht von Marketing im Tageszeitungsjournalismus die letzten Garanten kritischer Information in der amerikanischen Gesellschaft schwinden.

Und auch was die langfristige Einschätzung des geschäftlichen Erfolges einer Zeitung im Markt ausmacht, vertritt er eine umgekehrte, gegen den Strom gerichtete Philosophie. Er gibt die Unzuverlässigkeit der Forschungsmethoden zu bedenken, die in der Chefredaktion der "Seattle Times" trotz des MBA-Studiums und einschlägig schlechter Erfahrungen niemanden irritieren,[71] und warnt davor, Eigenarten, die den unverwechselbaren Charakter einzelner Blätter ausmachen, kritiklos neuer Uniformität und austauschbarer Oberflächlichkeit zu opfern: *"The traditional values in the business are very much valuable. That is which largely drives our informational base. If it is not in the paper it got to be uncovered by everybody else. The newspapers are following similar changes that happenend in broadcast, especially TV, ten,*

---

[69] Cecilie Gaziano/Kristin McGrath: Newspaper credibility and relationships of newspaper journalists to communities. In: Journalism Quarterly, Sommer/Herbst 1987, S. 322.

[70] vgl. Emmett Lane: Newspapers and the marketing concept. An exploratory study of the attitudes of newsroom and management personnel. In: Developments in Marketing Science, Vol. V., Proceedings of the 6th Annual Conference of the Academy of Marketing Science Las Vegas (Nev.), May 5-8, 1982, S. 452.

[71] So forderte die "Seattle Times" ihre Leser im Oktober 1989 auf, sich per Infoline zu melden, was sie von dem Comic-Strip "Little Orphan Annie" halten. Das Echo war mit 84 000 Anrufen wahrlich überwältigend. Wenig später bekannte sich eine Initiative "The Coalition against Little Orphan Annie" zur erfolgreichen Manipulation der Aktion. Sie allein hätte per Computer mindestens 15 000 Stimmen gegen "Little Orphan Annie" eingespeist.- vgl. Rolf Rykken: Readers polled about comics. In: Presstime, April 1990, S. 42f.

fifteen years ago. I question that I can fully examine what people want to read... There is no evidence however giving readers what they want produces higher circulation... You need to maintain a distinctive feature."[72]

Tatsächlich schlagen auf Pressebetriebe spezialisierte Unternehmensberater, auch wenn sie von maßgeschneiderten Lösungen sprechen, den Zeitungsverlagen landauf, landab nicht nur seit Jahren dieselben Strategien vor, nämlich *Zoning - Diversification - Targeting*, sondern empfehlen dem redaktionellen Teil inhaltlich identische Reformen, meist *"Health and Fitness"* und *"More Use of Color"*.

"Most (newspapers) seem typographically up-to-date and full of trendy, canned lifestyle pander to reader polls", fürchtet Thomas Griffith das Ende der "Zeitung als Persönlichkeit", das einhergeht mit dem Typenwechsel in den Chefetagen der Verlage, wo statt urwüchsiger *"Press lords"* mit Ego, Engagement und ungeschminkten, damit durchschaubaren Eitelkeiten aalglatte *"Media barons"* sitzen, die sich, außer für die eigene Karriere, nur noch für Management-Strategien und Bilanzen interessieren.[73]

Gleich wer sich kritisch zur Marketing-Orientierung äußert, stets schwingt das Unbehagen über etwas mit, was Doug Underwood als *"transforming the nature of the newspaper business"* charakterisiert.[74] Gemeint ist ein Umbruch in der Unternehmens- und Berufskultur, der sich oft in Äußerlichkeiten wie Umgangsformen oder Kleidung zeigt, und die Illusion von Journalismus und speziell Reportertum als freiem Beruf nachhaltiger zertrümmern könnte als der *City Editor*, der zu Zeiten Dovifats wie ein General das Heer seiner Reporter kommandierte. William L. Winter, Direktor des American Press Institutes, spricht von der "Seele" des Geschäftes, die verkümmert.[75] Paradoxerweise ist diese "Seele" trotz der Durchdringung redaktioneller Organisation mit dem Prinzip arbeitsteiliger Massenproduktion, mit Budget- und Themenplanung, Kontrollverfahren und Marketingphilosophie gerade im amerikanischen Zeitungsbetrieb spürbar und allgegenwärtig in der professionellen Haltung der "empirischen Subjekte."

8.6. Fazit

Marketing vollendet die Verschmelzung zwischen Leser- und Anzeigenmarkt und definiert die Ziele publizistischer Arbeit bewußt aus deren profitversprechendem Zusammenspiel mit Werbefeldern. Die identifizierten Strukturmerkmale redaktionellen Managements im amerikanischen Zeitungsbetrieb helfen der Unternehmensführung, die Redaktion auf dem erwünschten Kurs zu halten. Ist die vermutete Akzeptanz für ein Produktmerkmal in Leser- *und* Anzeigenmarkt hoch, kann Journalismus sich

---

[72] Interview Doug Underwood (Protokoll 22. Januar 1990, S. 1).

[73] Thomas Griffith: Press lords and media barons. In: Gannett Center Journal, Winter 1989, S. 1-10. Daß amerikanische Verleger und Verlagsmanager heute eher junge "professionals" sind, bestätigt Mary A. Anderson: Who are the publishers? In: Presstime, Mai 1988, S. 6f.

[74] Doug Underwood: When MBAs rule the newsroom, a.a.O., S. 24.

[75] William L. Winter: A caution on the road to efficiency. In: Presstime, März 1988, S. 38.

innerhalb dieses Korridors "frei" nach den gängigen Gesetzen journalistischer Aussagenproduktion entfalten. Die generelle Route legen Umfragen und Marktforschung fest, vermeintlich "objektiver", exakter, und verläßlicher als journalistisches Gespür für "Themen-die-in-der-Luft-liegen". Gegenüber dem vor 10, 15 Jahren auch in amerikanischen Verlagen üblichen "Blindflug" der Redaktionen mag das ein Fortschritt sein, doch bei der "Seattle Times" müßte das Pendel längst wieder in die umgekehrte Richtung schlagen.
Doch dazu wäre selbstkritische Einsicht in die Grenzen der Erkenntnismöglichkeit von Marktforschung erforderlich. Diese existierte zum Zeitpunkt dieser Untersuchung in der Führungsetage nicht. Vielmehr vereinnahmte die Plan- und Zielerfüllung Redakteure und Reporter der Lokalredaktion *City Desk* so sehr, daß der regelmäßige Kontakt zu Strömungen draußen weiter schwand. Ein Zustand, den der französische Philosoph Paul Virilio "rasenden Stillstand" nennt.[76] Durch den Versuch, die diffusen Vorstellungen der Leser darüber, was ihnen eine Zeitung bieten soll, immer minutiöser in eindimensionalen Prozentzahlen zu objektivieren, geht der Blick auf das, was wirklich interessiert, umso nachhaltiger verloren. Nach Innen provoziert ein stur an Marketing orientiertes Managementhandeln, das immer auch die konsequente Umsetzung strategischer Ziele verlangt, einen Überhang an Bürokratie. Und dieser Stil- und Wertewandel untergräbt das professionelle Profil, aus dem gerade amerikanische Reporter trotz der arbeitsteiligen Tradition im amerikanischen Zeitungsbetrieb seit einem Jahrhundert ihre Motivation beziehen.

Der Wandel vom universellen (Massen)Medium in einem meist lokal definierten Verbreitungsgebiet zum zielgruppenorientierten Transporteur von Anzeigen mit einem der werbetreibenden Wirtschaft und lesenden Kundschaft gleichermaßen genehmen Spartenprogramm könnte die Tageszeitung zudem als Werbeträger auf Dauer erst recht ersetzbar machen. Diskussionswürdig wäre auch, ob die Deckungsgleichheit der Reformvorschläge und die allzu einseitige Hoffnung auf Marketingstrategien als Garanten für ökonomischen und publizistischen Erfolg nicht auch unwiederbringliche Eigenarten einebnet, die gerade auch amerikanische Lokalzeitungen als Medium noch unaustauschbar machen.

---

[76] Paul Virilio: Rasender Stillstand. München 1992.

Exkurs: *Tankers of Trouble* - Der programmierte Pulitzer-Preis

Umfangreiche Reportagen und Serien entstehen bei der "Seattle Times" nicht zufällig, durch außerordentlichen Ehrgeiz Einzelner oder als schnell recherchierte, eher belanglose Lückenfüller in nachrichtenarmer Zeit, sondern regelmäßig. Sie sind die Aushängeschilder des publizistischen Angebotes und noch Monate nach dem Erscheinen in der Zeitung als Sonderdrucke erhältlich.

Dank langfristiger Planung, sorgfältiger Textarbeit und Einbeziehung der nach interner Einschätzung jeweils besten Fotografen, Grafiker, Reporter und Redakteure ist Qualität weitgehend vorprogrammiert.

Ein besonders anschauliches Beispiel hierfür lieferte die im Untersuchungszeitraum veröffentlichte Serie *"Tankers of Trouble"* über Sicherheitsmängel auf Öltankern, die vom 12. bis 17. November 1989 in der "Seattle Times" erschien und am 12. April 1990, im Paket mit der aktuellen Berichterstattung der "Seattle Times" über die Ölpest nach der Exxon-Valdez-Havarie vor Alaska, den Pulitzer-Preis errang.

Es war die fünfte Auszeichnung dieser Art, die sich die Redaktion der "Seattle Times" je erarbeitet hat[1] und der erste Pulitzer-Preis in der Ära des amtierenden Chefredakteurs Mike Fancher, auf dessen Initiative nahezu alle im Laufe dieser Arbeit geschilderten Neuerungen im redaktionellen Management der Zeitung verwirklicht worden sind. Der Entstehungsprozeß der Artikelreihe scheint wie ein Lehrstück seiner Überzeugung, daß das Optimum publizistischer Leistungsfähigkeit nur durch ein Maximum an redaktioneller Organisation zu erzielen sei.

Daß preiswürdiger Journalismus auch zuvor zustande kam, in zeitlich vergleichbaren Abständen, und auch in das Urteil hochkarätig besetzter Fachjurys subjektive Unschärfen einfließen, trübt diese Einschätzung aus seiner Sicht ebensowenig wie die Tatsache, daß eine solche Serie wegen der hohen Kosten nur einen Bruchteil des redaktionellen *Outputs* einer Tageszeitungsredaktion darstellen kann und sich die beteiligten Spezialisten wohl eher aus professionellem, persönlichem und gesellschaftlichem Engagement als mit Rücksicht auf ihre Bewertung im Prämienplan vorbehaltlos einsetzten.

Die Idee, der Sicherheit auf Öltankern im Rahmen einer großangelegten investigativen Recherche nachzugehen, wurde auf einer Redakteurskonferenz unmittelbar nach der Schiffskatastrophe am 24. März 1989 entwickelt. Wer den

---

[1] "Times receives Pulitzer Prize": In: The Seattle Times v. 12.4.1990. Der Preis davor ging 1984 in der Kategorie Feature an Reporter Peter Rinearson für "Making it fly", eine Serie über die Entwicklung des 757er Jets der Firma Boeing. Paul Henderson gewann 1982 den Pulitzer-Preis für investigativen Lokaljournalismus, weil seine Berichterstattung verhinderte, daß ein Unschuldiger wegen Vergewaltigung ins Gefängnis kam. Mit dem Foto erschöpfter Feuerwehrleute gewann Jerry Gay 1975 den Pulitzer-Preis für "spot-news photography". Ed Guthman erhielt 1950 den Pulitzer-Preis "National reporting" für eine Serie, die einen Professor der Universität Washington vom existenzbedrohenden Vorwurf befreite, er sei Kommunist.

Gedanken zuerst formulierte, ließ sich rückblickend nicht mehr klären. Mit der Aufgabe betraut wurde Eric Nalder, der dienstälteste, auf schwierige Recherchen spezialisierte Reporter aus dem Team für investigativen Journalismus und Projekte. Um das dramaturgische Konzept auszuarbeiten, zog die zuständige Redakteurin auch seinen Kollegen hinzu, der als besonders fähiger Schreiber gilt.[2]

Anfang Mai tauchte Eric Nalder in mehrmonatige Recherchen ein. Bis zur Fertigstellung der Rohmanuskripte war er hundertprozentig für die Tanker-Serie freigestellt, hatte auch finanziell freie Hand. Dies nicht nur wegen der erhofft hohen Aufmerksamkeit für das Endprodukt oder der inhaltlichen Brisanz seiner Recherchen, sondern auch dank der persönlichen Vorliebe des stellvertretenden Chefredakteurs für Umweltthemen,[3] von der regelmäßig der Umweltreporter profitiert, dessen Geschichten immer viel Platz, meist auf einer der vorderen Seiten gewährt wird.[4]

Die minutiösen Nachforschungen, die der Reporter für die Tanker-Serie anstellte, die Vielzahl der Stationen und Gesprächspartner, die er bemühte, wären in einer personell dürftiger bestückten und weniger gut strukturierten Redaktion vermutlich kaum zu bewältigen gewesen. Der Reporter führte nach eigenen Angaben mehrere hundert Interviews, startete 30 schriftliche Anfragen unter dem im Kapitel Spezialisierung erläuterten "*Freedom of Information Act*", wertete über 1000 Seiten amtlicher Dokumente aus. Zwei Fotografen, vier Grafiker, ein Rechercheur aus dem Archiv sowie eine studentische Hilfskraft unterstützten ihn. Der Reporter flog auf Verlagskosten nach Alaska, schiffte sich für fünf Tage auf einem Öltanker ein. Und damit er ungestörter als im Großraumbüro arbeiten und die gut im Dutzend Pappkartons mit Informationsmaterial stapeln konnte, überließ ihm der Lokalchef mehrere Wochen lang sein Büro.[5] Die Sekretärin des *Metro Editors* gab die Daten aller 207 Tanker, die je den Puget Sound passiert hatten, in den Computer ein, ließ

---

[2] Zitat Special projects editor (Protokoll 13. Dezember 1989, S. 2).

[3] Gespräch Special projects editor (Protokoll 13. Dezember 1989, S. 2):
Question: Someone told me you have unlimited budget?
Answer: That`s not what I am told. For 1990 I have a separate budget, no travel budget. The tankers were fairly unlimted. Alex loves environmental stories. The spill was a big topic, too. Everything automatically connected with it was considered as very important. So it was partly driven by the nature of that story.

[4] Zitat Environmental reporter (Protokoll 3. November 1989, S. 8):
"Alex has a real interest in environment and pushes that kind of coverage."
Von den 5 Artikeln des Umweltreporters im Input-Output-Vergleich füllten 3 ein Viertel der Seite.

[5] Zitat Investigative reporter (Protokoll 11. Oktober 1989, S.1):
"I began looking into people and coast guards since the beginning of May. It will come out as a serial, about nine stories in six days, starting October 22nd, in which I will show, when people get drunk, hardly anything is done to them. For this I flew up to Alaska, boarded an Arco-tanker, land-sailed back to Washington, five days long. I interviewed several hundred people, made 30 requests under the Freedom of Information Act, filed 1000 pages of documents (has the city editor`s office, packed with paper/d. Autor). I had two photographers, four arts-people, one intern researcher for two weeks, a college student, a library researcher."

Statistikprogramme über Flaggen und Crews laufen.[6] Der Reporter selber legte sich im Rechner ein Register mit über 100 Stichworten und bis zu 100 Eintragungen pro Begriff an, um sein gesammeltes Wissen zu verwalten.[7]

Die Materialfülle in Text, Foto und Grafik umzusetzen, nahm das letzte Drittel der für das Projekt notwendigen Zeit in Anspruch. Da der Platz im Blatt aus der*"Space-bank"* stammte, konnten die beteiligten Grafiker mehrere Layout-Entwürfe probeweise entwickeln, bevor die druckreife Form Gestalt annahm. Über einen Monat lang schrieb der Reporter allein an den ersten drei Folgen der Serie. Das *Editing* zog sich fast ebensolange hin und beschäftigte zwei Redakteure. Gefragt, auf wie hoch er die Investitionen in das gesamte Projekt schätze, meinte der Reporter:*"It costs tenthousands of dollars."* [8]

Auf der Konferenz, auf der die leitenden Redakteure der "Seattle Times" einmal jährlich Eingaben für die Pulitzer-Jury beraten,[9] war unstrittig, daß das Paket aus Exxon-Valdez-Berichterstattung und Tanker-Serie in den Wettbewerb geschickt werden sollte.

Nach Erscheinen der Abschlußfolge im Sonntagsblatt hing Montagfrüh in der von dunklem Eichenholz umrahmten Mitteilungsvitrine der Chefredaktion im Flur zwischen Verlagsleitung und Redaktion das pathetische Lob von Mike

---

[6] Zitat Investigative reporter (Protokoll 30. November 1989, S. 2):
"On IBM-computer, Stantons secretary Dennis Satyre put in the data of 207 tankers that have ever come to Washington State, number of problems, weight, who owned them, which flag - that was the data base. Then I would ask her questions, she run the program and gave the answers. Various sources, Marine Exchange of Pudget Sound, I spent several hundred dollars to get that report, spent another $ 250 on a book of Tanker Advisory Center in New York on tanker casualty, another $ 200 or so, I got some more data of the Tanker Register in London, plus Coast Guard, plus interviews."

[7] Zitat Investigative reporter (Protokoll 11. Oktober 1989, S. 1):
"The main thing, I have to organize. One way, the computer.
I have three alphabetical rated sections (A-C, D-M, N-Z) , example: Inspections. There are 109 entries, quotes etc. under this index, and there are 110 different indexes in the system. On paper, there are all files in alphabetical order."

[8] Zitat Investigative reporter (Protokoll 11. Oktober 1989, S. 1):
" First edited by D., normally it`s K., but D. did the Exoon Valdez coverage, plus one copy editor... Since five weeks I am in the writing stage, today I make the story for Wednesday. It costs tenthousands of dollars."

[9] Zitat Special projects editor (Protokoll 13. Dezember 1989, S. 2):
"We take part in a lot of contests, national. For the Pulitzer we have an extra meeting (laughs). Meetings are for everything."

Fancher für das *"most important piece of journalism to come out of the Exxon Valdez oil spill."* Allen Beteiligten dankte der *Executive Editor* namentlich, insgesamt 12 Personen.[10]

Als die Nachrichtenagentur AP am 12. April 1990 den Pulitzer-Preis für die Tanker-Serie der "Seattle Times" meldete, war dies Blattaufmacher im "Night Final" und Anlaß zu Riesenjubel in der Redaktion. Im rauchfreien Großraum, in dem sonst striktes Alkoholverbot herrscht, wurde auf Kosten der Chefredaktion Sekt ausgeschenkt. Als der harte Kern der Belegschaft nach Feierabend in die Bar gegenüber pilgerte, zahlte der Verlag die Spesen.[11] Die vier (Text)Reporter und der zuständige (Text)Redakteur flogen zur Preisverleihung nach New York, *"and had a good time".*[12]

Der Pulitzer-Preis setzte offenbar eine Emotionalität frei, die in der sachlich-routinierten Atmosphäre der tagtäglichen Redaktionsarbeit während der Untersuchung in der Gruppe nie, im Gespräch mit einzelnen Mitarbeitern selten zu spüren war, etwa als der GA-Reporter die im Kapitel Spezialisierung erwähnte Jagd nach dem flüchtigen Indianerrechtler Satiacum in Kanada erfolgreich hinter sich gebracht hatte.

Um die Beteiligten zu engagierter Arbeit am Tanker-Projekt zu treiben, bedurfte es keiner formalen Leistungskontrolle. Motivation zu außerordentlichem Einsatz entstand aus professionellem Ehrgeiz, der Überzeugung für die Bedeutung der Sache. Redaktionelles Management stellte lediglich die materiellen Möglichkeiten zur Entfaltung der bestmöglichen persönlich-professionellen Fähigkeiten bereit.

Aus kaufmännischer Sicht rechnete sich der hohe finanzielle Aufwand erst - wenn überhaupt - mit dem Pulitzer-Preis. Die Chefredaktion der "Seattle Times" verspricht sich positive Marketingeffekte durch den Imagegewinn. Den Wettstreit um journalistische Trophäen jedweder Art lückenlos zu betreiben, gehört zum Standardrepertoire redaktioneller Sonderaufgaben im Management der Redaktion.[13] Die Chefin vom Dienst ist dafür verantwortlich, daß kein wichtiger nationaler Wettbewerb versäumt wird. Eingaben erfolgen entsprechend kontinuierlich und fristgerecht. Die Liste der Auszeichnungen, für die sie in sämtlichen Ausgaben der "Seattle Times" nach adäquatem Material

---

[10] To the staff: E. N.'s excellent tanker series is available in reprint and early demand is tremendous. I took a load of them to the UW today to hand out to a journalism class.
E.'s series is a classic example of his ability to gather an amazing amount of material, then tell a complex story in human terms. Nobody does it better.
The series is arguably the most important piece of journalism to come out of the Exxon Valdez oil spill.
Thanks, E. And thanks to the many people who contributed to the report, including R. K., A. C., C. E., R. F., J. M., R. K., C. F., H. S., F. N., L. G., D. S. and D. B..

      Fanch (Longhand)

[11] Brief an die Autorin v. 27. April 1990.

[12] Brief an die Autorin v. 8. Januar 1990.

[13] Zitat Science reporter (Protokoll 21. November 1989, S. 2):
"We enter and win contests sponsored by anybody. The Times is very proud of prizes."

Ausschau halten muß, nennt 41 Preise nicht-journalistischer und 57 Ehrungen journalistischer Verbände und Institutionen.[14]

90 Prozent aller amerikanischen Chefredakteure halten Journalistenpreise, und der "Pulitzer" ist die Auszeichnung mit dem höchsten Prestige, für wichtig. Je größer die Zeitung, desto höher die Wahrscheinlichkeit, daß der Verlag regelmäßige Teilnahme sicherstellt.[15] Daß Journalistenpreise das Ansehen einer Zeitung heben, gilt praktisch allen amerikanischen Chefredakteuren als Hauptnutzen dieser Veranstaltungen. Die Mehrheit ist zudem überzeugt, daß der Wettstreit um Preise die Redaktionen wach hält und zu besonderen Leistungen motiviert.[16]

Der vermutet positive Effekt im Markt ist schwer meßbar. Einen Versuch unternahm die Fachzeitschrift "Presstime" im Sommer 1989. Von 12 Pulitzer-Preis-Trägern legten demnach zwischen 1979 und 1989 acht Blätter Auflage zu, fünf steigerten ihren prozentualen Marktanteil im Verbreitungsgebiet, vier büßten Auflage ein.[17] Diese Zahlen legen zumindest eine eher positive als negative Tendenz nahe, auch wenn diese Schlußfolgerung vage bleibt, weil mögliche andere Faktoren mit Einfluß auf die Auflageentwicklung in dieser Auflistung nicht berücksichtigt worden sind.

Ob Leser in dem Moment, wo sie ihre Tageszeitung aufschlagen, zu schätzen wissen, was Jurys als außerordentliche journalistische Leistungen aufs Schild heben, ist trotz des Wettbewerbseifers auch in der Einschätzung amerikanischer Verlage keineswegs gesichert. Vor allem in kleineren Redaktionen überwiegt die Skepsis.[18] Aber auch Chefredakteure größerer Blätter, die durch Marketingstudien um die Lesegewohnheiten ihrer Klientel wissen, meinen, die Attraktivität der journalistisch ehrgeizigen und hoch dekorierten Projekte für Leser sei eher gering. So stellte etwa die "Dallas Morning News" für die Recherchen zu einer achtteiligen Artikelserie über Diskriminierung von Schwarzen im sozialen Wohnungsbau zwei Reporter ein Jahr lang frei. Das Projekt kostete den Verlag, ohne Gehälter, 35 000 Dollar. Allein das *Editing* dauerte zwei Monate, und dennoch ist der stellvertretende Chefredakteur überzeugt, daß der Kraftakt unter Marketingaspekten eine Fehlinvestition war: *"It violated every rule for reader interest. If you run a series longer than three days, you will usually lose reader interest."* [19] Dennoch kam die Arbeit zustande, vermutlich weil die Reporter locker ließen und keine Führungskraft wagte, ihnen angesichts der eklatanten Ungerechtigkeiten, denen sie auf die Spur gekommen waren, den Geldhahn zuzudrehen.[20]

---

[14] Frank Quine: What editors think about journalism contests. In: WJR, Januar/Februar 1990, S. 53f.

[15] David C. Coulson: Editors' attitudes and behavior toward journalism awards. In: Journalism Quarterly, Frühjahr 1989, S. 143f.

[16] ebd..

[17] "Editorial quality appears linked to gains in circulation". In: Presstime, Juli 1989, S. 64.

[18] George Gladney: Newspaper excellence: Do editors of small and large papers agree on criteria? M.S. University of Oregon 1988.

[19] zit. nach Sandra Lane: The anatomy of a Pulitzer winner. In: Presstime, April 1987, S. 12f.

Ob amerikanische Zeitungsbetriebe auch in Zukunft aus kaufmännischer Überlegung heraus um den Pulitzer-Preis wetteifern und in entsprechend aufwendige Projekte investieren, ist grundsätzlich anzuzweifeln. Obwohl die Tageszeitungen auf kaufkräftige Schichten mit höherem Anspruch an den Informationsgehalt und das Prestige eines Zeitungstitels zielen. Dazu zählt in den Vereinigten Staaten - noch - eine besondere Betonung der Rolle der Presse als unabhängiger, überparteilicher Institution zur Aufdeckung politischer, gesellschaftlicher und, siehe Tanker-Serie, ökologischer Skandale.

---

[20] Der ungeheure Aufwand für Projekte, die den Pulitzer-Preis errangen, beeindruckt deutsche Beobachter immer wieder. So lebte ein Reporter der "Anchorage Daily News" für eine 10teilige, preisgekrönte Artikelserie über Eskimos ("A people in peril") drei Wochen am Yukon, reiste 28 000 Meilen, führte 500 Gespräche. vgl. Paul Josef Raue: Vertrauen in Experten? In: journalist, September 1990, S. 30f.

IV. Bilanz und Ausblick:
US-Redaktionsmanagement -
Zukunftsmodell für Deutschland?

Die Komplexität, die sich aus dem Zusammenspiel aller direkten und indirekten Faktoren mit Einfluß auf die Gestaltung redaktionellen Managements im amerikanischen Zeitungsbetrieb ergibt, läßt konkrete Schlußfolgerungen über eher positive oder negative Ansätze selbst im Hinblick auf ökonomische Zielerfüllung in den Vereinigten Staaten nur bedingt zu. Die Übertragbarkeit auf Redaktionen in Deutschland wäre in jedem Fall fragwürdig, der Transfer einzelner Maßnahmen oder Strukturmerkmale kritisch zu prüfen.

Allgemein, als rein faktische Bilanz der vorliegenden Untersuchung, bleibt festzuhalten, daß das Umfeld für journalistische Arbeit in den größeren Zeitungsredaktionen der Vereinigten Staaten zu Beginn der 90er Jahre gekennzeichnet ist durch die Definitionsmacht von Marketing auch in redaktionellen Fragen sowie das Streben, Besonderheiten redaktioneller Organisation, die sich im amerikanischen Zeitungsbetrieb im Spannungsfeld zwischen berufsspezifischen Normen, ökonomischen Sachzwängen und Leitbildern des "Amerikanismus" im Laufe dieses Jahrhunderts weitgehend informell ausgebildet haben, durch ein redaktionelles Management zu ersetzen, das sich allein aus dem am Anzeigenumsatz ausgerichteten Geschäftsinteresse des Verlages und der Logik des industriellen Organisationsentwurfes traditionell amerikanischer Prägung herleiten läßt und legitimieren will.

Welche Elemente der redaktionellen Managementreformen speziell der 1980er Jahre modern i.S. "objektiv" adäquaterer Problemlösung sind, darüber läßt sich an dieser Stelle nur mehr oder weniger begründet spekulieren. Schließlich ging es in der vorliegenden Untersuchung primär darum, die Logik der traditionellen amerikanischen Managementlehre als überholt vorzuführen und ihre zum Zeitpunkt dieser Untersuchung konsequent eingeleitete lückenlose Anwendung in amerikanischen Zeitungsredaktionen zu problematisieren.

Vor dem Hintergrund dieser Einschränkungen läßt sich das eine oder andere Strukturmerkmal unter Transfergesichtspunkten wie folgt bewerten.

Journalistische Professionalität: Positiv am redaktionellen Management im amerikanischen Zeitungsbetrieb festzuhalten bleibt Etliches, was im amerikanischen Pressewesen als journalistische Berufskultur historisch gewachsen ist, seine Andersartigkeit ausmacht und insofern durch Reformen im redaktionellen Management einzelner Betriebe kaum aufgeholt werden kann. Dazu zählt nicht unwesentlich ein organisationsunabhängiges, sowohl ganzheitlich als auch individual-ethisch definiertes professionelles Selbstbewußtsein, das seinen Ursprung nicht zuletzt in der Journalistenausbildung an Fachschulen und Studiengängen haben dürfte und tendenziell zu größerer handwerklicher Sorgfalt verpflichtet, außerdem Eigenmotivation und außerordentliches Engagement eher fördert als eine gleichgültig-neutrale Produzentenhaltung, deren professioneller Ehrgeiz sich im termingerechten Füllen leerer (Lokal)Seiten mit geringstmöglichem persönlichen Einsatz erschöpft.

Arbeitsteiligkeit: Die in amerikanischen Redaktionen traditionell strikte Unterscheidung zwischen Reporter und Redakteur, Nachricht und Kommentar hat für die Nachrichtenauswahl nicht die vermutet positiven Effekte, fördert aber die Aufgeschlossenheit der Mitarbeiter, auch weitere Stufen der Spezialisierung im Interesse der Produktqualität nicht kategorisch abzulehnen. Daß etwa Texte routinemäßig einem *Editing*-Verfahren unterworfen sind, erregt prinzipiell keinen Widerspruch und kommt meiner Einschätzung nach der Qualität des Produktes zugute, wenn diese Kontrolle maßvoll, kompetent und für die Autoren persönlich überschaubar ausgeführt wird. Die Einrichtung einer gesonderten Abteilung, wie sie im amerikanischen Zeitungsbetrieb üblich ist, wird diesen Kriterien allerdings nur bedingt gerecht. Kalkuliert man darüberhinaus den Personal- und Zeitaufwand für dieses historisch gewachsene Textverarbeitungsverfahren mit ein, erscheint die vielgerühmte Personalstärke amerikanischer (Lokal)Redaktionen weder zwingend zur Sicherung journalistischer Qualität noch um jeden Preis erstrebenswert, zumal sie über die vergleichsweise niedrigen Gehälter der Reporter finanziert wird. Speziell die am Beispiel der "Seattle Times" vorgestellten Reformen redaktionellen Managements, die seit Mitte der 1980er Jahre greifen, tragen zur teilweise kontraproduktiven Inflation von Hierarchiestufen sowie zu überzogener Spezialisierung und Bürokratisierung von Arbeitsabläufen und sozialer Interaktion bei.

Reformziel Qualitätssteigerung durch stärkere Spezialisierung, Planung, Kontrolle und Marketing: Die beabsichtigten Wirkungen dieser Neuerungen stellen sich, obschon ursprünglich aus rein ökonomischen Überlegungen zum optimaleren Marketing im Leser/Anzeigenmarkt entwickelt, auch aus journalistischer Sicht nicht nur negativ dar. Stärkere Spezialisierung *könnte* die Qualität vernachlässigter Produktmerkmale wie der optischen Blattgestaltung erhöhen. Mehr Planung *könnte* die Produktion der Tageszeitung vom Andruckdiktat befreien, regelmäßig aufwendig recherchierte und produzierte Reportagen ermöglichen. Kontinuierliche Kontrolle der Reporter und ihrer Texte *könnte* unproduktiven Leerlauf und inhaltliche Fehler verhindern. Kopplung aller redaktionellen Aktivitäten an Marketingziele *könnte* die finanzielle Basis der Operation verläßlicher sichern, indem sie diese enger an der systematisch erforschten Nachfrage im Leser- und Anzeigenmarkt orientiert.

Unvermeidliche Abweichungen und Mängel: Die Bilanz der Umsetzung erklärter Ziele in redaktionelles Management der "Seattle Times" offenbart jedoch durchgängig Abweichungen und Mängel, die den potentiellen Vorteil für die journalistische Qualität der Tageszeitung mindern. Teils infolge unvermeidlicher gegenläufiger persönlicher Prioritäten der Amtsinhaber, teils stillschweigend einkalkuliert aus finanz- oder machtpolitischen Erwägungen von Seiten der Verlagsleitung und Redaktionsspitze, teils weil eine Maßnahme unmöglich zu Befehlendes auf Vorschriften und unmöglich Meßbares auf Prozentzahlen und Ziffern reduzieren will.

- Der Drang, Leistungs- und Funktionsdefizite durch Bestellung weiterer Spezialisten aufzufangen, hat die Redaktion der "Seattle Times" zu einem unübersichtlichen und teuren Apparat aufgebläht, der nur noch mit bürokratischen Instrumenten koordiniert werden kann. Der persönliche Kontakt der Mitarbeiter und Führungskräfte untereinander sowie informelle Kommunikation, die Flexibilität im Handeln und kreativen

Gedankenaustausch fördern könnten, gehen allein aufgrund der Größe der Redaktion verloren. Zufälliges Leser-Feedback dringt durch einen Beschwerdespezialisten wie den *Ombudsman* noch seltener direkt zu Reportern und Redakteuren durch.

- Die Planungsaktivitäten haben ein Ausmaß erreicht, wo sie die Entfaltungsmöglichkeiten für journalistische Arbeit beschneiden statt verbessern. So sind bei der "Seattle Times" mehr als ein Dutzend Redakteure mit der Teilnahme an Konferenzen und dem Führen diverser Listen beschäftigt, um die Planerfüllung durch die Lokalredaktion zu sichern. Reporter werden auf interne Verfügbarkeit verpflichtet und fühlen sich als Rädchen im Getriebe "verplant". Ihnen wird damit auch ein Stück freiheitlicher Berufskultur genommen, die die im Vergleich zu ihrer Qualifikation vergleichsweise niedrigen Reportergehälter motivationsfördernd subventioniert und Spielraum zu originärer Themenfindung eröffnet.

- Die Maßgabe, Mitarbeiterleistungen und Produktqualität ständig in Bezug auf zentral definierte Vorgaben zu kontrollieren, hat oberflächlich Unterwerfung und Anpassung an erwünschte Standards erzwungen, wäre aber sozial und finanziell vermutlich weniger verlustreich durch Rückbesinnung auf professionelle Tugenden zu erzielen, die Autonomie und Eigenverantwortung betonen. Außerdem setzt einseitige Betonung auf zentrale Steuerung eine Unfehlbarkeit der hier getroffenen Weichenstellungen und Zielsetzungen voraus, von der im Tageszeitungsbetrieb angesichts der Komplexität und Wechselhaftigkeit der Produktionsaufgabe und Marktverhältnisse kaum ausgegangen werden kann. Weniger Kontrolle mag zwar im Einzelfall fehlerträchtiger sein. Dafür kann das Risiko, das von unsachgemäßen und zu spät erfolgten Weichenstellungen in der Spitze ausgeht, in durchlässigeren Strukturen auf der Ebene der Produzenten und "Außendienstmitarbeiter" abgefedert werden, sofern die Struktur der Organisation sie zur Mitverantwortung bewegt.

- Die nahezu ausschließliche Definitionsmacht von Marketingzielen im redaktionellen Bereich, kombiniert mit den zeit- und personalintensiven Strukturmerkmalen redaktioneller Organisation, die bei der "Seattle Times" festgestellt worden sind, blockiert den zufälligen und intuitiven Kontakt mit örtlicher Wirklichkeit, aus dem nicht nur persönliches Engagement der Reporter, sondern oftmals auch die näher am Leser orientierte und besser zu verkaufende (Lokal)Zeitung entsteht.

Gegenteil organisatorischer Effizienz: Ob die Strukturreformen der 1980er Jahre sich auszahlen, und dies ist buchstäblich i.S. ökonomischer Erfolge gemeint, ist nach meinem Dafürhalten selbst für amerikanische Zeitungsverlage fraglich. Die explorative Fallstudie der "Seattle Times" hat zumindest das Gegenteil organisatorischer Effizienz vorgeführt. Sehr wahrscheinlich wird das Management fortlaufend Details wie die Redundanz der Textkontrolle oder die Verteilung der PFP-Prädikate korrigieren und durch diese Aktivitäten die hohe Zahl der mit redaktionsinternen Abläufen beschäftigten Manager-Redakteure rechtfertigen. Diese eher kosmetischen Änderungen verhindern freilich nicht, daß der vermeintliche Modernisierungsschub in Zukunft möglicherweise gerade jenen positiven professionellen Kräften im amerikanischen Journalismus die

Substanz entzieht, die zwar informell und mit Unschärfen, Eitelkeiten und Widersprüchen behaftet, aber nichtsdestotrotz wirkungsvoll und vor allem enorm preiswert auch wachsenden Ansprüchen an Qualität und Flexibilität der Themenauswahl und - umsetzung in der Lokalzeitung genügen könnten. Vorausgesetzt, daß intelligenter Führungsdruck als flankierende Maßnahme hinzutritt, der Selbstbestimmungsstreben nicht als auszumerzenden Kontrollverlust bekämpft, sondern als produktive Energie zur Steigerung der Leistungsbereitschaft und -fähigkeit der Mitarbeiter zu nutzen sucht.

Prozeß der Nachrichtenauswahl: Das Entscheidungsprogramm der "Seattle Times", was eine Nachricht ist und wie sie in Text und Bild gestaltet wird, entsteht im Detail trotz weitgehender Formalisierung der Produktionsabläufe, trotz Arbeitsteiligkeit, Planungsvorgaben und Kontrollverfahren meist informell durch die Interpretationen der unmittelbar Beteiligten nach den in zahlreichen Studien skizzierten Gesetzen journalistischer Aussagenproduktion, die offenbar zumindest in den profitorientierten Medien demokratisch verfaßter Gesellschaften mehr oder minder gelten.

Allgegenwart von Marketing: Ein qualitativer Umschwung liegt darin, daß die publizistischen Grundsätze, nach denen die vorhandenen Ressourcen im Verlag verteilt werden, konsequent abgeleitet werden aus einem Marketingdenken, das aus der Perspektive möglichst hoher Anzeigenumsätze Fragen zum publizistischen Inhalt an eine konsumfreudige Zielgruppe von Lesern formuliert oder Redaktionelles per se als vor allem äußerlich gefälligen, möglichst kostengünstigen Rahmen für Anzeigen konzipiert. Das heißt, einerseits werden weniger kaufkräftige und gebildete Bevölkerungskreise von vorneherein ausgegrenzt, indem sich die (Lokal)Zeitung in ihrem publizistischen Angebot nicht einmal mehr um deren Ansprache bemüht und die abwechslungsreiche Optik gaukelt Führungskräften mit Entscheidungsmacht, aber wenig Kontakt zur örtlichen Wirklichkeit eine Substanz vor, die das Blatt aus Lesersicht inhaltlich nicht zwingend halten muß, andererseits wird so getan, als könnten die Instrumente der Markt- und Meinungsforschung verläßlich, lückenlos und "objektiv" jene Elemente ermitteln, die die Zeitung für die angepeilte Leserschaft lesens- und kaufenswert macht. Woran wegen der Vielschichtigkeit, Wechselhaftigkeit und Flüchtigkeit der Motive für Zeitungslektüre grundsätzlich Zweifel anzumelden sind. Wie oft müßte der Kenntnisstand aktualisiert werden, wie viele Fragen müßten gestellt werden, damit Marktstudien tatsächlich verläßlichere Orientierungen im Puzzle täglich neu anstehender journalistischer Entscheidungen liefern könnten als das Netzwerk informeller Eindrücke einer professionell bestückten Zeitungsredaktion? Optimal wäre vermutlich ein gleichberechtigt konkurrierendes, sich ständig miteinander austauschendes Zusammenspiel beider Techniken. Dem steht jedoch, wie am Beispiel der "Seattle Times" gezeigt, unausweichlich der Anspruch auf universelle Gültigkeit entgegen, den Marketingkategorien erheben, wo immer sie formuliert werden.

Handlungs- und Entscheidungslogik: Die Handlungs- und Entscheidungslogik im Fallbeispiel "Seattle Times" ist in den dank JOA-Vertrag äußerst großzügigen Grenzen des betriebswirtschaftlich Erwünschten sowohl rückführbar auf überlieferte Traditionen journalistischer Professionalität als auch auf Muster industriellen Managements traditionell amerikanischer Prägung, die schon einige Jahrzehnte vor Erscheinen der profitorientierten

Presse in anderen Wirtschaftszweigen der Vereinigten Staaten erprobt und für gut befunden worden sind.

Eingebürgerte industrielle Strukturmerkmale und umstrittene Neuerungen: Zu den industriellen Strukturmerkmalen redaktionellen Managements, die schon seit so geraumer Zeit direkten Niederschlag in US-Redaktionen gefunden haben, daß sie von amerikanischen Journalisten selbstverständlich als Teil ihrer Berufskultur akzeptiert werden, zählen ein hohes Maß an Arbeitsteiligkeit, speziell die strikte Unterscheidung zwischen Reporter und Redakteur, sowie das Verfahren einer mehrstufigen Textkontrolle zur Sicherung redaktioneller Qualität. Erst seit den Reformen der 1980er Jahre wirksam und mit entsprechend stärkeren Vorbehalten konfrontiert sind die vielfältigen Planungsaktivitäten im redaktionellen Bereich, durchgängig gültige Prämienpläne sowie die ausdrückliche Definitionsmacht von Marketing im redaktionellen Bereich. US-Journalisten betrachten die konsequente Einführung dieser Strukturmerkmale in Zeitungsredaktionen mißtrauisch als Angriff auf ihre professionelle Souveränität, obschon sie ebenso "amerikanisch" wie das Streben nach Arbeitsteiligkeit und die nachträgliche Qualitätskontrolle für Texte ohne Beteiligung der Produzenten sind.

Spielraum der "empirischen Subjekte": Ein wesentlicher Grund, warum diese Sorge nach meinem Dafürhalten berechtigt ist, unabhängig von den individuellen Motiven der Kritik: Der Spielraum der "empirischen Subjekte" in einer amerikanischen Zeitungsredaktion - oder zumindest die Illusion davon - wird erstmals konsequent und ausdrücklich zugunsten präziser und stringenter Management- und Marketingvorgaben beschnitten. Die Nischen für eigenständige informelle und möglicherweise zeit- und problemgemäßere Interpretationen der zugewiesenen journalistischen Aufgabe werden kleiner, auch wenn vor allem Reporter Zielvorgaben, die sie persönlich für unrichtig halten, wie am Beispiel der "Seattle Times" gezeigt worden ist, nach wie vor offenbar ausweichen können.

Kulturelle Gegensätze: Daß Bedenken und Ideen der Reporter nicht nur bei der "Seattle Times", sondern in allen größeren US-Zeitungsbetrieben selten artikuliert oder gar durch die Instanzen der Redaktionshierarchie bis zu den Entscheidungsträgern als Korrektur- oder Innovationsvorschläge verfochten werden, mag damit zusammenzuhängen, daß hierbei Sprach- und Verfahrensregeln einzuhalten sind, denen Journalisten von Berufs wegen ablehnend gegenüberstehen. In Redaktionen werden bewußt ein unbürokratischer Arbeitsstil, informelle, personenbezogene Kommunikationsformen und ein legerer Umgangston gepflegt.

Stärkung der Redakteure: Daß die strikte Trennung zwischen Reporter und Redakteur die Wahrnehmungshorizonte teilt, hat für den Auswahlprozeß, welche Geschichte in welcher Form ins Blatt gelangt, weniger Bedeutung als in den einführenden Überlegungen zu dieser Untersuchung vermutet. Vor dem Hintergrund der Reformen der 1980er Jahre besteht jedoch die Gefahr, daß durch eine weitere Stärkung der Autorität der Manager-Redakteure die publizistische Orientierung noch stärker auf hausgemachte Trends übergeht und das Gegenteil von dem erreicht wird, was die Neuerungen bewirken sollen, nämlich die (Lokal)Zeitung zu produzieren, die dem Qualitätsanspruch des kaufkraftstarken Lesepublikums so gezielt gerecht wird, daß es bereit ist, täglich Zeit und den Abonnement- oder Einzelverkaufspreis in deren Lektüre zu investieren.

Journalistisch eigenständige Wertung zweitrangig: Die Schwierigkeiten amerikanischer Journalisten mit der Dominanz von Marketingzielen im redaktionellen Bereich mögen mit einem Verständnis von journalistischer Professionalität zusammenhängen, das von Reportern definiert wird als Freiheit von Bevormundung durch vorgesetzte Redakteure und auf der Ebene der Redaktion verstanden wird als Freiheit von Vorschriften anderer Verlagsbereiche, speziell der Anzeigenabteilung und ihrer werbetreibenden Klientel. Durch Marketingdenken, das Ziele setzt, damit diese gradlinig und möglichst ohne Streuverluste erfüllt werden, wird die journalistisch eigenständige Wertung qua Definition zweitrangig und durch Verkaufsargumente abgelöst. Das heißt aber zwangsläufig auch weniger Bewegungsfreiheit, aus eigenem Antrieb Themen aufzugreifen, die eher wichtig als auflagesteigernd und den Anzeigenumsatz beflügelnd sind. Auf Dauer wird vermutlich die Motivation der Reporter und Redakteure sinken, Geschichten ohne institutionellen Druck "freiwillig" mit größtmöglicher Gründlichkeit zu bearbeiten, was weitere Kosten für Leistungsanreiz und -kontrolle nach sich ziehen dürfte. Im MBA-geführten amerikanischen Zeitungsbetrieb könnte somit die pflichtgemäße Erfüllung papierner Marketingvorgaben durch mehr oder minder qualifizierte Journalisten das für Verlage kostspielige Äquivalent werden zu dem in Deutschland infolge chronischer Personalnot bei gleichzeitiger Unorganisiertheit gängigen Minimalziel der Lokalberichterstattung, anzeigenfreien Raum einigermaßen respektierlich mit journalistischem Inhalt zu füllen. Begleitet von ähnlichem Befremden der Produzenten, die ahnen, daß sie in der Berichterstattung zu oft, sei es wegen der erdrückenden Arbeitslast, aus Bequemlichkeit oder um Konflikte mit Vorgesetzten zu vermeiden, einem eigentlich realitätsfernen Kurs folgen. Und an diesem Punkt gefährdet die von Marketingbefürwortern und den meisten Kommunikationsforschern geforderte Ausrichtung redaktioneller Leistungen an zentral aus wissenschaftlich ermittelten Leserprofilen definierte Qualitätsstandards auf Dauer den ökonomischen Erfolg der Zeitung statt ihn zu mehren.

Produktive Widersprüche:
Ein Abwägungsversuch

Charakteristika des "Amerikanismus" durchdringen den Mangemententwurf nicht nur der "Seattle Times" in aus deutscher Sicht seltsamer Widersprüchlichkeit zu ganzheitlich und individual-ethischen Orientierungen des journalistischen Personals. In sich schlüssig und funktionsfähig wird das Gebilde durch entsprechend starke informelle Korrektive mit ähnlich gefestigter Tradition, die die Management- und Marketingkategorien mit ihrem in den 1980er Jahren auch für Redaktionen geforderten universellen Geltungsanspruch allerdings auf Dauer zu verdrängen drohen.

Da die Substanz einer solchen organisationsunabhängigen und - übergreifenden Infrastruktur journalistischer Professionalität in Deutschland tendenziell noch schwächer ausgeprägt ist als in den Vereinigten Staaten - siehe Stephan Ruß-Mohl: Der I-Faktor - wäre der allzu willfährige Import von Managementinstrumenten und der damit zusammenhängenden

Managementdenkart vermutlich umso verhängnisvoller i.S. beschleunigter Anpassung und Zerstörung hier gewachsener journalistischer Berufskultur.

Notwendig wäre in Deutschland wie in den USA, zumindest ergänzend zu den vorherrschenden Reformbemühungen zu fragen, welche konstruktiven Ansätze beispielsweise im weiteren Aus- bzw. Umbau der Professionalisierung von Journalisten stecken, die zu weitaus geringeren Kosten und mit überschaubareren Risiken verbunden zukunftssichernde Alternativen zu Management- und Marketingkonzepten traditionell amerikanischer Prägung bieten könnten. Für deutsche wie amerikanische Tageszeitungsbetriebe könnte beispielsweise die in US-Zeitungen von der Größe der "Seattle Times" weitgehend unübliche Einbindung freier Mitarbeiter in die tägliche Zeitungsproduktion strukturelle Varianten zu einem zentral in der Redaktion stationierten Personalstamm eröffnen.

Die praktisch wirksamsten Korrektive bei der Umsetzung amerikanischer Managementideen in Deutschland dürften die finanziellen Belastungen sein, die eine Reform dem einzelnen Verlag aufbürdet, sowie deren Verhältnis zum geschäftspolitischen Nutzen, den sich die verantwortlichen Entscheidungsträger in der Geschäftsführung davon erhoffen.

Punktuelle Aktionen wie eine aufwendige Marktstudie oder die Bestellung eines Spezialisten für Infografiken oder redaktionelles Marketing haben neben Kostenkontrollinstrumenten wie leistungsabhängiger Bezahlung statt tariflich fixierter Gehälter realistische Aussicht auf Verwirklichung.

Daß das Interesse an Fragen redaktionellen Managements in Deutschland derzeit generell steigt, ist zwar begrüßenswert, aber nicht schon in sich ein Garant für Fortschritt. Von den gängigen, an Entwicklungen in amerikanischen Tageszeitungsbetrieben orientierten Management- und Marketingstrategien abweichende Vorschläge könnten im Klima einer überhitzten Reformwelle möglicherweise noch wirkungsvoller ignoriert werden, als wenn eine intelligentere Organisation redaktioneller Produktion im deutschen Tageszeitungsbetrieb "nur" an Nachlässigkeit und aufgrund stillschweigend geteilter Privilegien scheitert.

Überspitzt formuliert ist US-Redaktionsmanagement möglicherweise sogar das unpassendste Zukunftsmodell für Deutschland, weil die Probleme, mit denen sich amerikanisches und deutsches Redaktionsmanagement auf der Schwelle ins nächste Jahrtausend konfrontiert sehen, in zentralen Punkten diametral entgegengesetzt sind: In den USA ist die schwierigste Hypothek nach meiner Einschätzung das seit Mitte der 1980er Jahre massiv aufgeblähte mittlere und höhere Management, die überzogene Spezialisierung journalistischen Handelns, zu starre Planung und Kontrolle, zu kompromißlose Marketingorientierung, ein sich jetzt schon abzeichnender Mangel an fähigen und bezahlbaren Autoren, in Deutschland ist es - noch - eine hemmungslose Kostenvermeidungsstrategie im redaktionellen Bereich, mit dem riesigen Vorteil flacher Hierarchien und vergleichsweise großen Spielräumen zur informellen Interpretation der Produktionsaufgabe durch die beteiligten Journalisten. Dies sind allerdings Pluspunkte, die mit zunehmender Orientierung an amerikanischen Managementmustern schwinden.

V. Literaturverzeichnis

Abbott, Jeanne: Looking for excellence in all the right places. In: ASNE-Bulletin, Dezember 1989, S. 4-7.

Adams, William C.: Television as a source of local political news. Ph.D. George Washington University 1977.

Agreement - Pacific Northwest Newspaper Guild Local 82 and Seattle Times Company. July 22, 1986 - July 21, 1990.

Aiken, Michael/Hage, Jerald: Organizational alienation: A comparative analysis. In: American Sociological Review, August 1966, S. 497-507.

Altheide, David L.: Media power. Beverly Hills/London/New Delhi 1985.

"A.m. converts laud conversion from p.m.". In: Editor & Publisher, 10. Oktober 1981, S. 56.

American Society of Newspaper Editors ASNE (Hrsg.): The changing face of the newsroom. Human resources committee report. Washington D.C., Mai 1989.

- - : The bulletin of the ASNE, Juli/August 1989, S. 4-11.

Anderson, Mary A.: ANPA testifies law protecting JOAs still needed; opponents urge repeal. In: Presstime, August 1989, S. 34.

- - : City magazines compete for elite. In: Presstime, Juli 1989, S. 16-19.

- - : Doing battle in the suburbs. In: Presstime, Juni 1987, S. 8-12.

- - : JOA law may be at a turning point. In: Presstime, Oktober 1989, S. 6-9.

- - : Newspaper marketing. An industry buzzword takes on added significance because of economic pressure, difficult choices. In: Presstime, Januar 1989, S. 26-29.

- - : Ownership opportunities. In: Presstime, Juni 1989, S. 24-28.

- - : Ranks of independant newspapers continue to fade. In: Presstime, August 1987, S. 16-23.

- - : Saturday p.m: Newspaper twilight zone. In: Presstime, Dezember 1987. S. 14f.

- - : Teaching media management. In: Presstime, September 1988, S. 34-37.

- - : Who are the publishers? In: Presstime, Mai 1988, S. 6f.

Arbeitsgruppe Soziologie: Denkweisen und Grundbegriffe der Soziologie. Eine Einführung. 3.Aufl., Frankfurt/New York 1981.

Argyris, Chris: Behind the front page. Organizational self-renewal in a metropolitan newspaper. San Francisco 1974.

- - : The media and their credibility under scrutiny. In: Nieman Reports, Winter 1989, S. 31-32/48.

Arnoff, Craig: A newspaper without walls. A field study of journalists attitudes, decision-making behaviour and interorganizational communication patterns. Ph.D. University of Texas 1975.

Arvidson, Cheryl: The price that broke the register. In: WJR, April 1985, S. 21-26.

Attracting non-readers to newspapers. Prepared for The New York Times regional newspaper group by Mori Research. Executive summary, September 1986 (vervielf. Manuskript).

Audit Bureau of Circulation (ABC): Audit report newspaper. August 1989.

- - : Audit report Seattle Post-Intelligencer (Morning), The Seattle Times (Evening & Saturday Morning), The Seattle Times/Seattle Post-Intelligencer (Sunday). Seattle (King County), Washington. 31. März 1989.

- - : Targeting newspapers for the right demographics, presented at 1985 annual conference, Chicago (III.), 31. Oktober 1985.

Bagdikian, Ben H.: Conquering hearts and minds: The lords of the global village. In: The Nation, 12. Juni 1989, S. 805-813.

- - : The politics of american newspapers. In: CJR, März/April 1972, S. 8-13.

Ball, Robert: Europe outgrows management american style. In: Fortune, 20. Oktober 1980, S. 147f.

Barkin, Steve M./Levy, Mark R.: All the news that`s fit to correct: Corrections in the Times and the Post. In: Journalism Quarterly, Sommer 1983, S. 218-225.

Barnett, Stephen R.: Detroit`s high-stakes "failure" game. In: CJR, Januar/Februar 1988, S. 40-42.

- - : The News-Free Press case: Preserving newspapers or monopoly? In: The Nation, 6. November 1989, S. 1/530-532.

Baxter, Richard L.: Executives media paranoia: Differences in the selective perceptions of media messages exhibited by business leaders, education leaders and other elites. Ph.D. University of Tennessee 1986.

Beam, Randal A.: Professionalism as an organizational concept: Journalism as a case study. Ph.D. University of Wisconsin 1988.

Becker, Lee B./Sobowale, Idown A./ Cobbey, Robin E.: Reporters and their professional and organizational commitments. In: Journalism Quarterly, Winter 1979, S. 753-763/770.

Belden Associates (Hrsg.): The Seattle Times reader interest and content mix research. Management summary, June 1987, conducted for The Seattle Times. Dallas 1987 (vervielf. Manuskript).

Bernstein, Carl/Woodward, Bob: Die Watergate Affäre. München/Zürich 1974.

Boventer, Hermann/Salomon, Werner: "Wer wacht über die Wächter? Amerikanische Journalisten üben Selbstkontrolle". In: Medien-Kritik, Nr. 45 v. 5. November 1990, S. 8f.

Boyer, John H.: How editors view objectivity. In: Journalism Quarterly, Frühling 1981, S. 24-28.

Boylan, James: Declarations of independance. In: CJR, November/Dezember 1986, S. 29-45.

Braden, Maria: Gannett in Louisville. New workout for an old thoroughbred. In: WJR, Juli/August 1987, S. 12-15.

Breed, Warren: Newspaper opinion leaders and processes of standardization. In: Journalism Quarterly, Sommer 1955, S. 277-284/328.

Brown, Jane D. et al.: Invisible power: Newspaper news sources and the limits of diversity. In: Journalism Quarterly, Frühling 1987, S. 45-54.

Brown, Sara M.: The selection and development of first-level editors. In: Presstime, März 1988, S. 18-22.

Buchner, Birgit: Kreislauf des Erfolgs. In: journalist, Juni 1987, S. 32-34.

Burgoon, Judee K. et al.: Communication practices of journalists: Interaction with public, other journalists. In: Journalism Quarterly, Frühling 1987, S. 125-132/275.

Burke, Judy: Conversion of afternoon newspapers to morning publication cycle: A survey of 17 papers that converted and attitudes of North Carolina newspapermen towards such conversions. M.A. University of North Carolina 1980.

Busterna, John C./Picard, Robert G.: Joint operating agreements. The newspaper preservation act and its application. Norwood/N.J. 1993.

Carter, Margaret G.: Growing opportunities. In: Presstime, Dezember 1987, S. 6f.

Carter, Nancy M./Cullen, John B.: The computerization of newspaper organizations: The impact of technology on organizational structuring. Lanham 1983.

Chandler, Alfred D.: Strategy and structure. Chapters in the history of the american industrial enterprise. 17. Aufl., Cambridge/London 1991.

Changery, Christopher M.: Newspapers march to new beats. In: Presstime, September 1989, S. 24-26.

Christians, Clifford G./Rotzoll, Kim B./Fackler, Mark: Media ethics. Cases and moral reasoning. 2nd Ed., New York 1987.

Cohen, Stanley/Young, Jocks (Hrsg.): The manufacture of news. London 1973.

Coughlin, Robert C.: An analysis of management principles for small daily and weekly newspapers. M.S. Iowa State University 1980.

Coulsen, David C.: Editors' attitudes and behavior toward journalism awards. In: Journalism Quarterly, Frühling 1989, S. 143-147.

Cox, Beth F.: Applause is nice, but money is the root of newsroom award programs. In: ASNE Bulletin, Oktober 1989, S. 8-11.

Cranberg, Gilbert: The editor-error equation. In: CJR, März/April 1987, S. 40-42.

Cummings, Thomas G./Molloy, Edmond S.: Improving productivity and the quality of work life. New York 1977.

Dalglish, Lucy: Facing up to burnout. How one reporter rekindled her career. In: The Quill, September 1989, S. 34-37.

Daugherty, David B.: Group-owned newspapers vs. independantly owned newspapers: An analysis of the differences and similarities. Ph.D. University of Texas 1983.

Davis, Keith/Newstrom John W.: Human behavior at work: Organizational behavior. 7th Ed., New York 1985.

"Dearth in the afternoon". In: WJR, Oktober 1981, S. 41-45.

Dennis, Everette E./Rivers William L.: Other voices: The new journalism in America. San Francisco 1974.

Dertouzos, Michael L./Lester, Richard K./Solow, Robert M. und die MIT-Kommission: Die Krise der USA: Potential für neue Produktivität "Made in America". Frankfurt/M. 1990.

Detjen, Claus: Auswirkungen elektronischer Medien auf die lokale/regionale Presse. Erfahrungen aus den USA - Folgerungen für die Entwicklung in der Bundesrepublik Deutschland. Stellungnahme für die Expertenkommission Neue Medien (EKM) Baden-Württemberg. In: Expertenkommission Neue Medien (EKM) Baden-Württemberg. Abschlußbericht Bd. II, Stuttgart 1981, S. 247-263.

"Die deutschen Unternehmer sind Spitze". In: Kölner Stadt-Anzeiger, 7. Oktober 1989.

"Dialog sold to Knight-Ridder for $ 353 million". In: Online, September 1988, S. 9f.

Dill, William R.: Environment as an influence on managerial autonomy. In: Administration Science Quarterly, März 1958, S. 409-443.

Diner, Dan: Verkehrte Welten. Antiamerikanismus in Deutschland. Frankfurt/M. 1993.

Döpfner, M.O.C.: Der Wettlauf mit den bewegten Bildern. Wie amerikanische Zeitungen mit dem Fernsehen konkurrieren. In: FAZ, 11. Februar 1989.

Donohue, George A. et al.: Medienstrukturen im Wandel. Wissen und soziale Macht. In: Media Perspektiven (1989) 6, S. 372-380.

Donsbach, Wolfgang: Journalisten zwischen Publikum und Kollegen. In: RuF (1981) 2/3, S. 168-184.

- - /Klett, Bettina: Subjective objectivity. How journalists in four countries define a key term of their profession. In: Gazette, Vol. 51, 1993, S. 53-83.

Dougherty, Frank: Seven voices. Journalists talk about their lives and how the world in which they work has been transformed. In: CJR, November/Dezember 1986, S. 50-53.

Dovifat, Emil: Der amerikanische Journalismus. Stuttgart 1927.

- - : Der amerikanische Journalismus (Berlin/Leipzig 1927), neu hrsg. v. Stephan Ruß-Mohl und Bernd Sösemann. Berlin 1990.

Downes, Donna R.: The use of market research in the editing and management of newspapers: A case study of four Los Angeles newspapers. M.A. California State University 1982.

Doyle, James S.: Has money corrupted Washington journalism? In: Nieman Reports, Winter 1989, S. 4-10/43.

Drechsel, Robert E.: Newsmaking in the trial courts: Newspaper reporters and sources in courts of original jurisdiction. Ph.D. University of Minnesota 1980.

Dreier, Peter: The urban press in transition: The political economy of newswork. Ph.D. University of Chicago 1977.

Drennan, David: Motivating the majority. In: Management Today, März 1988, S. 88-92.

Drew, Dan/Wilhoit, Cleveland G.: Newshole allocation policies of American daily newspapers. In: Journalism Quarterly 1976, S. 434-440/482.

Dröge, Franz/Kopper, Gerd G.: Der Medien-Prozeß. Zur Struktur innerer Errungenschaften der bürgerlichen Gesellschaft. Opladen 1991.

Drucker, Peter F.: Die Chance des Unternehmers. Signale für das Management von morgen. Düsseldorf/Wien/New York 1987.

- - : Das Großunternehmen. Sinn, Arbeitsweise und Zielsetzung in unserer Zeit. Düsseldorf/Wien 1966.

- - : Innovations-Management für Wirtschaft und Politik. 3. Aufl., Düsseldorf/Wien 1986.

- - : Weltwirtschaftswende. Tendenzen für die Zukunft. München 1984.

Dubicek, Michael R.: The organizational structure of newspapers in relation to their metropolitan environments. In: Administration Science Quarterly, 1978, S. 418-433.

Dwyer, Bonnie L.: Getting down to business at the Los Angeles Times. M.A. California State University 1984.

Editor & Publisher international yearbook 1989. New York 1989.

"Editorial quality appears linked to gains in circulation". In: Presstime, Juli 1989, S. 64.

"Editors air critical concerns". In: Presstime, Mai 1989, S. 84f.

Emery, Michael: An endangered species. The international newshole. In: Gannett Center Journal, Herbst 1989, S. 151-164.

Epstein, Edward J.: News from nowhere. New York 1974.

Ethics code of the Society of Professional Journalists Sigma Delta Chi (1973).

Evan, William M. (Hrsg.): Frontiers in organization and management. New York 1980.

- - : Organization theory. Structures, systems and environments. New York 1976.

Fink, Conrad C.: How newspapers should handle upscale/downscale conundrum. In: Presstime, März 1989, S. 40f.

First report of the collective bargaining committee. In: Proceedings, Fifty-sixth annual convention. The Newspaper Guild, AFL-CIO, CLC. June 19-12, 1989. Desmond Americana Inn, Albany, N.Y..

Fischer, Heinz-Dietrich: Publizistik in Suburbia. Strukturen und Funktionen amerikanischer Vorortzeitungen. Dortmund 1971.

Fishman, Mark: Manufacturing news. Austin (Tex.) 1980.

Fleck, Dirk C.: Amerikas Hoch im Norden. In: Geo, 17. Dezember 1990, S. 140-162.

Flegel, Ruth C./Chaffee, Steven H.: Influence of editors, readers and personal opinions on reporters. In: Journalism Quarterly, Winter 1971, S. 645-651.

Fowler, Gilbert jr.: Newspaper publisher's acceptance of conflict stories: A regression analysis. Ph.D. Southern Illinois University 1978.

- - /Shipman, John M.: Pennsylvania editors' perceptions of communication in the newsroom. In: Journalism Quarterly, Winter 1984, S. 826.

- - /Munnert, Ted L.: A survey of correction policies of Arkansas newspapers. In: Journalism Quarterly, Winter 1988, S. 853-858.

Fritzler, Marilyn: Evaluating news. M.A. University of Colorado 1982.

Galbraith, John Kenneth: The age of uncertainty. Boston 1977.

Gannon, Martin J.: Organizational behavior. Boston 1979.

Gans, Herbert J.: Are U.S. journalists dangerously liberal? In: CJR, November/Dezember 1985. S. 29-33.

Ganzer, Kenneth: Wisconsin environmental reporters and source evaluation: A study of factors influencing source selection. M.S. University of Wisconsin 1984.

Garcia, Mario R./Fry, Don: Color in american newspaper. Poynter Institute for Media Studies. St.Petersburg (Flor.) 1986.

Garneau, George: Detroit JOA approved. In: Editor & Publisher, 13. August 1988, S. 14f/49.

Gassaway, Bob M.: The social construction of journalistic reality. Ph.D. University of Missouri - Columbia 1984.

Gaziano, Cecilie/Coulsen, David C.: Effect of newsroom management styles on journalists: A case study. In: Journalism Quarterly, Winter 1988, S. 869-880.

- - /McGrath, Kristin: Newspaper credibility and relationships of newspaper journalists to communities. In: Journalism Quarterly, Sommer/Herbst 1987, S. 317-328/345.

Gieber, Walter/Johnson, Walter: The city hall "beat". A study of reporter and source roles. In: Journalism Quarterly 1961, S. 289-297.

Giles, Robert H.: Newsroom management. A guide to theory and practice. Detroit 1988.

Gladney, George: Newspaper excellence: Do editors of small and large papers agree on criteria? M.S. University of Oregon 1988.

Goldstein, Tom: Odd couple: Prosecutors and the press. In: CJR, Januar/Februar 1984, S. 23-29.

Gollin, Albert E.: Marketing the newspaper to single copy buyers. o.O. u. J. (vervielf. Manuskript)

Golombek, Dieter: Lokale Kommunikation. Bilanz der Praxis. 10 Thesen. In: Wolfgang R. Langenbucher (Hrsg.), Lokalkommunikation. München 1980, S. 31.

Goltz, Gene: Career strategies. In: Presstime, Mai 1988, S. 8-13.

- - : Evaluating performance. In: Presstime, Oktober 1989, S. 30-32.

- - : Incentive pay plans flower. In: Presstime, April 1990, S. 78.

- - : Reviving a romance with readers is the biggest challenge for many newspapers. In: Presstime, Februar 1988, S. 16-22.

- - : The strong demand for newspaper consultants. In: Presstime, August 1988, S. 28-35.

- - : Today`s researchers will tackle anything. In: Presstime, Juli 1987, S. 6-9.

- - : A twist to the usual organization chart. In: Presstime, Mai 1987, S. 50f.

- - : Union rolls still shrinking. In: Presstime, März 1989, S. 6-10.

- - : The workforce reorganization. In: Presstime, September 1989, S. 18-23.

"Grading merit pay". In: Newsweek, 14. November 1988, S. 45f.

Greater Seattle Chamber of Commerce (Hrsg.): Introducing Seattle. o.J.

Grey, David, L.: Decision-making by a reporter under deadline pressure. In: Journalism Quarterly, Herbst 1966, S. 419-428.

Griffith, Thomas: Press lords and media barons. In: Gannett Center Journal, Winter 1989, S. 1-10.

Griswald, William F. jr.: A study of reporter assignments to four types of stories at a sample of daily newspapers in the United States. M.A. University of Georgia 1982.

Guevarra, Leslie: Gannett comes to hot tub country. In: feedback, Winter 1980, S. 8f.

Hansen, Kathleen A. et al.: Role of the newspaper library in the production of news. In: Journalism Quarterly, Winter 1987, S. 714-720.

Hardes, Christel: Scharfe Gedanken: Profile von Profis: Jochen Blume. In: journalist, März 1995, S. 40-42.

Harris, Louis: There are good reasons to do editorial research. In: Presstime, November 1989, S. 36.

Hayes, Janice: JOAs spell survival for some. In: The Seattle Times/The Seattle Post-Intelligencer, Sunday Ed., 22. Mai 1988, D 1.

Haynes, Mary V.: Factors influencing the use of press releases by business news editors. M.A. University of Texas 1979.

Hembree, Diana/Henry, Sarah: A newsroom hazard called RSI. In: CJR, Januar/Februar 1987, S. 19-24.

Henderson, Bonnie L.: Impact of the Seattle joint operating arrangement on the local suburban press. M.S. University of Oregon 1984.

Henderson, Ellen H.: A study of staff participation in newsroom decision-making. M.A. University of South Carolina 1978.

Herron, Nancy L.: Information-seeking behavior and the perceptions of information channels by journalists of two daily metropolitan newspapers. Ph.D. University of Pittsburgh 1986.

Hertsgaard, Mark: Covering the world, ignoring the earth. In: Rolling Stone, 16. November 1989, S. 47-49.

Hettel, Eugene P.: Attitudes of Ohio newspaper editors toward agricultural news in general and their handling of agricultural news from a specific source - the weekly extension/OARDC news packet. M.A. Ohio State University 1980.

Hienzsch, Ulrich: Journalismus als Restgröße. Wiesbaden 1990.

Hirsch, Paul M. et al.: Strategies for communication research, Beverly Hills 1977.

Holtz, Joachim: Bilder aus Amerika - Seattle. ZDF, 11. August 1991, 19.30 Uhr - 20.15 Uhr.

"How three papers defied circulation trends". In: Presstime, März 1989, S. 47.

Huenergard, Celeste: Study says reporters are cynical, arrogant, isolated. In: Editor & Publisher, 22. Mai 1982, S. 14/36.

Hughes, Thomas P.: Die Erfindung Amerikas. Der technologische Aufstieg der USA seit 1870. München 1991.

Hughes, Robert: Nachrichten aus dem Jammertal. Wie sich die Amerikaner in political correctness verstrickt haben. München 1994.

Hulteng, John L.: The messenger's motives. Ethical problems of the news media. Englewood Cliffs (N.J.) 1976.

- - : The news media - what makes them tick? Englewood Cliffs (N.J.) 1979.

Hutchens, Mary R.: A coorientational study of members of congress and local/regional reporters. M.A. University of Maryland 1982.

Ingersoll II., Ralph: Our newspapers are edited from a viewpoint totally oblivious to the central lessons of the information era. In: ASNE Bulletin, November 1989, S. 30f.

Ingham, Mark: Managing the newsroom. In: Presstime, Februar 1987, S. 28f.

"INMA study shows promotion budgets, salaries at papers". In: Editor & Publisher, 29. August 1989, S. 30.

Ismach, Arnold H./Everette, Dennis E.: A profile of newspaper and television reporters in a metropolitan setting. In: Journalism Quarterly, Winter 1978, S. 739-743.

"JOA ruling breaks no new ground". In: Presstime, Dezember 1989, S. 64.

Johnston, David: The anonymous source syndrome. In: CJR, November/Dezember 1987, S. 45-57.

Johnstone, John W.C./Slawski, Edward J./Bowman, William W.: The news people. A sociological portrait of american journalists and their work. Urbana/Chicago/London 1976.

- - : Organizational constraints on newswork. In: Journalism Quarterly, Frühling 1976, S. 5-13.

Jones, Clement J.: Mass media codes of ethics and councils. A comparative international study on professional standards. Paris 1980.

Jones, Stacy V.: Why I left newspaper work. In: The Quill, November 1987, S. 26-28.

"Journalismus 2000: Funktionen, Rollen und Arbeitsorganisation." Ergebnisse einer Studie der Forschungsgruppe Journalistik an der Universität Münster, von Siegfried Weischenberg unter Mitarbeit von Klaus-Dieter Altmeppen. In: journalist, Januar 1993, Dokumentation.

Judd, Robert P.: The newspaper reporter in a suburban city. In: Journalism Quarterly, Winter 1961, S. 35-42.

"Judge rules broadcast journalists are not `professionals` under labor law". In: Presstime, Februar 1989, S. 58.

Joseph, Ted: Daily newspaper reporters and editors preferences for decision-making and existing decision-making practices. Ph.D. Ohio University 1980.

- - : Reporters` and editors` preferences toward reporter decision making. In: Journalism Quarterly, Sommer 1982, S. 219-222/248.

"Journalismus 2000". Funktionen, Rollen und Arbeitsorganisation. Ergebnisse einer Studie der Forschungsgruppe Journalistik an der Universität Münster, von Siegfried Weischenberg unter Mitarbeit von Klaus-Dieter Altmeppen. In: journalist, Januar 1993, Dokumentation.

Jung, Irene: Experiment Reportage. In: journalist, Februar 1988, S. 38f.

Kaplan, Robert S./Norton, David P.: In search of excellence - der Maßstab muß neu definiert werden. In: Harvardmanager, IV. Quartal 1992, S. 37-46.

Kaufman, John A.: The nature and effectiveness of a dual hierarchy system of newspaper administration. Ph.D. Michigan State University 1976.

Kinloch, Graham C.: Sociological theory. It's development and major paradigms. New York/St. Louis/San Francisco 1977.

Kleeman, Richard P.: Life on the FOIA front. Delays, misrepresentation, overediting, favoritism. In: The Quill, Januar 1990, S. 18f.

"Knight-Ridder: No online newcomer". In: Online, November 1988, S. 16.

"Knight-Ridder's profits aren't making any news". In: Business Week, 23. November 1987, S. 70f.

"Knight-Ridder shifts into big gear". In: Forbes, 8. August 1988, S. 62f.

Koller, Barbara: Journalisten und ihr Beruf. Theoretische Ansätze und Ergebnisse amerikanischer Kommunkatorstudien. Arbeitsbereich 1 des Teilprojektes 16, Universität Erlangen-Nürnberg, März 1977.

Koschnick, Wolfgang J.: Bilder als Blickfang. In: journalist, Januar 1991, S. 39-41.

Kuhn, Thomas S.: Die Struktur wissenschaftlicher Revolutionen. 11. Aufl., Frankfurt/M. 1991.

Laakaniemi, Ray: An analysis of writing coach programs on american daily newspapers. In: Journalism Quarterly, Sommer/Herbst 1987, S. 569-575.

Lacy, S./Sohn, A.B./Stephens, L.F.: A content analysis of metropolitan and suburban newspapers in Denver and Detroit. In: Newspaper Research Journal, Frühling 1989, S. 39-50.

Lane, Emmett: Newspapers and the marketing concept. M.B.A. Seattle University 1980.

- - : Newspapers and the marketing concept. An exploratory study of the attitudes of newsroom and management personnel. In: Developments in Marketing Science, Vol. V, Proceedings of the 6th Annual Conference of the Academy of Marketing Science Las Vegas (Nev.), May 5-8, 1982, S. 450-455.

Lane, Sandra: Anatomy of a Pulitzer winner. In: Presstime, April 1987, S. 12f.

Lannus, Linda R.: The news organization and news operations of the urban pess: A sociological analysis based on two case studies. Ph.D. University of Pennsylvania 1977.

Lattimore, Danny L.: Professionalism and performance: An investigation of Colorado daily newspapers. Ph.D. University of Wisconsin 1972.

Levin, Rob: Sweating it out in the suburbs. These days there can be a long detour on the way to the metro desk. In: CJR, September/Oktober 1985, S. 44-46.

Lewenstein, Marion: Global readership. In: Presstime, September 1987, S. 10f.

Leyendecker, Hans: Die im Dreck wühlen. In: Spiegel special "Die Journalisten", 1/1995, S. 140.

Macaulay, Stewart: Non-contractual relations in business. A preliminary study. In: American Sociological Review 28 (1963), S. 55-56.

"Manager mögen kleinere Firmen". In: Kölner Stadt-Anzeiger, 6. Dezember 1988.

"Marketing strategies for non-metro-newspapers". In: Presstime, Juli 1989, S. 41.

Marx, Karl: Das Kapital. Kritik der politischen Ökonomie, Bd. 1, nach d. 4., v. Friedrich Engels durchges. und hrsg. Aufl. v. 1890. Frankfurt/M. 1967.

Massing, Michael: The libel chill: How cold is it out there? In: CJR, Mai/Juni 1985, S. 31-43.

- - : Libel insurance. Scrambling for coverage. In: CJR, Januar/Februar 1986, S. 35-38.

Matusow, Barbara: The newspaper star system. A fast track for the favoured few. In: WJR, Mai 1986, S. 19-22.

McAdams, Katherine: Non-monetary conflicts of interest for newspaper journalists. In: Journalism Quarterly, Winter 1986, S. 700-705/727.

McClatchy, C.K.: How newspapers are owned - and does it matter? In: Nieman Reports, Sommer 1988, S. 19-24.

McGill, Lawrence T.: Priorities in the news coverage and the role of beats in the careers of U.S. newspaper editors. Ph.D. Northwestern University 1987.

"Media are winning more libel trials, new survey shows". In: Presstime, September 1989, S. 40.

"Members again say circulation/readership should be top ANPA priority". In: Presstime, Oktober 1988, S. 86f.

"Merit pay". IEB-Report v. 25. April 1990. (vervielf. Manuskript).

Meyer, Philip: Models for editorial decision making: The benefits of semi-formality. In: Journalism Quarterly, Frühling 1978, S. 77-83.

Meyn, Hermann: Frei von Kontrolle? In: journalist, September 1993, S. 39.

Miller, Gerson: Conducting a low-cost readership study. In: Editor & Publisher, 12. Januar 1985, S. 26-36.

Miller, Susan: Managing the newsroom. In: WJR, März 1986, S. 30-33.

- - : The young and the restless. Managing yuppies in the newsroom. In: WJR, Oktober 1985, S. 36-38.

Molotch, Harvey/Lester, Marilyn: News as purposive behavior. On the strategic use of routine events, accidents and scandals. In: American Sociological Review 39 (1974), S. 101-112.

"Moral? Sie verlangen zuviel". Spiegel-Interview mit Agenturchef Vilim Vasata über die wachsende Flut der Werbung. In: Spiegel 18/1990, S. 151-157.

Morgan, Andrew W.: Stress and the reporter: An exploratory study. M.A. University of Florida 1982.

Morton, John: Back to basics: Smalltown coverage. In: WJR, Oktober 1981, S. 10.

- - : Despite Detroit, more JOAs unlikely. In: WJR, Januar/Februar 1990, S. 62.

- - : Journalism doesn't pay. In: WJR, Juli/August 1984, S. 15.

- - : How the Democrat beat the Gazette. In: WJR, Dezember 1991, S. 54.

Moss, Marquita: Reporter turnover on Texas daily newspapers. In: Journalism Quarterly, Sommer 1978, S. 354-356.

"NBA report explores time pressure's effect on readership". In: Presstime, März 1989, S. 48.

Neidhart, Thilo: Moderne Kleider. Neue Optik durch Relaunch. In: journalist, März 1995, S. 46-49.

Neumann, Sieglinde: Das Modell Lokalreporter. Dortmund 1986 (unveröff. Diplomarbeit).

Neven DuMont, Alfred: Die Zeitung - ein sterbendes Medium? Die Zukunft unserer Redaktionen. Rede vor der BDZV-Jahresversammlung am 5. Oktober 1993 in Hannover (vervielf. Manuskript).

Newsom, Clark: Alternatives to promotion. In: Presstime, Juli 1987, S. 10f.

- - : The changing face of the newspaper workforce. In: Presstime, März 1987, S. 26-34.

- - : Reporters ruled 'professionals'. In: Presstime, Februar 1988, S. 66.

Newspaper Advertising Bureau Inc.: An update on readership, April 1988 (vervielf. Manuskript).

The Newspaper Guild AFL-CIO, CLC (Hrsg.): Collective bargaining mannual. 2. U.S. Model contract v. 15. Juli 1989.

"Newspapers face major labor challenges in future". In: Presstime, Mai 1989, S. 53.

"Newspapers should start new papers". In: Presstime, Mai 1989, S. 44.

Newton, Kathleen: In search of excellence. In: Editor & Publisher, 23. November 1985, S. 34f.

"Notes from the helicoids meeting" v. 19. Oktober 1989 (vervielf. Manuskript).

Ohmae, Kenichi: The mind of the strategist. New York et al. 1982.

Olien, C.N./Tichenor, P.J./Donohue, G.A.: Relation between corporate ownership and editor attitudes about business. In: Journalism Quarterly, Sommer 1988, S. 259-266.

"Once again, a survey in the newsroom shows some change is need in personnel policies". In: Presstime, Juli 1989, S. 62-64.

"Open meetings for employees." Memorandum by Joe Manion, Human resources department. 15. November 1989, o.O. (vervielf. Manuskript).
Ozanich, Gary W.: Economic analysis of the newspaper preservation act. Ph.D. University of Wisconsin 1982.

Pagel, Alfred: An exploratory study on communication problems in three midwestern newsrooms. M.A. University of Nebraska 1987.

Pang, Georgette W.: Information utility as a predictor of newspaper readership. Ph.D. Illinois University 1977.

Parkinson, Northcote C.: Parkinsons neues Gesetz. Reinbek bei Hamburg 1984.

Peck, Louis: Anger in the newsroom. In: WJR, Dezember 1991, S. 22-27.

Perry, Nancy J.: Here come richer, riskier pay plans. In: Fortune, 19. Dezember 1988, S. 50-58.

Peters, Thomas J./Waterman Robert H. jr.: Auf der Suche nach Spitzenleistungen. Was man von den bestgeführten US-Unternehmen lernen kann. 14. Aufl., Landsberg/Lech 1991.

- - : In search of excellence. New York 1984.

Peters, Tom: Jenseits der Hierarchien. Liberation Management. Düsseldorf/Wien/New York/Moskau 1992.

Peters, Werner: The existential runner: Über die Demokratie in Amerika. Eggingen 1992.

PFP. Senior-Committee. Descriptions of goals and reasons. Seattle 1989 (vervielf. Manuskript).

Phillips, Barbara E.: Approaches to objectivity: Journalistic versus social science perspectives. In: Hirsch, Paul M. et al.: Strategies for communication research. Beverly Hills 1977, S. 63-77.

- - : Novelty without change. In: Journal of Communication (1976) 4, S. 87-92.

Picard, Robert G.: Free press and government: The ignored economic relationships of U.S. newspapers. In: Gustafsson, Karl Erik (Hrsg.): Media structure and the state. Proceedings from an international symposium. 9-10 May 1994, at Göteborg University (Sweden). Göteborg 1995, S. 133-148.

Pieper, Rüdiger (Hrsg.): Lexikon Management. Wiesbaden 1991.

Pisani, Joseph E.: Where have all the curmudgeons gone? In: ASNE Bulletin, November 1989, S. 10f.

Pitts, Beverly Joyce Miller: The newswriting process: A protocol analysis case study of three practicing journalists. Ed.D. Ball State University 1981.

Poindexter-Wilson, Paula: Atypical non-readers are good targets in efforts to boost daily circulation. In: Presstime, März 1989, S. 28.

"Polls have mixed results for newspapers". In: Presstime, Dezember 1989, S. 46.

Popovich, Mark N.: Co-orientation in the newsroom: An analysis of the news preferences of reporters, editors, and publishers. Ph.D. Southern Illinois University 1975.

Prichard, Peter: The McPapering of America. In: WJR, Oktober 1987, S. 32-37.

Projektteam Lokaljournalisten (Hrsg.): Materialien für Lokaljournalisten, Teil 3, 4. Ergänzungslieferung, Bonn 1988.

Pulford, Lynn D.: Follow-up study of science news accuracy. In: Journalism Quarterly, Frühling 1976, S. 119-121.

Quine, Frank: What editors think about journalism contests. In: WJR, Januar/Februar 1990, S. 47-58.

Raeithel, Gert: Amerikanische Provinzzeitungen. München 1978.

- - : Go West. Ein psychohistorischer Versuch über die Amerikaner. Hamburg 1993.

Rager, Günther/Schaefer-Dieterle, Susanne/Weber, Bernd: Redaktionelles Marketing. Wie Zeitungen die Zukunft meistern. Bonn 1994.

Rambo, David C./Rykken, Rolf: Circulation summit in Miami focusses on giving readers what they want. In: Presstime, März 1989, S. 25-27.

Rambo, David C.: Database searches. In: Presstime, März 1987, S. 10-12.

- - : Direct mail's challenge. In: Presstime, Januar 1989, S. 18-25.

Raue, Paul Josef: Vertrauen in Experten? In: journalist, September 1990, S. 30f.

Rankin, Parkman W.: The practice of newspaper management. New York 1986.

Raskin, A.H.: The once and future newspaper guild. In: CJR, September/Oktober 1982, S. 26-34.

Reasons for merit. Five examples. The Seattle Times Co., o.J. (vervielf. Manuskript).

Redelfs, Manfred: Enthüllung per EDV. In: journalist, Mai 1995, S. 76ff.

Reisner, Ann E.: An analysis of the editors' conference: How daily newspaper editors justify front page story placement in their story descriptions. Ph.D. University of Wisconsin-Madison 1987.

"Reizende Unordnung". Interview mit dem Chaosforscher Rainer Paslack. In: Die Woche, 1. April 1993, S. 30.

Renfroe, Patricia P.: Productivity. In: Presstime, September 1987, S. 32f.

- - : There's a right way to handle dismissals. In: Presstime, Januar 1987, S. 37.

- - : Report stresses business reasons to hire minorities. In: Presstime, Mai 1989, S. 72.

Richter, Rolf: Kommunikationsfreiheit = Verlegerfreiheit? Zur Kommunikationspolitik der Zeitungsverleger in der Bundesrepublik Deutschland 1945-1969. Pullach bei München 1973.

Riefler, Katja: Propaganda und Recherche. Wahlen und Wahlkampfberichterstattung in den USA. In: Bundeszentrale für politische Bildung (Hrsg.): Wahlen. Themen und Materialien für Journalisten, Bd. 4.. Bonn 1994, S. 246-273.

- - : Ein Schuß Lebenshilfe, Wissenschaftsberichte in USA. In: journalist, Juli 1990, S. 42f.

- - : Wissenschaft und US-Zeitungen. Auswertung und Zusammenfassung der Berichte der Teilnehmer einer Studienreise von Journalisten und Wissenschaftler in die Vereinigten Staaten im Herbst 1989. München, März 1989 (vervielf. Manuskript).

Rimmer, Tony/Weaver, David: Different questions, different answers? Media use and media credibility. In: Journalism Quarterly 64 (1987), S. 28-36.

Rinehart, William D.: Technology is spawning the tailored newspaper. In: Presstime, Juni 1989, S. 56.

Rock, Paul: News as eternal recurrence. In: Cohen, Stanley/Young, Jocks: The manufacture of news. London 1973, S. 73-80.

Ropohl, Günter: Zur Technisierung der Gesellschaft. In: Bungard, Walter/Lenk, Hans (Hrsg.): Technikbewertung. Philosophische und psychologische Perspektiven. Frankfurt/M. 1988, S. 79-97.

Roshco, Bernard: Newsmaking. Chicago/London 1975.

Ross, Susan D.: Circulation battles. In: Presstime, Februar 1989, S. 28-30.

Rottenberg, Dan: Survival by failure. In: The Quill, Januar 1989, S. 27-32.

Rowe, Cliff: Judge story sparks aggressive competition. In: 1988/89 journalism ethics report. The Society of Professional Journalists (Sigma Delta Chi). Chicago 1989.

Rühl, Manfred: Organisatorischer Journalismus: Tendenzen der Redaktionsforschung. Bamberg 1988. In: Analysen und Synthesen, Berichte und Monographien zur Kommunikationstheorie und Kommunikationspolitik, hrsg. v. Manfred Rühl, Bd. 2.

- - : Die Zeitungsredaktion als organisiertes soziales System. 2. überarb. und erw. Aufl., Freiburg 1979.

Russ-Mohl, Stephan: Am eigenen Schopfe... Qualitätssicherung im Journalismus - Grundfragen, Ansätze, Näherungsversuche. In: Publizistik, Januar 1992, S. 83-96.

- - : Der I-Faktor: Qualitätssicherung im amerikanischen Journalismus - Modell für Europa? Osnabrück 1994.

- -: Der verkaufte Leser. Viele amerikanische Zeitungen haben ihre Unabhängigkeit preisgegeben. In: Die Zeit, 13. April 1990, S. 39.

- - : Zeitungsumbruch. Wie sich Amerikas Presse revolutioniert. Berlin 1992.

Rowe, Cliff: Judge story sparks aggressive competition. In: 1988/89 journalism ethics report, hrsg. v. The Society of Professional Journalists (Sigma Delta Chi). Chicago 1989.

Ryan, Michael: Attitudes of scientists and journalists toward media coverage of science news. In: Journalism Quarterly, Frühling 1979, S. 18-30/53.

Rykken, Rolf: Executives stress importance of integrating all departments in circulation effort. In: Presstime, August 1989, S. 48.

- - : Female editors offer different views of news. In: Presstime, Juni 1989, S. 16-18.

- - : The police beat - not exactly a dead beat. In: Presstime 1988, S. 6-9.

- - : Readers polled about comics. In: Presstime, April 1990, S. 42f.

- - : Readership decline brings newspapers to crossroads. In: Presstime, März 1989, S. 22-24.

- - : Repetitive strain injury. In: Presstime, Juni 1989, S. 6-10.

- - : Using research. In: Presstime, Juni 1988, S. 22-24.

Rystrone, Kenneth Fred Jr.: Measuring the apparent impact of newspaper endorsements in statewide elections in California, 1970-1980. Ph.D. University of Southern California 1984.

Sandman, Peter M./Rubin, David M./Sachsman, David B.: Media. An introductory analysis of american mass communications. 2nd. Ed., Englewood Cliffs (N.J.) 1976/72.

Sass, Gerald: How are they doing? A study of one newspapers' reporter evaluation system. M.S. University of Kansas 1983.

Sautter, Udo: Geschichte der Vereinigten Staaten von Amerika. 4. erw. Aufl., Stuttgart 1991.

Scanlon, Joseph T.: Some reflections on the matter of ethics. In: Thayer, Lee (Hrsg.): Ethics, morality and the media. Notes on american culture. New York 1980, S. 127-137.

Schiller, Bernd: Seattle - Die Stadt an der Spitze. In: Brigitte 26 (1991), S. 170-177.

Schnibben, Cordt: Der McJournalismus. In: Spiegel special "Die Journalisten", 1/1995, S. 49f.

Schudson, Michael: Discovering the news. A social history of american newspapers. New York 1978.

Schuler, Thomas: Fehler im Blatt. In: journalist, November 1994, S. 82f.

Schwan, Gesine: Das deutsche Amerikabild seit der Weimarer Republik. In: Aus Politik und Zeitgeschichte 28 (1986), S. 3-15.

"Seattle pay for performance plan draws guild complaint to EEOC". In: Presstime, Mai 1988, S. 78.

Seattle Post-Intelligencer/Seattle Times: Circulation history 1974-89 (vervielf. Manuskript).

1988 Seattle Times employee opinion survey, compiled by Jack Broom (vervielf. Manuskript).

The Seattle Times Co. (Hrsg.): General advertising rates, in effect Jan.1 , 1989; issued Nov. 30, 1988.

- - : Informationsbroschüre. Seattle o.J..

- - : North and south zone focus group observations. Memorandum by Clayton C. Chinn v. 11. November 1988 (vervielf. Manuskript).

- - : Revised news department Pay for Performance Plan v. 14. Dezember 1988 (vervielf. Manuskript).

- - : The Seattle market. Audience and area study. Seattle o.J..

"Seattle Times Co. to buy Yakima Herald-Republic". In: Seattle Times, 17. Dezember 1991, S. 23.

Sepucha, Mary: Newspapers have "come to expect more", especially in the newsroom. In: Presstime, September 1987, S. 33.

Shain, Russell E./Mitchell, John D.: How reporters judge reporters, a Colorado statehouse study. In: Journalism Quarterly, Frühling 1976, S. 122f.

Shapiro, Andrew L.: Die verlorene Weltmacht. München 1993.

Shuman, Susan K.: The Minneapolis Star's efforts to survive as an afternoon newspaper. M.A. University of Maryland 1982.

Sigal, Leon V.: Reporters and officials. The organization and politics of newsmaking. Lexington/Toronto/London 1973.

Sigelman, Lee: Reporting the news: An organizational analysis. In: American Journal of Sociology (1973), S. 132-151.

Smith, Ron F./Tumlin, Sherlyn-Ann/Henning, Volker: A gatekeeping study of Gannett's all-local newspaper experiment. In: Journalism Quarterly, Herbst 1988, S. 740-744.

Sniffin, William C.: The readership problem is one for the editors to solve. In: Presstime, Februar 1988, S. 24f.

Sohn, Ardyth B./Chusmir, Leonhard H.: The motivational perspectives of newspaper managers. In: Journalism Quarterly, Sommer 1985, S. 296-303.

Sohn, Ardyth B./Ogan, Christine/Polich, John: Newspaper leadership. Englewood Cliffs (N.J.) 1986.

Stammler, Dieter: Die Presse als soziale und verfassungsrechtliche Institution. Berlin 1971.

Steers, Richard M./Porter, Lyman W.: Motivation and work behaviour. 4th Ed., Singapur 1987.

Stein, M.L.: The "yuppiefication" of the newsroom. In: Editor & Publisher, 7. Februar 1987, S. 16/49.

Steinmann, Horst/Schreyögg, Georg: Management. Grundlagen der Unternehmensführung. Konzepte, Funktionen und Praxisfälle. 2., durchges. Aufl., Wiesbaden 1991.

Stepp, Carl Sessions: As writers see editors. In: WJR, Dezember 1987, S. 29-32.

- - : What editors do all day. In: The Quill, Februar 1985, S. 27-29.

Stone, Gerald C.: Management of resources in community-sized newspapers. Ph.D. Syracuse University 1975.

Strugatch, Warren: Out of time. The rise and fall of a corporate editor. In: The Quill, Februar 1989, S. 33-36.

Talese, Gay: The kingdom and the power. The story of the men who influence the institution that influences the world. London 1971.

Tannenbaum, Percy H.: The effect of headlines on the interpretation of news stories. In: Journalism Quarterly, Frühling 1953, S. 189-197.

Tate, Cassandra: Making the cut in Tacoma. In: CJR, Januar/Februar 1987, S. 13f.

- - : What do ombudsmen do? In: CJR, Mai/Juni 1984, S. 37-41.

Terrell, Pamela M.: Art. Newspapers` historically gray pages have come alive with an explosion of color an graphidcs, many of them computer-assisted. In: Presstime, Februar 1989, S. 20-27.

- - : Chipping away at newspaper costs. In: Presstime, April 1990, S. 26-33.

- - : Newspapers add sections. In: Presstime, Juli 1989, S. 6-8.

Thayer, Lee (Hrsg.): Ethics, morality and the media. Notes on american culture. New York 1980.

"To zone or not to zone? It could mean newspaper survival". In: Presstime, Juli 1989, S. 40.

Trayes, Edward J.: Managing editors and their newsrooms: A survey. In: Journalism Quarterly, Winter 1978, S. 747-749/898.

Tuchman, Gaye: The exception proves the rule: The study of routine news practices. In: Methodological strategies for communications research, ed. by Paul Hirsch/Peter V. Miller/Gerald F. Kline, Vol. 6, Beverly Hills 1978, S. 43-62.

- - : Making news. A study in the construction of reality. New York 1978.

- - : Making news by doing work: Routinizing the unexpected. In: American Journal of Sociology 79, Juli 1973, S. 110-131.

- - : Objectivity as strategic ritual: An examination of newspapermen's notion of objectivity. In: American Journal of Sociology (1972), S. 660-679.

- - : Telling stories. In: Journal of Communication (1976) 4, S. 93-97.

"Type of ownership has little impact on quality, ASNE survey shows". In: Presstime, April 1990, S. 68.

Udell, Jon G.: The economics of the american newspaper. New York 1978.

- - : The growth of the american daily newspaper. Wisconsin project reports, Madison 1965, Vol.III, No.1.

Underwood, Doug: The Pulitzer Price-winner who became a private eye. The story of Paul Henderson, who left "The Seattle Times" to start his own detective agency. In: CJR, September/Oktober 1989, S. 41-45.

- - : When MBAs rule the newsroom. In: CJR, März/April 1988, S. 23-30.

- - : When MBAs rule the newsroom. New York 1993.

UNESCO statistical yearbook. Paris 1987.

Uthmann, Jörg von: Dichter als Reporter? Blick in amerikanische Zeitschriften/Literatur und Erziehung. In: FAZ, 21. Oktober 1989, S. 31.

Van Dusen, Bruce B.: Thomson comes to Kokomo. In: The Quill, September 1983, S. 28-33.

Veronis, Christine Reid: Research moves to center stage. In: Presstime, November 1989, S. 20-26.

Virilio, Paul: Rasender Stillstand. München 1992.

Vogel, Ezra F.: Japan as number one. Cambridge (Mass.) 1979.

"1988 was a lackluster year for circulation growth, ad share". In: Presstime, Mai 1989, S. 107.

Weaver, David H./Wilhoit, Cleveland G.: The american journalist. Indiana Press 1985.

Weber, Max: Wirtschaft und Gesellschaft. Grundriß der verstehenden Soziologie. 5., rev. Aufl. v. Johannes Winckelmann. Tübingen 1976.

"Weekday readership holds steady". In: Presstime, April 1990, S. 68.

Weinberg, Steve: Trashing the FOIA. In: CJR, Januar/Februar 1985, S. 21-28.

Weischenberg, Siegfried: Unterhaltungskünstler. Manager - Macher - Medien. In: journalist, Februar 1995, S. 12-18.

- - : Zwischen Taylorisierung und professioneller Orientierung - Perspektiven zukünftigen Kommunikatorhandelns. In: RuF (1981) 2/3, S. 151-167.

Weiss, Philip: Invasion of the Gannettoids. In: The New Republic, 2. Februar 1987, S. 18-22.

Wilhoit, Cleveland G./de Bock, Harold: Mass communication review yearbook, Vol.1, Beverly Hills 1980.

Willis, Jim: Editors, readers and news judgement. In: Editor & Publisher, 7. Februar 1987, S. 14f.

- - : Leadership in the newsroom: The editor as a people manager. Ph.D. University of Missouri-Columbia 1982.

- - : Surviving in the newspaper business. Newspaper management in turbulent times. New York 1988.

Winship, Thomas: A media maven's manifesto about untended gates: The mismanaged press, by Norman E. Isaacs. In: WJR, April 1986, S. 54-57.

Winter, William L.: A caution on the road to efficiency. In: Presstime, März 1988, S. 38.

VI. Personenregister *

Abbott, Jeanne	154
Acosta, Alan	155
Adams, John Quincy	113
Alexander, J.D.	32
Argyris, Chris	125, 154, 155
Bagdikian, Ban	49
Barnett, Stephen R.	49, 50, 51
Bennett, James Gordon	111, 112, 113, 118
Berlin, Richard	49
Bigart, Homer	122
Blethen, Alden J.	26
Blethen, Frank A.	31, 133
Boylan, James	120, 121, 122, 123, 124, 125, 126
Bradlee, Benjamin C.	121
Breed, Warren	*40, 85*
Brown, Sara M.	129
Bücher, Karl	6
Buller, John	34
Chandler, Otis	121
Chinn, Clayton C.	34, *209*, 218, 219, 221
Clark, Ruth	48
Cobb, Frank	118
Coghlan, Curtis	154
Cooke, Janet	126
Cose, Ellis	130

* Die kursiv gedruckten Seitenzahlen stehen für die Nennung einer Person im Fußnotenteil.

Cottrell, Robert O.	132
Cranberg, Gilbert	178, 179, 180
Cummings, Thomas G.	201
Currier, Frederick P.	221
Daniel, Clifton E.	122
Day, Benjamin	110, 112
Detjen, Claus	*1*
Donsbach, Wolfgang	*4, 158*
Dovifat, Emil	1, 6, 9, 111, 116, 117, 175, 176, 177, 228
Downes, Donna R.	221
Drennan, David	201
Dröge, Franz	3, 110
Drucker, Peter F.	9, 12, 15, 69
Fancher, Mike	8, 20, 21, 22, 31, 32, 44, 63, 67, 83, 94, 98, 101, 102, 103, 109, 129, 130, 133, 134, 139, 142, 143, 144, 149, 150, 181, 182, 186, 189, 191, 195, 196, 197, 199, 208, 214, 215, 218, 220, 230, 232, 233
Fasso, Virgil	129
Fidler, Roger F.	135
Fink, Conrad C.	225, 226
Foley, Linda K.	204
Ford, Henry	9, 10, 56
Frankel, Larry A.	199
Gieber, Walter	*78*
Graham, Katharine	121, 125
Graham, Philip	121
Griffith, Thomas	228

Gruson, Sydney	122
Hadley, Jane	33
Halberstam, David	122
Hammett, John B.	200
Hearst, William Randolph	113, 114
Henderson, Paul	134, *230*
Hitler, Adolf	172
Holbein, Thomas J.	222
Hooker, Joseph	113
Hughes, Thomas P.	9
Hussman, Walter Jr.	52
Ingersoll, Ralph II.	177
Isaacs, Norman E.	127
Johnson, Duane E.	198
Judd, Robert P.	*176*
Kelly, Carolyn S.	*29*, 30, 46, *214*
Kennedy, John F.	122
Kopper, Gerd G.	3, 110
Kuhn, Thomas S.	15, 18
Laakaniemi, Ray	108
Lane, Emmett	227
Lee, Ivy	118
Lenin, Wladimir Iljitsch	9, 13
Lippman, Walter	119, 123
Little, Gary	79, *146*
MacLeod, Alex	21, 22, *26*, 63, 92, 101, 103, 141, 142, 164, 191, 197, 218

Marx, Karl	9
McCall, John A.	44, *209*
McCarthy, Joe	120, 125
McLaren, Richard	49
Meese, Edwin III.	51
Miller, Susan	131, 200, 224
Molloy, Edmond S.	201
Morton, John	51
Nalder, Eric	231
Nixon, Richard	49, 124
Ochs, Adolph S.	115
Ochs Sulzberger, Arthur IV.	121, 122
Ochsner, Robert	202
Odegard, Peter	118
Ohmae, Kenichi	13
Olive, Robert J.	205
Owen, Millard G.	224
Ozanich, Gary William	52
Parkinson, Northcote C.	*68*
Peters, Thomas J.	13, 14, 15, 16, 17, 54
Phillips, David Graham	114
Picard, Robert G.	50
Pisani, Joseph E.	131, 132
Prichard, Peter	180
Pulitzer, Joseph	113, 114, 118
Quayle, Dan	172

Rankin, Parkman W.	224
Renfroe, Patricia P.	200
Riefler, Katja	*1, 62*
Rinehart, William D.	225, 226
Roosevelt, Theodore	*114*
Rosenburgh, Carleton F.	129
Rosenthal, A.M.	121
Roshco, Bernard	112, 117
Rottenberg, Dan	53
Rühl, Manfred	3, 4, *19*
Ruiz, Marji	*35*, 213, 214
Ruß-Mohl, Stephan	*1, 18, 118, 217,* 241
Rykken, Rolf	225
Sandman, Peter M.	111, 113, 114, 115
Sass, Gerald	201
Sautter, Udo	10
Schudson, Michael	113
Scott, John L.	34
Shull, Robert M.	129
Sizemore, Mason H.	130
Skylar, David	50
Sloan, Alfred P.	9
Spencer-Smith, Susan	155
Stepp, Carl Sessions	179
Stone, Melville	115
Talese, Gay	123

Taylor, Frederick W.	8, 10, 13
Terrell, Pamela M.	50
Underwood, Doug	64, 133, 134, 150, 151, 203, 227, 228
Urban, Christine D.	225
Virilio, Paul	229
Waterman, Robert H.	13, 14, 15
Weber, Max	5
Weischenberg, Siegfried	*6, 17, 18*
Weiss, Philip	180, 181
Wetzel, Frank	35, 108, 109
Winter, William L.	228
Wisner, George	110
Wolfe, Tom	123

VII. Zeitungs- und Zeitschriftentitelregister *

American Journal Bellevue	35, 90
Anchorage Daily News	*235*
Baltimore Sun	111
Billings Gazette	129
Boston Daily Times	111
Boston Globe	60, 224, 226
Bulletin, Philadelphia	53
Chicago Journalism Review	124
Chicago Tribune	77, 116
Citizen Journal	52
Cleveland Press	*205*
Columbia Journalism Review	120, 124, 133, 180
Columbus Dispatch	51
Daily Journal of Commerce	76
Dallas Morning News	222, 234
Decatur Herald and Review	129
Democrat	52
Detroit Free Press	50, 51
Detroit News	50, 51
Editor & Publisher	131
Esquire	123
Financial Times	224
Gannett Rochester Newspapers	201

* Die kursiv gedruckten Seitenzahlen stehen für die Nennung eines Zeitungs- bzw. Zeitschriftentitels im Fußnotenteil.

Gazette	52
Greenwich Times	131
Harper's Magazine	123
Jackson Sun, Tenn.	154
Kansas City Star	*102*
Los Angeles Times	*47*, 121, 129, 150
Louisville Courier-Journal	*108*
Miami Herald	*26*
Minneapolis Star	48
More	123, 124, 125
Newsweek	121, 124, 224
New York Daily News	*47, 115*
New Yorker	123
New York Herald	111, 113
New York Herald Tribune	123, 119
New York Morning Journal	114
New York Sun	110, 111, 112
New York Times	2, *23, 47, 71*, 115, 116, 120, 121, 122, 123, 124, 125, 150, 155, 175, 224
New York Transcript	112
New York World	113, 116, 118
Pacific Magazine	*82*, 94
Philadelphia Daily News	129
Philadelphia Inquirer	*26*, 129
Philadelphia Ledger	111
Presstime	131, 234
Reader's Digest	124

San Jose Mercury News	200
Seattle Post-Intelligencer	*20*, 28, 29, 30, 31, 32, 33, 34, 35, 39, 40, 41, 42, *45*, 47, 48, 53, 54, 71, 75, 79, 90, 129, 146, 153, *209*, 210, *214*
Springfield Republican	111
St. Louis Post-Dispatch	*220*
St. Petersburg Times, Flor.	*166*
State, Columbia	129
Sun Herald, Biloxi	130
Tacoma News Tribune	82, 90, 102, *103*, 153, *209*, 219, *220*
Time Magazine	124, 125
USA Today	*47*, 135, 180, 181
Wall Street Journal	*47, 77*, 135
Washington Post	2, *47, 60, 71, 77, 108*, 120, 121, 124, 125, 126, *177*, 199
Yakima Herald-Republic	*73*